经济思想史评论

Review of History of Economic Thought

【第七辑】

顾海良　颜鹏飞　主编

中国经济出版社
CHINA ECONOMIC PUBLISHING HOUSE
北　京

图书在版编目（CIP）数据

经济思想史评论. 第7辑／顾海良，颜鹏飞主编.
北京：中国经济出版社，2015. 12
ISBN 978－7－5136－4122－7

Ⅰ. ①经… Ⅱ. ①顾… ②颜… Ⅲ. ①经济思想史—研究—世界 Ⅳ. ①F091

中国版本图书馆 CIP 数据核字（2016）第 001953 号

责任编辑　贺　静
责任审读　霍宏涛
责任印制　马小宾
封面设计　华子设计

出版发行　中国经济出版社
印 刷 者　北京柏力行彩印有限公司
经 销 者　各地新华书店
开　　本　787mm×1092mm　1/16
印　　张　23. 75
字　　数　401 千字
版　　次　2015 年 12 月第 1 版
印　　次　2016 年 11 月第 2 次
定　　价　49. 00 元
广告经营许可证　京西工商广字第 8179 号

中国经济出版社 **网址** www. economyph. com **社址** 北京市西城区百万庄北街 3 号 **邮编** 100037
本版图书如存在印装质量问题，请与本社发行中心联系调换（联系电话：010－68330607）

目　录

李达思想研究

辛亥革命研究

西方经济思想史

中国经济思想史

综　　述

Contents

Study on Li Da's Thought

Study on the Revolution of 1911

History of Western Economic Thought

History of Chinese Economic Thought

Review

李达思想研究

Study on Li Da's Thought

1

李达宪法思想研究

——兼谈其与毛泽东宪法思想的比较*

徐亚文　肖琼露**

［内容提要］李达的宪法思想以马克思主义理论为指导，借鉴并学习了苏联宪法理论和宪政实践，同时从我国客观实际出发，通过其对1954年宪法的宣传、解释、分析和论证，突出体现在其对宪法概念、国家制度与社会制度、人民代表大会制度、公民权利体系、宪政实施这几个问题的论证和理解之中。李达的宪法思想深受毛泽东宪法思想的影响和指导，也系统阐释并发展了毛泽东宪法思想的许多观点，并使其有着深厚的理论基础和广泛的社会影响。

［关键词］**李达宪法思想　1954年宪法　毛泽东宪法思想**

李达是中国共产党内著名的马克思主义理论家之一，在哲学、经济学、法学、教育等领域有卓越的贡献。他毕生坚持研究和宣传马克思主义，为马克思主义在中国的发展做了大量的开拓性研究，是马克思主义中国化的重要奠基人。

李达的法学思想以辩证唯物主义和历史唯物主义为理论基础，深刻地分析了社会各方面的现象，揭穿了剥削阶级的偏见，科学地阐述了法的本质及其发展规律。李达法学思想的重要组成部分是其宪法思想。李达运用其扎实的马克思主义理论功底，在系统地研究了世界宪法发展历史并借鉴了苏俄宪法的优秀成果后，为我国1954年宪法的起草、制定、颁布、解读和宣传教育做出了杰出的贡献。李达的宪法思想一般来说形成于1954年前

* 本文系国家社科基金重大招标课题“李达全集整理与研究”（课题编号10&ZD062）之子课题“李达法学论著整理与研究”的阶段性研究成果之一。

** 徐亚文，武汉大学法学院教授、博士研究生导师；肖琼露，武汉大学法学院研究生。

后，在此期间他出版了《谈宪法》（1954）、《中华人民共和国宪法讲话》（1956）等著作，并在《人民日报》《长江日报》和《新建设》上发表了多篇阐述其宪法思想的文章。笔者通过对这些著作的整理和学习，试图探求李达宪法思想的主要来源和背景，在此基础上系统地总结李达宪法思想的主要内容，并且将其思想与毛泽东的宪法思想进行比较研究，从而发掘李达宪法思想的精髓和原创性的内容。在总结李达对我国宪法发展的重要贡献的同时，探索李达宪法思想的当代价值。

一、李达宪法思想的理论来源和现实基础

作为我国伟大的马克思主义先驱，李达的宪法思想有着深厚的马克思主义思想积淀，并且深受1936年苏联宪法的影响，同时正确反映了中国的历史实际和社会实际。

1. 马克思主义思想

李达早年便投身于马克思主义的研究。他在留学日本期间，俄国十月革命给了李达很大的鼓舞，他抱定学习马克思主义、走俄国革命道路的信念。如当年鲁迅弃医从文那样，李达也放弃了理科学习，拜日本著名的马克思主义学者河上肇为老师，专攻马克思主义理论研究。他回国后，毕生坚持马克思主义的研究和宣传，在研究和宣传辩证唯物主义和历史唯物主义以及毛泽东哲学思想方面，成绩卓著，影响深远，著有《实践论解说》《矛盾论解说》，并主编《唯物辩证法大纲》等。可以说，李达始终坚守着马克思理论的阵地，是一个马克思主义理论家。李达后来对马克思主义法理学的研究（著有《法理学大纲》）更加深化了其马克思主义法学的造诣。

首先，李达宪法思想的研究方法充分运用了马克思主义哲学原理和方法论的指导。根据物质与意识辩证关系原理和一切从实际出发的思想，李达主张宪法的制定和实施要“认真分析当时当地的国情，到社会生活的条件中去探索，到社会的经济制度中去探索”。根据主要矛盾与次要矛盾相互关系的原理，李达分清了我国当时社会的主要矛盾，并且将过渡时期的社会主义总路线写入宪法。根据认识与实践相互关系理论，李达在宪法制度构建和人民权利的赋予方面充分体现了“人民群众是历史的创造者”。

其次，李达的宪法思想从理论上体现着马克思主义法学思想的影响。根据马克思主义的法学主张，由统治阶级的共同利益所决定的统治阶级意志的表现就是法律，法律同上层建筑的其他组成部分一样，并不是完全被

动和消极的，它对经济基础和其他上层建筑具有相对的独立性或反作用。受此影响，李达对宪法性质的阶级分析、对宪法与经济基础的关系之认识、对世界各国宪法思想的学习以及对国家政权构建的学说，都体现了马克思主义法学思想的指导。

2. 1936 年苏联宪法

在 1954 年中华人民共和国宪法草案的全民讨论阶段，李达创作出版了《谈宪法》一书。该书通过对世界各国宪法的比较分析，特别是对苏联宪法的精神实质加以考察，得出了“凡在苏联所已实现的东西，是在其他国家里也完全可能实现的”这一结论，可以说，1936 年苏联宪法（斯大林宪法）的公布和实施，对于李达以及当时国内的绝大多数宪法学者都有着极强的影响。

首先，对于宪法性质的讨论，苏联宪法无疑给出了当时社会主义宪法的良好范式。李达认为，“苏联新宪法（1936 年宪法）是胜利了的社会主义国家的宪法，是以扩展的社会主义民主制原则为基础的新宪法，这个宪法对于苏联各族人民来说，是他们在为人类解放而斗争的战线上胜利的总结，而对于各资本主义国家和殖民地人民来说，则是他们的指路明灯和行动纲领”①。受此影响，李达始终强调作为社会主义阵线中的民主国家的中国，其宪法也是社会主义性质的。

其次，在宪法原则和宪法精神方面，苏联宪法所体现的人民民主精神和基本人权原则也影响着李达的宪法思想。他认为，“苏维埃最高类型的民主表现于选举制度……人民直接参加国家管理，代表对人民负责，这一切是苏维埃国家的基本特征”②。在李达看来，苏联 1936 年宪法是世界上最彻底的民主宪法，也是规定最广泛的公民平等权利的宪法。在李达的宪法思想中，始终强调人民民主之政治制度的实现形式以及公民权利的普遍性和对其的物质保障。

3. 中国的历史实际和社会实际

李达始终坚持辩证唯物的观点，一切从客观实际出发，丝毫不掺杂有主观臆造的成分。他认为，“我们学习宪法，必须结合客观的革命实际和社会实际，来理解它的基本精神”，“我国宪法当然参考了苏联宪法和各人民民主国家的宪法，吸取了国际的经验，但它密切地联系着我国的具体

① 李达．中华人民共和国宪法讲话［M］．北京：人民出版社，1956：28.

② 李达．中华人民共和国宪法讲话［M］．北京：人民出版社，1956：28.

情况。”①

李达宪法思想形成于我国社会主义改造时期。在政治上，新民主主义革命胜利结束，社会主义革命正在进行。中共提出了过渡时期的总路线，即要在一个相当长的时期内，逐步实现国家的社会主义工业化，逐步完成对农业、手工业、资本主义工商业的社会主义改造。在经济上，自 1949 年起，国家进行了为期三年的国民经济恢复和发展工作。到 1952 年，我国实现了国民经济的根本好转，完成了国民经济的恢复工作。在文化上，民众的文化水平得到了提高，并且在《共同纲领》实施后的几年内，人民在政治生活和实践中体验了我国的国家制度构建，有了较大的人民民主需求并对基本权利有了一定的认识。

正是基于这样的理论和现实基础，李达的宪法思想有着鲜明的时代特征。在对我国国家制度和社会制度的认识上，李达始终强调过渡时期的总任务；在对四种所有制的分析中，李达也始终结合我国当时的国情。可以说，李达的所有宪法思想都有着深刻的历史和现实背景，并且服务于我国的社会主义建设。

二、李达宪法思想的主要内容

李达的宪法思想内容丰富，见解深刻，它以马克思主义思想为基础，从我国的实际情况出发，并且借鉴了国外诸多宪法思想的精髓，尤其是苏联宪法。在此，本文列举了其宪法思想的五个主要方面。

1. 关于宪法的概念

李达在《中华人民共和国宪法讲话》一书中对“宪法”的词源做了考证——“宪法这个名词原是我国的旧名词，是指‘典章’和‘法度’……宪法的拉丁字是 Consititutio，是确立、确认的意思。并且，在欧洲封建时代，宪法一词仅用来表示封建主的各种特权和政治自由。因而，近代意义的宪法，即作为国家根本法的宪法在奴隶时代和封建时代是不曾有过的”②。从而确定了 1954 年宪法的基础语境，即近现代规定国家政权构建和公民权利与义务的宪法。

在分析各个国家形态中国家与法律的关系后，李达认为，法律和国家一样，同是社会的上层建筑，法律是国家的统治阶级按照自己阶级的意志

① 李达．学习中华人民共和国宪法［J］．新建设，1954（10）．

② 李达．中华人民共和国宪法讲话［M］．北京：人民出版社，1956：2．

制定的，法律反映一种社会的财产关系，且同时保护和巩固有利于统治阶级的经济制度，并由此巩固于对统治阶级有利的政治制度。在这一理论基础上便可以得出：宪法是国家最基本的法律，它规定了一个国家的国家制度和社会制度的基本原则，规定了国家机关的组织与活动的原则以及公民的基本权利和义务；宪法具有最高的法律效力；宪法的制定与修改程序比普通法律更严格。因而宪法是一个国家的根本大法。宪法是阶级斗争的产物，是阶级斗争实际力量对比关系的表现。

关于宪法的性质问题，李达指出："当一个国家中新兴的革命阶级，在推翻反动统治阶级、取得革命胜利、夺取政权以后，就根据自己阶级的意志制定于自己有利的宪法。"① 因而在李达看来，宪法具有鲜明的阶级性，并且我国宪法是社会主义类型的宪法，这主要体现在：首先，我国宪法是民主革命历史经验的总结，是百年来我国宪政斗争的伟大成果；其次，我国宪法是全国人民为建成社会主义而斗争的宪法，它确定了我国建成社会主义的法定目标，巩固了人民民主统一战线，加强了各民族间的大团结，有益于我国的和平外交和维护国际统一战线。

2. 关于国家制度和社会制度

1954 年宪法在第一章"总纲"中规定了社会制度和国家制度的根本原则。所谓的国家制度的根本原则，就是讲的我国的阶级关系、国家性质、国家权力属于谁的问题。所谓社会制度基本原则，就是讲的我国的社会经济基础、各种生产资料所有制的发展和改造问题。②

李达运用马克思主义基本原理对我国的国家性质作了较为深刻的分析。李达认为，宪法是阶级力量对比关系的表现。因而就必须弄清楚工人阶级、农民阶级、城乡手工业者和其他非农业的个体劳动者以及知识分子之间的地位和关系。

首先，工人阶级领导有着深刻的必然性。第一，工人阶级在革命中比任何别的阶级都来得彻底和坚决；第二，中国工人阶级自走上革命舞台就受到马克思列宁主义政党——共产党的领导，它能成为中国社会中最有觉悟的阶级；第三，中国工人阶级和广大的农民有着天然的联系，便于结成天然的联盟。李达认为，为了巩固我国人民已经取得的胜利果实，为了完成社会主义革命的伟大事业，必须继续巩固和加强工人阶级对国家的领导。

其次，工农联盟是我们国家的基础。工人阶级领导下的工农联盟，不但是新民主主义革命胜利的保证，而且是社会主义革命胜利的保证。李达

① 李达. 中华人民共和国宪法讲话［M］. 北京：人民出版社，1956：6.

② 韩大元. 1954 年宪法与中国宪政：第二版［M］. 武汉：武汉大学出版社，2008：365.

认为，只有加强和巩固工人阶级领导下的工农联盟，才是实现国家在过渡时期总任务的保证。

最后，知识分子属于工农联盟范畴之内。他们虽然不是一个独立的阶级，但是我国的知识分子一般都具有很强的革命性，在新民主主义革命斗争中常常起着先锋和桥梁的作用，并且在新中国成立以后对知识分子的团结教育和改造工作使得绝大部分知识分子有了根本性的变化，时代对知识分子的需求也越来越大。团结和改造的方针是我国对知识分子一贯坚持的原则。

总之，李达对于我国各个阶级地位的分析解释了我国人民民主专政的国家性质，解释了何为“对人民内部实行民主制度，对敌人实行专政”，并在最后落脚于党领导的人民民主统一战线。正如 1954 年宪法在序言中所说：“我国人民在建立中华人民共和国的伟大斗争中已经结成以中国共产党为领导的各民主阶级、各民主党派、各人民团体的广泛的人民民主统一战线。今后在动员和团结全国人民完成国家过渡时期总任务和反对内外敌人的斗争中，我国的人民民主统一战线将继续发挥它的作用。”

3. 关于人民代表大会制度

1954 年宪法所确定的我国的政治基础是全国人民代表大会和地方各级人民代表大会。李达总结了我国人民代表大会制度的几个特点：第一，人民代表大会制度表现着我们国家权力的完整和统一。第二，一切国家机关贯彻着民主集中制，表现着全国的统一领导。它是民主的又是集中的，是在高度民主基础上的集中、在高度集中领导下的民主。第三，立法工作与行政工作的统一。第四，能发扬批评与自我批评的精神，防止官僚主义，保证人民群众直接参与国家管理，能够充分发挥人民群众的积极性和创造性。第五，在国家生活中各民族一律平等。

李达系统阐述了我国人民代表大会制度的社会主义民主之表现和这一制度的优越性，表达了人大具有真实的高度统一的权力，具有人民民主的程序，具有实现民族团结、国家统一的能动力量。

4. 关于公民的基本权利体系

毛泽东说过，自由是人民争来的，不是什么人恩赐的。与之相同，李达认为公民基本权利来源于中国共产党领导的新民主主义革命的胜利，是通过建立了中华人民共和国而夺取的。在《中华人民共和国宪法讲话》一书中，李达写道：“中国人民一百多年的革命斗争过程，就是向帝国主义和封建主义争自由、争民主、争生存和发展权利的斗争过程，……中华人民共和国宪法关于公民基本权利和义务的规定，就是用法律形式总结了人民已经取得的各种权利、自由以及对其新的扩充，并保证其继续发展。”通过上述论述，李达试图说明，公民权利并不是天赋的，而是阶级斗争的产物，是利益主体通过斗争建立政权后以宪法的形式确定下来的。权利附着于阶级利益，并产生更加抽象的公共价值，需要共同的争取才能实现。

李达认为，公民的基本权利一般体现在：政治上免受反动统治专政的压迫和摧残，参与国家的管理；经济上免于残酷的剥削、免于失业和饥饿的威胁，在法律上有着平等的地位。由此，李达将1954年宪法的公民权利作了整理和归纳，分为以下八种：公民的平等权利、公民的政治权利和自由、宗教信仰自由、公民的人身不可侵犯的自由、公民的社会经济权利、公民的文化教育权利、保护国外华侨的正当权利和利益、中华人民共和国的居留权，从而构建了较为完整的公民权利体系。李达认为，人民必须在政治生活、经济生活、文化生活和社会生活各个方面充分、正确地运用这些权利和自由，发扬民主精神，贡献自己的智慧和力量来建设我们的国家，过渡到社会主义社会。我国公民权利和义务具有统一性：①公民享受权利与履行义务之间是密切结合的，没有无权利的义务，也没有无义务的权利；②公民享受权利与履行义务都体现出个人利益与国家利益的密切结合。

5. 关于宪政的实施

毛泽东在《新民主主义宪政》一文中指出，宪政是什么呢？就是民主政治。在制定1954年宪法的过程中，他主要关注国家政策的制定与国家权力体系的建设问题，而对宪法实施本身的问题并没有给予制度层面上的高度关注。[①] 尽管该宪法仅在第二十七条第三款规定人民代表大会有监督宪法的实施这一职权，但是李达仍然对“为宪法而斗争”这一命题作了十分有意义的阐述，主要表现在李达一直强调的对宪法的宣传和对公民宪法意识的培养上。在宪法草案的讨论过程中，李达出版了《谈宪法》一书，介绍世界宪法发展的历程并着重阐述了苏联宪法的制定实施和精神。在该书中，李达谈道：“中央人民政府委员会已经公布了《中华人民共和国宪法草案》，全国地方各级人民政府在人民群众中普遍地组织对于宪法草案的讨论。因此，我们先学习苏联宪法并体会其精神实质，这对于我们参加宪法草案的讨论和学习是会有所帮助的。”李达在此强调的是人民对立宪的普遍参与以及对宪法草案的认知和学习。他认为公民在立宪阶段的自由表达、自由参

① 韩大元.1954年宪法与中国宪政：第二版［M］.武汉：武汉大学出版社，2008：356.

与之基础，是对宪法精神、宪法作用、宪法基本内容的认识，只有在了解宪法中所蕴含的公民与国家关系后，公民才能自发地参与宪政运作过程，形成统一的人民的共同意志。这是宪政活动背后最重要的推动力。在这样的思想指导之下，李达积极宣传宪法和宪法精神，促进了人民宪法意识的形成和宪法感情的培养。

在1954年宪法公布之后，李达在《学习中华人民共和国宪法》一文的最后提到："中华人民共和国宪法是马克思列宁主义关于宪法理论在中国的具体的表现，是我们全国人民学习社会主义的教科书，我们必须认真、虚心地学习这个宪法，广泛、深入地宣传这个宪法；'必须按照宪法所规定的道路，在中国共产党的领导下，加强团结，继续努力，为保证宪法的完全实施而奋斗。'（刘少奇同志语）。"这里主要是讲宪法形成之后的宪法意识，表现为充分学习宪法的内容，积极拥护宪法的事实，只有这样才能构成宪法实施的社会基础，培养宪政活动的社会土壤，这是让宪法真正得到遵循的前提。

三、李达宪法思想与毛泽东宪法思想的比较

毛泽东主持起草了新中国的第一部宪法，其宪法理论对于1954年宪法的制定和实施都具有极大的影响。毛泽东的宪法思想具有深厚的马克思理论基础，并具体地结合我国国情，为我国国家政权的构建和人民权利的保障做出了开拓性的贡献。

（一）李达对毛泽东宪法思想的阐释性论证

李达作为当时的马克思主义学者，其宪法思想与毛泽东的理论在大多数情况下是一致的，但李达运用了系统的马克思主义理论和精密的论证，很好地阐释了毛泽东的宪法思想，使之更加令人信服。以下以毛泽东的两个主要宪法思想为例进行说明。

1. 关于宪法的概念

李达继承了毛泽东关于宪法是根本大法的思想的阐释，即其在内容、效力、制定和修改程序上均与普通法律有所不同。但是比之更加深入的是，李达强调了宪法的阶级性质，他运用了国家与法律的一般理论来说明法律是统治阶级的意志。李达认为："法律是一种社会的上层建筑，它不仅表现

某一种社会中的财产关系，并且又以巩固这种财产关系为目的；它不仅巩固于统治阶级有利的经济制度，并且还巩固于统治阶级有利的政治制度，即巩固某一统治阶级专政及其在社会中的领导作用。”这就从经济基础和上层建筑的关系方面明确了宪法的阶级性，同时，由于宪法集中反映统治阶级整体的意志，并作用于最基本的经济关系，因而从这个层面上来说，宪法是国家的根本大法。对于毛泽东的宪法观点，李达用其扎实的马克思主义理论加以系统的解释，使得宪法的概念和性质有了整体性的理论解释。

2. 关于人民民主专政

毛泽东在《论人民民主专政》一文中提出：“总结我们的经验，集中到一点，就是工人阶级（经过共产党）领导的以工农联盟为基础的人民民主专政，……对人民内部的民主方面和对反动派的专政方面，互相结合起来，就是人民民主专政。”人民民主专政的政治模式，在1954年宪法中，作为我国的国体被宪法第一条以国家命令的形式确定下来。

李达运用马克思主义理论对这一命题作了令人信服的分析。首先，他的理论基础是，宪法是阶级斗争实际力量对比关系的表现。随后，李达分析了我国在1954年时各阶级地位的现状：“建国五年来，由于我们取得了社会改革、民主改革、经济改革等一系列的新胜利，阶级斗争的实际力量对比关系发生了新的变化。官僚资产阶级和地主阶级被消灭了；工人阶级的队伍壮大了，领导力量加强了；农民、手工业者及其他个体劳动者在工人阶级的领导下，逐步走上了互助合作的道路，工农联盟巩固了，……宪法就是这样的阶级力量对比关系，指出了社会各阶级在国家中的地位，规定了国家的阶级基础。”①

（二）李达的原创性宪法思想

首先，毛泽东对宪法之公民权利的研究并没有其对于国体和政体以及国家政策的理论丰富，而李达总结了我国人民为争取权利而斗争的历程，系统地论证了我国公民权利的来源，并总结了较为完整的权利体系。他在对各项基本权利进行分类研究和阐释的过程中，强调了宪法保障公民权利的基本职能，概括出我国公民权利之平等性、普遍性和真实性的基本特点，从而为促进我国宪政的平衡实施作了积极的研究和有力的宣传。

其次，李达对于人民宪法意识的培养和教育的强调也是其原创性思想

① 李达．学习中华人民共和国宪法［J］．新建设，1954（10）．

的重要内容。他在介绍各国宪法实践，总结苏联宪政经验，教导民众认识宪法、学习宪法、参与宪法的过程中发挥了积极的作用。他积极撰写并发表了许多分析宪法、解释宪法的论著，论证准确，深入浅出，为宪法的起草和实施创造了人民的思想基础。

总之，李达以马克思主义理论为指导，借鉴并学习了苏联宪法理论和宪政实践，同时从我国的客观实际出发，通过对1954年宪法的宣传、解释、分析和论证，创造了卓越的宪法思想。突出体现在其对宪法概念、国家制度与社会制度、人民代表大会制度、公民权利体系、宪政实施这几个问题的论证和理解之中。这些思想在今天仍然对我们有着深刻的教育意义与启发价值。同时，李达的宪法思想深受毛泽东宪法思想的影响和指导，但它也系统阐释并发展了毛泽东的许多观点，并使其有着深刻的理论基础和广泛的社会影响。笔者相信，对李达宪法思想的研究和总结能清晰地展现我国法学理论家对于宪政的构建和实施在某一特定历史时期的足迹，能系统地总结大家的宪法思想的精髓所在，并能为我国当前的建设和实践厘清脉络，汲取营养，提供血液，开拓思路。

本文系国家社科基金重大招标课题“李达全集整理与研究”（课题编号10&ZD062）的阶段性研究成果。

参考文献

［1］李达．中华人民共和国宪法讲话［M］．北京：人民出版社，1956.

［2］李达．学习中华人民共和国宪法［J］．新建设，1954（10）．

［3］韩大元．1954年宪法与中国宪政：第二版［M］．武汉：武汉大学出版社，2008.

1 A Study on Li Da's Constitutional Thought —Concurrently Compare Li Da and Mao Tse – Tung

Xu Yawen and Xiao Qionglu

Abstract: Li Da's constitutional thought takes Marxism as the guide, uses Soviet Union's constitutional theory and practice for a reference and starts from a perspective on China's reality. Li Da's constitutional thought especially lies in his argument and understanding on constitutional concepts, state system and social system, the people's congress system, the civil rights system and implement of the constitution through his propaganda, interpretation, analysis and demonstration of the 1954 Constitution. His constitutional thought was deeply influenced and guided by Mao Tse – Tung thought of constitution, however, it also systematically explained and developed many of the views of Mao, and it has a profound theoretical foundation and wide – ranging impact on society.

Key words: Li Da's Constitutional Thought; the 1954 Constitution; Mao Tse – Tung Thought of Constitution

2

李达与早期马克思主义中国化

宋镜明 吴向伟*

［内容提要］李达是中国共产党的主要创始人之一和早期重要领导人之一，也是在中国传播马克思主义理论卓越的先驱者之一。在党的创立和大革命时期，李达对马克思主义在中国的传播、对早期的马克思主义中国化做出了重大贡献。他坚决反对各种反马克思主义思潮，宣传和捍卫了马克思主义基本原理；致力于中国共产党的创建，奠定了马克思主义中国化的组织基础；提出了“马克思主义学说与中国”的命题，推动马克思主义中国化迈出可贵的步伐。

［关键词］**李达　早期　马克思主义中国化**

马克思主义中国化具有三层含义，即马克思主义传播的中国化、运用的中国化和创新的中国化**。在党的创立和大革命时期，李达不仅积极传播马克思主义，致力于中国共产党的创建，而且提出了“马克思主义学说与中国”的命题，初步提出了关于中国革命的基本思想，对早期的马克思主义中国化做出了重要贡献。

一、中国马克思主义突出的“播火者”

马克思主义在中国的传播是马克思主义中国化的前提，只有马克思主

* 宋镜明，武汉大学政治与公共管理学院教授，博士生导师，长期从事李达研究和党史党建研究；吴向伟，武汉大学政治与公共管理学院副教授，法学博士，主要从事党史党建研究。

** 汪青松．马克思主义中国化与中国化的马克思主义［J］．安庆师范学院学报（社会科学版），2003（1）．

义传到中国之后，才有马克思主义中国化问题的提出。李达是一位播扬马克思主义火种、照耀人民前进的“普罗米修斯式的播火者”（侯外庐语）。当年，李达翻译出版了介绍马克思主义的理论书籍，同各种反马克思主义思潮作斗争，宣传和捍卫了马克思主义的基本原理，为中国早期马克思主义的传播做出了重要贡献。

（一）翻译出版介绍马克思主义理论的书籍

李达最初对马克思主义的传播，就是从翻译介绍马克思主义理论书籍开始的。早在1918年秋至1920年夏，李达在国外翻译了介绍马克思主义基本原理的三部著作，即《唯物史观解说》《马克思经济学说》和《社会问题总览》。这些书在1921年5月前后由中华书局正式出版。《社会问题总览》一书着重介绍了科学社会主义的理论和各国社会党的实践及社会政策、工会问题、妇女问题。该书后来重版11次，是一部难得的好书。《马克思经济学说》着重介绍了剩余价值理论，此书也多次再版，最初还被李大钊创办的马克思主义学说研究会列为重要学习文献之一，尤其值得一提的是《唯物史观解说》这本译著，到1936年8月，共印行14次。书中有两篇附录，一篇是《唯物史观要旨》，另一篇是《译者附言》。李达在《译者附言》中说明了著译者的目的。他说：“这部书是荷兰人郭泰为荷兰劳动者作的，解释唯物史观的要旨，说明社会主义必然发生的根源，词义浅显，解释周到。”“凡是要研究社会主义的人”“至少非把这书读两遍不可”。这部书是李达用德文本和日文本两书对照译的，“可算是完全译本”。在《唯物史观要旨》这篇附录中，李达对唯物史观的产生及其重大意义作了扼要说明，并着重翻译了马克思和恩格斯关于唯物史观的重要论述，主要把马克思的《〈政治经济学批判〉序言》和恩格斯1888年1月出版的《共产党宣言》英译本所写《序言》中有关阐明唯物史观最精辟的论述辑录在一起，这对我国的先进分子直接从马克思主义创始人的论述中学习、掌握唯物史观的基本原理是很有作用的。当时国内马克思主义著作非常缺乏，在一些先进分子包括某些早期马克思主义者还不能直接阅读外文书籍的情况下，《唯物史观解说》等三部译著的出版，对促进马克思主义在中国的传播起了重要作用。正如《民国日报》副刊《觉悟》发表的署名文章评介所说：“一部重大著作译成中文介绍到中国来，不是思想界的一件小事。郭泰底《唯物史观解说》现在经李达君转译成我国的文字，我知道二十世纪的中国读者除我外，一定还会有许多人感谢李君为他们做完了这件工作。”①

（二）在反对各种错误思潮的论争中传播和捍卫马克思主义

马克思主义在中国的传播，并不是一帆风顺的，而是在斗争中实现的。正当马克思主义在中国的传播日益广泛、影响日益扩大的时候，反马克思主义的逆流也甚嚣尘上。以胡适等为代表的资产阶级改良主义，以梁启超、张东荪为代表的假社会主义，以黄凌霜、区声白为代表的无政府主义，都向马克思主义发起了进攻。同时，第二国际的修正主义以及第四国际的“左”倾思潮，也从内部影响着共产主义者的队伍。除了“问题与主义”的论争，李达因在国外未能参加外，在其他的历次论争中，李达都一直站在理论斗争的最前列，发挥了核心作用和骨干作用，成为马克思主义一方的杰出代表。他在斗争中撰写了大量的马克思主义论著，捍卫和宣传了马克思主义基本原理，为实现马克思主义中国化和建立中国共产党奠定了思想理论基础。

1. 以唯物史观为指导，着重研究和宣传科学社会主义理论

李达着重致力于科学社会主义的研究和宣传，其原因有两点：一是因为科学社会主义是马克思主义理论体系的核心，它包括马克思主义的一系列根本问题，关系着无产阶级革命事业的成败。二是由于现实斗争的需要。五四运动前后，近代新思想传入中国的，除了科学社会主义外，还混杂着基尔特社会主义、国家社会主义、无政府主义、修正主义、新村主义、泛劳动主义、工读主义、工团主义及合作主义等，都打着“社会主义”的旗号纷至沓来，特别是 1920 年冬至 1921 年年初，研究系的首领和骨干梁启超、张东荪，追随罗素大肆鼓吹基尔特社会主义。他们诬蔑马克思主义不适合中国国情，断言中国将来只能走基尔特社会主义道路，企图以资产阶级的所谓社会主义来代替科学社会主义。我国思想界这种错综复杂的形势，要求共产主义者对科学社会主义及时作出正确的解说，以便澄清思想理论上的大是大非，使中国革命沿着马克思主义的轨道前进。

什么是真正社会主义？中国要不要走社会主义道路？这是马克思主义者与假马克思主义者关于社会主义问题论战的基本问题，也是革命人民迫切希望解决的重要问题。对于这些问题，李达在《马克思还原》《劳动者与社会主义》《社会革命底商榷》《讨论社会主义并质梁任公》《马克思派社

① 泽民．看了郭泰底《唯物史观解说》以后［J］．民国日报（觉悟），1921－07－14.

会主义》《社会主义与江亢虎》等系列论文中，做出了明确而肯定的回答。

李达根据马克思主义创始人在《共产党宣言》和《哥达纲领批判》中的有关原理，对什么是社会主义作了旗帜鲜明的解说。他指出："社会主义主张推倒资本主义，废止财产私有，把一切工厂、一切机器、一切原料都归劳动者手中管理，由劳动者自由组织联合会，共同制造货物。"①"社会主义的分配制度，以自由平等为根据"②，实行"各尽所能，按劳分配"的原则。这就表明社会主义的基本特征，就是要消灭资本主义私有制，实行社会主义公有制；要否定几千年来建立在生产资料私有制基础上的"劳者不获，获者不劳"的人剥削人的分配制度，实行自由、平等的社会主义分配制度。

李达在考察社会主义时，不仅把它看作是人类社会发展的一种合理的社会制度，而且把它看作是无产阶级为了实现美好社会制度而奋斗的现实运动。他指出："社会主义运动，就是用种种的手段方法实现社会主义的社会。"③

为了便于人们识别真假社会主义，李达还把科学社会主义看作是无产阶级一个十分完备而严谨的思想理论体系。他在概述这一理论时，从"马克思所述社会革命的原理、手段、方法及其理想中的社会"等方面，把这一理论体系的主要原理归纳成如下七条：

"一、一切生产关系财产关系，是社会制度的基础；一切社会宗教、哲学、法律、政治等组织，均依这经济的基础而定。

二、社会的物质生产力，发展至于一定程度时，就与现社会中活动而来的生产关系财产关系发生冲突。资本家利用收集生产物的剩余价值，坐致巨富，劳动者仅赖工钱以谋生。富者愈富，贫者愈贫，遂划分社会为有产者无产者两大阶级。

三、人类的历史是阶级斗争的历史。资本制度发展到一定阶段，大多数的无产阶级就与少数的有产阶级互相对峙起来。劳动者发生阶级的心理与阶级的自觉，互相联合组成一大阶级，与有产阶级为猛烈的争斗。

四、资本主义跛扈，渐带国际的倾向，而无产阶级的作战，亦趋于国际的团结。于是全世界的一切掠夺，压迫，阶级制度，阶级斗争，若不完全歼灭，全世界被压迫被掠夺的无产阶级，不能从施压迫、施掠夺的有产阶级完全解放。

五、无产阶级的革命，在颠覆有产阶级的权势，建立劳动者的国家，

① 《李达文集》编辑部. 李达文集：第1卷［M］. 北京：人民出版社，1980：41.

② 《李达文集》编辑部. 李达文集：第1卷［M］. 北京：人民出版社，1980：50.

③ 《李达文集》编辑部. 李达文集：第1卷［M］. 北京：人民出版社，1980：62.

实行无产阶级专政。

六、无产阶级借政治的优越权，施强迫手段夺取资本阶级一切资本，将一切生产工具，集中到劳动者的国家手里，用最大的加速度，发展全生产力。

七、国家是一个阶级压迫他一阶级的机关，若无产阶级专政，完全管理社会经济事业，把生产工具变为国家公产以后，则劳动阶级的利益，成为社会全体的利益，就没有奴隶制度，没有阶级差别，生产力完全发达，人人皆得自由发展。国家这种东西自然消灭，自由的社会自然实现了。”①

以上七条，比较完整、准确地概括了马克思主义关于生产力与生产关系、经济基础和上层建筑、阶级与国家、无产阶级革命与无产阶级专政的原理。所以，李达把它当作“是马克思社会主义的概观”，并得出结论：“马克思社会主义的性质，是革命的，是非妥协的，是国际的，是主张劳动专政的，”“马克思社会主义是科学的。”②

他还阐明了科学社会主义的理论基础，着重指出：“马克思提倡社会主义，首先根据他的唯物史观学说，说明社会革命的发生及其经过；根据他的剩余价值学说，说明资本主义的发展及其崩坏；根据他的阶级斗争学说，说明无产阶级推倒资本阶级的方法及其手段。”③ 他的这些精辟概括，为追求革命的人们提供了辨别真假社会主义的客观标准。

李达以科学社会主义原理为指导，对形形色色的假社会主义进行了无情的揭露和批判。他谴责张东荪一类是“走狗学者”，指出他们“是社会主义的障碍，是我们的敌人”④。他以梁启超的《复研张东荪书论社会主义运动》“这一篇代表的文字”为“最有力的论敌”，发表了《讨论社会主义并质梁任公》的战斗檄文，向研究系的整个反动理论体系发动“全面攻击”。

他批评了所谓“马克思主义不适合中国的国情”、中国“无劳动阶级”、不能提倡社会主义的谬论，指出：“中国工业的发达虽然不如欧美、日本，”但“中国无产阶级所受的悲惨，比欧美、日本无产阶级所受的更甚”⑤，“中国是劳动过剩，不能说没有劳动阶级”⑥。因此，“社会主义运动的根本原则”，不能因为“中国现时社会实况与欧美略有不同”而改变，它是“不能独异的”⑦，它也是适合中国的国情的。

---

① 《李达文集》编辑部．李达文集：第1卷［M］．北京：人民出版社，1980：30－31.

② 《李达文集》编辑部．李达文集：第1卷［M］．北京：人民出版社，1980：31.

③ 《李达文集》编辑部．李达文集：第1卷［M］．北京：人民出版社，1980：223－224.

④ 《李达文集》编辑部．李达文集：第1卷［M］．北京：人民出版社，1980：46.

⑤ 《李达文集》编辑部．李达文集：第1卷［M］．北京：人民出版社，1980：62.

⑥ 《李达文集》编辑部．李达文集：第1卷［M］．北京：人民出版社，1980：63.

⑦ 《李达文集》编辑部．李达文集：第1卷［M］．北京：人民出版社，1980：63.

李达痛斥了那种以为中国唯一的出路是依靠资本家“开发实业”、走资本主义道路的言论。他指出，社会主义并不反对开发实业，开发实业有助于社会生产力的发展，但问题是用什么方法开发实业、走什么道路才能真正发展中国的实业。他分析了社会主义同资本主义两种制度的本质区别，论证了世界朝着社会主义运动发展的历史趋势，指明了把中国引向社会主义道路的必要性和重要性。他指出，在帝国主义“万国竞争”互相掠夺下的中国，要想发展资本主义，“恐怕要糟到极点了”“不免是空想罢”①。帝国主义绝不会让中国发展实业，不会让中国发展资本主义，而要使中国永远成为它们的殖民地。“在今日而言开发实业，最好莫如采用社会主义”，②“将来社会的经济组织必归着社会主义”③。中国必将朝着社会主义方向发展。

在人们被五花八门的“社会主义”思潮弄得眼花缭乱、真假莫辨的情况下，在反对研究系贩卖基尔特社会主义的斗争中，李达作为马克思主义者的杰出代表，以主将的姿态参与社会主义问题的论战。他关于科学社会主义的论述，以及对假社会主义的深刻揭露和批判，对于揭露伪社会主义者的欺骗，帮助先进知识分子掌握科学社会主义的真义，划清真假社会主义的界限，是有重大历史作用和现实意义的。

2. 宣传了马克思主义关于社会革命的原理

革命是历史的火车头。无产阶级要翻身求解放，就必须起来革命。那么，什么叫作社会革命？社会革命的根源、目的、步骤、手段是什么？这是当时革命青年迫切希望得到答案的问题，也是马克思主义与改良主义、修正主义斗争的重要问题。李达在《社会革命底商榷》《马克思还原》《马克思学说与中国》《社会主义与江亢虎》等论著中，明确地表示了自己的真知灼见。李达指出：“马克思所说的社会革命，就是使社会的组织完全解体的意思。”④ 即破坏和清除旧的经济基础和上层建筑，建立和发展新的经济基础和上层建筑，实现一种新的更高级的社会形态代替另一种旧的社会形态的变革。他又指出：“社会革命就是为实现社会主义而行的革命。”⑤ 即无产阶级起来推翻资产阶级的统治，建立无产阶级专政，实现社会主义。

社会革命最深刻的根源在于生产力与生产关系之间的矛盾尖锐化。李

① 《李达文集》编辑部．李达文集：第1卷［M］．北京：人民出版社，1980：66.
② 《李达文集》编辑部．李达文集：第1卷［M］．北京：人民出版社，1980：64.
③ 《李达文集》编辑部．李达文集：第1卷［M］．北京：人民出版社，1980：65.
④ 《李达文集》编辑部．李达文集：第1卷［M］．北京：人民出版社，1980：203.
⑤ 《李达文集》编辑部．李达文集：第1卷［M］．北京：人民出版社，1980：232.

达依据马克思的唯物史观写道："社会革命不是在哲学中探求而得的，乃是发生于现社会的经济状态之变动。"① 任何社会形态的变革，都是社会基本矛盾运动的结果。在资本主义社会里，"由是生产力和财产关系的冲突，遂变成有产阶级和无产阶级的冲突。无产阶级为自谋生起见，就发生了阶级的觉悟；由阶级的觉悟演出阶级的斗争"②，因而爆发无产阶级的革命。

无产阶级的历史使命是推翻资本主义、最终实现共产主义，这是马克思和恩格斯在《共产党宣言》中提出的著名原理。据此，李达指出："社会革命底目的，在推倒有阶级有特权的旧社会，组织无阶级无特权的新社会。"③

依据马克思的学说，李达认为无产阶级社会革命的步骤，可分为三个时期："第一是准备时期"；"第二是夺取政权时期"；"第三是发展产业时期"。"这三个时期是社会革命必经的历程"④。他强调："社会革命乃是由无产阶级实行政治革命夺取政权来实现的。"⑤ 夺取政权后，在发展产业时期，必须"用最大的加速度，发展全生产力"⑥。这不仅在实际上传播了马克思主义关于革命的根本问题是政权问题的基本原理，难能可贵的是，这里实际上还提出了社会主义的根本任务是发展社会生产力的观点。

关于社会革命的手段，李达根据马克思主义阶级斗争学说，明确指出，要达到社会革命的目的，"概括地说起来，就是厉行非妥协的阶级斗争"⑦。为了揭露资产阶级改良主义与第二国际修正主义的欺骗性和反动性，李达深入分析比较了议会政策、工会运动和直接行动三种不同的具体手段，认为议会政策在中国现存的社会制度下，"难以达到社会革命的目的"⑧。"无产阶级的议员要想在议会中成立一种除去自己阶级痛苦的法案，是断然办不到的"⑨。工会运动也"不能算作社会运动的唯一手段"。只有"直接行动"，才"可以称为社会革命唯一的手段"⑩。所谓直接行动"就是最普遍、最猛烈、最有效力的一种非妥协的阶级斗争手段"⑪。李达强调指出："劳农主义的直接行动，主张联合大多数的无产阶级，增加作战的势力，为突发

① 《李达文集》编辑部．李达文集：第1卷［M］．北京：人民出版社，1980：47.
② 《李达文集》编辑部．李达文集：第1卷［M］．北京：人民出版社，1980：204.
③ 《李达文集》编辑部．李达文集：第1卷［M］．北京：人民出版社，1980：52.
④ 《李达文集》编辑部．李达文集：第1卷［M］．北京：人民出版社，1980：232－233.
⑤ 《李达文集》编辑部．李达文集：第1卷［M］．北京：人民出版社，1980：203.
⑥ 《李达文集》编辑部．李达文集：第1卷［M］．北京：人民出版社，1980：31.
⑦ 《李达文集》编辑部．李达文集：第1卷［M］．北京：人民出版社，1980：52.
⑧ 《李达文集》编辑部．李达文集：第1卷［M］．北京：人民出版社，1980：52.
⑨ 《李达文集》编辑部．李达文集：第1卷［M］．北京：人民出版社，1980：53.
⑩ 《李达文集》编辑部．李达文集：第1卷［M］．北京：人民出版社，1980：56.
⑪ 《李达文集》编辑部．李达文集：第1卷［M］．北京：人民出版社，1980：72.

的猛烈的普遍的群众运动，夺取国家的权力，使无产阶级跑上支配阶级的地位，就用政治的优越权，从资本阶级夺取一切资本，把一切生产工具集中到无产阶级的国家手里，用大速度增加全部生产力，这就是直接行动的效验。"① 通过三种不同手段的分析，李达得出结论：要采取劳农主义的直接行动，达到社会革命的目的②。

对研究系分子鼓吹的"温情主义"政策，李达作了深刻、有力的批判，指出这种主张是"彻头彻尾"的改良主义，只是"略略缓和社会问题，并不是想根本地解决社会问题的"③。他说，"劝诱"资本家"宽待劳动者"，只能使劳动者永远"呻吟于资本家的掠夺支配之下，绝对得不到丝毫的幸福"④，资本家是绝不能靠空话"劝诱"就会觉悟的。他们"宽待"劳动者，无非是"使劳动者安于奴隶状态而不思反抗"⑤。

李达还坚决地驳斥了第二国际修正主义对马克思主义的背叛，深刻指出，马克思的社会主义经过第二国际的蹂躏，"精彩完全消失，由国际主义堕落到国家主义，由社会主义堕落到自由主义，由革命主义堕落到改良主义，由阶级斗争堕落到阶级调和，由直接行动堕落到议会主义"⑥。李达指出，"马克思的真面目"被伯恩施坦、考茨基之流"湮没殆尽了"⑦。只有列宁才恢复了马克思主义的真面目。修正主义思潮虽然在中国并没有多少市场，但李达对这种错误思潮的批判，表明中国的共产主义运动一开始就坚持了革命方向。

李达对马克思主义社会革命论的正确阐述，以及对改良主义、修正主义的深刻揭露和有力批判，极大地帮助中国当时的共产主义者提高了马克思主义理论水平，划清了革命与改良以及马克思主义与修正主义的界限，为中国共产主义运动的发展奠定了基础。

3. 阐发了无产阶级专政思想

马克思主义的敌人反对马克思主义，无不集中攻击和反对无产阶级专政。当时中国的无政府主义者黄凌霜、区声白等也是如此。他们大肆宣扬个人的"绝对自由"，高唱"废除一切强权""废除一切政治"，攻击十月革命是"抹杀个性""滥用强权"，是"独裁专制"，极力反对无产阶级专

① 《李达文集》编辑部．李达文集：第1卷［M］．北京：人民出版社，1980：72－73.
② 《李达文集》编辑部．李达文集：第1卷［M］．北京：人民出版社，1980：73.
③ 《李达文集》编辑部．李达文集：第1卷［M］．北京：人民出版社，1980：68.
④ 《李达文集》编辑部．李达文集：第1卷［M］．北京：人民出版社，1980：68.
⑤ 《李达文集》编辑部．李达文集：第1卷［M］．北京：人民出版社，1980：69.
⑥ 《李达文集》编辑部．李达文集：第1卷［M］．北京：人民出版社，1980：34.
⑦ 《李达文集》编辑部．李达文集：第1卷［M］．北京：人民出版社，1980：31.

政。李达在《无政府主义之解剖》《马克思还原》和《马克思派社会主义》等长文中，批判了这种反动思潮。他指出，无政府主义“各个分派的共同要素就是否认一切政府、一切国家、一切权力”①，“能成为无政府主义的，只有个人主义”②，个人主义是无政府主义整个世界观的基础。他还指出，“无政府共产社会”是“空中楼阁”③，不要中央集权是“蔑视时间空间的空想”④，“绝对自由”“绝对平等”是根本没有的。这样的批判击中要害，从而剥夺了中国无政府主义的思想理论武装。

李达在批判无政府主义的斗争中，进一步阐发了其无产阶级专政的理论。

第一，阐述了马克思主义的国家观。

他引用恩格斯和列宁的观点，指出：“国家是阶级支配的一个机关，是一阶级压迫其他阶级……的机关。”国家并不是从来就有的，“国家是一定发展阶段之中的社会的一个产物；是阶级的冲突和经济的利益不能和谐的一个证据”⑤。据此，他批驳了所谓“一切国家都是祸害”的谬误，指出必须区别两种性质根本不同的国家。他认为，说资产阶级的国家是特权阶级的国家是可以的，若说无产阶级的国家是特权阶级的国家便不对了。“若嫌特权阶级的国家不好，只好把特权阶级打倒、建设无特权阶级的国家就好了”⑥，“若说一切国家都是特权阶级的国家，就不免是独断了”⑦。

第二，论述了无产阶级专政的必要性和重要性。

李达引证马克思在《法兰西内战》一书中的一段话：“工人阶级不能简单地掌握现成的国家机器，并运用它来达到自己的目的。”说明无产阶级要取得革命的最后胜利就必须打碎资产阶级的国家机器，建立无产阶级自己的革命专政。他又引证马克思在《哥达纲领批判》一书中的一段话：“在资本主义社会和共产主义社会之间，有一个从前者变为后者的革命转变时期。同这个时期相适应的也有一个政治上的过渡时期，这个时期的国家只能是无产阶级的革命专政。”据此，他明确提出：“资本阶级的独裁只能变为劳动阶级的独裁政治，”⑧ 即资产阶级专政只能为无产阶级专政所代替。李达指出：“无产阶级的革命，在于颠覆有产阶级的权势，建立劳动者的国家，

---

① 《李达文集》编辑部．李达文集：第1卷［M］．北京：人民出版社，1980：80.

② 《李达文集》编辑部．李达文集：第1卷［M］．北京：人民出版社，1980：90.

③ 《李达文集》编辑部．李达文集：第1卷［M］．北京：人民出版社，1980：88.

④ 《李达文集》编辑部．李达文集：第1卷［M］．北京：人民出版社，1980：87.

⑤ 《李达文集》编辑部．李达文集：第1卷［M］．北京：人民出版社，1980：102.

⑥ 《李达文集》编辑部．李达文集：第1卷［M］．北京：人民出版社，1980：83.

⑦ 《李达文集》编辑部．李达文集：第1卷［M］．北京：人民出版社，1980：83.

⑧ 《李达文集》编辑部．李达文集：第1卷［M］．北京：人民出版社，1980：88.

实行无产阶级专政。"① 为了镇压敌人的反抗和防御外国的入侵，无产阶级专政的"监狱也要""警察也要""军队也要"②。无产阶级专政的根本任务，是"用最大的加速度，发展全生产力"，最终达到"没有奴隶制度，没有阶级差别，生产力完全发达，人人皆得自由发展"③ 的共产主义社会。

第三，阐明了无产阶级专政的本质、职能和形式。

无产阶级专政与此前一切类型的国家有着本质的不同。李达指出："劳动专政的本质，即是一阶级对于他阶级而行的革命的强有力的国家。换句话说，所谓劳动专政就是劳动者的国家。""资本家阶级的国家是资产阶级专政，劳动阶级的国家是劳动阶级专政。"④ 无产阶级专政，它是"劳动阶级对于资本阶级运用的强力政治"⑤。

关于无产阶级专政的职能，李达认为至少有三种：一是"要对抗反对共产主义的人""要对抗那资本主义的敌国"⑥。二是"要征服资本阶级，根本铲除资本主义的一切思想、风俗习惯和制度，确定社会主义根基"，"经过这政治的过渡时期，巩固新社会的基础"⑦。三是"用大速度增加全部生产力"⑧。

在无产阶级专政的形式上，他指出："典型的劳农会共和制度"即工农代表苏维埃制度是无产阶级专政适宜的政治形式。

第四，揭示了无产阶级民主和资产阶级民主的根本对立以及无产阶级民主和无产阶级专政的辩证统一。

李达根据列宁的观点加以发挥道："一切民主主义都是对立的，换句话说，就是阶级的民主主义。"没有一切阶级的民主。资产阶级民主只是对资产阶级说的，而对无产阶级及一切剥削阶级的劳动者则是专政。"资产阶级的民主主义，不过是资本主义专制的表现"。无产阶级专政，也只是对资产阶级说的，而对人民则是民主的。"所以劳动阶级的民主主义（即劳动专政）要努力把资本阶级的民主主义打破"。"资本主义虚伪地主张一切阶级的政府，而在事实上却是一阶级的政府。所以劳动阶级的革命，也率直地组织劳动阶级的政府，以期实现一切阶级的民主主义"⑨。无产阶级民主与

① 《李达文集》编辑部. 李达文集：第1卷［M］. 北京：人民出版社，1980：31.
② 《李达文集》编辑部. 李达文集：第1卷［M］. 北京：人民出版社，1980：90.
③ 《李达文集》编辑部. 李达文集：第1卷［M］. 北京：人民出版社，1980：31.
④ 《李达文集》编辑部. 李达文集：第1卷［M］. 北京：人民出版社，1980：102.
⑤ 《李达文集》编辑部. 李达文集：第1卷［M］. 北京：人民出版社，1980：102.
⑥ 《李达文集》编辑部. 李达文集：第1卷［M］. 北京：人民出版社，1980：90.
⑦ 《李达文集》编辑部. 李达文集：第1卷［M］. 北京：人民出版社，1980：103.
⑧ 《李达文集》编辑部. 李达文集：第1卷［M］. 北京：人民出版社，1980：73.
⑨ 《李达文集》编辑部. 李达文集：第1卷［M］. 北京：人民出版社，1980：101.

资产阶级民主是根本对立的，而无产阶级专政制度与无产阶级民主制度则是不可分割的辩证统一。

李达所论述的无产阶级专政思想，对于清除无政府主义的影响和避免第二国际修正主义的侵蚀，纯洁共产主义的队伍，使我们党一开始就成为马克思主义的革命政党，有着深远的意义。

4. 研究和传播马克思主义建党学说

在马克思主义与中国工人运动相结合的过程中，在筹建中国共产党实践活动中，李达不仅比较系统地阐述了唯物史观和科学社会主义，而且研究和传播了马克思主义的建党学说。

第三国际建立初期，欧美一些国家的所谓共产主义“左”派于1921年10月在德国柏林召开会议，拼凑了“第四国际”。他们站在极“左”的立场上，否定党的领导，反对建立无产阶级政党；不懂得马克思主义的战略策略，否定共产党人在资产阶级议会和黄色工会中进行革命工作的必要性，反对一切可能的合法斗争，否定工农联盟。为了使刚刚成立的中国共产党免受这股错误思潮的影响，李达于1922年撰写了《评第四国际》一文，系统地批判了第四国际的错误理论和策略。该文与1920年7月发表的《第三国际（即国际共产党）大会的缘起》等文章，是李达阐述马克思主义建党学说的代表作。在这些文章中，李达对为什么建党、建设什么样的党以及如何建党，都作了初步的探讨和研究。

关于建党的必要性和重要性，李达指出：“无产阶级革命的目标在夺取政权、实行劳工专政。政权必须用武装方能夺到手，既用武装就不能不有严密的组织，什么劳动者的自由结合，完全没有用处。阶级争斗，就是战争，一切作战计划，全靠参谋部筹划出来，方可以操胜算。这参谋部就是共产党。”① 因此，“无产阶级要实行革命，必有一个共产党从中指导，才有胜利之可言”②。他又说：“一九一七年俄国革命之所以成功，与一八七一年的巴黎共产团之所以失败，就是因为一个有共产党任指挥而一个没有。”③并且坚定地指出：“共产党不仅在革命以前是重要；即在革命时也是重要；革命之后……尤其重要。除非到共产主义完全实现的时代，共产党不可一日不存在。”④

关于党的性质和作用，李达认为，“‘阶级’和‘政党’并不是一样的

① 《李达文集》编辑部．李达文集：第1卷［M］．北京：人民出版社，1980：133.
② 《李达文集》编辑部．李达文集：第1卷［M］．北京：人民出版社，1980：133.
③ 《李达文集》编辑部．李达文集：第1卷［M］．北京：人民出版社，1980：133.
④ 《李达文集》编辑部．李达文集：第1卷［M］．北京：人民出版社，1980：134.

东西”[①]，党应该是由“少数有革命精神的”“少数有阶级觉悟的”工人组成“一个紧密的团体”。应该“从事组织、训练”多数工人，并“撒布到全体（工人）中间宣传革命，实行革命”。他明确指出：“共产党是无产阶级的柱石，是无产阶级的头脑，”是无产阶级革命的“指导人”[②]。

关于党的指导思想、党的纲领和目标，李达郑重指出：“国际共产党联盟的主旨，就是实现马克思的共产主义，即革命的社会主义，由公然的群众运动，断行革命，至于实现的手段，就是采用无产阶级专政。”他说：“现在代表国际社会主义的权威，就是这个国际共产党。世界的共产主义者啊！我们望着这个目标前进呀！”[③] 共产国际的主旨，就是中国共产党的主旨。这个主旨指出了党的指导思想是马克思主义，党的纲领是用暴力革命夺取政权、建立无产阶级专政，最终目标是实现共产主义。所以，李达在1921年5月发表的文章中，旗帜鲜明地提出要“结合共产主义信仰者，组织巩固之团体，无论受国际的或国内的恶势力的压迫，始终为支持共产主义而战”[④]。

在党的战略策略上，李达认为党的战略目标是“夺取政权，实行劳工专政”[⑤]。而要实现这个战略目标，必须有正确的策略。这些策略包括利用黄色工会和资产阶级议会发展革命力量，进行合法斗争，以及充分估计农民的作用等。李达指出，要正确对待黄色工会，因为“共产党的天职，是以组织、训练无产阶级为己任的，所以一面要组织劳动组合以外的劳动者而加以训练，一面要唤醒劳动组合员而引为同志”[⑥]。共产党员应该“加入各组织中组织共产主义的核心，撒布共产主义种子使它发酵起来”，促使“黄色组合都共产主义化”[⑦]；也要正确对待资产阶级的议会，“共产党人若是抱着革命的目的跑进议会去，利用议会而不为议会所利用，定可以得到很好的成绩”[⑧]。共产党人应当利用议会讲坛和资产阶级的报纸去“宣传主义”“揭破资本阶级政府的虚伪，陈述资本主义的罪恶，宣布共产主义的好处，唤起劳动阶级的自觉”[⑨]；尤其要充分估计农民的作用，他认为，社会革命，工业劳动者“非与农村无产阶级结合，就不易成就”[⑩]。即使在西欧

① 《李达文集》编辑部．李达文集：第1卷［M］．北京：人民出版社，1980：133.
② 《李达文集》编辑部．李达文集：第1卷［M］．北京：人民出版社，1980：134.
③ 《李达文集》编辑部．李达文集：第1卷［M］．北京：人民出版社，1980：29.
④ 《李达文集》编辑部．李达文集：第1卷［M］．北京：人民出版社，1980：74.
⑤ 《李达文集》编辑部．李达文集：第1卷［M］．北京：人民出版社，1980：133.
⑥ 《李达文集》编辑部．李达文集：第1卷［M］．北京：人民出版社，1980：135.
⑦ 《李达文集》编辑部．李达文集：第1卷［M］．北京：人民出版社，1980：135－136.
⑧ 《李达文集》编辑部．李达文集：第1卷［M］．北京：人民出版社，1980：136－137.
⑨ 《李达文集》编辑部．李达文集：第1卷［M］．北京：人民出版社，1980：137.
⑩ 《李达文集》编辑部．李达文集：第1卷［M］．北京：人民出版社，1980：138.

各国，“社会革命最初应联络农村中这种半无产阶级，至少也要运动他们严守中立，才可以减少阻碍力”①。李达所阐述的这些观点，为我党初创时期制订正确的战略策略奠定了必要的思想理论基础。

关于共产党应遵循的无产阶级国际主义原则。马克思、恩格斯在《共产党宣言》中提出了“全世界无产者，联合起来”的著名口号，这一口号一直鼓舞着全世界的无产者和劳动人民为彻底埋葬资本主义、建立社会主义、最终实现共产主义而坚持不懈地团结战斗。李达在早期的马克思主义论战中就大力宣传了这个战斗口号，他斩钉截铁地指出：“世界的趋势，是必须要实现社会主义，资本主义是必须灭亡的。”② 但“资本主义跋扈，兼带国际的倾向，而无产阶级的作战，亦趋于国际的团结”③。所以，“中国社会运动者，要联络中国人民和世界各国的人民，在社会主义上会合”④，尤其要“联络世界各国劳动阶级，图巩固的结合，为国际的行动，与世界资本阶级的国际行动对抗”⑤，以扫灭全世界所有的资本主义。又说，中国的“劳动者要获得政治上、经济上的自由平等，就首先要团结起来”，并和全世界劳动阶级的兄弟们携手，“对国际资本阶级为最后之奋斗”“达到真正解放之目的”⑥。

李达在我国马克思主义传播中做出了重大的历史贡献。他不愧是传播马克思主义的先驱者，他研究、宣传和捍卫了马克思主义的基本原理，对坚持马克思主义的指导、坚持共产党的领导、坚持社会主义道路、坚持无产阶级专政的论证，在当时共产主义者中是相当突出的，代表了我党建党时期的较高水准，为实现马克思主义中国化和建立中国共产党奠定了思想理论基础。

二、致力于中国共产党的创建，奠定马克思主义中国化的组织基础

马克思主义中国化的一个基本前提，是在中国建立马克思主义政党——共产党。在筹建中国共产党的实践活动中，李达不仅比较系统地阐述了唯物史观和科学社会主义，为党的建立做出了思想理论贡献，而且直接参与了党的组建工作，为马克思主义中国化奠定了组织基础。

---

① 《李达文集》编辑部．李达文集：第1卷［M］．北京：人民出版社，1980：138.
② 《李达文集》编辑部．李达文集：第1卷［M］．北京：人民出版社，1980：67.
③ 《李达文集》编辑部．李达文集：第1卷［M］．北京：人民出版社，1980：31.
④ 《李达文集》编辑部．李达文集：第1卷［M］．北京：人民出版社，1980：73.
⑤ 《李达文集》编辑部．李达文集：第1卷［M］．北京：人民出版社，1980：74.
⑥ 《李达文集》编辑部．李达文集：第1卷［M］．北京：人民出版社，1980：77.

(一)上海共产党早期的发起人之一和代理书记

1920年5月，李达抱着“回国寻找同志干社会革命”的目的，从东京回到上海，首先访问了陈独秀，商讨组织社会革命党的事。陈独秀告诉李达，他和李汉俊等正在准备发起组织中国共产党，并邀请李达参加，李达欣然同意。当时，李达住在《新青年》社内，与陈独秀交往非常方便。他以留日学生理事的身份，在博文女校参与中国学生联合会的领导工作。

1920年8月，陈独秀和李汉俊、李达、俞秀松、陈望道、沈玄庐、施存统发起，在上海《新青年》编辑部开会。大家一致主张成立共产党，并推选陈独秀为党的书记。这样，中国工人阶级政党最早的组织，在中国工人阶级最密集的中心城市——上海正式建立。于上海创建的共产党早期组织，是实际上的中国共产党发起组，是各地共产主义者进行建党活动的联络中心。

因同年12月陈独秀赴广州任广东省教育委员长，1921年2月李汉俊辞去代理书记，李达接任代理书记。从这时起到党的第一次全国代表大会前夕，李达一直主持党的上海发起组的全面工作。

为了广泛传播马克思主义，1920年9月，《新青年》改组为党的发起组机关刊物。李达不仅参与编辑工作，还经常为《新青年》写稿。据统计，李达以本名或其他笔名在《新青年》发表的重要文章有《劳工神圣颂》《马克思还原》《讨论社会主义并质梁任公》《马克思派社会主义》《评第四国际》。这些文章几乎都是宣传马克思主义、批判反马克思主义和非马克思主义思潮的重头文章。此外，李达还在《新青年》上发表了多篇重要译著，如《劳农俄国底结婚制度》《俄国农民阶级斗争史》《从科学的社会主义到行动的社会主义》《列宁的妇人解放论》《劳农俄国底妇女解放》。

有了革命理论，还必须有理论指导下的革命行动。用马克思主义指导工人运动，促进马克思主义与工人运动相结合，是马克思主义中国化的基本前提①，也是中国共产党创立的基本条件。李达一贯支持工人运动，注意向工人阶级灌输阶级斗争思想。他在《劳动界》《新青年》以及《民国日报》副刊《觉悟》上，相继发表了《劳动者与社会主义》《劳工神圣颂》《“五一”运动》等文章，以通俗易懂的道理，向工人们宣传社会主义的科学原理。1921年夏历新年，在李达的主持下，铅印了几万张实际上是革命传单的贺年片。正面印着“恭贺新年”四个醒目大字，背面则印了一首进

① 郑丽平．陈独秀对早期马克思主义中国化的贡献［J］．马克思主义研究，2010（2）．

行共产主义宣传的《太平歌》。这项宣传活动在工人中产生了广泛影响。

（二）《共产党》月刊主编

各地共产党早期组织建立后，怎样才能使这些分散的组织从思想上和组织上统一起来，建立一个全国性的无产阶级政党？这是当时迫在眉睫的一项特别重大的任务。根据列宁的建党经验，首先创办一个党的机关刊物是极为重要的。党的发起组继将《新青年》改为自己公开的机关刊物外，又于1920年11月7日创办了半公开、政治性更强的党刊——《共产党》月刊，由李达担任主编。

这个刊物是党在创建时期宣传马克思主义、进行党的基本知识教育的一个重要的政治理论刊物，也是建立统一的无产阶级政党的“第一个实际步骤”。这个刊物第一次在中国树起“共产党”的大旗，阐明中国共产党人的基本主张，该刊《短言》明确宣告：“我们共产党在中国有二大使命，一是经济的使命，一是政治的使命。”① 号召中国无产阶级“举行社会革命，建立劳工专政的国家”，“跟着俄国的共产党一同实验新的生产方法”②，用最大的加速度发展社会生产力。

根据建党的需要，这个刊物在宣传建党思想方面是最为突出的。它着重宣传列宁的建党学说和共产党的基本知识，介绍俄国共产党和国际无产阶级的建党经验，探讨中国革命的理论和实践问题。据初步统计，《共产党》月刊共发表文章53篇，其中有关探讨建党思想的占38篇；发表世界和国内消息短讯78篇，其中有关各国建党的现状与动向的占52篇，两项合计长短文共有131篇，与探讨建党思想有关的90篇，占2/3。李达个人在这个刊物发表的长篇文章有《社会革命底商榷》《无政府主义之解剖》等2篇；介绍国际共运建党经验的短讯、消息30篇；参与撰写或亲自执笔的带社论性的《短言》6篇。以上累计长短文38篇，约占该刊全部文章的34%，特别值得重视的是列宁起草的《加入共产国际条件》等重要文献，也在这个刊物全文刊登。以上表明，《共产党》月刊为建党所作的贡献最显著也最突出。

《共产党》月刊完全是适应建党需要而创办的。为什么要建党？建立什么样的党？党在中国应该干什么？对这样一些必须首先明确解决的问题，它都作出了力所能及的系统宣传，并收到了良好效果，博得了共产主义者的一致好评。李大钊领导的马克思主义学说研究会，也在一则《通告》中

① 《共产党》第5号《短言》。

② 《共产党》第1号《短言》。

向会员和进步学生推荐这个刊物。在北京，党的早期组织的成员不仅自己认真学习，而且在 1921 年 1 月长辛店创办的劳动补习学校里，把《共产党》月刊和《共产党宣言》等书刊一起介绍给工人学习，并向工人通俗地讲解“工人为什么要有政党”[①]。毛泽东曾高度赞扬《共产党》月刊“颇不愧‘旗帜鲜明’四个字”[②]，并把其中刊载的《俄国共产党的历史》《列宁的历史》等文章推荐给长沙《大公报》发表。《共产党》月刊以各种方式发行到各地，成为早期共产主义者学习列宁建党学说和党的基本知识的必读教材，并在共产主义者和进步知识分子中广为流传，其发行量最高达 5000 份，可见影响之广。

当时，主办这样一个传播共产主义、直接为建党作准备的党刊，不仅需要大无畏的精神，而且要克服许多困难。没有办公室，李达便把刊物的编辑部设在自己的寓所；没有经费，他便和沈雁冰商量，大家拼命写稿子卖给商务印书馆，以所得的稿酬充作党的经费；没有人力，在最紧张的时候，从写稿到发行，全部工作几乎由李达一人承担。

《共产党》月刊从 1920 年 11 月创刊到 1921 年 7 月以后停刊，虽然只出了 6 期，但对中国共产党的创建起到了指导和推动作用。这是党的上海发起组织共同努力的结果，其中作为上海发起组代理书记兼主编的李达，做出了重大贡献。

（三）筹备党的一大，主持党的宣传工作

1921 年 6 月，共产国际代表马林和赤色职工国际代表尼可尔斯基（又译名为尼可洛夫）到上海和李达、李汉俊晤谈。李达报告了上海及其他各地党的早期组织的工作。共产国际代表认为组党时机确已成熟，建议及早召开党的全国代表大会[③]。根据原来的酝酿和共产国际代表的建议，李达分别与在广州的陈独秀和在北京的李大钊联系商讨，确定在上海召开中国共产党第一次全国代表大会。李达代表党的发起组通知北京、武汉、长沙、广州、济南等地以及日本留学生中的早期党组织或党员，各派两名代表到上海出席党的第一次全国代表大会。他和李汉俊是上海代表。作为党的发起组代理书记，李达担负了大会的筹备和组织工作。

大会期间，除参与起草文件外，李达还负责处理大会事务。党的一大会址的选定和转移及代表的食宿等具体事务都是由他负责解决的。党的一

① 长辛店机车车辆厂厂史编委会. 北方的红星［M］. 北京：作家出版社，1960：68.

② 毛泽东. 毛泽东书信选集［M］. 北京：人民出版社，1983：15.

③ 李达. 七一回忆［J］. 七一（创刊号），1958 -07 -01.

大通过了中国共产党党纲和党的任务的决议。大会选举产生了中央局作为党的中央领导机构，推举陈独秀为书记，李达为宣传主任，张国焘为组织主任。至此，中国共产党正式宣告成立。李达作为大会的筹备者和组织者，为党的一大的胜利召开和中国共产党的诞生做出了非常重要的贡献。

李达担任中央宣传主任之后，全力以赴主持党的宣传工作。他创办和主持了我党领导的第一个出版机构——人民出版社，并任主编。社址就设在他的寓所内。人民出版社的主要任务，是出版发行马列主义的理论著作。李达在《新青年》第9卷第5号刊载《人民出版社通告》，说明了人民出版社的宗旨和任务，并公布了该社的出版计划。原准备出版"马克思全书"15种、"列宁全书"14种、"康民尼斯特（共产主义）全书"11种、其他理论书籍9种，这个出版计划由于反动势力的迫害和物质条件的限制未能完全实现。但李达克服种种困难，在短短一年内出版了马克思主义的理论书籍15种，其中包括马恩全书3种：《共产党宣言》（陈望道译）、《工钱劳动与资本》即《雇佣劳动与资本》（袁让译）、《资本论入门》（马尔西原著，李汉俊译）；列宁全书5种：《劳农会之建设》（李立译）、《讨论进行计划》（成则人、沈泽民译）、《共产党礼拜六》（王静译）、《劳农政府之成功与困难》（李墨耕译）、《列宁传》（张亮译）；康民尼斯特（共产主义）丛书4种：《共产党的计划》《俄国共产党党纲》《第三国际决议案及宣言》《劳动革命史》；其他编著3种。这些经典著作和革命理论书籍在党的初创时期成为许多共产主义者的启蒙读物和教科书，对促进马克思主义在中国的广泛传播起过很大的作用。

在十分困难的条件下，李达为创办党的第一个秘密出版机构、出版发行马列著作及其他革命书籍付出了艰苦的劳动。那时，除了著译书稿之外，丛书的编辑、付印、校对、发行工作，几乎全由他"一人承担"①。在党的出版事业发展史上，李达是一个拓荒者和奠基人。

综观李达在建党时期的全部理论和实践活动，应当说，李达作为党的主要创始人之一和早期重要领导人之一而被载入史册是并不过誉的，他为奠定马克思主义中国化的思想理论基础和组织基础做出了重大贡献。

三、推动马克思主义中国化迈出可贵的步伐

党的二大后，李达辞去党中央的职务，应毛泽东之邀请，到湖南担任

① 李达．回忆党的早期活动［J］．党史资料丛刊，1980（1）．

自修大学学长，为党培养干部。1922—1926 年，他先后在自修大学、湖南公立政法学校、湖南大学、湖南第一师范任教。这期间，李达专心致力于马克思主义理论的研究和教育工作，试图结合中国社会和中国革命的实践，阐述自己对马克思主义的初步理解，从而把对马克思主义的研究和宣传在建党时期的基础上又推进了一步。

马克思主义是科学的世界观和方法论，但马克思主义要发挥其巨大威力，必须同各国的革命实践相结合。李达从接受马克思主义一开始，就没有把马克思主义作为纯学理来探讨，而是作为观察国家命运的工具。1923 年，他发表了《马克思学说与中国》一文，明确指出："马克思学说之在中国，已是由介绍的时期而进到实行的时期了。"① 必须研究中国如何"应用马克思主义学说改造社会"②。因此，很有必要讨论"马克思学说与中国"这一论题。根据当时中国社会的特点，他认为，中国共产党"组织无产阶级，企图社会革命，在理论上、在事实上并不是没有确实的根据的"③。但无产阶级究竟怎样来进行政治运动，"这一点马克思在《共产党宣言》上并未为中国共产党筹划"，那是要"按照目前中国国情"④ 来决定。尽管把马克思主义运用到中国具体实际中去绝不是一件容易的事，李达在当时也不可能彻底解决这一问题，但却朝着这个方向迈出了可贵的步伐。

（一）担任湖南自修大学学长，培养革命干部

陶德麟先生认为，中国化不仅仅是党的领袖人物的工作，而是由许多人以多种形式参与、由多方面的工作构成的系统工程。由此观之，培养革命干部是马克思主义中国化的重要环节之一。

自修大学是毛泽东创办的一所传播马克思主义、培养革命干部的新型大学。因李达的马克思主义理论水平高，毛泽东特邀李达来作学长，帮助学员学习马克思主义理论。李达与毛泽东、何叔衡等同住长沙清水塘，共同担负起培养党的干部、研讨马克思主义的光荣任务。

自修大学强调学生要有明确的学习目的，树立正确的人生观和世界观，因此明确规定："学生不但修学，还要有向上的思想，养成健全的体格，煎涤不良习惯，为革新社会作准备。"其办学"目的在改造新社会"⑤。自修大

① 《李达文集》编辑部．李达文集：第 1 卷［M］．北京：人民出版社，1980：202.
② 《李达文集》编辑部．李达文集：第 1 卷［M］．北京：人民出版社，1980：203.
③ 《李达文集》编辑部．李达文集：第 1 卷［M］．北京：人民出版社，1980：211.
④ 《李达文集》编辑部．李达文集：第 1 卷［M］．北京：人民出版社，1980：211.
⑤ 毛泽东．湖南自修大学创立宣言［J］．新时代（创刊号），1923.

学的学生主要是党组织输送的党员、团员和坚定的革命青年，他们一边学习，一边参加党领导的革命活动。

自修大学设有文、法两科，以研究马克思主义、探讨中国革命为中心组织教学。学习方法以自由研究、共同讨论为主，教师担负提出问题、订正笔记、修改作文等责任。当时，湖南《大公报》曾报道说，自修大学“纯重自修，除外国文外，皆无上课时间，个人自由研究或讨论”。学生“每人每日作读书录及填写作业各一本。每月作文一篇。皆由学长考阅，以定成绩之良否”。

自修大学还附设有补习学校和法文专修科以及初中班，公开招生，为党培养青年干部。

李达主持校政和教学，负责“指导学友之自修，考察学友之成绩”，辅导大家学习马列主义。此外，还给补习学校、法文专修科及初中班学生系统讲授唯物史观、剩余价值理论、科学社会主义和社会发展史等，他结合实际，针对学生提出的问题进行教学。

李达特别重视组织学习马克思主义的原著，亲自给自修大学学员讲授《德国劳动党纲领栏外批判》即马克思的《哥达纲领批判》，并把它翻译成中文发表在校刊上。他还编写《马克思主义名词解释》，印发给学员参考。

李达担任自修大学学长期间，不仅为湖南党组织培养、造就了一批革命干部，而且在马克思主义理论研究方面，和毛泽东以及广大学员一道，开始朝着应用马克思主义探讨中国革命问题的方向迈进。

（二）主编《新时代》，宣传党的纲领和策略

为了宣传马克思主义和研讨中国革命问题，李达和毛泽东以湖南自修大学的名义，创办了《新时代》月刊，李达任主编。

这个刊物的发刊词说：“努力研究致用的学术，实现社会改造的准备。”即运用马克思主义研究中国革命问题，改造中国社会。这个宗旨与自修大学的办学方针完全一致。发刊词还指出了刊物的使命：“将来，国家如何改造，政治如何澄清，帝国主义如何打倒，武人政治如何推翻，教育制度如何改革，文学艺术及其他学问如何革命，如何建设，等等问题，本刊必有一种根本的研究和具体的主张贡献出来。”这当中的根本问题是“帝国主义如何打倒，武人政治如何推翻”，也就是要探讨如何实现反帝反封建的民主革命纲领。

李达在《新时代》月刊上相继发表了《何谓帝国主义》《为收回旅大运动敬告国人》《马克思学说与中国》《中国工商阶级应有之觉悟》《旧国会

不死，大盗不止》等论文，宣传了党的民主革命纲领，阐明了党的革命统一战线政策。

在这些论著中，李达根据对中国社会的政治经济状况的分析，指出："中国早已被帝国主义征服了，经济上、政治上早已形成半殖民地的状态，"[①] "一言以蔽之，中国就是国际帝国主义的半殖民地而已"[②]。在这种情况下，"搅乱中国的两大障碍物，一个是国际帝国主义，一个是国内武人政治"[③]。"我们国民处在这国际帝国主义和国内武人政治的两重压迫之下，如水益深，如火已热"[④]。因此，"排除外力，打倒军阀，这几乎是天经地义了"[⑤]。中国人民"要获得自由与幸福，非首先组织起来打破这两大障碍物，绝对没有成功的希望"[⑥]。李达号召中国人民组织起来，开展一个国民运动铲除军阀，打倒国际帝国主义，建设统一的国民政府，建设独立自主的国家。所以，李达认为中国共产党提出的反帝反封建的民主革命纲领，"在理论上、在事实上并不是没有确实的根据的"[⑦]。

要完成反帝反封建的民主革命任务，就必须建立各革命阶级的联合战线，采取正确的方针和策略。李达指出："中国共产党联合国民党推倒军阀的政治主张，在马克思学说上也是有基础的。"[⑧] 他运用马克思主义的原理，结合中国的实际，阐述了自己对国共合作的见解。

李达运用马克思主义阶级分析的方法，分析了中国的无产阶级和资产阶级，指出："中国无产阶级经济上受本国有产阶级的压迫；政治上受封建阶级的压迫；有产阶级直接受封建阶级的压迫；两者又同时受国际帝国主义的压迫，前者是三重的，后者是二重的。"[⑨] 因此，组成包括资产阶级在内的以国共合作为基础的反帝反封建的革命统一战线，具有必要性和可能性。

李达认为，在统一战线中，"共产党应注重'组织无产者成为一个阶级'的工作，时时要保持独立的存在，免受他党所影响"[⑩]。对于国民党的态度，共产党应"影响他们向'左'倾"。将来民主革命成功时，共产党务

① 《李达文集》编辑部．李达文集：第1卷［M］．北京：人民出版社，1980：217.
② 《李达文集》编辑部．李达文集：第1卷［M］．北京：人民出版社，1980：210.
③ 《李达文集》编辑部．李达文集：第1卷［M］．北京：人民出版社，1980：192.
④ 《李达文集》编辑部．李达文集：第1卷［M］．北京：人民出版社，1980：201.
⑤ 《李达文集》编辑部．李达文集：第1卷［M］．北京：人民出版社，1980：217.
⑥ 《李达文集》编辑部．李达文集：第1卷［M］．北京：人民出版社，1980：192.
⑦ 《李达文集》编辑部．李达文集：第1卷［M］．北京：人民出版社，1980：211.
⑧ 《李达文集》编辑部．李达文集：第1卷［M］．北京：人民出版社，1980：212.
⑨ 《李达文集》编辑部．李达文集：第1卷［M］．北京：人民出版社，1980：211.
⑩ 《李达文集》编辑部．李达文集：第1卷［M］．北京：人民出版社，1980：212.

必“引导到无产阶级革命去。不然，共产党应该单独地严整无产阶级的阵地”①。

中国无产阶级深受“三重压迫”，其革命性远远超过资产阶级，因此，李达指出，在民主革命过程中，中国共产党要抓住革命时机领导无产阶级努力掌握政权，一旦“掌握政权”，就“可以利用政治的权力把私的资本主义促进到国家资本主义去”②。不必等资本主义高度发达后再进行社会主义革命。这些看法，在当时是很可贵的。

1923 年 11 月，湖南反动军阀赵恒惕下令封闭了自修大学，《新时代》也随之停刊。但它在李达的主持下，对宣传马克思主义、宣传党的纲领与策略、帮助提高干部的理论水平以及指导中国革命的斗争，无疑起了重大作用。

（三）出版《现代社会学》，系统阐述唯物史观

1926 年 6 月，湖南现代丛书社正式出版了李达的《现代社会学》，实际上这是他的《新社会学》的最后定名。这是他在过去多年从事唯物史观教学与研究的基础上，写成的一部马克思主义哲学专著，是集介绍和宣传马克思主义唯物史观学说之大成的一部系统的理论著作，代表了中国马克思主义者在当时所能达到的理论水平。

全书共分 18 章，约 17 万字。李达在这部著作中，全面、系统地阐述了唯物史观，并以此为指导，紧密联系中国社会和革命实际，论述了世界革命与中国革命的关系，分析了中国社会性质、中国革命的领导权和前途等问题，为中国人民指明了斗争方向。

因为历史唯物主义是科学社会主义的两大基石之一，李达在本书中用 13 章论述历史唯物主义，其丰富内容主要有以下几点。

第一，阐明了唯物史观的根本原理和社会本质说的精髓。

这部著作贯穿着彻底的唯物的一元论历史观，指出唯物史观的社会本质说的精髓是：“社会生活之历程，即物质的生产历程，而物质的生产历程，完全受生产技术及生产力之支配。在物质的生产历程中，所谓精神文化，皆由物质的生产关系中产出，随生产力之发达而发达，随生产关系之变迁而变迁。社会之进步，亦即生产力之进步。此唯物史观的社会本质说之概要也。”③ 或者说，可谓社会本质说的精髓，也可以称之为唯物史观的

---

① 《李达文集》编辑部．李达文集：第 1 卷［M］．北京：人民出版社，1980：212.

② 《李达文集》编辑部．李达文集：第 1 卷［M］．北京：人民出版社，1980：214.

③ 《李达文集》编辑部．李达文集：第 1 卷［M］．北京：人民出版社，1980：243.

根本原理。《现代社会学》全书都贯穿着这一彻底的唯物史观的根本原理。它对唯物史观的论述全面而周详，既反对唯心论，又反对机械论。它力批"契约的社会说""生物的社会说"和"心理的社会说"这三种流行的资产阶级社会学说的谬误，从一切社会发展和变革的最终决定力量是生产力的观点出发，把生产力与生产关系这一对基本矛盾当作构成社会的基础，然后据此立论，论述社会的起源、发展、变革，和社会意识、阶级与国家、空想社会主义与科学社会主义。这一系列问题都不能不联系于对唯物史观根本原则的理解和运用，如果背离了唯物史观的这一根本原理，要对上述诸问题作出正确的解释和结论，那是绝对不可能的。

第二，系统阐述了关于生产力与生产关系、经济基础与上层建筑相互关系的原理。

李达认为，生产力与生产关系是一个对立统一的概念。"两者互有密切之关系"：一是生产力决定生产关系，"生产力之发展必以劳动手段之变化为依归。人类一旦发明新劳动手段，即能获得新生产力，一旦获得新生产力，则必改造生产关系"①。二是生产关系必须与生产力的状况相适应，"生产关系与生产力相适应，则生产力能在生产关系中发展，倘生产力继续发展至一定程度以上，而生产关系阻碍其发展时，当时之生产关系势必改造，生产力始有发展之余地"②。但是，如果离开现实生产力水平去任意改变生产关系，那么"生产力不但不能增进，反有衰减之虞"③。故不能超越现实生产力去强制实行共产主义。李达对这个问题的理解和把握是合乎辩证法的。

关于经济基础与上层建筑的相互关系，李达首先强调了经济基础对于上层建筑的决定作用，同时又指明上层建筑对于经济基础的反作用。他指出："社会之政治的、法律的上层建筑及其意识形态，皆依据经济关系而成立，复有维持经济关系之作用。"④ 所谓维持经济关系之作用，是指上层建筑对经济基础的反作用。他逐项说明了这种反作用，即政治组织为阶级斗争之结果，国家为阶级统治之机关；法律为保障财产之利器，为规定财产关系之章程；科学为人类征服自然创造自然之工具；艺术为社会生活之神髓，为人类感情之具体表现；道德即人类社会的本能，社会之所以存在，实由此社会的本能所维持；宗教世界为现实世界之反映，为一阶级驾驭他阶级之无形武器；哲学之对象在理解人生与自然之根本原理，哲学上一切

---

① 《李达文集》编辑部．李达文集：第1卷［M］．北京：人民出版社，1980：246.
② 《李达文集》编辑部．李达文集：第1卷［M］．北京：人民出版社，1980：245.
③ 《李达文集》编辑部．李达文集：第1卷［M］．北京：人民出版社，1980：282.
④ 《李达文集》编辑部．李达文集：第1卷［M］．北京：人民出版社，1980：246.

观念，均胚胎于物质世界。统治一时代人心之思想，常为统治阶级之思想。如此建立之哲学，即为特殊阶级之哲学。李达还指出，要正确地理解和对待上层建筑的反作用，不要人为地去任意夸大这种反作用。他说："上层建筑仅能为经济之量的变化之动因，而不能成为经济之质的变化之主因。"[①]即上层建筑能够影响经济发展的速度，却不能改变经济的性质。

关于生产力是社会发展的原动力，李达指出，推动整个社会发展的原动力，"非由思想观念理性或精神而生，乃由物质生活关系发出者也"。"社会进化之原动力即此生产力是也"[②]。这就告诉人们，生产力是最终决定整个社会发展的根本动力，离开生产力的发展就谈不上社会的进步。

第三，全面阐述了阶级与国家及社会革命的原理。

对于阶级与国家，李达详尽地阐明了阶级的概念和国家的本质，以及国家的起源、发展、消亡等问题，特别是对阶级的概念和本质作了比较精当的解说。李达指出："阶级者，社会的生产历程之结果，由生产条件而产出，因生产手段之分配，及社会人员被分配于生产历程中所构成之社会的系统而生者也。"[③] 他认为分配是由生产决定的，所得之差异，财产之差异，职业之差异，均不足以构成社会阶级之本质；同样，贫富之差异，劳动与偷闲之差异，精神劳动与腕力（体力）劳动之差异，亦均不足以构成社会阶级之本质。李达进一步强调说："阶级概念为经济概念，同时又为政治概念，欲于政治生活上理解政治生活方面之关系，必以阶级对立为前提。阶级实构成于经济方面而活动于政治方面者也。是故经济上占优势之阶级，即政治上之支配阶级也。"[④]

关于国家的起源和本质，李达指出，国家是在原始氏族公社瓦解后建立起来的，它是阶级出现后阶级关系不可调和的产物。他从三个方面说明了国家的本质，即国家为剥削的支配，国家为阶级的支配，国家为社会之机关。因此得出结论说："国家乃社会之机关，由特殊阶级，以经济的剥削之目的支配下层阶级，并为防止内部叛变与外部攻击而造成者也。"[⑤] 国家是随阶级对立以俱生，亦将随阶级对立之消灭以俱死。因此，国家派主张所谓全民国家，简直是"痴人说梦耳"[⑥]。

关于社会革命，李达认为，社会革命即"社会由旧而且低之生产关系

① 《李达文集》编辑部．李达文集：第1卷［M］．北京：人民出版社，1980：249.
② 《李达文集》编辑部．李达文集：第1卷［M］．北京：人民出版社，1980：343.
③ 《李达文集》编辑部．李达文集：第1卷［M］．北京：人民出版社，1980：317.
④ 《李达文集》编辑部．李达文集：第1卷［M］．北京：人民出版社，1980：319.
⑤ 《李达文集》编辑部．李达文集：第1卷［M］．北京：人民出版社，1980：330.
⑥ 《李达文集》编辑部．李达文集：第1卷［M］．北京：人民出版社，1980：341.

进至新而较高之生产关系，并变更其上层建筑之全部者是也”①。由此可见，社会革命是经济制度和国家政权变革的统一，是促进社会形态由低级转变为高级的必经手段，社会革命的实质是先进的社会制度代替落后的社会制度。

为什么会发生社会革命？“社会之所以变革，由于社会组织阻碍生产力之发达。方生产力发展至一定程度时，遂与从来所借以活动之现存生产关系，或仅表现于法律上之财产关系发生冲突”②。就是说，社会革命是生产力与生产关系矛盾运动的结果。而阶级斗争的激化则是导致社会革命的直接导火线。

李达进一步分析了社会革命所必须具备的两个条件：一是“物质条件之具备”；二是“个人之努力”，两者缺一不可。但以生产力之继续发展为社会进步的主要条件，离开生产力这个物质条件实行社会革命，即幸而不至于失败，也仅能成就政治革命而止。而于社会之经济组织，终不能完全改造。欲超越生产力水平，强制实行共产主义，则生产力必骤见衰减，共产主义也不会实现。

第四，阐明了个人在历史上的作用和它的社会制约性。

李达首先批判了两种片面性的观点，主观论者以为历史纯由个人创造而成；反对论者以为社会之进化纯系自然进化，这“二者皆一偏之论也”③。

李达认为，个人能创造历史，但不能任意创造之，必须依据社会历史进行之途径，顺应时势之要求而创造之。尽管杰出的个人能够影响历史之进行，且有时能使此影响特别增大，然而伟大人物的这种影响，仍恒受社会组织所拘束，恒受多数社会力所限制。李达指出：伟人之所以能成其伟大者，“实因彼所有之特征最能适切于当代社会的大要求故也”④；伟人之所以异于常人者，则因为他“能知其大，能见其远，能解决前代社会所提供于当代之科学的问题，能发见由前代社会关系之发达所造出之社会的要求，能更进而鼓其特殊之智力精神，率先担当解决此问题满足此要求之大任耳。故曰伟人者，创始者之别名也”⑤。

李达的结论是：时势所能造之英雄，“实乃时代之产儿”；英雄所能造之时势，“实乃技工之制品”⑥。物质条件不具备，个人无论如何努力，人群无论如何运动，社会之变革终不可期；物质条件既备，个人或人群不努力

① 《李达文集》编辑部．李达文集：第1卷［M］．北京：人民出版社，1980：268.
② 《李达文集》编辑部．李达文集：第1卷［M］．北京：人民出版社，1980：269.
③ 《李达文集》编辑部．李达文集：第1卷［M］．北京：人民出版社，1980：284.
④ 《李达文集》编辑部．李达文集：第1卷［M］．北京：人民出版社，1980：285.
⑤ 《李达文集》编辑部．李达文集：第1卷［M］．北京：人民出版社，1980：285.
⑥ 《李达文集》编辑部．李达文集：第1卷［M］．北京：人民出版社，1980：285.

促成之，社会变革亦不易实现。

《现代社会学》着重论述唯物史观基本原理的同时，还用5章的篇幅，系统介绍了科学社会主义。李达指出："马克思社会主义之内容，可分为历史观、经济论、政治论三大部分。历史观与经济论属于理论的方面，政治论属于实际政策的方面。历史观之根底为唯物史观说，经济论之根底为剩余价值说，政治论之根底为劳工专政说，而贯穿唯物史观、剩余价值与劳工专政三大原理，使成有机的联络关系者，则为阶级斗争说。"① 但阶级斗争说所能适用的范围，仅限于阶级社会，而不能适用于无阶级社会。正因为唯物史观说和剩余价值说两大原理的发现，才使社会主义由空想变成科学。劳工专政则是消灭剥削、消灭阶级、实现社会主义的唯一手段。李达深刻地揭露了资产阶级民主的虚伪性，着重指出："资本阶级国家，虚伪地主张全民政治，而事实上实为一阶级之民主主义。""一切民主主义皆为阶级的民主主义，所谓普遍的民主主义，在过去仅成为一种观念而止。欲谋普遍的民主主义之实现，必经历劳工专政一阶段。所谓无性别，无宗教别，无人种别，无国民性别之真正平等，必经历劳工专政始能实现，而在资本阶级专政期内则决无实现可能。"② 这里对于无产阶级专政的论述，显然比此前的论述大大前进了一步。

李达在《现代社会学》这部著作中，以唯物史观为指导，系统而深入地研究了中国社会的性质，中国革命的对象、领导阶级和革命的前途等问题。

关于中国的性质问题，李达认为，中国社会是一个"半封建"的社会，是帝国主义国家之殖民地。

关于中国革命的对象问题，他指出："夫民族革命之对象虽在颠覆帝国主义，而弱小民族内为虎作伥之封建阶级或帝国主义之代表，亦在推翻之列。"③

关于中国革命的领导阶级问题，他说："领导民族革命运动者，果必为资产阶级乎？抑为无产阶级乎？"④ 他认为，就今日民族革命的现状而论，只有无产阶级才"能够成为民族革命之中坚者"⑤。因为弱小民族中最受帝国主义压迫之苦而觉知有革命之必要者，莫如工农无产阶级分子。只有他们对帝国主义和封建阶级的压迫，尤感利害切肤之痛，"其革命精神亦特别激昂"。所以，只有把领导权"移于共产党"⑥，才能取得反帝反封建的民主

① 《李达文集》编辑部．李达文集：第1卷［M］．北京：人民出版社，1980：370.
② 《李达文集》编辑部．李达文集：第1卷［M］．北京：人民出版社，1980：381.
③ 《李达文集》编辑部．李达文集：第1卷［M］．北京：人民出版社，1980：358.
④ 《李达文集》编辑部．李达文集：第1卷［M］．北京：人民出版社，1980：358.
⑤ 《李达文集》编辑部．李达文集：第1卷［M］．北京：人民出版社，1980：360.
⑥ 《李达文集》编辑部．李达文集：第1卷［M］．北京：人民出版社，1980：360.

革命的胜利，从而“到达于社会革命”[①]。

关于中国革命的步骤和前途问题，他认为，民族革命的步骤，第一，树立政治的经济的独立；第二，以加速度发展本国产业。他指出，由于弱小民族产业幼稚，即使民族革命实现，也仅能开始实行资本主义。但资本主义亦有私人资本主义和国家资本主义之别，其中，国家资本主义乃社会主义之过渡。“民族革命成功时，小资产阶级得势，则必采用私人资本主义；无产阶级得势，则必采用国家资本主义。若采用国家资本主义，则将来可以和平达于社会主义，若采用私人资本主义，则在进化途程中，必更经历一度激烈的阶级斗争也。”[②]

李达认为，无产阶级既能成为民族革命之中坚，则在成功之后，对于经济上之建设，必不赞成私人资本主义而采用国家资本主义。他的结论是：中国民族革命成功时，“必归着于国家资本主义”[③]。

关于中国革命和世界革命的关系问题，李达指出：“弱小民族之民族革命，既须与先进国无产阶级联络，始能实现，”[④] 不与国际无产者相联络的“机会主义之民族革命，较不革命尤为有害”[⑤]。

《现代社会学》是中国人自己写的最早一部联系中国革命实际系统阐述唯物史观的专著（吕振羽语），是中国现代唯物史观发展史上的一个重要里程碑。它以马克思主义的基本原理哺育了追求真理的一代青年。这本书流传甚广，影响深远。至1933年共印行14版。在当时的革命者中“差不多人手一册”[⑥]，成为必读之书。著名的马克思主义史学家吕振羽说：“这部著作在当时影响之大，凡是亲身经历过那些岁月的老同志一定都不会忘却的。”[⑦]反动派则视之为洪水猛兽，曾在“人犯通缉表”中给李达定的“罪恶事实”是：“著名共首，曾充大学教授，著有《现代社会学》，宣传赤化甚力。”[⑧]

《现代社会学》不仅在当时对人民了解马克思主义起到了武装思想的作用，就是在今天，对于研究唯物史观的理论与实践、研究马克思主义三个组成部分的内在联系仍不失其重要价值。

马克思主义中国化是一个历史的过程。李达作为最早在我国传播马克思主义的启蒙者和先驱者之一，作为中国共产党的主要创始人之一和早期

① 《李达文集》编辑部．李达文集：第1卷［M］．北京：人民出版社，1980：558.
② 《李达文集》编辑部．李达文集：第1卷［M］．北京：人民出版社，1980：361.
③ 《李达文集》编辑部．李达文集：第1卷［M］．北京：人民出版社，1980：361.
④ 《李达文集》编辑部．李达文集：第1卷［M］．北京：人民出版社，1980：361.
⑤ 《李达文集》编辑部．李达文集：第1卷［M］．北京：人民出版社，1980：363.
⑥ 邓初民．回忆老友李达先生［J］．人物杂志，1946（9）.
⑦ 江明．展读遗篇泪满襟——记李达和吕振羽的交往［J］．文献，1981（4）.
⑧ 湖南全省清乡总结报告：卷三（中）［Z］．湖南省档案馆．

的重要领导人之一，在建党前后对马克思主义在中国的传播、对早期的马克思主义中国化付出了不懈努力，做出了不可磨灭的重大贡献。

这一时期，李达的理论活动和著作主要有以下特点。

第一，鲜明的时代性。马克思主义在中国传播的过程就是不断解决时代难题的过程。李达这一时期的理论活动，适应了那个时代的客观需要。当处在苦闷和黑暗中的中国人，从十月革命的胜利中看到希望，需要马克思主义的时候，他积极翻译介绍马克思主义著作，为马克思主义中国化奠定了理论基础；当国内各种社会主义学说纷然杂陈、真假难辨时，他坚决反对各种反马克思主义思潮，为马克思主义中国化奠定了思想基础；随着马克思主义在中国的广泛传播，并日益同工人运动相结合时，他致力于中国共产党的创建，为马克思主义中国化奠定了组织基础；随着革命斗争的发展，需要科学理论指导时，他提出"马克思学说与中国"的论题，并做出了弥足珍贵的回答。体现时代的需要，努力致力于解决时代提出的课题，是这一时期李达理论活动的一个特点。

第二，坚持不懈的战斗性。马克思主义学说"在其生命的途程每走一步都得经过战斗"①。早在党的创建时期，李达就和早期的马克思主义者一道，积极投身于批判资产阶级改良主义和无政府主义以及第二国际修正主义的思想论战中；在建党以后，他又批判了第四国际的"左"倾思潮和江亢虎假社会主义以及国家主义派的超阶级国家观，在历次论争中，他总是勇往直前、针锋相对，始终站在斗争的前列，是早期马克思主义者的杰出代表。他在论战中宣传马克思主义，在批判中捍卫马克思主义，在革命中坚持马克思主义。这种战斗性不仅体现在理论上，更重要的是体现在革命实践中。当李达在苦闷中找到了马克思主义这一救国救民的真理后，他就成了它的笃信者和实践者。他把"用马克思主义改造社会"作为立身信条，矢志不移，百折不挠。他冒着坐牢和被杀头的危险，出版和宣传马克思主义著作，主办党的理论刊物；他写文章揭露军阀统治者的种种罪行，拒绝到反动政府中任职；他批江亢虎，戳穿赵恒惕反动当局企图阻止马克思主义在湖南深入传播的阴谋；当反动当局悬赏缉拿"著有《现代社会学》"的"著名共首"李达时，他泰然处之，无所畏惧，毅然坚持传播马克思主义，成为"进步师生同反动派斗争的一面旗帜"，等等，都体现了他坚定的立场和大无畏的战斗精神。

第三，注重从学理上深入、彻底地研究马克思主义。实现马克思主义中国化需要有对马克思主义的精湛研究。在 20 世纪 20 年代，像李达那样对

① 中央编译局马恩列斯著作编译部. 列宁全集：第 2 卷［M］. 北京：人民出版社，1995：1.

马克思主义作全面、深刻、系统介绍的人并不多。究其原因，主要是因为李达注重从学理上对马克思主义进行深入、系统的研究。建党初期，党内多数人积极投身于实际的革命斗争中，这是革命的需要。但多数党员对马克思主义知之甚少，可能会发生盲目行动的倾向。对此，李达曾指出："我主张党内对于马克思学说多做一番研究功夫，并且自己也努力研究马克思学说和中国经济状况，以求对于革命理论的彻底的了解。但当时党内的人多注重实行，不注意研究，并有'要求马克思那样的实行家、不要马克思那样的理论家'的警句，同时我也被扣上研究系的头衔。"① 由于李达注重从学理上深入、系统地研究马克思主义，自觉把自己活动的重点从政治前沿转到理论前沿。同时又因他通晓日、德、俄、英四种文字，可以直接译读马克思主义经典原著，学习理论时也可同时参考几种译本。因此，在当时，李达的马克思主义素养最高，对马克思主义的阐述也最准确，从而能够在中共早期对马克思主义中国化做出突出贡献。

诚然，由于历史条件的限制，中国共产党成立的时间也短，实践经验也很欠缺，李达早期的论著中也难免有不够确切、不够精当乃至失误的地方。这几乎是早期马克思主义者共同的弱点。但我们不能苛求前人，要求李达超越时代，而应充分肯定李达对推动早期马克思主义中国化做出的重大历史贡献。

本文系国家社科基金重大招标课题"李达全集整理与研究"（课题编号10&ZD062）的阶段性研究成果。

参考文献

[1]《李达文集》编辑部．李达文集：第1卷［M］．北京：人民出版社，1980.

[2] 李达．七一回忆［J］．七一（创刊号），1958-07-01.

[3] 李达．回忆党的早期活动［J］．党史资料丛刊，1980（1）.

[4] 毛泽东．毛泽东书信选集［M］．北京：人民出版社，1983.

[5] 湖南全省清乡总结报告：卷三（中）［R］．湖南省档案馆．

[6] 泽民．看了郭泰底《唯物史观解说》以后［J］．民国日报（觉悟），1921-07-14.

[7] 江明．展读遗篇泪满襟——记李达和吕振羽的交往［J］．文献，1981（4）.

① 李达．中国所需要的革命［J］．现代中国，1928（2）.

［8］汪青松．马克思主义中国化与中国化的马克思主义［J］．安庆师范学院学报（社科版），2003（1）．

［9］郑丽平．陈独秀对早期马克思主义中国化的贡献［J］．马克思主义研究，2010（2）．

2 Li Da and Chinalization of Marxism at an Early Stage of the CPC

Song Jingming and Wu Xiangwei

Abstract: Li Da was one of main founders and important leaders of the CPC, and one of the outstanding pioneers in disseminating Marxism, in the period of building of the CPC and the National Revolution, Li Da made significant contributions to disseminating Marxism and chinalization of Marxism. He propagated and defended the basic tenets of Marxism in opposing various anti-Marxism trend; Committed to the creation of the CPC, which laid a organization foundation of chinalization of Marxism; Proposed the topic of *Marxist doctrine and China*, and took valuable pace in chinalization of Marxism.

Key words: Li Da; An Early Stage of the CPC; Chinalization of Marxism

3

李达与中国现代思想的启蒙

赵士发*

［内容提要］在中国现代思想启蒙的独特历史语境下，李达对中国社会的现代性问题提出了自己独到的批判和反思，并在开辟中国启马克思主义之蒙的新方向中起了旗帜作用。李达始终坚持真理，以马克思主义的科学真理去把握中国社会的发展规律，在同形形色色的非马克思主义与反马克思主义理论的斗争中，为中国马克思主义的思想启蒙做出了卓越的贡献。不仅如此，李达深谙民众思想启蒙之道，从人民大众的心理需要出发，将马克思主义理论研究与马克思主义大众化有机地结合起来，对将马克思主义变成中国社会的主流思潮的发展起了重要作用。李达对中国现代思想启蒙的贡献，在当代中国对我们推进社会主义现代化事业仍然具有重要的启示意义。

［关键词］**李达　现代化　启蒙　中国**

李达是中国第一个系统与准确地在中国传播马克思主义的理论家。他的《现代社会学》《社会学大纲》《唯物辩证法大纲》三部马克思主义哲学著作，分别代表了现代中国三个时期马克思主义哲学研究的最高水平。不仅如此，李达在理论研究中，一直非常关注中国与世界的革命实践，并亲身参与到伟大的无产阶级革命实践中，对人民大众的需要有着深入、客观的理解。正因如此，李达在中国现代思想的启蒙中充当了旗手的作用。本文拟考察中国现代思想启蒙的历史语境与李达在中国现代思想启蒙中的地位与作用，并分析今天我们应从中得到的重要启示。

* 赵士发，男，武汉大学珞珈特聘教授、哲学学院教授、博士生导师。

一、中国现代思想启蒙的历史语境和新方向

李达生活在中国社会现代化的思想启蒙时代，他在中国现代化的思想启蒙方面走在了当时知识界的前面，起到了“理论界的鲁迅”的作用。他和艾思奇、毛泽东等其他马克思主义理论家一起，开创了中国社会启蒙运动的新航向，即从启资本主义现代化之蒙到启马克思主义之蒙的转变，逐渐形成了一个马克思主义中国化的现代思想传统。

中国现代思想的启蒙有其独特的历史语境和问题。从世界层面来看，经过文艺复兴与思想启蒙，近代以来人类从整体上已经进入了一个资本主义的世界历史时代。自工业革命以来，资本主义创造了巨大的生产力，进而开辟了世界市场，打破了狭隘的民族和地域的局限，使一切落后的民族都被卷入世界历史中，民族历史开始向世界历史转变。在这个过程中，形成了农业的民族从属于工业的民族、东方从属于西方的世界体系格局。这种格局，一方面使不同的民族有了较为普遍的交往，为物质文化与科学技术的互通有无与取长补短提供了现实的可能；但另一方面，也使资本主义的内在矛盾和危机开始在世界范围内发生作用。世界范围的反抗资本主义的工人运动逐渐兴起，马克思、恩格斯顺应时代的需要创立了马克思主义，从此无产阶级有了自己的理论武器，共产主义运动成为一种世界性的自觉运动。在资本主义占主导的世界体系中，不同的民族国家同资本主义世界体系的关系极为复杂，整个世界体系内部发展也极不平衡。在资本主义发展到帝国主义阶段以后，这种不平衡性更为明显，特别是东方国家如俄国、中国等，各种矛盾和危机并存，革命不断发生。马克思晚年以其宏伟、深邃的世界历史眼光，关注并洞察到了东方落后民族国家的革命形势与发展问题，并从世界历史发展规律的高度分析了东方国家走不同于西方的道路即跨越资本主义卡夫丁峡谷的可能性。列宁从世界历史的眼光出发，提出了社会主义可以在一国建成的理论，并领导俄国十月革命取得了胜利。这为中国现代思想的启蒙与中国现代化提供了一条可能的新路。

就中国社会而言，1840 年以来，中国已经被逐步纳入资本主义的世界体系之中，并处于被边缘化的地位。在帝国主义、封建主义、官僚资本主义“三座大山”的压迫下，无产阶级和人民大众所受的苦难极其深重，各种矛盾和危机不断激化。一方面，中国人民苦于资本主义的不发达，还受着封建主义的专制压迫；另一方面，中国人民又苦于资本主义的发达，国际资本主义已经发展到垄断帝国主义阶段，资本主义的内在矛盾和危机已

经在中国社会发生作用。于是，中国现代化思想启蒙面临多重历史任务，既要反对传统封建主义的压迫，又要反对帝国主义的侵略与克服资本主义现代性的危机，这构成了中国的现代思想启蒙的基本历史语境。近代中国的有识之士就是在这样的历史语境中积极投身于中国现代化的思想启蒙的。从康有为的大同思想、章太炎的平等观念到孙中山的“三民主义”，都是为了满足现代化的需要，解决中国社会的部分矛盾和危机，但最终都没有真正完成启蒙的任务。五四运动是近代中国第一次真正意义上的思想启蒙运动，提出了科学、民主、独立的主张，但主要依然是启资本主义之蒙。在资本主义世界体系下，其实中国社会启资本主义民主和独立之蒙的路已经被帝国主义堵塞，这决定了五四运动最终难逃失败的厄运。于是，以李大钊、陈独秀、李达等为代表的一批具有世界眼光的中国进步知识分子，在共产国际的帮助下，开始了中国现代化的新的思想启蒙运动，即启马克思主义之蒙。

马克思主义之所以能够成为中国社会现代化思想启蒙的新方向，是与马克思主义的性质、中国人民的需要，与以李达为代表的中国知识分子的觉醒有内在关联的。马克思主义是在资本主义社会内部产生的，是从世界历史发展规律的高度对资本主义现代性的批判和诊断，揭示了资本主义现代性的发展规律和未来方向。不仅如此，作为一种世界化的理论，马克思主义内在地融贯着人类文明的精华，直接或间接地吸收了中华传统文化的精华。在任何一个时代，人民的需要就是时代的需要。马克思主义是适应人民的需要而产生的。马克思主义的立场，是为人类的大多数人即无产阶级谋利益，通过解放无产阶级最终实现人类的发展和解放。作为资本主义世界体系的一部分，中国传统文化如何实现现代化，中国人民如何获得独立、发展和解放，当时已经成为摆在中国知识分子面前的时代课题。

青年时期的李达有感于中国社会复杂的现实，起初决心走实业救国的道路。1913 年他以优异的成绩考取官费留日，学习自然科学。但 1915 年日本帝国主义向袁世凯提出了灭亡中国的“二十一条”，中国留日学生奋起斗争遭到失败，亡国的惨祸迫在眉睫。1918 年 5 月，他组织“留日学生救国团”抗议北洋政府与日本签订卖国的《中日共同防敌军事协定》的救国活动失败后，李达觉悟到：“反动统治下‘实业救国’的道路也是一种行不通的幻想。”[①] 十月革命的胜利让李达看到了中国未来的曙光。他开始大量研读马克思主义的文献，先后研读了《共产党宣言》、《资本论》第 1 卷、《〈政治经济学批判〉导言》《国家与革命》等经典著作，逐渐掌握了马克

① 李达. 沿着革命队伍的道路前进［J］. 中国青年，1961（13、14 合刊）.

思主义基本理论。他还翻译了郭泰的《唯物史观解说》、考茨基的《马克思经济学说》和高畠素之的《社会问题总览》，为早期中国共产党人马克思主义观的形成和发展提供了重要文献。在这个过程中，他逐步成长为一个坚定的马克思主义者。李达自觉充当了马克思主义与中国人民之间的桥梁，他不仅深入研究马克思主义的理论，培养了一批中国的马克思主义理论人才，使马克思主义研究逐步在中国思想界形成了一个优良的学术传统；而且让马克思主义“说中文”，以通俗易懂、准确简洁的语言向中国劳动大众普及了马克思主义。他同艾思奇、毛泽东等马克思主义理论家一道，让马克思主义成为中国社会各种思潮的主流，并最终深入人心，实现了中国现代思想的一次新的启蒙。

二、李达对中国现代性的批判与反思

正是在以上历史语境中，李达立足于对唯物史观基本原理的准确理解和把握，展开了对中国现代性的批判与反思。

中国社会现代思想启蒙面临的独特历史语境和复杂的问题，决定了中国社会现代思想的启蒙和西方社会现代性的启蒙具有非常不同的形态和特点。自孙中山先生以“三民主义”推翻封建帝制后，中国并未走上健康的资本主义现代化道路。实际上，民族问题、民主问题和民生问题一个也没有得到真正解决。虽然复辟帝制的闹剧很快就收场了，但是官本位文化、封建主义的地方军阀割据反映出来的依然是中国社会现代思想启蒙的极不彻底。因而反封建主义的腐朽传统始终是中国现代思想启蒙不可回避的历史任务。在西方，启蒙是在对封建主义的传统进行批判与扬弃的基础上、以资本主义文明替代封建传统文明而实现的。但在中国现代思想的启蒙过程中，由于资本主义的内在矛盾和危机已经十分尖锐，单用资本主义现代性取代封建主义传统已经行不通了。马克思曾经在《黑格尔哲学批判・导言》中指出，在德国，如果只批判德国社会落后的封建主义现实，而不批判德国社会的资本主义意识形态理论，就要犯时代的错误。在近代中国，如果只批判封建主义，而不批判资本主义，同样也要犯时代错误。必须同时批判封建主义传统与资本主义现代性，才能实现中国社会现代思想的真正启蒙。所以，“对现代性的质疑和批判本身构成了中国现代性思想的最基本特征。因此，中国现代思想及其最为重要的思想家，是以悖论式的方式展开他们寻求中国现代性的思想努力和社会实践的。中国现代思想包含了对现代性的批判性反思”[①]。这是中国现代性不同于西方现代性的地方，即中国现代性的启蒙需要扬弃西方现代性。同时，这也是世界历史时代中，新的历史条件为中国现代性起步提供的后发优势和历史机遇。人类社会历史发展的不平衡往往表现在社会的物质生活与精神生活的不平衡与错位上，有远见的思想家总是着眼于世界历史发展的规律与人类社会发展的未来，把握历史的主流和前进方向，展开自己的理论运思，显示出独到的前瞻性和预见性。李达就是这样一位马克思主义理论家，他主张通过批判资本主义现代性建构中国社会的现代性。李达在《社会主义的目的》一文中指出：“那资本家借了金钱和势力，压抑劳动者的手段，真是惨无人道咧。结果弄到贫者愈贫（这是劳动者），富者愈富（这是资本家），贫富相差愈远。”[②]李达抓住了资本主义现代性的内在矛盾和危机，在批判资本主义的现代性中展开了其对中国社会现代思想的启蒙。李达对中国现代思想的启蒙，是在与各种非马克思主义和反马克思主义的论战中实现的。

在对中国现代化道路的探讨方面，李达在与研究系关于社会主义的论战中澄清了当时思想界关于社会主义的模糊认识与错误认识，论证了中国必须走社会主义现代化道路的必然性。以梁启超为首，张东荪、张君劢等为代表的研究系，在当时的思想界都是赫赫有名的大人物。他们在十月革命和五四运动后，看到社会主义在世界和中国的影响日盛，试图趋时应变，以保存自己。但却对暴力革命极端仇视，所以企图遏制马克思主义与科学社会主义理论在中国的传播，试图用社会改良主义来抵制科学社会主义。所以“关于社会主义的辩论”的实质就是中国现代化应走资本主义道路还是走社会主义道路、是采取革命的方式还是采取改良的方式来改造中国。研究系的人打着社会主义的旗号，将马克思主义进行有意肢解，危害甚大。他们认为中国缺乏实现社会主义的主体即劳动阶级，认为社会主义不适合当时中国的国情，应先搞资本主义，将来再搞社会主义。在《复东荪书论社会主义运动》这篇长文中，梁启超认为，中国实业不发达，没有劳动阶级，无产可均，所以马克思主义不合中国国情。李达针锋相对，写了《讨论社会主义并质梁任公》一文，从世界眼光出发，指出梁的错误在于将社会主义理解为一种简单的分配改良，不是对资本主义私有制进行根本变革。他还从世界历史的高度，指出中国无产阶级的客观存在及其悲惨命运是与国际资本联系在一起的。李达肯定了梁启超所言的要开发实业的主张，但指出问题在于以什么方法去开发，是以社会主义的方法还是以资本主义的

① 汪晖．当代中国的思想状况与现代性问题［M］//许纪霖，编．二十世纪中国思想史论：上卷．上海：东方出版中心，2000：621.

② 《李达文集》编辑部．李达文集：第1卷［M］．北京：人民出版社，1980：4.

方法。并对比了两种方法开发实业的优劣，主张以社会主义的方法去开发实业。他批判梁启超明知资本主义的恶果还去发展资本主义的主张，认为这实即“仿照他人旧式不合理的式样暂时造出不合理的建筑物，准备将来改造”，是完全不必要的。这也是不可能的。因为外国资本在中国已经根深蒂固，“当着产业成分幼稚的时代又伏在各国政治的经济的重重势力之下的中国，妄想发展资本主义和各资本国为经济战争，恐怕要糟糕到极点了”①。李达还从逻辑上揭示了梁启超先造“劳动阶级”再搞社会主义的自相矛盾，实际上是挂社会主义之名，行资产阶级改良主义之实。在这场关于社会主义的辩论中，李达以马克思主义的基本原理和方法，从正反两个方面论证了中国走社会主义现代化道路的必然性。这是对旧中国知识分子与劳动大众一次重要的马克思主义思想启蒙运动。

在关于中国现代化未来的看法上，李达同无政府主义展开了论战，从唯物史观出发写就了《无政府主义之解剖》一文，批判了无政府主义宣扬的废除一切国家、一切政府、一切权力的错误思想。1919—1921 年，黄凌霜、区声白等发表了一系列文章，宣传“一切国家都是祸害”，鼓吹“绝对自由”等思想。“五四”后，无政府主义在年轻知识分子中十分流行，出版的无政府主义的书刊多达 70 余种。针对无政府主义的危害，李达对无政府主义的思想源流和理论体系作了一个系统的批判，着重揭露了无政府主义的世界观基础是个人主义。他在批判了无政府主义的代表人物施蒂纳、蒲鲁东、巴枯宁和克鲁泡特金的思想后，得出结论说：“能够成为无政府主义的，只有个人主义。”② 不仅如此，李达还分析了建立无产阶级专政国家的必要性。他批判了无政府主义者关于中国社会革命后建立“无政府共产社会”的观点，指出资本主义之后是社会主义社会，应建立无产阶级专政的国家。因为，还要对付反对共产主义的人和资本主义敌国。

此外，李达还参与了与修正主义思潮的论战。“五四”以后，第二国际修正主义思潮在中国也很盛行。修正主义是一种资产阶级社会改良主义思潮，又被称为社会民主主义。张君劢写文章为德国的修正主义大唱赞歌，对苏俄的“十月革命”进行了诬蔑诽谤。1920 年 11 月 7 日，李达在自己主编的《共产党》《新青年》等刊物上，发表了题目为《第三国际党大会的缘起》《马克思还原》《马克思派社会主义》等一系列文章，概述了第二国际堕落的历史，谴责修正主义不是“社会主义”，而是“和资本家妥协”的“议会主义”“改良主义”，从根本上划清了马克思主义与修正主义之间的界线。他还介绍了第三国际成立的经过，得出结论认为：“国际共产党联盟的

① 《李达文集》编辑部．李达文集：第 1 卷［M］．北京：人民出版社，1980：66.

② 《李达文集》编辑部．李达文集：第 1 卷［M］．北京：人民出版社，1980：90.

主旨，就是实行马克思的共产主义，即革命的社会主义，由公然的群众运动，断行革命；至于实现的手段，就是采用无产阶级专政。现在代表国际社会主义的权威，就是这个国际共产党。世界的共产主义者啊，我们望着这个目标前进呀！"[①] 李达的这些论文，揭露了修正主义对于马克思主义的背叛，在坚持和发展马克思主义与实现中国现代思想的启蒙方面起到了重要作用。

中国现代思想的启蒙不是一个已经结束的方案，而是一个尚未完成并正在进行的过程。李达作为一个马克思主义理论家，他一生都致力于中国社会主义现代化的理论建设与宣传。他后来的《现代社会学》《社会学大纲》与《唯物辩证法大纲》三部哲学著作，以及对胡适实用主义的批判，都对中国社会现代思想的启蒙起到了旗帜的作用。李达对毛泽东思想的产生和形成、对中国哲学和语言的现代化都起了重要作用。

三、李达关于中国现代思想启蒙的重要启示

马克思主义之所以能够在中国社会现代思想启蒙中成为主流，除了马克思主义本身的真理性外，中国老一辈马克思主义学者如李达、毛泽东、艾思奇等，将马克思主义与中国实际相结合，使之具有中国风格与中国气派，具有为人民所喜闻乐见的形式，实现了马克思主义的大众化，则是一个十分重要的原因。今天，中国社会重新提出了马克思主义大众化的理论任务。无论是在高校讲坛，还是在民间，马克思主义都没有以往那样受人欢迎。除了时代变化的原因外，其中一条是就是当代中国马克思主义研究者和传播者的自我封闭或自我放逐。所谓的马克思主义学术化与马克思主义的意识形态化的对立，其实不过是马克思主义研究者和传播者不愿意或没有很好地履行自己对中国现代思想启蒙的历史责任导致的结果。

反观李达对中国现代思想启蒙所起的作用及其所承担的责任，他确实为当代中国的马克思主义研究者与传播者们树立了一个光辉的榜样。李达深谙民众思想启蒙之道，从人民大众的心理需要出发，将马克思主义理论研究与马克思主义大众化有机地结合起来，以通俗易懂的"中国话"去讲马克思主义的深奥道理，并取得了很好的效果。由于他在中国现代思想启蒙中的地位，而被毛主席称为"理论界的鲁迅"。

马克思主义要进入中国并成为社会思潮的主流，就必须进入人民的头

---

① 《李达文集》编辑部．李达文集：第1卷［M］．北京：人民出版社，1980：29.

脑。而任何一种社会思潮，都是理论形态和心理形态的有机统一体。理论形态以理性说服人心，心理形态以情感征服人心。理论形态的社会思潮往往是通过概念、范畴、原理及一定的理论体系去发生作用，这要求受众理解和把握到理论的真正意义。相对而言，理论形态的社会思潮较难获得民众的认同。而心理形态则以价值和情感去引起人们内心的共鸣，较容易引起人们的认同，从而得到迅速传播。从心理层面看，马克思主义在近代之所以能够迅速得到中国部分知识分子的认同，这与它满足了当时人们的矛盾心态是密切相关的。一方面，近代中国知识分子既渴望“向西方寻找真理”，同时却痛恨“先生老是侵略学生”；另一方面，马克思主义既来自西方，同时又批判西方，既高度肯定西方现代性的成果（如物质财富的创造和交往范围的扩大），又尖锐批判西方现代性的弊端（如资本主义的剥削和帝国主义的侵略），恰到好处地满足了这种矛盾心理。

此外，一种社会思潮要成为社会的主流，既要有严密的理论体系，又要有心理形态，共同形成通俗化的传播力量，才不至于沦为庸俗化。其实，真正做到通俗易懂地表述某一种思想理论并非易事。因为这不仅要求对理论本身有深入的研究和准确的理解，而且还要求对人民大众的心理需求有科学的把握，此外，还要以通俗易懂的语言将二者有机统一起来。否则，通俗化就很容易流于庸俗化。李达不仅注重对马克思主义的理论研究，而且注重对人民大众心理需要的了解，努力实现马克思主义的大众化，并取得了明显的成效。这不仅体现在他始终坚持以通俗易懂的语言去翻译和表述马克思主义的原典和基本原理，而且体现在他对中国化的马克思主义和毛泽东思想的宣传和讲解中。李达的《〈矛盾论〉解说》与《〈实践论〉解说》本身就是马克思主义大众化的成功典范。在中国社会由传统向现代转型的过程中，语言的现代化是不可忽视的重要方面。语言是意识的物质外壳，观念的更新往往表现在语言的更新上。中国现代化过程伴随着语言由文言文向白话文转型，其中，鲁迅、李达、毛泽东等做出了杰出的贡献，他们既对马克思主义有着深入、科学的把握和理解，又能以令人民大众喜闻乐见的语言将理论表述出来，极大地促进了中国现代思想的启蒙与中国现代性的话语转变。

在当代中国，如何实现马克思主义的中国化、时代化与大众化，依然是学界与理论界探讨的热点问题。其中，实现马克思主义大众化的任务尤为迫切。不仅因为这关系到进一步完成中国现代思想启蒙的任务，而且关系到党和政府与人民群众的关系，关系到社会主义和谐社会能否建成。因为，马克思主义是联系党和人民的桥梁，也是使中国人民团结起来的精神力量。在中国学界再次致力于马克思主义大众化研究的过程中，充分研究并批判吸收李达等在马克思主义大众化方面的经验和教训，是十分必要的。

本文系国家社科基金重大招标课题《李达全集整理与研究》（课题编号10&ZD062）的阶段性研究成果。

参考文献

[1]《李达文集》编辑部．李达文集：1－4卷［M］．北京：人民出版社，1980，1981，1984，1988.

[2] 陶德麟，何萍，主编．马克思主义哲学中国化的理论与历史研究［M］．北京：北京师范大学出版社，2011.

[3] 苏志宏．李达思想研究［M］．成都：西南交通大学出版社，2004.

[4] Nick Night. *Li Da and Marxist Philosophy in China* ［M］. Westview Press，1996.

3 Li Da and the Enlightenment of Chinese Modern Thought

Zhao Shifa

Abstract：Under the specific historical context of the enlightenment of Chinese modern thought，Li Da put forward his own unique criticism and reflection on modernity of Chinese society，and played a banner role in opening up a new direction for the enlightenment of China's Marxism. Li Da always insisted on the truth and used scientific truth of Marxism theory to grasp the pattern of the development of Chinese society. In his struggle against a vast variety of non－Marx and anti－Marx theories，Li Da made outstanding contribution to the enlightenment of Chinese Marxism. Not only so，Li Da mastered the way of how to enlighten people. He combined in an organic way the theoretic research on Marxism and the popularization of Marxism in China from psychological needs of Chinese people，making important contribution on promoting Marxism to become mainstream thought in Chinese society. Li Da's contribution to Chinese modern ideological enlightenment still has important significance on promoting socialist modernization career in contemporary China.

Key words：Li Da；Modernization；Enlightment；China

4

发端与演变
——建党时期李达社会主义思想考察

徐信华　丁俊萍 *

［内容提要］李达是中国共产党创始人之一，是杰出的马克思主义理论家。在民主革命时期，尽管历史语境发生着急剧变化，但李达关于社会主义的信念一旦认定就再也没有转变过。从发端到发展，这一历程说明了李达对社会主义理想的坚持和执着，展示了李达社会主义思想从理论阐释到实践论战，再到理论研究的演变。在这个演变过程中，李达的社会主义思想呈现出独立性、探索性和学理性等特点。

［关键词］**历史语境　李达　社会主义思想**

李达是中国共产党创始人之一，是杰出的马克思主义理论家。无论在党内时期还是置身于党外，他总是战斗在马克思主义理论研究和宣传的阵地上，其对马克思主义理论的研究与宣传，从某种意义上讲则是马克思主义中国化的又一路径，是从理论到实践、从抽象到具体的中国化路径。李达在马克思主义中国化的过程中所做出的理论贡献是不言而喻的**。

在《李达文集》中，直接以"社会主义""共产主义"等命题的文章

* 徐信华（1979—　），湖北大学政法与公共管理学院讲师，武汉大学中共党史专业博士，主要从事马克思主义中国化、中国共产党思想史等方面的研究；丁俊萍（1955—　），武汉大学马克思主义学院教授，中共党史专业、马克思主义中国化研究专业博士生导师，主要从事中国共产党思想理论、执政党建设与当代中国政治研究。

** 目前，学界对李达思想的研究比较深入，诸如李达关于唯物史观、社会主义、阶级斗争、妇女解放、法律法制、高等教育等方面的思想都有学者进行过论述和研究。而关于李达早期社会主义的思想尤其为学界所重视，并取得了相当的成果。如《李达在早期社会主义论战中的贡献》《坚持科学社会主义的方向和道路——重读李达同志的〈社会革命底商榷〉》《李达早期社会主义观》《略论建党前后李达传播科学社会主义的贡献》等文章，无一例外地选择了李达早期社会主义思想作为论述内容，对李达早期关于社会主义的思想进行了比较全面的归纳、梳理和评价。

比较多。第一卷中有《什么叫社会主义》《社会主义的目的》《劳动者与社会主义》《讨论社会主义并质梁任公》《马克思派社会主义》《俄国的新经济政策》《社会主义与江亢虎》《空想的社会主义与科学的社会主义》《马克思之社会主义》等。第二卷是李达撰写的《社会学大纲》，第三卷是《货币学概论》和《经济学大纲》，第四卷则是李达 1949 年后的重要著作选编，内载诸如《我国宪法是人民革命成果的保障和为社会主义斗争的旗帜》《我国宪法是社会主义类型的宪法》《怎样做一个社会主义大学生——给高中毕业同学的信》《社会主义革命与社会主义建设的共同规律》《世界无产阶级社会主义革命论》等。

当然，并非所有李达关于社会主义的思想和认识都是在以“社会主义”名词命题的文章中展现的，也有一些并非以“社会主义”命题的文章和著作，也体现了李达关于社会主义的认识和思想，诸如李达翻译的《唯物史观解说》《社会问题总览》等书，就是着重介绍科学社会主义的理论和各国社会党的实践以及社会政策、工会问题、妇女问题的。这些书在国内出版的时间是 1921 年 5 月前后，也正是中国共产党的创建时期。这说明，在早期中国社会革命发展的需求之下，李达对马克思主义的社会主义理论进行过比较深入的研究和极力的宣传，这种研究和宣传是为建党作理论准备以及建党后进行理论宣传的。

今天重新探讨李达关于社会主义的思想，绝不可能以今天关于社会主义的认识，去探寻、比照当时李达对于社会主义的认识和理解。只有在具体的历史语境中，我们才能真正深刻地体悟到李达关于社会主义的思想，其发端、内容及演变等才能真实地呈现出来，其特点和发挥的历史作用才能更清晰地为人们所认识。

一、李达社会主义思想发端的历史语境：中国“社会”观念的兴起

历史语境的变迁往往是极其迅猛的，尤其是在中国近现代历史进程中，同一语词在不同历史时期为社会所接受的程度就有着巨大的差别。梁启超曾这样形容清末知识界的观念变化：“二十年前，闻西学而骇者比比然也，及言变法者起，则不骇西学而骇变法矣；十年以前，闻变法而骇者比比然也（王安石变法，为世诟病，数百年来，变法二字，为一极不美之名词。若于十年前在京师尤习闻此言，今则消灭久矣），及言民权者，则不骇变法而骇民权矣；一二年前，闻民权而骇者比比然也，及言革命者起，则不骇民权而骇革命矣。今日我国学界之思潮，大抵不骇革命者，千而得一焉；

骇革命不骇民权者，百而得一焉。①” 这大体上反映了近代以来中国思想界以救亡为主导的求新求变的潮流。

自辛亥革命以降，中国社会思想界盛行着民主、自由以及革命等口号。这一时期所谓的民主、自由，大体都来自于欧美资产阶级民主政治范畴，主要指的是政治民主和政治自由。当然，在政治民主和自由的内涵之中，又理所当然地包容着诸如言论自由、新闻自由、出版结社自由等要求。对几千年的专制统治下的中国人来讲，思想封闭已久，一旦有了出口，社会思想犹如开闸之水，瞬间奔流不止，形成蔚为大观的潮流。这一股潮流也因而影响和改变了中国思想文化以往的那种封闭性，形成一股追求开放、追求西学、追求自由、追求民主、追求解放的社会文化思潮。辛亥革命未能在政治上实现其民主政治的理想，却在思想文化上，承接自清末之后的求强求富之路，延续了中国人学习西方的习惯和路径。只是这一次的学习已经从机器、制度转向了思想和文化，这集中体现为近代中国新文化运动的兴起。

新文化运动的兴起，绝不只是单纯地寻求思想上的突破，而是在政治运动和政治斗争，尤其是资产阶级政治民主的实践屡屡失败的现实中，寻求中国富强的又一次出发。它试图在思想文化上改变中国，并由此实现中国彻底而全面的革新。新文化运动的发展，当以《新青年》杂志为最典型的代表。但新文化运动绝非仅仅只是《新青年》杂志一力之功，而是众多同样追求中国富强、希冀改变中国落后现状的有志青年的共同之举。随着新文化运动的发展，新文化阵营中也不可避免地出现了思想分化，或者可以这么说，从新文化运动一开始这种思想分歧就实实在在地存在着。只是由于初始文化斗争的对象一致，新文化运动在短时期内形成了一个阵营，共同向旧道德、旧文学进军。一旦新旧文化之间的势力分辨出高下，新文化运动阵营内部原本存在的思想分歧便立刻展现出来，并迅速分化，直至对立。

这种对立表现最为显著的就是马克思主义的传播与新文化运动的初始宗旨的背离。马克思主义传入中国并非自新文化运动始，但新文化运动所带来的思想解放，使得更多的人有可能对马克思主义作更深入的了解。更为重要的是，当留学日本的中国学生在日本接触了大量日本社会主义者的思想以及马克思列宁主义理论之后，他们不可避免地会受到其影响——不管这种影响是使得他或她赞成还是反对马克思主义的社会主义，总之影响

① 中国之新民（梁启超）. 敬告我同业诸君［N］. 新民丛报，1902－10：17. 转引自王奇生，著. 革命与反革命——社会文化视野下的民国政治［M］. 北京：社会科学文献出版社，2010：70.

是一定存在的。这些思想在他们头脑中究竟留下了怎样的影响，如今还没有专门研究。而从中共建党之初的党员构成中可以发现，留学日本的学生成了中共主要的党员构成之一。这说明：日本社会主义思潮对中国留学生的思想转变和发展的影响极其深远。

同期的李达正在日本留学，作为一名正在追寻救国救亡道路的进步青年，李达对日本社会主义思潮的关注、研读是理所当然的。而李达在日本翻译的有关马克思主义社会主义文献也都与日本流行的社会主义思潮有着密切的关系，诸如《唯物史观解说》《社会问题总览》等著作是从日译本或者是日译本与德文本结合起来转译过来的。不过目前还没有人对李达与日本社会主义思潮之间的关系做深入、全面、客观、系统的剖析。这可能是囿于资料以及对日文熟悉程度的限制。

更为关键的是，中国思想界在五四前后，“大体有一个从‘个人解放’到‘社会改造’的过程，其间可见‘个人’意识淡出、‘国家’观念衰减和‘社会’主义勃兴等几个环节。几个环节之间的关联互动虽然隐约，仍有线索可寻。在此过程中，个人主义、自由主义、资本主义、国家主义、社会达尔文主义均因被视为基于‘自由竞争’‘弱肉强食’的价值理念而遭否定，而社会主义也因被建构为‘平等’‘互助’而大受欢迎”①。当然所有历史语境的变迁，“又均是以国际关系以及中国的国际处境为考量的前提。无论‘自由竞争’还是‘平等互助’均是针对国与国，而非针对人与人。主义弃迎背后的终极关怀，其实仍是救亡图存的现实考量”②。而胡适也曾在20世纪30年代初关于“现代化”的讨论中认为：“中国的多数青年，本来就不曾领会得十九世纪西洋文明有什么永久的价值；现在听见西方有人出头攻击西欧文明，而且攻击的论调又恰恰投合中国向来重农抑商的传统思想，不知不觉之中，最容易囫囵吞下去；所以不上十五年，中国青年人的议论就几乎全倾向于抹杀一九一七年以前的西洋文明了。有些人自然是真心信仰苏联的伟大的、艰苦卓绝的大试验的。有些人不免有吠声之犬的嫌疑，因为他们绝不曾梦想到西欧文明与美国文明是什么样子。”尽管胡适在此处是为西方文明辩护，批评中国青年对俄罗斯革命和西方文明的态度。但这也正反映了这一时期在中国出现了“静候中国的列宁与斯塔林”的思潮③。

① 王奇生，著．革命与反革命——社会文化视野下的民国政治［M］．北京：社会科学文献出版社，2010：64.

② 王奇生，著．革命与反革命——社会文化视野下的民国政治［M］．北京：社会科学文献出版社，2010：64.

③ 智效民，编．民主还是独裁——70年前一场关于现代化的论争［M］．广州：广东人民出版社，2010：2.

正是在中国思想界“个人”观念日渐被疏离、“社会”观念产生并勃发的时期，李达在日本接触到俄国十月革命消息、马克思列宁主义，并由教育救国、实业救国转为社会改造的努力方向。可以说李达社会主义思想的发端，高度契合了中国近代以来社会思想发展演变的历程，顺应着时代发展的需求，并在特定时期引领了时代潮流的发展，成为新时代的先锋之一。

然而，李达的社会主义思想具体发端于哪篇文章、哪一时间点？目前这个问题并没有明确的研究结论。一般而言，论述李达关于社会主义的思想，大概要追溯到1918年4月到5月间，李达回国参与反对段祺瑞政府同日本秘密签订卖国反苏的《中日共同防敌协定》的抗议运动。这次斗争实践最终失败的事实教育了李达：“要想救国，单靠游行请愿是没有用的；在反动统治下，‘实业救国’的道路也只是一种行不通的幻想。只有由人民起来推翻反动政府，像俄国那样走革命的道路。①”这既是李达从爱国主义者转向马克思主义者的一个标志性认识，也是如今我们理解李达社会主义思想的发端之源起所在。

二、留日时期，李达社会主义思想的发端及主要内容

李达的社会主义思想发端于中国近代以来的救亡图存的历程之中，以中国社会发展前途为思考出发点，以日本社会主义思潮为主要参考内容，以苏俄革命及其经验为学习对象。当我们追溯李达社会主义思想的发端时，中国思想界“社会”观念的兴起，是其具体而现实的客观语境。忽视这一客观语境，我们都将脱离历史的本相，而趋于空洞地谈论李达的社会主义思想。在日本留学时期，李达与日本社会主义思潮的接触以及日本社会主义思潮对其思想转变的影响，也应该是今后人们在探索李达社会主义思想的时候，所必须要注意的一个具体而至关重要的因素。

（一）李达社会主义思想的发端

1918年5月回国请愿失败后，李达彻底抛弃了实业救国的梦想，认识到要走俄国人的道路，转向“学习俄国人的革命经验”②。而要走这条道路，就必须先要认识和理解俄国革命的指导思想——马克思列宁主义。因此，“这年六月到东京以后，他毅然放弃了理科学习，专门攻读马克思列宁主

① 李达. 沿着十月革命的道路前进［J］. 中国青年，1961（13，14合刊）.

② 李达. 沿着十月革命的道路前进［J］. 中国青年，1961（13，14合刊）.

义”。他开始阅读、钻研《共产党宣言》《资本论》第一卷、《〈政治经济学批判〉序言》《国家与革命》等马列著作和其他介绍马克思主义的书籍，开始成为马克思主义的信奉者①。

在留学日本期间，李达撰写了《什么叫社会主义》《社会主义的目的》《陈独秀与新思想》《女子解放论》等文章，并翻译了《唯物史观解说》（日本人译著）、《社会问题总览》（日本人译著）、《马克思经济学说》等书，在国内出版，比较系统地介绍了马克思主义的三个组成部分。②《什么叫社会主义》《社会主义的目的》两篇文章相继发表在1919年6月18日、19日的《民国日报》之《觉悟》副刊上，文章虽短，但简明扼要，直击理论与实际问题的中心。这两篇文章，是目前为止所发现的关于李达社会主义思想的较早的以社会主义命题的，大体反映了李达对社会主义的认识和理解，也是李达社会主义思想之发端所在。

（二）留日时期李达社会主义思想的主要内容

如前文所述，李达社会主义思想发端于中国近代以来的救亡图存的历程之中，以日本社会主义思潮为主要内容，以苏俄革命及其经验为学习对象，以中国社会发展前途为思考出发点。俄国十月革命胜利的消息在日本广为传播，李达也正是在日本报刊上得知这一消息的。此时的李达正在“实业救国”的理想与中国残酷的现实中迷茫，正如李达自己所说的：“这时我们仍是茫然的。当时我们就像在漫漫长夜中摸索道路的行人一样，眼前是黑暗的，内心是极端苦闷的。③”当得知俄国十月革命胜利的消息之后，李达“对于这样一个国家感到无限的喜悦，就留心报纸上这一方面的消息，才知道所谓‘过激派’和‘过激主义’就是布尔什维克和布尔什维主义，而布尔什维主义就是列宁主义，列宁主义又是马克思主义，这才知道列宁主义、马克思主义的名称”④。

但苏俄革命所信仰的社会主义究竟是什么呢？当时国内“报纸里面虽然登载过许许多多，但是看的人很有不明白的地方”⑤。于是李达利用留学日本的有利条件，将自己理解的社会主义思想撰写成文，传播到国内来，从而为马克思主义的科学社会主义在中国的传播奠定了一定的基础。具体

① 宋镜明．李达传记［M］．武汉：湖北人民出版社，1986：21.

② 李达同志生平事略［M］//李达文集：第1卷．北京：人民出版社，1980：4.

③ 李达．沿着革命的道路前进［J］．中国青年，1961（13，14合刊）.

④ 李达．十月革命与中国知识分子［J］．学习，1957（21）.

⑤ 李达．什么叫社会主义［M］//李达文集：第1卷．北京：人民出版社，1988：1.

说来，李达在日本留学期间所撰写的文章当中，主要探讨了两个问题：社会主义是什么？社会主义的目的是什么？在李达这里，对这两个问题的认识和理解远比同时期的中国先进青年更为彻底。

在李达看来，“社会主义，是反对个人竞争主义，主张万人协同主义。社会主义，是反对资本万能主义，主张劳动万能主义。社会主义，是反对个人独占主义，主张社会公有主义。社会主义，是打破经济的束缚，恢复群众的自由”[①]。实际上，李达已经明确地认识到了社会主义社会要实行有计划的社会化大生产，也就是“万人协同主义”；社会主义社会要实行按劳分配，也就是“劳动万能主义”；社会主义要实现社会公有制，而不是资本家个人私有制，也就是要实行“社会公有主义”。最终目的当然是马克思曾经说到的“自由人的联合体”了。这是对社会主义目的的阐述。不久，李达在《社会主义的目的》一文当中，对“社会主义的目的”作出了非常清晰和明确的阐释：“社会主义有两面鲜明的旗帜，一面是救济经济上的不平均，一面是恢复人类真正平等的状态。[②]”

在《什么叫社会主义》一文中，李达更为突出的贡献在于将社会主义与共产主义、无政府主义作了详细的区分。李达指出：“第一，社会主义和共产主义是不同的，第二，社会主义和无政府主义是不同的。[③]”

那么不同之处在哪里？在李达看来，社会主义和共产主义的区别在于“社会主义是主张共同的生产和支配，共产主义是主张共同的生活。社会主义主张全废除私有资本，没有主张全废除私有财产。共产主义是主张全废除私有财产，各人应以财产献出给社会共有的”[④]。而社会主义和无政府主义的区别在于：“社会主义也是要组织一种社会主义的政府，和那无政府主义根本打破政府组织的是不一样的。这是社会主义和无政府主义的主张不同。”除此以外，二者的手段也不同。“无政府主义里面，分了渐进和激进两派，渐进派的手段比较稳和，激进派的手段都是公然用暴力或是用暗杀的。社会主义里，虽也有用暴力或用暗杀的，和那无政府主义中急进派的手段一样，但是多数社会主义的人都比那无政府主义激进派中人温和。”[⑤]

（三）留日时期李达社会主义思想的意义及局限

留日时期，是李达社会主义思想的发端时期，其社会主义思想既有符

① 李达．什么叫社会主义［M］//李达文集：第1卷．北京：人民出版社，1988：1.
② 李达．社会主义的目的［M］//李达文集：第1卷．北京：人民出版社，1988：5.
③ 李达．什么叫社会主义［M］//李达文集：第1卷．北京：人民出版社，1988：1.
④ 李达．什么叫社会主义［M］//李达文集：第1卷．北京：人民出版社，1988：1.
⑤ 李达．什么叫社会主义［M］//李达文集：第1卷．北京：人民出版社，1988：2.

合马克思主义科学社会主义的一面，带有显著的时代先锋的印记，引领了一时代之风气；然而也不可避免地带有初学者的粗浅，历史时代印刻在每一个人身上的印记，李达同样无法避免。

李达留日时期，社会主义在中国已经开始流行。正如张东荪指出的："当欧战未终以前，中国人没有一个讲社会主义的；欧战完了，忽然大家都讲起社会主义来了。"① 以至于"高到安那其布尔塞维克，低到安福系王揖唐所称道，都有些可以合于通行所谓社会主义的意义"②。这种植根于知识界所热衷的"社会"观念和"社会改造"理念所呈现的"大家都讲社会主义"的态势，成了中国社会主义思想流行的一个标志性现象。不过这一时期流行的社会主义思想纷繁复杂，良莠不齐，很多非社会主义思想也以社会主义之名在社会上传播。

李达留学日本时期的社会主义思想，为揭露冒牌社会主义的真面目、传播马克思主义科学社会主义提供了最基本、直接的理论解说，指明了社会主义发展的终极目标就是共产主义，使得中国倾慕于社会主义的先进青年有了更为清晰、正确的思想导向，从而指引了中国社会主义思想的发展方向。而李达在留日期间就对社会主义与共产主义、无政府主义之间的区别做出的界定，似乎昭示了日后马克思主义与基尔特社会主义、无政府主义之间论战之必然趋势。

然而，李达此时对社会主义的认识也尚浅显。诸如，他将社会主义与共产主义的区别界定为生产的公有和生活的共有之间的区别。认为社会主义只是在生产上实现公有，也就是经济制度上实行生产资料公有制；但共产主义则要个人将自己的财产贡献给社会所有。这一界定，理所当然会引起社会大多数民众对共产主义的害怕。这也给了日后那些反马克思主义派以口实：共产主义就是要共有个人的财产等类似的攻击。而这种攻击的根据恰恰来自于早期共产主义传播者自己的论说当中，这无疑是早期马克思主义传播者们在传播马克思主义之初所未曾料到的。

三、建党前后李达社会主义思想的发展

从日本回国后，在与基尔特社会主义、无政府主义的论战中，李达的社会主义思想又有了进一步的深化和发展，他也从而摆脱了早期的粗浅，并在长期的理论研究和宣传中，撰写了一批科学社会主义理论文章和著作，

① 张东荪．我们为什么讲社会主义［J］．解放与改造，1919，1（7）．
② 恽代英．论社会主义［J］．少年中国，1920，2（5）．

诸如《马克思还原》《劳动者与社会主义》《劳工神圣颂》《讨论社会主义并质梁任公》《马克思派社会主义》《无政府主义之解剖》《俄国的新经济政策》《马克思学说与中国》《社会主义与江亢虎》、《共产党》月刊第一至六号短言等，逐步形成了一个比较完整、系统的思想体系。

（一）建党前后李达社会主义思想的主要内容

第一，深刻阐述了科学社会主义的内涵和特征。

尽管“马克思社会主义是什么？这个问题最难于简单地答复”①。但是这个问题又是马克思主义科学社会主义得以进一步在中国深入人心、获得劳苦大众支持所必须要解决和答复的。李达对这个问题进行了系统的阐释，为中国先进青年真正理解马克思主义科学社会主义提供了帮助。

首先，社会主义必须是公有制的。李达指出：“社会主义主张推倒资本主义，废止财产私有，把一切工厂、一切机器、一切原料都归到劳动者手中管理，由劳动者自由组织联合会，共同制造货物。制造出来的货物，一部分作为下次再行制造的资料，一部分作为社会的财产；一部分作为自己的生活资料供大家享用。这时候大家都要作工，都能得饭吃、得衣穿，资本家也变为劳动者了。大家都享自由，都得平等。”② 只有在生产资料公有制的社会当中，才有可能“将一切生产工具集中到劳动者的国家手里，用最大的加速度，发展全生产力”③。要注意的是，这里的“公有制”主要是指生产资料的公有制，而不包括生活资料的公有。

其次，社会主义必须是无产阶级专政的。那种反对一切国家、政权和专政的无政府主义，恰恰在这个问题上违背了马克思科学社会主义的原则，试图消解一切国家和政府。李达指出：“无产阶级的革命，在于颠覆有产阶级的权势，建立劳动者的国家，实行无产阶级专政。”④ 这既是马克思科学社会主义的核心内容，也是为俄国十月革命以来的社会主义建设实践所证实了的。当然，马克思科学社会主义的终极目标是消灭国家，而国家的消失，只能是由无产阶级专政，并“完全管理社会经济事业，把生产工具变为国家公产以后，则劳动阶级的利益成为社会全体的利益，就没有奴隶制度，没有阶级差别，生产力完全发达，人人皆得自由发展。国家这种东西

① 李达．马克思还原［M］//李达文集：第1卷．北京：人民出版社，1988：30.
② 李达．劳动者与社会主义［M］//李达文集：第1卷．北京：人民出版社，1988：30.
③ 李达．马克思还原［M］//李达文集：第1卷．北京：人民出版社，1988：31.
④ 李达．马克思还原［M］//李达文集：第1卷．北京：人民出版社，1988：31.

自然消灭，自由的社会自然实现”[①]。

最后，社会主义的生产、分配必须是集中且有计划的。在与无政府主义的论战中，李达明确指出：“共产主义的生产组织是集中的，……共产主义的原则主张把一切农业工业的生产机关，都移归中央管理，有时因生产机关的种类不同，或移归地方管理。”[②] 而“无政府主义的生产组织是分散的。”“主张破坏中央的权利，要将一切生产机关，委诸自由人的自由联合管理。”在李达看来，这种生产组织方式“有一种最大的缺点，即是不能使生产力保持均平”[③]。

在分配问题上，李达指出：“社会主义的分配制度，以自由平等为根据。”“分配制度分收入和消费两项，共产主义主张用一种方法调剂各个人的收入，用货币经济，借助货币的形式，分配生产物。各人消费的物资有一定的限制，不得超过自己收入所得的价值。消费的时候，各人必须支出自己收入所得的一部分，所以各种物资都须依一定的价值单位定一个价格。”而“无政府主义的分配制度则以各尽所能、各取所需为原则，全不调剂各人的消费，甚至连消费都不调节的”[④]。无政府主义的这种“各取所需”的分配原则虽然听起来非常美好，“若果社会的生产力发达到无限制的程度，生产物十分丰富，取之不尽、用之不竭，这‘各取所需’的分配原则是很可实行的”。但在李达看来，“新社会都是继承旧社会的生产力，继续发展的，这生产力是有一定的限制的，生产力既有限制，生产物当然也有限制了，以这有限制的生产，听各人消费的自由得其平等，是绝对办不到的”。“只是在生产力未发达的地方与生产力未发达的时期内，若用这种分配制度，社会的经济的秩序就要弄糟了。”[⑤]

相反，社会主义所主张的分配方式则建立在唯物史观的基础之上，因“生产力既有制限，生产出来的物质当然也有制限，我们分配这有限的物质要求其平等，就不可不行使货币经济，对于各人所收入的货币额加以制限。还有一事，物质的价格不可不用一个标准来测定他，生产物对于需要的关系，若其分量比较的多，则定价从廉，否则定价从高。照这样办起来，那么在人类的道德程度没有达到至圣至神的地位时，对于有限的生产物要行公平的分配，再没有比这种制度还好的了”[⑥]。综观李达关于社会主义分配问题的阐释，“按劳分配”的思想隐约可见，只是没有明确地使用这个术语

① 李达．马克思还原［M］//李达文集：第1卷．北京：人民出版社，1988：31.
② 李达．社会革命底商榷［M］//李达文集：第1卷．北京：人民出版社，1988：49.
③ 李达．社会革命底商榷［M］//李达文集：第1卷．北京：人民出版社，1988：49.
④ 李达．社会革命底商榷［M］//李达文集：第1卷．北京：人民出版社，1988：50.
⑤ 李达．社会革命底商榷［M］//李达文集：第1卷．北京：人民出版社，1988：51.
⑥ 李达．社会革命底商榷［M］//李达文集：第1卷．北京：人民出版社，1988：51.

而已。

上述这些阐释，无一例外都是以唯物史观为指导的对马克思主义科学社会主义的经典阐释。对李达而言，唯物史观是认识社会发展、论证社会主义必然代替资本主义的最有效、最有力、最科学的思想工具。由上观之，这一时期内，李达对“社会主义是什么”的认识，已经比其在日本留学时期要来得深刻、科学、全面得多，这也正是李达社会主义思想逐渐发展、演变和深化的一个侧面。

第二，回答了为什么马克思主义社会主义是科学的。

在李达看来，“马克思社会主义是科学的，其重要原则有五：一、唯物史观；二、资本集中说；三、资本主义崩坏说；四、剩余价值说；五、阶级斗争说。”① 这五项原则，概括起来说，也就是李达在《现代社会学》一书中曾指出的：“马克思社会主义之内容，可分为历史观、经济论、政治论三大部分。”“历史观之根柢为唯物史观说，经济论之根柢为剩余价值说，政治论之根柢为劳工专政说，而贯穿唯物史观剩余价值与劳工专政三大原理，是成有机的联络关系者，则为阶级斗争说。”② 马克思社会主义之所以是科学的社会主义，就是因为“马克思之社会主义，系根据历史的社会的事实，研求伊古社会组织变迁之原因，而发现其进化之法则；次更依据此进化之法则，以观察现代之社会，决定现代社会之必然变革而达于理想社会，故谓之科学的社会主义”③。

首先，李达认为唯物史观既说明了资本制度发展的过程，也注重新兴的无产阶级的力量。

在李达看来，唯物史观的根本观点就在于坚持生产力决定生产关系、经济基础决定上层建筑的原理，即“一切生产关系、财产关系，是社会制度的基础；一切社会宗教、哲学、法律、政治等组织，均依这经济的基础而定”④。李达指出：“社会生产力发达至于一定程度，即构成社会之基础。依据此种基础组成社会之各个人，在生产分配之社会的历程中，恒发生种种相互之关系。各个人所分受之生产物，由此等关系定之。其结果遂以产出一定之社会形体，产出一定之社会制度。同时又产生适合此社会形体之一

---

① 李达．马克思还原［M］//李达文集：第1卷．北京：人民出版社，1988：31.

② 李达．空想的社会主义与科学的社会主义［M］//李达文集：第1卷．北京：人民出版社，1988：370.

③ 李达．空想的社会主义与科学的社会主义［M］//李达文集：第1卷．北京：人民出版社，1988：370.

④ 李达．马克思还原［M］//李达文集：第1卷．北京：人民出版社，1988：31.

般心理状态及诸种道德习惯，因而该社会之哲学文学艺术遂以发生。”[①] 而在“物质的诸要素中，最能影响于社会之进化而成为根本动力者厥为经济的要素。盖物质的诸要素中最能变化最能发达者，莫如经济的要素，其他如人种、地理、气候等类物质要素，变化甚少，变化甚少之物质要素，对于社会当不起大变化也”[②]。因此，“社会之变迁，政体之变形，实依据生产及交换方法之变化而定，非依据所谓真理正义等思想精神之进步而定，换言之，社会进化之原因，不在于哲学而在于经济之中也”[③]。

但是社会存在与社会意识、生产力与生产关系、经济基础与上层建筑之间并非简单的决定与被决定的关系。生产关系能反作用于生产力的发展，上层建筑对经济基础的变革也有着相应的反作用。当生产关系不适应生产力发展、上层建筑不适应于经济基础的发展时，生产关系和上层建筑就必须要发生转变；当其适合社会经济发展时，就能推动生产力的发展，经济基础也就越发巩固。因此，当“经济的变革进行之时，新思想自成为改革之要素，而为破坏旧事物之资助。盖新思想为经济变革之反映”[④]。

其次，李达从劳动二重性、商品的本质出发，详细地阐释了马克思社会主义中的基本原理——剩余价值学说。

李达认为，所谓剩余价值，“实即劳动者被资本家强制操作之劳动而已。资本家以原料及机械等形式投入生产以内之物，复由商品价格，收入所谓不劳利得。劳动价值乃投入生产之劳动量，工银即便用于生产之劳动代价。惟劳动代价之工银，殊难满足劳动者之生活资料。此工银与劳动价值之差额，即造成剩余价值者也”。不仅如此，资本家所获得的利润“亦由剩余价值产出”[⑤]。

简单来说，在李达那里，剩余价值学说的核心部分就在于“商品价值，由商品中所包含之社会劳动总量决定。惟劳动中一部分所实现之价值，虽以工银形式支给代价，而其他一部分实未支给代价”。因此，“商品即不按实价以上之价值出售，而仅以实价出售，亦足以构成利润”。这就是“剩余

① 李达．空想的社会主义与科学的社会主义［M］//李达文集：第 1 卷．北京：人民出版社，1988：371.

② 李达．空想的社会主义与科学的社会主义［M］//李达文集：第 1 卷．北京：人民出版社，1988：370.

③ 李达．空想的社会主义与科学的社会主义［M］//李达文集：第 1 卷．北京：人民出版社，1988：371.

④ 李达．空想的社会主义与科学的社会主义［M］//李达文集：第 1 卷．北京：人民出版社，1988：372.

⑤ 李达．空想的社会主义与科学的社会主义［M］//李达文集：第 1 卷．北京：人民出版社，1988：379.

价值说之梗概”[①]。

再次，李达指出，只有马克思才真正地揭示了阶级概念及阶级斗争的产生和终极目标。

在李达看来，马克思的阶级区分标准在于“以经济之特征为区分阶级之标准，即视各个人获得生活资料之方法如何，借以决定其所属之阶级是也。苟其主要生活手段为工银，则属于无产阶级；苟其主要生活手段为资本，则属于有产阶级。无产阶级以出售劳力为生活之渊源，有产阶级以生产机关为生活渊源”[②]。

何以见得有产阶级与无产阶级之间一定会产生斗争呢？李达指出：因为“社会组织随生产力之变动而变动时，则社会组织之改造，必假手于社会内部之多数人，故一定社会组织变革时，必有一群主动者担当改革事业，而从事一定之运动。然就历史公例而言之，其成为改造社会运动之中心势力者，必为现社会组织下处于不利益地位之阶级；其成为反动派之中心势力者，必为处于有利益地位之阶级。两者互相对立，相持不下，结果不免于斗争，故社会组织之改造，常借阶级斗争之形式以行之。此一切过去之历史，所以又为阶级斗争之历史”。概以言之，“阶级对立之结果，必成为阶级斗争”[③]。

要注意的是，李达对阶级斗争的适用范围、目的有着非常清楚的认识。他指出：“阶级斗争说所能适用之范围，仅限于有阶级之社会，而不能适用于无阶级之社会。有史以前之原始共产社会，无阶级之别，资本社会以后之新社会亦无阶级之区别，当然不能应用阶级斗争说以说明之。”因此，“资本社会中有产及无产两大阶级之对立，为阶级斗争之最终形式”。而阶级斗争的目标则在于：“绝灭资本制的生产方法，以造成无掠夺者及被掠夺者之社会，经济上既无阶级之别，斯无阶级斗争之事实。”[④] 也就是说，要以阶级斗争消灭阶级斗争，这是阶级斗争的根本目标所在。

最后，李达指出，要实现社会主义、消灭阶级，必须要经过劳工专政的过渡阶段。李达认为，在资本主义经济组织和社会主义经济组织之间有一个过渡经济组织，而政治组织是建立在经济组织基础之上的，因而在资

---

① 李达．空想的社会主义与科学的社会主义［M］//李达文集：第 1 卷．北京：人民出版社，1988：380.

② 李达．空想的社会主义与科学的社会主义［M］//李达文集：第 1 卷．北京：人民出版社，1988：373.

③ 李达．空想的社会主义与科学的社会主义［M］//李达文集：第 1 卷．北京：人民出版社，1988：373.

④ 李达．空想的社会主义与科学的社会主义［M］//李达文集：第 1 卷．北京：人民出版社，1988：375.

本阶级民主主义政治与普遍的民主主义政治之间“有一过渡期之政治组织。此过渡期之经济组织为国家资本主义，此过渡期之政治组织为无产阶级民主主义。……过渡期之国家为劳动者之国家，实即劳动阶级专政”。因此，“欲谋普遍的民主主义之实现，必经历劳工专政一阶段。所谓无性别、无宗教别、无人种别、无国民性别之真平等，必经历劳工专政始能实现”①。在李达看来，“无产阶级掌握国家权力以后，要利用政权夺取资本阶级一切资本，将一切生产手段集中于国家，同时解除资本阶级武装压服反侧。有产阶级完全被征服以后，则政治革命实现，从此遂从事经营产业，即进于完成经济革命时期。从此生产力得以加速度发达，而社会主义经济组织乃能实现”②。这是劳工专政的历史必然性之所在。

第三，社会主义必然能在中国实现，中国只能走社会主义道路。

中国为什么要实行马克思的科学社会主义，而非无政府主义、基尔特社会主义、工团社会主义等各种其他的社会理想呢？李达结合中国国情和革命的具体实际，从马克思主义科学社会主义的基本原理出发，深入地探索了中国实现社会主义的必然性和可能性。

就必然性来说，因为“社会主义是从资本主义的工业产生出来的，资本主义工业将来必定普遍到全世界，同时社会主义也必定征服全世界。资本主义在中国必有发达之一日，社会主义在中国亦必有实现之一日，中国将来迟早必有社会革命，任何人都不能否认”。李达认为这只是一种空泛的议论，虽然道理是不错的，但是没有什么说服力。因此，李达指出：“我们若对于中国社会革命作理论的说明，必须根据中国现时的经济的政治的状态，详加分析。”而对中国现实情况的考察的结果是：“中国数千年来的农业经济组织，自从鸦片战争以后，被欧美日本资本主义破坏了，手工业的生产品被资本主义的商品打倒了。国家愈趋于贫弱，强邻更肆其侵略，条约的束缚、利权的断送，竟使中国形成了半殖民地的状态。中国在经济上现在正是产业革命时代，外则受列强政治的压迫、经济的侵略；内则受本国武人政治的摧残、经济的掠夺。”③

在分析中国社会经济政治状态的基础上，李达对梁启超关于中国“没有劳动阶级不能行社会主义运动”④，只能走“发展实业”的道路，用“温

---

① 李达．空想的社会主义与科学的社会主义［M］//李达文集：第 1 卷．北京：人民出版社，1988：381.

② 李达．空想的社会主义与科学的社会主义［M］//李达文集：第 1 卷．北京：人民出版社，1988：382.

③ 李达．社会主义与江亢虎［M］//李达文集：第 1 卷．北京：人民出版社，1988：224.

④ 李达．讨论社会主义并质梁任公［M］//李达文集：第 1 卷．北京：人民出版社，1988：66.

情主义”方式，先实现资本主义，再进行社会主义革命的论调给予了彻底的驳斥。在李达看来，当时的中国已经处于产业革命的时期，“中国人民，已在产业革命的梦中，不过不自知其为梦罢了”，而“中国的游民，都可说是失业的劳动者”①。虽然中国工业不如欧美日本等国家发达，但是中国无产阶级所受到的压迫比其有过之而无不及。这是中国进行社会主义革命的阶级基础，也是中国进行社会主义运动的必然性之一。

李达认为，中国所处的时代已经是产业革命时代。而“中国是万国的商场，是各资本国经济竞争的焦点，是万国大战争的战场。各资本国在中国培植的经济势力早已根深蒂固，牢不可破。当着产业万份幼稚的时代又伏在各国政治的经济的重重势力之下的中国，要想发展资本主义和各资本国为经济战争，恐怕要糟到极点了”②。因此，要想在资本主义帝国的重重压迫之下发展资本主义，从而实现国富民强，这无异于异想天开。唯有向平等待我之民族——苏俄学习，走社会主义的道路，才有可能实现国家的独立和民族的富强。这是中国走社会主义道路的必然性之二。

既然中国走社会主义道路是历史发展的必然，那么其可能性有几分？李达总结俄国十月革命胜利的经验，给出了自己的见解：“照社会主义的原则说，社会革命在资本制度发达到一定的程度的时候，自然要实现的；然而也可以用他种人为势力——非妥协的阶级斗争——促进他的速度。英美资本制度比俄国的要发达得十数倍；英美两国的工会，比俄国的也要发达得十数倍，何以社会革命不在英美两国发生，反在俄国实现呢？这就是因为俄国社会革命党实行的力量比英美两国大的原故。所以我国在中国运动社会革命的人，不必专受理论上的拘束，要努力在实行上去作。”③ 既然中国和俄国在经济结构、社会环境、文化传统等方面都具有高度的相似性，既然俄国能取得十月革命的胜利从而走上社会主义的道路，那么中国又有什么理由不选择这样一条道路呢？这就是中国走向社会主义道路的可能性之一。

要取得社会主义运动的成功，还必须有一个条件，这个条件就是要有工人阶级自己的组织——无产阶级政党。“无产阶级要实行革命，必有一个共产党从中指导，才有胜利可言。一九一七年俄国革命之所以成功，与一八七一年巴黎共产团之所以失败，就是因为一个有共产党任指挥而一个没

① 李达．讨论社会主义并质梁任公［M］//李达文集：第1卷．北京：人民出版社，1988：62.

② 李达．讨论社会主义并质梁任公［M］//李达文集：第1卷．北京：人民出版社，1988：66.

③ 李达．社会革命底商榷［M］//李达文集：第1卷．北京：人民出版社，1988：56.

有。”① 在中国，因“中国无产阶级处在这样的经济的政治的情形之下，中国共产党乘机起来组织无产阶级，企图社会革命，在理论上/在事实上并不是没有确实的根据的”②。此时早期共产主义者已经组织起来，成立了中国共产党，作为中国无产阶级革命运动的指挥机关，这是中国走向社会主义道路的可能性之二。

另外，李达认识到，“资本主义跋扈，渐带国际的倾向，而无产阶级的作战，亦趋于国际的团结。于是全世界一切掠夺、压迫、阶级制度、阶级斗争若不完全歼灭，全世界被压迫、被掠夺的无产阶级，不能从施压迫施掠夺的有产阶级完全解放”③。因此，在世界无产阶级革命时代，俄国革命的榜样、共产国际的帮助、世界无产阶级的联合都是中国选择社会主义并最终能取得成功的可能性因素。

第四，在中国实现社会主义的手段：阶级斗争。

李达认为，社会主义运动有三种主要的手段：议会政策、工会运动、直接行动。所谓议会政策，“是主张劳动者组织团体为参政的运动，劳动者要选议员，送到国会或地方议会去，参加立法的机关。这些代表劳动者的议员，可以在国会或地方议会提出改善劳动状态或抑制资本阶级的法案，务期循序渐进，解决一切社会问题”④。对于这种手段，李达认为，德国的社会民主党已经给了中国社会主义者以前车之鉴，这种方式实在不可取。

所谓工会运动，是指“劳动者想借团体的力量谋劳动阶级的解放的一种手段。其中也可以分为两种，第一种是改良的，是社会政策的，采用阶级调和主义的手段，承认现制度，谋劳动阶级地位的向上。第二种是革命的，是社会主义的，采用阶级斗争的手段，改造现制度，创立劳动者本位的社会的”⑤。其武器就是同盟罢工。然而，在李达看来，“中国是劳动过剩的国家，大多数都是失业者，所以中国的工会运动是不易行的”⑥。

所谓直接行动，就是指要用阶级斗争的手段。在李达看来，直接行动就意味着猛烈的、突发的群众运动，就是类似于俄国十月革命的那种政治斗争运动，这是与工会运动中所谓的阶级斗争手段的最大区别，也是实现社会主义的唯一可取的手段。李达认为，只有如此，才有可能实现社会主义革命者要实现的目标。“社会革命的目的，在于推倒有阶级、有特权的旧社会，组织无阶级、无特权的新社会。……我们要达到这个目的，概括说

① 李达．评第四国际［M］//李达文集：第1卷．北京：人民出版社，1988：133.
② 李达．马克思学说与中国［M］//李达文集：第1卷．北京：人民出版社，1988：211.
③ 李达．马克思还原［M］//李达文集：第1卷．北京：人民出版社，1988：31.
④ 李达．社会革命底商榷［M］//李达文集：第1卷．北京：人民出版社，1988：52.
⑤ 李达．社会革命底商榷［M］//李达文集：第1卷．北京：人民出版社，1988：52.
⑥ 李达．社会革命底商榷［M］//李达文集：第1卷．北京：人民出版社，1988：55.

起来，就是厉行非妥协的阶级斗争”[①]。“所以我主张我们要在各大都会，结合工人农民兵士及他种属于无产阶级的人，组织一个大团体，利用机会，猛然地干起大规模的运动来，把那地方的政治力，夺在我们手中，凭着政治上的势力，实行我们社会主义的建设，完全管理社会中经济的事业。所以这种直接行动，可以称为社会革命的唯一手段。”[②]

因此，对如何在中国实现社会主义的问题，李达给出了非常明确的结论：这就是“无产阶级为突发的群众运动”[③]，即运用阶级斗争的手段来实现这一目标。而要在经济发展落后的中国运用阶级斗争这一手段，“要想达到社会革命的目的，首先要组织群众，竭力打倒国际帝国主义，推倒国内军阀政治，建设统一和平，使实业有发展之可能”[④]。而组织群众的手段则莫过于宣传了，李达指出：“还有相辅而行的手段，就是宣传。宣传的办法，无论是公开的或秘密的，总要普遍，要能激动无产阶级对于有产阶级的敌忾之心，亦能发生效力。”[⑤] 综上所述，李达对于如何在中国实现社会主义有着十分清晰的思路，这就是：用宣传激发群众的阶级意识，组织群众进行大规模的阶级斗争——激烈的政治斗争运动而不是同盟总罢工运动，这样才能实现“革命的目标”，即社会主义。

（二）建党前后李达社会主义思想的意义及局限

建党前后，为了从理论源头上廓清对科学社会主义的误解和歪曲，向中国进步青年传播科学、准确的“马克思派社会主义”，李达积极参与对改良主义和无政府主义的论战，在批判改良主义和无政府主义、阐述马克思科学社会主义理论时，非常注重对科学社会主义的理论基础进行深入的阐释。

第一，有力地回击了改良主义者对科学社会主义的歪曲和误读，为中国先进青年的思想进步提供了丰富、可靠、准确的理论材料。

李达曾旗帜鲜明地指出，中国思想界中流行的社会主义思想，有许多是冒牌的甚至是反社会主义的。“他们是社会主义的障碍，是我们的敌人。”[⑥] 因为“他们只是口头讲，心里未必赞成，也只是胡乱地讲，却未必十分懂，恐怕这班不久便会连口头赞成都要取消。他们不说中国人要准备

① 李达．社会革命底商榷［M］//李达文集：第1卷．北京：人民出版社，1988：52.
② 李达．社会革命底商榷［M］//李达文集：第1卷．北京：人民出版社，1988：56.
③ 李达．社会革命底商榷［M］//李达文集：第1卷．北京：人民出版社，1988：55.
④ 李达．社会主义与江亢虎［M］//李达文集：第1卷．北京：人民出版社，1988：224.
⑤ 李达．社会革命底商榷［M］//李达文集：第1卷．北京：人民出版社，1988：56.
⑥ 李达．社会革命底商榷［M］//李达文集：第1卷．北京：人民出版社，1988：46.

知识，学会了社会主义，好行社会革命；便说要助长资本主义的发达好谈社会主义；这类的话，在最近的新闻杂志上，登载得非常多。这种似是而非的论调，最易淆惑人心”①。

在与基尔特社会主义的论战中，李达充满了斗争精神。所谓基尔特，是英文“行会”的音译，而“基尔特社会主义就是行会社会主义，是将国家社会主义和工团主义揉合一起的旨在抵制社会主义革命的改良主义理论”②。在中国，基尔特社会主义的代表人物梁启超、张东荪，是当时学界的知名人物，他们对社会主义的理解和认识代表了一批探索中国道路的知识分子对马克思主义科学社会主义的误读，影响颇为广泛。梁启超认为，中国“实业不发达”“产品贫乏，无法均产”，中国“无劳动阶级”，因而“目前最迫切之问题，在如何能够使多数之人民得以变为劳动者”。“有业无业乃第一问题，而有产无产转成第二问题。”③ 而张东荪则宣扬：“救中国只有一条路，”“就是增加富力，”“开发实业，”“我们也可以说有一个主义，就是使中国人从来未过过人的生活都过得着人的生活，而不是欧美现行的甚么社会主义、甚么国家主义、什么无政府主义、什么多数派主义等等。”④

针对梁启超、张东荪的论调，李达指出：张东荪的主张“无非是不讲社会主义去开发实业罢了!”⑤ 真正的社会主义应该是“马克思的社会主义，即革命的社会主义，由公然的群众运动，断行革命，至于实现的手段，就是采用无产阶级专政”⑥。是“革命的，是非妥协的，是国际的，是主张劳动专政的”⑦。而不是什么发展实业、调和劳资关系。这才是彻底的革命的社会主义的主张，才是真正的马克思主义科学社会主义的核心所在。

第二，深刻剖析了无政府主义，唤醒了沉溺于无政府主义的中国先进青年，为在中国建立无产阶级政党扫清了理论障碍，极大地推动了中国革命向前发展。

李达指出：“社会主义的派别很多，主张复杂。”而“马克思派的共产主义和无政府主义”则是两大主潮。⑧ 在李达这里，马克思主义之所以是科学的，是因为它不仅仅指出了未来发展的方向，而且还提供了赖以奋斗的

① 李达．社会革命底商榷［M］//李达文集：第 1 卷．北京：人民出版社，1988：46.

② 宋镜明．李达传记［M］．武汉：湖北人民出版社，1986：24.

③ 梁启超．复张东荪论社会主义运动［J］．改造，1921，3（6）．

④ 张东荪．由内地旅行而得之的又一教训［N］．时事新报，1920 – 11 – 06.

⑤ 李达．张东荪现原形［M］//李达文集：第 1 卷．北京：人民出版社，1988：26.

⑥ 李达．第三国际（即国际共产党）大会的缘起［M］//李达文集：第 1 卷．北京：人民出版社，1988：29.

⑦ 李达．马克思还原［M］//李达文集：第 1 卷．北京：人民出版社，1988：31.

⑧ 李达．社会革命底商榷［M］//李达文集：第 1 卷．北京：人民出版社，1988：49.

工具和手段。这也正是马克思科学社会主义与无政府主义之间的区别所在。所以“无政府党要推倒资本主义，所以是我们的朋友。无政府党虽然要想绝灭资本主义，可是没有手段，而且反不免有姑息的地方，所以不是我们的同志”①。这段言论也正是从实现理想目标的手段着眼，从而将二者区别开来。正是马克思主义为先进的中国人提供了奋斗的工具和手段，才使得李达对在中国实现社会主义有着无比的信心和坚定的信仰。

当然，除了在奋斗的手段方面的区别外，马克思主义社会主义与无政府主义在很多方面都有着根本的不同，如前文所述的李达关于二者在生产和分配上的区别的论述，也深刻地反映了这两种思想体系的本质区别。这种针对无政府主义的理论斗争，使得中国共产党早期组织中混杂着的无政府主义者相继退出了中国共产党早期组织，从而净化了中国共产主义队伍。同时，李达对无政府主义的理论斗争，使得中国先进青年认清了无政府主义的理论缺陷和真实立场，从而从无政府主义转向共产主义，进而推动中国革命波澜壮阔地向前发展。

第三，建党前后，李达对社会主义的论述和阐释，不仅仅停留在理论研究和宣传上，而是与中国革命实际、中国社会实际紧密结合，从而与其他早期中国共产党理论家一道，开启了马克思主义中国化的历史大幕。

李达在论证社会主义在中国实现的可能性和必然性时，紧紧地结合中国革命实际和社会实际，始终以“中国”作为理论研究、宣传的出发点。这实际上体现了将马克思主义与中国实际相结合的理论自觉。虽然在建党初期，李达对马克思主义中国化的探索还是个人的理论自觉，远没有形成组织自觉和社会自觉，但这种探索和努力却为日后马克思主义中国化的提出、马克思主义中国化成果的形成提供了极为宝贵的历史经验和理论积累。

当然，这一时期李达的社会主义思想也带有浓厚的历史时代气息。时代带给任何思想家的历史局限，在李达这里也体现得非常明显。比如他对中国社会的理解和认识还不深刻，与中国实际的结合还处在摸索当中；对如何对待俄国革命的经验、模式等问题上，还存在着模糊的认识；对如何将理论付诸中国革命的实践的问题上，还存在着坐而论道的倾向等。这些局限绝不是李达社会主义思想的污点，而恰恰是李达对马克思主义孜孜以求的历史见证。

---

① 李达．无政府主义之解剖［M］//李达文集：第1卷．北京：人民出版社，1988：78.

四、建党时期李达社会主义思想演变的特征

建党时期是李达社会主义思想逐渐从理论到实践、从一般真理到结合中国具体实际的一个重要时期，也是在这一时期内，李达完成了从爱国主义者向马克思主义者的转变，并参与创建了中国第一个无产阶级政党——中国共产党。尽管之后因为种种原因，李达脱离了中国共产党组织，成了党外人员。但从李达这一时期所撰写的文章和著作来看，他对马克思主义的信仰并没有因此而改变，始终坚持研究、宣传马克思主义。其社会主义思想的发展与演变，也无一不与中国革命发展的形式密切联系，真切地反映着中国近代以来社会思想文化的变迁。李达社会主义思想在演变过程中呈现出三大特点。

第一，独立性。李达对社会主义的认识来自于自身对中国革命的形势、中国社会的实际以及对马克思主义科学社会主义理论的思考。他在完成其关于社会主义的主要论著的期间，脱离在党外，成了党外的红色专家。这都得益于其独立的思考。

第二，探索性。李达对社会主义的认识不是从来正确无误的，而是在与不同思潮的论战中逐步形成和完善的，因而从李达社会主义思想演变与发展的过程中，李达社会主义思想的探索性一览无余。这符合人类认识发展的客观规律，任何以李达早期社会主义思想中不成熟的理论观点来否定李达社会主义思想的进步性的做法，都是历史虚无主义的一种表现。

第三，学理性。从李达在民主革命时期对社会主义的研究来看，他主要集中在对马克思主义科学社会主义的理论研究和理论宣传上。尽管李达一度参与了与反马克思主义的论战，然而我们在论战中也能够发现李达更多地立足于学理，而不是简单地服从政治需求。在中国民主革命的后期，李达接连出版了《货币学概论》等理论著作，更是又为其社会主义思想增添了无尽的学理意味。

李达社会主义思想演变的过程及其思想特征对推动当前社会主义现代化建设具有重要的启示。当代中国人，应该从李达社会主义思想当中汲取充足的养料，既有理论层面的，也有精神层面的。从理论上讲，当代中国人从事的社会主义现代化建设也正是李达当时所期待、所向往的社会主义建设，而李达对社会主义的理论探索无疑对今天的社会主义建设具有指导意义。从精神层面来讲，李达坚持宣传、研究社会主义，坚持中国走社会

主义道路的方向，这一份执着和坚韧，也是如今我们建设社会主义现代事业所必须要牢牢汲取的精神财富。

本文系国家社科基金重大招标课题《李达全集整理与研究》（课题编号10&ZD062）的阶段性研究成果。

参考文献

[1] 李达．沿着十月革命的道路前进［J］．中国青年（合刊），1961：13－14.

[2]《李达文集》编辑部．李达文集：第1卷［M］．北京：人民出版社，1988.

[3] 张东荪．由内地旅行而得之的又一教训［N］．时事新报，1920－11－06.

[4] 恽代英．论社会主义［J］．少年中国，1920：2（5）.

[5] 宋镜明．李达传记［M］．武汉：湖北人民出版社，1986.

[6] 王奇生．革命与反革命——社会文化视野下的民国政治［M］．北京：社会科学文献出版社，2010.

4 Inchoation and Evolution —Li Da's Socialist Thought during Founding Period of CPC

Xu Xinhua and Ding Junping

Abstract: Li Da was one of the founders of the Communist Party of China and an outstanding Marxist theorist. In the democratic revolution period, Li Da's belief in socialism was never changed despite dramatic changes in the country. From the beginning to its development, Li Da's socialist thought explains his insistence and persistence on socialist ideals and shows its evolution from theoretical interpretation to practical debate, then to theoretical research. In this evolutionary process, Li Da's socialist thought shows the characteristics of independence, exploration and academic studying.

Key words: Historical Context; Li Da; Socialist Thought

辛亥革命研究

Study on the Revolution of 1911

5

经济和谐：孙中山大同理想的根基*

赵麦茹**

［内容提要］孙中山在其大同理想中强调经济利益的平等享有，体现了其经济和谐思想，他主张用顺承王道、改进制度与引入高科技等方法来实现经济和谐，孙中山的经济和谐思想给构建和谐社会的当代中国以深刻的启迪。

［关键词］**孙中山　经济和谐　大同理想**

为革命奋斗一生、愈挫愈勇的先行者孙中山先生对中国传统的大同理想模式的认可是众所周知的，这种认可从他在多种场合对《礼记·礼运》之《大同》篇的引用、一生多次书写“天下为公”的举动、把“大同世界”“世界大同”视为革命终极奋斗目标的历次演讲中均可得到印证。对孙中山大同理想的研究因此也成为孙中山相关研究的一个热点。众多学界前辈同人从多种角度对孙中山的大同理想进行了解析：孙中山大同理想与中国古代经济思想的渊源，孙中山大同理想的终极关怀，孙中山大同理想与太平天国、康有为大同思想的比较，等等。

不过，笔者比较关注的是何为孙中山先生大同理想的根基，即其大同理想建构在什么样的基础之上。认真研读孙中山先生的文集，不难发现，虽然孙中山的大同理想和中国历代先贤所希冀的大同理想有很多相同之处：如都希望建立全民公有的社会制度、选贤与能的管理体制、讲信修睦的人际关系、人得其所的社会保障制度等。但如仔细分析不难看出，此大同非

---

* 本文获得2011年度教育部人文社会科学研究一般项目（项目编号：11YJC790213）和经济思想史陕西省重点学科建设项目（项目编号：zdxkw00501）的资助，为其阶段性研究成果。

** 赵麦茹（1975—　），女，汉族，陕西临潼人，西北大学经济管理学院讲师，经济学博士，专业为经济思想史，研究方向为中国经济思想与当代经济发展；中西方经济思想比较研究。

彼大同，与中国历代传统大同思想的空想与乌托邦特点相比，孙中山的大同思想并非一座空中楼阁，而是有其坚实的根基——蕴含在民生主义中的经济和谐思想。

一、内涵、形成过程及逻辑思路

（一）内涵：何为经济和谐

什么是经济和谐？不同的人有不同的界定。有人认为，经济和谐是指在一个社会的全部经济领域内，经济要素的配置、经济活动之间的联系以及经济利益关系的整体协调状态。它由三个层次构成：一是经济要素配置上的和谐，二是经济活动之间联系的和谐，三是经济利益关系的和谐。[①] 这种说法在某种程度上概括了经济和谐之要旨，但最后都可归结为经济利益方面，前两者涉及经济利益形成过程的和谐，后者强调经济利益分配方面的和谐。

马克思对经济和谐也没有正面、清晰的界定，但从其散见于各处的相关论述中却不难看出其对经济和谐的解读：经济和谐是在消除了一切私有制、生产力得到极大发展基础上的，人与人、人与社会之间利益冲突的消弭。马克思和恩格斯强调："在共产主义社会里，任何人的利益并不是彼此对立的，而是一致的，因而竞争就消失了。当然也就谈不上个别阶级的破产，更谈不上现在那样的穷人和富人的分化。"[②] "利益的共同已经成为基本原则，公共利益和个人利益已经没有什么差别"[③]，显然，马克思主义认为，在和谐社会里，人与人在根本利益上是高度一致的，个人利益与公共利益是高度契合的，经济利益冲突归于消弭。何以如此呢？在马克思主义的相关论述中不难找出答案，即随着阶级的消亡和阶级对立的消除，随着生产力的极大发展，所有人都可以共同享受社会生产创造出来的福利，原来牺

① 郭镇方．论经济和谐的内涵及其标志——从社会和谐与经济和谐的关系谈起［J］．经济学家，2006（1）：30.

② 中央编译局马恩列斯著作编译部．马克思恩格斯全集：第2卷［M］．北京：人民出版社，1957：605.

③ 中央编译局马恩列斯著作编译部．马克思恩格斯全集：第2卷［M］．北京：人民出版社，1957：609.

牲一些人的利益来满足另一些人需要的状况得以彻底结束①。

孙中山的经济和谐思想更多体现在经济利益的平等享有方面："少有所长，老有所养，未成年以前，国家设校以教之；壮岁以往，有各种农、工、商以役之；至于衰老，国家有年金以养之。现今英美法国大抵如此。至若俄国则更进步，其目的在使人人享有经济上平等之幸福，而无不均之患。语其大成，则与孔子所谓大同相类"，② 显然，孙中山把经济利益的平等共享视为与孔子大同理想无穷接近的一个必备的基础条件。在其《民生主义》中，孙中山的这种论述非常之多："民生主义即贫富均等，不能以富者压制贫者是也；""我们国民党的民生主义，目的就是把社会上的财源弄到平均，所以民生主义就是社会主义，也就是共产主义；""民生主义，就是弄到人人生计上、经济上平等；""谈到民生主义的事实，最要紧的是均贫富。"不言而喻，孙中山认为只有消除贫富分化、经济利益共享，才能与社会主义、大同世界接轨，才能实现人与人之间的和谐相处。

孙中山的上述理解非常符合马克思主义对这一问题的理解，马克思和恩格斯透彻地看出了利益的导向性及对于人而言的重要意义，"人们所奋斗的一切，都同他们的利益有关"③。马克思和恩格斯的这种观点源自其思想体系，在马克思主义思想体系中：生产力决定生产关系、物质基础决定上层建筑是非常重要的基本命题。而生产力的不断发展、物质基础的实现正是人们在对利益的不断追求中得到实现的。经济利益冲突消弭，经济和谐也就实现了。

（二）形成及逻辑思路：经济和谐何以成为其大同理想之根基？

孙中山的经济和谐思想是伴随着其思想的不断丰富完善而逐渐形成的。

1894 年，孙中山对改良还寄予一定的期望，他给李鸿章的上书之举充分说明了这一点，此举的无效促使其思想发生了转变。1894 年 11 月，兴中会成立时，孙中山提出了"驱除鞑虏，恢复中华，创立合众政府"的革命纲领，可以看出，这时的孙中山更多地关注民族、民权，对民生没有足够关注。1895 年，兴中会总会在香港正式成立时，其革命纲领才囊括了这一内容："驱除鞑虏，恢复中华，建立民国，平均地权。"1905 年，中国同盟

① 中央编译局马恩列斯著作编译部．马克思恩格斯全集：第 1 卷［M］．北京：人民出版社，1995：243.

② 中国社科院近代史研究所．孙中山全集：第 8 卷［M］．北京：中华书局，2011：349.

③ 中央编译局马恩列斯著作编译部．马克思恩格斯全集：第 1 卷［M］．北京：人民出版社，1956：82.

会在日本东京成立后，孙中山在《民报》发刊词上首次将其思想系统化为“三民主义”——民族、民权、民生，此所谓的“旧三民主义”。1924 年 1 月，在中国国民党第一次全国代表大会上，受国际形势和共产主义思潮的影响，孙中山提出了“联俄、联共、扶助农工”三大政策，“旧三民主义”至此发展为“新三民主义”。

从倾向改良到转为革命，从侧重民族、民权到关注民生，从狭隘反满到反帝反封，从“旧三民”到“新三民”，孙中山的思想随着国内外形势的不断变化和自身对革命事业认识的不断深化而转变着，其经济和谐思想也随之得以不断发展和完善。

在中国同盟会成立以前，孙中山就公开宣称：“余之主张为‘大同主义’。”[①] 1912 年，孙中山在《临时大总统宣言书》中进一步阐释其拓展到世界范围的大同思想：“将使中国重见于国际社会，且将使世界趋于大同，”[②] 此后他又在多种场合谈到大同，从对民族大同到世界大同的屡次憧憬中，孙中山的大同理想可谓根深蒂固了。

但如何实现大同呢？孙中山认为，那些夸夸其谈者永远无法接近大同，“讲社会主义的人都是乌托邦派，只希望一个理想上的安乐世界，来消灭人类的痛苦，至于怎么样去消灭的具体方法，他们毫没有想到”[③]。孙中山给出的具体方法是“三民主义”，在对黄埔军校军官的讲话中，孙中山指出：“三民主义，吾党所宗，以建民国，以进大同。”而何为“三民主义”呢？孙中山将其与民有、民治、民享联系起来，即国家为人民所共有，政治是人民所共管，利益是人民所共享。他认为“这才是真正的民生主义，就是孔子所希望的大同世界”。[④] 那么，三者中，他又最注重哪一个呢？显然是经济利益的共享，即经济和谐问题：“我们讲民生主义，就是要四万万人都有饭吃，并且要有很便宜的饭吃；”[⑤]“必丰衣足食，家给人足，而民生问题便可以解决矣。”[⑥] 至此，孙中山的逻辑思路就很清晰了：革命的目标是实现大同，实现具体方法为“三民主义”，而“三民主义”中最核心的要素即生计，吃饭问题，只有实现经济利益的共享才能步入大同世界。经济和谐成为孙中山大同理想的根基。

---

① 冯自由．革命逸史：第三集［M］．北京：中华书局，1981：209.

② 中国社科院近代史研究所．孙中山全集：第 2 卷［M］．北京：中华书局，1981：2.

③ 中国社科院近代史研究所．孙中山全集：第 9 卷［M］．北京：中华书局，1981：361.

④ 中国社科院近代史研究所．孙中山全集：第 9 卷［M］．北京：中华书局，1981：394.

⑤ 中国社科院近代史研究所．孙中山全集：第 9 卷［M］．北京：中华书局，1981：414.

⑥ 中国社科院近代史研究所．孙中山全集：第 9 卷［M］．北京：中华书局，1981：427.

二、实现路径：如何实现经济和谐？

孙中山在其思想的形成过程中，既受中国传统文化的熏陶，又被其游学西方期间的一些西方优秀文化所影响，在如何实现经济和谐问题上，他给出了异于常人的思路：中国的“道”与西方的先进科技与制度。显然，孙中山将形而上和形而下相结合，将观念文明与制度文明、科技器物文明相结合，将中西文化相结合。

（一）顺承王道：仁政的指向标

中国历来有道统论，儒家的道统沿革是：尧、舜、禹、文武、周公、孔子、孟子，之后的序列争议较多，但有一点：只有真正继承儒学精髓的人方有资格加入道统沿革序列之中。那么，什么是儒学精髓呢？民本主义，仁政。中国能对皇帝有所约束的恐怕也就是这种思想武器了，凡是以民为本、实行仁政的帝王都被百姓所肯定，称其实施王道。王道得到肯定的根本原因在于其关注百姓的经济利益，孟子的思想最具代表性，其“有恒产者有恒心”强调了经济和谐对于政治的决定性作用，为了保证百姓得到恒产，他还提出了“五亩之宅”“百亩之田”等方案。孟子的“民为本，社稷次之，君为轻”的思想亦从另一个角度肯定了关注民生及百姓经济利益的王道才会使江山固若金汤。

孙中山对中国的王道非常有信心：“东方的文化是王道，西方的文化是霸道；讲王道是主张仁义道德，讲霸道是主张功利强权；讲仁义道德，是由正义公理来感化人，讲功利强权，是用洋枪大炮来压迫人。”[①] 当时的国际形势是西方强大先进而中国弱小落后，与强盗讲仁义道德注定是行不通的。在王道与霸道之间，孙中山的倾向性却非常明显，他相信王道的力量大于霸道，并试图以此为旗帜去号召国人围绕在其左右一起去实现他的最高理想：“用固有的道德和平做基础，去统一世界，成一个大同之治，这便是我们四万万人的大责任，”[②] 显然，孙中山亦秉承了渗透在中国读书人骨子里的修齐治平抱负，试图用仁政王道这种道德力量为最终目标的实现提供最强劲的支持，而他的这一思维路径也同时将天下百姓的经济利益与其大同理想紧密联系了起来。

① 孙中山．大亚洲主义［M］//国父全集：第2册．台北：出版者不详，1973：306.

② 中国社科院近代史研究所．孙中山全集［M］．北京：中华书局，1981：691.

（二）改进制度：制度的约束

1. 政治制度

孙中山认为中国的经济问题必须靠改进制度才可以解决："我们要解决民生问题，如果专从经济范围来着手，一定是解决不通的。要民生问题解决得通，便首先要从政治上着手。"①

受西学影响颇大的孙中山在引进西方先进制度的同时对其稍加改进，形成其颇为自得的政治制度体系：选举权、罢免权、创制权、复决权四权完全属于人民；司法权、立法权、行政权、考试权、监察权属于政府，人民的四权管理政府的五权。考虑到中国实际的国情，他还提出了循序渐进的三阶段方案：军政、训政、宪政，加之其地方自治论等方案，应该说孙中山是认真地思考过政治制度改进问题的。

2. 经济制度

政治制度只是为经济问题的解决提供了制度保障，要真正解决经济问题，还需要切实可行的经济制度。孙中山认为关于经济问题的民生"不外土地与资本问题"。那么，用什么制度来解决这两个问题呢？孙中山分别给出了不同的制度选择。

（1）土地：税收制度—土地分配制度。

对于土地问题，受亨利·乔治和约翰·穆勒的影响，早期的孙中山倾向于税收制度，他提出了核定地价，照价抽税，随着社会经济的发展，地价上涨部分归公，国家有资本时再照价收买的方案。在 1905 年的《军政府宣言》中，他提出："当改良社会经济组织，核定天下地价。其现有之地价，仍属原主。所有革命后社会改良进步之增价，则归于国家，为国民所共享。"孙中山认为这是解决土地问题的最佳方案，他对此非常有信心，在 1906 年 12 月《民报》创刊周年庆祝大会上，他还详细批驳了一些对此理解有偏差的观点，并详细加以解释："比方地主有价值一千元，可定价为一千，或多至二千；就算那地将来因交通发达价涨至一万，地主应得二千，已属有益无损；赢利八千，当归国家。这于国计民生，皆有大益。少数富人把持垄断的弊窦自然永绝，这是最简便易行之法。"

不过，受国际形势的影响，孙中山的思想在晚期发生了转变。随着俄

① 孙中山．孙中山选集［M］．北京：人民出版社，1981：836.

国十月革命的成功，人类历史上第一个社会主义国家建立，在革命过程中所推出的《土地法令》宣告废除土地所有制，将土地分给农民。1919 年 3 月 2 日，随着 21 个国家的 35 个政党和团体的 52 名代表齐聚莫斯科召开国际共产主义代表大会，共产国际成立。这次大会所通过的《告国际无产阶级宣言》等纲领进一步巩固了无产阶级革命的成果。这种风潮也深刻影响了孙中山，他从倾向于税收制度转为倾向于土地分配制度："现在俄国改良农业政治之后，便推翻一般大地主，把全国的田土都分到一般农民，让耕者有其田……我们现在革命，要仿效俄国这种公平办法，也耕者有其田，才算是彻底的革命；如果耕者没有田地，每年还是要纳田租，那还是不彻底的革命。"①

（2）资本：国家资本主义制度。

对于资本问题，孙中山选择了国家资本主义制度。他的"节制私人资本，发达国家资本"思想非常接近于中国经济思想史的"轻重论"，强调国家在经济问题中的"轻重之势"。其《实业计划》充分说明了这一点，这是一个旨在促进国民经济全面近代化的经济建设规划，但孙中山用计划手段发展国家资本的意图很明显："国家一切大实业，如铁道、电气、水道等皆归国有，不使一私人独享其利，"② 对于西方出现的垄断企业，他既承认是经济发展的必然结果，又认为可以通过制度干预将之国有化："大公司出现，系经济进化之结果，非人力所能屈服，如欲救其弊，只有将一切大公司组织归诸通国人民公有一法。故在吾之国际发展实业计划，拟将一概工业组成一极大公司，归诸中国人民公有。"③ 不难看出，孙中山是采用防止私人垄断资本、积极鼓励发展国家资本的方式来解决经济问题中的"资本"问题的。

（三）引入高科技：技术的保障

孙中山的《实业计划》给出了一个全面而详尽的发展交通、港口、工业、农业等各领域的发展规划，他认为交通港口的建设是发展的一个必备条件，因此，提出要修建七大铁路系统、二大世界先进港口；同时他也认为农业、矿业是实业之母，是为工业供给原料的主要源泉，亦应大力发展。而以上任何领域的现代化发展，靠当时中国的生产技术是无法完成的。以农业为例，孙中山非常清楚地看出农业机械化与传统农业的区别，认为如引入先进农业机械，则"必费力少而成功多。如犁田，则一器能作数百牛马之工，起水，则一器能灌千顷之稻；收获，则一器能当数百之刈。他如

① 中国社科院近代史研究所．孙中山全集：第 10 卷［M］．北京：中华书局，1981：556.
② 中国社科院近代史研究所．孙中山全集：第 2 卷［M］．北京：中华书局，1981：323.
③ 中国社科院近代史研究所．孙中山全集：第 6 卷［M］．北京：中华书局，1981：397.

凿井浚河，非机无以济其事，垦荒伐木，有器易以收其功。机器之于农，其用亦大矣哉"①。农业如此，其他领域更甚。如何在极其落后的情况下赶超西方，发展中国经济，孙中山提出了开放主义，他认为我们所欠缺的资金、技术和人才都可以通过引进的方式来解决，只要在引进的过程中把握不损害国家主权等原则即可："我无人才，利用外国人才；""我无良好方法，利用外人方法，"② 甚至将"开放主义"视为当时中国"兴国之要图""救亡之急务"。

综上所述，孙中山在解决经济利益冲突方面有自己独到的理解，并形成了一个较为成熟的方案，他用道德约束把经济发展目标和最广大百姓的经济利益紧密联系起来，用制度约束为百姓经济利益的实现提供制度支持，用引入高科技的手段为其提供技术的保障。可见，孙中山是在艰辛的革命过程中经过深思熟虑并逐渐形成自己独特的一套解决现实经济问题的方案的。更为难得的是，孙中山谈到经济问题时总是和四万万同胞的衣食冷暖联系起来，和"均贫富""耕者有其田"联系起来，同时，他还为这种旨在解决经济利益冲突、实现经济和谐的想法提供了非常成熟和体系化的方案。不过，很可惜的是，孙中山所处的时代使他的想法显得有些超前，因为当时中国的民族资产阶级尚未形成非常强大的力量，中国的无产阶级亦很弱小，没有形成适于其思想之树成长的沃土。但是，绝不能因此而否定了其思想的伟大价值。

三、对当代的启迪

构建社会主义和谐社会自十六届四中全会被提出，就成了众人关注的焦点。这一焦点何以形成，老子的"大道废有仁义；智慧出有大伪；六亲不和有孝慈；国家昏乱有忠臣"一语道破其真谛，为什么我们现在强调构建和谐社会，就是因为现在社会上存在着很多不和谐的因素：东部和西部、城市和乡村、国企和私企、垄断企业和一般企业、经济发展和环境保护等。而这些所有的不和谐都可以归结为一点：利益分配不均，经济利益不和谐。

物质基础决定上层建筑，一切问题的源头都最终指向物质利益。所以，当前我们要想真正解决和谐问题，就必须围绕经济和谐问题展开。孙中山在这一方面的思想给我们提供了一些深刻的启迪：如在对和谐进行定义时，必须把经济和谐放在最核心的位置，并努力寻找解决经济利益冲突的方法。

① 孙中山．孙中山选集［M］．北京：人民出版社，1956：11.

② 孙中山．国父全集：第2册［M］．台北：出版者不详，1973：825.

在寻找解决问题的路径时，应以社会主义精神文明为旗帜，本着以人为本、服务百姓的理念。切实的解决方法方面，制度的作用毋庸置疑。目前我国很多经济不和谐因素也与土地资本等因素紧密相关：野蛮拆迁、城镇化扩张中的赔偿问题、中小企业融资难、大量企业资金外流等。如何解决这些问题，规范且人性化的制度应是一条路径。此外，随着我国人口红利的消失，依靠廉价劳动力和所谓的资源禀赋来推动经济发展的优势将不复存在，要真正让第一线的劳动者体面、有尊严地劳动，必须依靠高科技，现阶段，政府的发展思路应该从劳动力密集型转变为资本密集型和技术密集型，只有这样，才能真正实现经济的腾飞，并最终解决经济利益的冲突。

参考文献

[1] 中央编译局马恩列斯著作编译部，编．马克思恩格斯全集：第2卷［M］．北京：人民出版社，1957.

[2] 中央编译局马恩列斯著作编译部，编．马克思恩格斯选集：第1卷［M］．北京：人民出版社，1995.

[3] 中国社科院近代史研究所．孙中山全集：第2，6，8，9，10卷［M］．北京：中华书局，1981—2011.

[4] 孙中山．国父全集：第2册［M］．台北：出版者不详，1973.

[5] 冯自由．革命逸史：第三集［M］．北京：中华书局，1981.

[6] 郭镇方．论经济和谐的内涵及其标志——从社会和谐与经济和谐的关系谈起［J］．经济学家，2006（1）.

5 An Analysis of Economic Harmony Thought in Sun Yat－set's Ideal of Great Harmony

Zhao Mairu

Abstract：Sun Yat－set emphasizes that people should enjoy their economic interests justly in his ideal of great harmony，which reflects his economic harmony thought. He advocates implementing the economic harmony by the benevolent，rational system and high technology. Sun Yat－set's economic harmony thought provides a deep inspiration for contemporary China which is constructing the harmonious society.

Key words：Sun Yat－set；Economic Harmony；the Ideal of Great Harmony

6

孙中山的钱币改革思想析论

李维林　赵梦涵*

［内容摘要］自宋朝产生正规化的纸币以来，中国便开始了推进货币纸币化的历史进程。从思想的发展来说，到孙中山是一个重要的里程碑。孙中山在历史与实践结合的基础上，不仅系统地提出了中国货币纸币化改革的理论基础，而且设计了保证纸币发行流通的运行框架，为后来最终实现中国货币纸币化的历史进程奠定了思想基础。孙中山的货币改革思想及其改革方案，虽然有其时代局限性，但其所体现的与时俱进、顺应历史发展潮流的改革精神，有重大的借鉴意义。

［关键词］**孙中山　钱币改革　思想分析**

一、引　言

中国近代民主革命的先行者孙中山先生（1866—1925 年），为改变近代中国内忧外患、贫穷落后的半殖民地半封建社会状况，以极大的爱国热情和大无畏的英雄气概，领导了轰轰烈烈的辛亥革命，结束了中国两千多年的封建帝制，谱写了中国近代史的新篇章。孙中山不仅以领导辛亥革命而名垂青史，而且在如何从经济上振兴中华，建立独立自主的民族经济，从

---

* 赵梦涵（1943—　），男，山东省龙口市人，山东大学经济学院教授，博士生导师，中国经济史学会、中国经济思想史学会、中国财政史专业委员会理事，主要研究领域为中国经济、财政、金融史学和中国财政金融调控理论；李维林（1966—　），男，山东省青州市人，山东大学经济学院副教授，硕士生导师，山东大学经济学院党委副书记，中国经济思想史学会常务理事。主要研究领域为中国金融史、金融投资学。

各个层面进行了深入的探索与思考。在这一过程中，他吸收了古今中外的优秀思想成果，并同中国的时代需要紧密结合起来，为中华民族留下了宝贵的思想财富，为中国共产党领导的新民主主义革命和新中国成立后的现代化建设，提供了宝贵的经验与借鉴，具有深远的意义和影响。其中，他的货币思想是其经济思想的重要组成部分，特别是他提出的货币纸币化的思想与改革方案，把自宋朝以来有关纸币发行的思想与实践推进到新的发展阶段，为后来国民党的法币改革及纸币完全取代金属货币的实现，奠定了重要的思想基础。

二、孙中山货币思想分析

孙中山考虑货币问题由来已久，早在辛亥革命的准备时期即已开始，而且把此问题看作是革命必须解决的首要问题之一。用他自己的话说："谋革命时已注重于此，定为革命首要之图。"① 出于钱币改革的需要，孙中山对货币问题进行了全面而深入的思考，提出了一系列思想观点。

首先，在货币的起源方面，孙中山认为货币是交换需要的发展与人的创造相结合的产物。"金钱也不过是货物之一耳。……日中为市之制者，实今日金钱之先河也，……此钱币之起源也。"② "货物有大小长短轻重的不同，所费人工便有多少的不同……货物价值有多有少，不能彼此恰恰相等，彼此来交易，必然生出许多争论，许多麻烦。……后来有个聪明人，发明钱的这个东西出来，就学术上文化说，做百货的'中准'，就浅近的俗化说，作交易的'媒介'，于是所费人工的多少的不同，生出来的价值高低的分别，彼此交易不能恰恰报酬满足个人的欲望及无谓的纷争计算，种种困难都可一扫而除之。照这样看来，钱不过是用来作交易货物的媒介。"③ 孙中山对货币起源的看法实际上有两层含义。一是他认为货币起源的客观基础是商品交换发展的推动，也就是说，货币起源于商品交换的需要与发展，没有商品交换就不会出现货币；二是起源于人们根据实践的需要对交换经验的总结与创造。从直观上讲，孙中山的看法基本是正确的。不能简单地认为，孙中山认为货币起源于"聪明人"的创造，并进而推出孙中山认为

① 孙中山．倡议钱币革命对抗沙俄侵略通电［M］//孙中山全集：第2卷．北京：中华书局，1982：545.

② 孙中山．建国方略，孙文学说：第二章［M］//孙中山选集：上卷．北京：人民出版社，1981：120.

③ 孙中山．知难易行［M］//总理全集：第2集．上海：民智书局，1930：237.

货币起源于人的主观臆造。事实上，在货币的起源问题上，孙中山特别强调了货币起源对交换的依存性。他指出："金钱本无能力，金钱之能力乃由货物之买卖而生也。倘无货物则金钱等于泥沙矣。倘有货物而无买卖之事，则金钱也无力量。"① 由于各种用以交换的产品付出的人工不同，所以其价值的大小也就不同，在交换的过程中如何做到等价交换，就需要有双方认可的中介，即衡量物品价值的符号，于是才有所谓"聪明人"的创造。新生事物一般都是在客观发展的需要与主观认识相结合的基础上才产生和逐步确立起来的。由此，货币的产生也是客观实践与主观认识相结合的产物，是客观因素与主观因素共同作用的结果。只有客观因素，没有主观认可（如人的认识、发明、创造和政府的制度安排等），也是不全面的。但是，孙中山对货币起源的认识虽然有其合理、正确的一面，但同时也有一定的局限性。因为，货币的起源不仅与外在的矛盾有关，更为深刻的是商品内在矛盾因素的作用。按照马克思的说法，任何商品都具有劳动的二重性，即具体劳动与抽象劳动，凝结在商品上的抽象劳动，是各种不同类型的商品可以进行等价交换的共同基础，当某种商品能够反映各类商品的抽象劳动的价格的时候，它就具备了市场所认可的货币职能，这就构成了货币产生的内在因素。这是孙中山所没有强调或者说认识比较模糊的地方。如同马克思所指出的那样："经济学家惯于从扩展了的物物交换所遇到的外部困难中去寻求货币的起源，却忘记了这些困难是从交换价值的发展，因而是从作为一般劳动的社会劳动的发展产生出来的。"② 尽管如此，孙中山在当时的历史条件下，结合中国的实际，经过自己深入的思考与研究，从货币的属性与功能两个层面界定和表述了货币的概念与本质，不失为很有深度的思想认识。"钱币维何？不过交换之中准，而货财之代表耳。"③"钱币者，也货物之属，而具有两种重要功用：一能为百货交易之中介，二能为百货价格之标准者也。作者统此两用而名之曰'中准'，故为一简明之定义曰：钱币者，百货之中准也。"④

其次，孙中山从概念上特别强调了货币的交换媒介与代表财富的职能。在前面的引文中我们看到，孙中山已明确地说，货币也是货物，也是商品之一。孙中山的这一认识，与货币是作为一般等价物的特殊商品的概念，在含义上也是基本一致的。孙中山认为，货物交换必须走货币中介这条渠

① 孙中山．建国方略，孙文学说：第二章［M］//孙中山选集：上卷．北京：人民出版社，1981：117.

② 马克思．政治经济学批判：序言［M］．北京：人民出版社，1971：34.

③ 孙中山．知难行易［M］//总理全集：第 2 集．上海：民智书局，1930：237.

④ 孙中山．建国方略，孙文学说：第二章［M］//孙中山选集：上卷．北京：人民出版社，1981：116.

道，货币代表财富是通过表现货物的价格来体现的。前者在认识上没什么问题，后者的看法需要进一步分析。货币表现货物的价格，这当然是不成问题的，但货币表现价格，并不等于就是代表财富的表现。货币表现价格是货币价值尺度职能的表现，因为价格是价值的外在表现，货币是在表现价格及其波动中反映价值的，这一点孙中山在认识上似乎是不太明晰的。事实上，孙中山所说的货币代表财富的观点，同时也包含着对货币储藏手段等职能的认识。

最后，孙中山奠定了中国近现代货币纸币化改革的思想基础。以往的观点总认为，货币要反映商品的价格，首先必须自身具有相应的价值，否则便不能成为价值的符号。如果某种商品如纸币，没有价值或价值很小，要充当起货币的职能，必须与有价值的金属货币如黄金挂钩，才能发挥其货币的职能。而孙中山对货币问题的思考，更多的是与他主张的货币纸币化改革的目标联系在一起的。所以从他的思想中不难看出，无论黄金还是纸币，只要被认可为货币，都可以独立地发挥货币的职能。自身价值远远比不上黄金的纸币，只要国家的强制性流通被社会所认可，即便不与金属货币挂钩，也照样可以发挥各种货币职能的作用。所以，在孙中山看来，货币的本质就在于它本身既是货物，又具有代表货物、代表商品、充当任何商品交换中介的特征，由此它也就成为任何商品交换的价值符号，成为能够扫除物物交换的种种障碍与困难的工具与筹码。按照这种认识与思路，只要能够履行货币的职能，为市场与社会所认可，无论是自发性的认可，还是国家强制性的认可，其自身价值的大小都是可以不必被看重的，就可以成为货币，而不必非要与金属货币挂钩。

孙中山认为，货币形态是随着时代的发展、社会的文明与进步不断向前推进的。不同的时代，因为生产力发展水平与社会财富的发达程度不同，就需要有不同的货币形态选择。在这种情况下，他认为纸币取代金属货币是大势所趋，是历史的必然。“钱币未发生之前，可称为需要时代，……钱币即发生之后，可称为安适时代，……自机器发明之后，可称为繁华时代，……由此三时期之进化，可以知货物中准之变迁也。故曰需要时代以日中为市为金钱也，安适时代以金钱为金钱也，繁华时代以契券为金钱也。此三时代之交易中准，各于其时能为人类造最大之幸福。”[①]孙中山没有按社会性质而是按生产所决定的社会物质文明发展水平，把人类社会的演进划分为三个不同的时代，并由此把货币的变迁同这三个时代的演进联系起来。以此说明，物质财富发展的不同时代对货币形态有不同的选择。并认为，

① 孙中山．建国方略，孙文学说：第二章［M］//孙中山选集：上卷．北京：人民出版社，1981：123－124.

社会物质文明的发展与进步是货币形态演变的基础与动力，社会进步的必然性决定了近代纸币取代金属货币的必然发展趋势。“在工商已发达之国，财货溢于金银千百万倍，则多以纸票代之矣。然则纸票者，将必尽夺金银之用，而为未来之钱币，……此天然之进化，势所必然，理有固然。”① 从社会发展进步的观点看，孙中山的认识是符合历史发展规律的，纸币最终取代金属货币并成为主要流通手段，的确是历史必然的发展趋势。但孙中山对三个时代的界定与划分，在内容上存在一些模糊不清或者说不太确切之处。首先是每个时代的时间界定不清，如“需要”时代是从哪个时期到哪个时期，“安适”时代又是从哪个时期到哪个时期，机器时代的时间跨度如何划分等，都看不清楚。其次是这种时代划分很难同中国货币的变迁基本对应起来。就中国的情况而言，中国在洋务运动及其以后已有机器工业，但并未进入完全的纸币阶段，直到国民党的法币改革以后，中国才进入了货币纸币化的发展阶段。孙中山认为货币形态是随着时代的进化而变迁的，纸币取代金属货币是历史的必然，这是正确的。但他的时代划分内涵，不能比较确切地与货币变迁的内容相对应，这是其思想比较模糊的地方。孙中山的货币思想虽然比不上马克思货币理论的科学与严谨，但从中国货币思想史发展的角度考察，孙中山的货币及货币改革思想，在内容的深度与广度上，与以往相比都有新的发展与飞跃，特别是孙中山能紧密结合近代中国形势发展的需要，从振兴民族经济上考虑货币改革问题，这就使他的思想更具有中国的时代特征，代表了近代中国货币改革发展的目标与方向。

三、钱币改革思想

孙中山的货币改革思想，是孙中山货币思想的核心内容，是其经济思想的重要组成部分，也是孙中山想在领导辛亥革命后力图实现的重大经济改革目标之一。这一思想的重大创新之处在于它根据新的历史条件，提出了货币流通完全纸币化的改革思想，并由此设计了一整套关于纸币发行的改革方案。对此，孙中山可谓费思劳神，总结了中国纸币发行的历史经验，研究了一些西方国家及日本、中国香港等有关纸币发行的模式及管理经验，结合近代中国的实际，进行多方面的思考，提出了比较完整的改革方案，从而奠定了中国货币纸币化改革的思想基础。在这一过程中，孙中山继承并发展了王茂荫的纸币改革思想，把中国货币纸币化改革的理论与实践推

① 孙中山．倡议钱币革命对抗沙俄侵略通电［M］//孙中山全集：第2卷．北京：中华书局，1982：545.

进到一个新的发展阶段，可以说是中国货币思想史上的一次质的变革与飞跃。孙中山认为，中国历史上的纸币发行虽然起到过货币的职能作用，但最终是失败的，其主要原因在于没有根据纸币不同于金属货币的特点，保证纸币所代表的物质基础。虽然纸币必须通过政府的强制流通为社会所认可，但纸币不像金属货币那样自身有很高的价值，如果政府不能以切实有力的措施保证纸币在发行中行使价值符号的作用，纸币便会成为空头票券失去社会的信誉，从而被市场所淘汰。“纸币之行用，无论古今中外，初出时甚行利便，久之则生无穷之流弊，必至归天然淘汰而后止，此其原因，则纸币本质价廉而易制，不比金银之本质价昂而易得，故纸币之代表百货也，其代表之性质一失，则成为空头票，若仍流行于市面，则弊生矣。而金银之代表百货也，其代表之性质虽失，而本质尚有价值，仍可流行市面而无弊，此两物代表百货之功用同，而性质不同，故流行之结果有别。”①所以，一方面，孙中山认为，以纸币取代金属货币，已是近代中国形势发展的需要，是大势所趋，势所必然，并对此作出了明确的制度安排。“以国家法令所制定纸票为钱币，而悉贬金银为货物，国家收支，市廛交易，悉用纸币，严禁金银。其现作钱币之兑金银，只准向纸币发行局兑换纸币，不准市面流通。”② 他规定了纸币制度的内容，即：以国家发行的法定纸币取代金属货币的流通。金属货币一律向国家指定的纸币发行局兑换纸币。纸币的票面额大票为一元、十元、百元、千元四种；小票有五毫、一毫的银币和五仙、一仙的铜币为辅币。另一方面，孙中山认为，必须吸取以往发行纸币失败的教训，使纸币在发行流通中不与它所代表的物质基础相分离，防止纸币陷于盲目发行的境地。由此，如何保证纸币发行的物质基础，是孙中山最为看重的问题，是他在纸币发行设计方案中考虑比较多的问题。经过周密思考，他设计了两套保证纸币购买力的发行方式。

一是以税收预算为保证的财政性发行方式。“今如国家中央政府每年赋税应收三万万元，税务处既得预算之命令，即可如数发债券与纸币发行局。该局如数发给纸币，以应国家度支。至期，税务处当将所收三万万元租项之纸币，交还纸币销毁局，取消债券。如是发行局于得税务处之债券，如数而发出纸币，此等纸币，以有人民之担负，成为有效力之纸币，名之曰生币。及税务处于所收税项如数缴赎债券之纸币，……因代表赋税之功用已完，名之曰死币，故当毁之。如税收之数溢于预算之数，则赢余之纸币效

① 孙中山．倡议钱币革命对抗沙俄侵略通电［M］//孙中山全集：第 2 卷．北京：中华书局，1982：545.

② 孙中山．倡议钱币革命对抗沙俄侵略通电［M］//孙中山全集：第 2 卷．北京：中华书局，1982：545.

力尚在，可再流转市面无碍也。以上为国家赋税保证所发之纸币。”① 按这套发行办法，其运作过程是，先由国家预算处把每年的税收预算额通报税务处或由税务处自行预算，由于税收是国家履行职能对社会财富的无偿征用，因此它的财货形态是没有问题的。那么税收又是如何同纸币联系起来的呢？那就是税务处根据预算税额把反映该税额的债券交给纸币发行局，纸币发行局即根据债券发行相应数量的纸币。实际上等于纸币发行局用纸币预购了税务局的债券。税务局根据以税收预算为担保得到的纸币，作为国家的财政支出之用。所谓“以应国家度支之用”就是国家的财政支出以纸币形式投放到各财政支出中去。因为有国家的税收为担保，这部分纸币的购买力是有保证的。待税务处以税收将纸币回笼后，再向纸币发行局交付纸币赎回债券。其中高于债券的纸币仍可继续流通。而赎回债券的那部分纸币，因已完成了代表税收的职能，称为死票，应予以销毁。孙中山把税收预算作为纸币财政性发行的物质保证，是为了有效地制约政府随意、盲目地扩大纸币发行量，保持纸币稳定的社会购买力和公信力，使之成为取代金银，为社会和市场所认可的可以长期发行使用的流通手段。孙中山的这一认识，符合纸币流通的一般规律，其思想基本是正确的。孙中山指出，不考虑货物对纸币发行量的制约而盲目扩大纸币发行，就会流弊无穷，就会导致国破家亡的严重后果，这也是中外历史上纸币发行失败的主要原因。“或曰：元明两朝皆发行钞票，乃渐至民穷国困，而卒至于亡者，美国南北战争之时，亦发行纸币，而亦受纸币之害者，何也？曰：以其发之无度，遂之纸币多而货物少故也。”②

孙中山并没有完全限定纸币财政性发行的数量，他认为在某些特殊的情况下，是可以增发纸币的。但这种发行必须以法定程序通过的新的追加的财税预算为依据，从而使增发纸币具有新的税收担保的物质基础，即“由国民代表议决预算表，如数责成国民担任，或增加税额，或论口输捐。命令一出，钱币发行局便可如数发出纸币，以应国家之用，按期由税务局收回纸币，此款便可抵消”③。由于孙中山不是以扩大财政性的纸币发行量来抵补财政赤字，而是以发行纸币作为国家的财政垫支来解决国家财政支出的困难，所以无论从理论上和实践上都对防止和制约通货膨胀有一定的积极意义。按他的办法，纸币发行额与税收预算额应保持平衡，国家发行

---

① 孙中山．倡议钱币革命对抗沙俄侵略通电［M］//孙中山全集：第2卷．北京：中华书局，1982：545.

② 孙中山．建国方略，孙文学说：第二章［M］//孙中山选集：上卷．北京：人民出版社，1981：122.

③ 孙中山．倡议钱币革命对抗沙俄侵略通电［M］//孙中山全集：第2卷．北京：中华书局，1982：546.

的纸币由税收回笼加以抵消，收支相等，不留赤字。税收回笼纸币后，纸币即行销毁，不再投入流通。在他看来，这就不会盲目增加货币流通量。这种严格限制纸币财政性扩大发行的思想基本是正确的，也是非常宝贵的。有人认为，孙中山允许在非常需要的特殊情况下，国家可以增加税收，扩大纸币的发行量，这有可能为引发通货膨胀开了缺口。对此应作具体分析。应对国家财政的紧急需要可以有多种办法，一是搞赤字预算，扩大政府支出；二是增加财税收入，弥补紧急需要。又有两种运作方式，或是先增税，吸收社会购买力，使纸币回笼，然后投放；或是先投放货币，然后增税。这在一定时期来说，货币流通量是不变的。孙中山采取的是后一种方法，即它不是以增发纸币弥补国家赤字，而是把增加纸币作为增税的垫支，即在非常时期扩大纸币发行量是以增加税收为保证的。其目的仍然是维持收支平衡，纸币的购买力仍有物质基础，在逻辑上不存在引发通货膨胀的思想缺陷。

二是以“公仓”的货物收放为担保的社会发行方式。“至于社会通融之纸币，则悉由发行局兑换而出。当纸币之存在发行局，为未生效力纸币，必须以金银或货物或产业兑换之，乃生效力。……发行纸币而得回代价之货物。其货物交入公仓，由公仓就地发售，或转运他方发售，其代价只收纸币，不得收金银。此种由公仓货物易回之纸币，因代表之货物去其效力，立诚为死票。凡死票悉当缴交收回局毁之。”① 这种发行方式的运作过程是，先由纸币发行局印制纸币，然后由社会通过用金银和货物兑换取得纸币。发行局经过兑换发出的纸币，已具有代表货物的效力，同时也就具有一定的货币购买力。发行局把由纸币兑换的货物存入公仓，然后由公仓再向社会发售以回笼纸币，因为公仓发售的货物已转入消费者手中，所以公仓回笼的纸币也就失去了代表货物的效力，该纸币已没有物质基础，也应予以销毁。

孙中山特别强调纸币的发行量必须与他所代表的货物相对应，纸币发行量可随着货物的增长而增长，无论是财政性发行还是社会性发行，只要能保持二者的对应关系，纸币发行多少都是可以的。但纸币发行量的大小取决于货物的多少，货物是纸币发行量的基础条件和决定因素。“纸币的功用既为百货之代表，则发行之时，必得代表之货物，或人民之担负，而纸币乃生效力。”“纸币之流于市面，悉有代表他物之功用，货物愈多，则钱币因之也多，虽多也无流弊。”② 他认为只有这样，才能保证纸币履行货币

① 孙中山．倡议钱币革命对抗沙俄侵略通电［M］//孙中山全集：第2卷．北京：中华书局，1982：546.

② 孙中山．倡议钱币革命对抗沙俄侵略通电［M］//孙中山全集：第2卷．北京：中华书局，1982：546.

职能，保持纸币稳定的购买力和社会公信力。

孙中山认为，由于他的钱币改革思想从制度安排到发行方式都有严格的规定和制约条件，所以不仅在实施中不会出现以往的流弊，而且会在缓解中国近代金融危机、抵御外来侵略、振兴民族经济等方面产生一系列积极效应。

首先，货币纸币化改革，既有助于缓和因白银外流引发的货币流通量的不足，也有助于搞活市场流通，从而使资本的流动性增大，财源活力增强，国家的负债率降低，从而缓解由此所造成的财政困难。“全国财源可大活动，不必再借外债。”“国家之财政困难则立抒。”其次，由于纸币发行的成本低，发行量可随着形势的发展与市场的供求及时加以适度调节，就可以防止金属货币的有限性造成的资金短缺，改变中国近代因通货紧缩出现的金融恐慌。最后，孙中山认为，他的货币改革方案因有税收及物资的担保，能够防止纸币的过量发行，可以有效保证货币购买力的稳定，而不会引发严重的通货膨胀和金融危机。“发行之时，必得代表货物，或人民之担扰。”除此之外，他还特别指出，他的钱币改革有助于抵制外国银行对中国货币金融的控制，减少中国财政金融对外国的依赖，保持中国货币金融的独立性，从而有利于促进民族资本的发达和民族工商业的发展。“则财货必流通，工商业必发达。”中国工商业的发展，又可以提高中国商品在国际市场的竞争力，促进外贸的发展。“我国出口货必多于入口货，而外货不能相抵，必有转其金银财宝以为抵者。”

孙中山继承并深化了传统的货币思想，并结合近代形势发展的需要，进一步充实和发展了王茂荫的货币改革思想。在纸币发行问题上，他虽然与王茂荫同样都认识到发行纸币的重要性和必要性，都非常看重如何保证纸币购买力的稳定，如何保证纸币发行的物质基础，防止纸币发行的盲目扩张。但孙中山的认识更为全面与深刻，他把王茂荫提出的以发行纸币作为金属货币的辅助手段，发展为货币流通完全纸币化的理论与实践。把强调限量发行与兑换作为保证纸币购买力的手段，发展为以财政性的税收预算和公仓货物的收放为担保的发行方式，从而把自宋代有正规化的纸币以来的纸币发行思想与实践推进到一个新的发展阶段，意义尤为重大。

尽管如此，孙中山的钱币改革思想还是有局限性的。首先是没有必要销毁回笼的纸币。即使按孙中山的方案，这些纸币只要取得新的税收保证，仍然可以重新投入流通，因为旧税收完成后，新的税收预算即将开始，因此没有必要销毁旧税收回笼的纸币。其次，孙中山虽然把国家税收作为发行纸币的物质保证，但在实际运作过程中，纸币的投放是快于税收回笼的。一般来讲，纸币发放过程要快于纸币的回笼过程，这样在发放与回笼货币之间有一个时间差。这中间在一段时间内容易出现市场钱多物少、物价升高的局面，从而呈现出短期的通货膨胀。最后，税收预算与纸币实际发行额之间也会有一些矛盾。如果预算适度且准确可靠，问题则不大；如果预算税额过高，超过了社会的承税能力，也会使一部分纸币无法回笼或兑现，由此也有引发通货膨胀的可能。比较稳妥的做法是，让纸币发行紧随税收之后。先收后放，税收在先，随即发放纸币，使预算略有结余，把纸币发行建立在收支平衡的基础之上。另外，孙中山没有强调纸币发行和购买力的稳定应建立在生产发展、人民收入不断增长的基础上，不能仅就税收与物资的收放方面考虑改革办法，如果经济发展缓慢，税收超过了社会的承受能力，同样会引发社会矛盾的不良后果。

总之，孙中山提出的钱币改革思想与实践，是中国货币发展史上一个重要里程碑，对以往的钱币思想有重大的突破与创新。他彻底突破了只看重金属货币自身价值的传统观念，确立了以法定纸币取代金属货币作为流通手段的理论框架，并设计提出了以税收预算和物资兑换为基础的发行方式，从而进一步发展了王茂荫提出的限量发行可兑现纸币的思想观点。由此，无论从思想上与实践上都推进了中国货币纸币化的改革进程，代表了中国近代货币发展的历史方向，意义重大而深远。

参考文献

[1] 马克思．政治经济学批判［M］．北京：人民出版社，1971.

[2] 孙中山．知难行易［M］//总理全集：第 2 集．上海：民智书局，1930.

[3] 孙中山．孙中山选集：上卷［M］．北京：人民出版社，1981.

[4] 孙中山．孙中山全集：第 2 卷［M］．北京：中华书局，1982.

6　Analysis on Sun Yat – sen's Currency Reform Ideology

Li Weilin and Zhao Menghan

Abstract: China has come into the historical progress of pushing forward the popularization of paper currency, since the normalized paper currency appeared in Song dynasty. From the perspective of the ideology development, Sun Yat – sen's ideology is an important milestone. Sun Yat – sen has not only set up the theory of

Chinese paper currency reform systematically, but also designed the framework to guarantee the circulation of paper currency from both historical and practical perspective, which laid the ideology foundation to finally realize the popularization of paper currency later on. Though Sun Yat - sen's idea of currency reform and reform blueprint has the limitation of his time, his reform spirit displayed as keeping pace with the times and complying with the trend of historical development is still of import instruction and reference.

Key words: Sun Yat - sen; Currency Reform ; Ideology Analysis

7

孙中山先生的国有资产管理思想研究*

刘常青**

［内容提要］在孙中山先生的诸多经济思想中，国有资产管理思想是其中一个主要内容。本文研究了孙中山的国有资产管理思想，主要包括：国家拥有国有资产的原因、国有资产筹资、国有资产投资、国有资产经营、国有资产收益分配以及国有资产发挥良好作用的决定因素等。孙中山先生的这些思想对于我国建立和完善社会主义市场经济、加强国有资产管理具有很强的现实意义。

［关键词］**孙中山　国有资产管理思想　主要内容　启示**

国有资产是指为国家所有并能为国家提供经济效益和社会效益的各种经济资源的总和；国有资产管理就是对国有资产进行有效管理，以便为国家和社会提供更多经济效益和社会效益的一系列工作的总称。在我国的现实生活中，国有资产数量巨大、作用很大，尤其在建立和完善社会主义市场经济的今天，研究国有资产管理越发显得必要和重要。

一、引　言

孙中山，名文，字德明，号逸仙，广东香山人，他于 1866 年出生在一

---

* 本文为河南省青年骨干教师支持项目“河南省‘非转经’国有资产流失的黑洞理论及机制研究”的研究成果之一。

** 刘常青（1969—　），男，河南安阳人，郑州航空工业管理学院会计学系教授，中国经济思想史学会常务理事，中国会计学会会计史专业委员会委员。研究方向为会计思想、财务与会计等。主要著作有《中国会计思想发展史》《世界会计思想发展史》等。

个经营果园的贫苦农民家庭里；1878 年随同母亲移居檀香山，并进入教会学校读书；1883 年回国后到香港读书，毕业于香港西医书院，此后曾在澳门、广州行医，并分别开设中西、东西医局；1884 年中国在中法战争中的战败促使孙中山立志要改造中国。孙中山先生在矢志救国中勤于思考和著述，提出了许多有建树的思想，并在随后的岁月中不断丰富和发展。国有资产管理思想就是孙中山先生诸多经济思想中的一个主要内容。

经过多方检索，在研究孙中山经济思想的诸多著述中，没有发现对于孙中山国有资产管理思想进行系统研究的成果。因此，本文拟从国家拥有国有资产的原因、国有资产筹资、国有资产投资、国有资产经营、国有资产收益分配、国有资产发挥良好作用的决定因素等方面对孙中山先生的国有资产管理思想进行研究，并研究这些思想带给我们的启示。

二、孙中山先生国有资产管理思想的主要内容

（一）国家拥有国有资产的原因

孙中山先生在谈到“土地国有”和“大资本国有”时谈论了国家拥有国有资产的主要原因：

（1）国家贫穷，必须依靠国家力量发展国有资产。孙中山先生在《三民主义》的长篇连续演讲中说：“中国不能和外国比，……因为外国富，中国贫，外国生产过剩，中国生产不足，所以中国不单是节制私人资本，还是要发达国家资本；”“中国今日单是节制资本，仍恐不足以解决民生问题，必要加以制造国家资本，才可解决之。”①

（2）土地天然归国家所有。孙中山先生认为，土地是自然物而不是人类劳动的产物，因此，土地应为“社会所有”，而不应归任何私人所有。他在对地主土地私有制的所谓合法性进行批判时指出：“原夫土地公有，实为精确不磨之论。人类发生以前，土地已自然存在；人类消灭以后，土地必长此存留。可见土地实为社会所有，人于其间又恶得而私之耶？或谓地主之有土地，本以资本购来，然试扣其第一占有土地之人，又何自购乎？”②

（3）克服私人垄断资本的种种弊端。孙中山先生在谈到“土地国有”时说：“倘不收为社会公有，而归地主私有，则将来大地主必为大资本家，

① 孙中山．三民主义［M］//孙中山全集：第9卷．北京：中华书局，1986：391－393.

② 孙中山．社会主义之派别与方法［M］//总理全集：第2集．上海：民智书局，1930.

三十年后又将酿成欧洲革命流血之惨剧。故今日之主张社会主义，实为子孙造福计也。”① 在谈到“大资本国有”时说：“如果不用国家的力量来经营，任由中国私人或者外国商人来经营，将来的结果也不过是私人大资本发达，也要生出大富阶级的不平均；”② “少数富豪投资，全社会受其制裁，价格之高下，不得不听其垄断，不能推广，难以发达。”③ 而“由国家经营管理之，使私有资本制度不能操纵国民之生计”④。

（4）弥补私人资本数额的不足。孙中山先生在谈到交通运输业时说：“把电车、火车、轮船以及一切邮政、电政、交通的大事业都由政府办理。如果不由政府办，要用私人办，不是私人财力不足，就是垄断的阻力极大，归结到运输一定是不迅速，交通一定是不灵便。”⑤ 而这些产业是“国家之急需，而私人无力投资，国家在这些部门发展国家资本，既能迅速地促进整个国民经济的发展，又能避免私人之垄断”。⑥

（5）挽回国家损失。孙中山先生指出：“全国所用的货物，都是靠外国制造输运而来，所以利权总是外溢。我们要挽回这种利权，便要赶快用国家的力量来振兴工业。”⑦

（二）国有资产筹资

孙中山先生在谈到国有资产的资金来源时谈论了国有资产筹措资金的主要方式：

（1）地租和土地涨价收入。他曾设想在实行土地国有化以后，国家可以依靠地租（或者称为统一土地税）收入和土地涨价收入来筹措资金，以便投资和经营铁路、矿山、冶铁等大型实业。梁启超在《杂答某报》一文中披露了1899年孙中山在日本的一次谈话中提出的国家应该收取地租的想法：“今之耕者，卑贡其所获之半于租主而未有已，……土地国有后，必能耕者而后授以田，直纳若干之租于国。”⑧ 在谈到土地涨价问题时，他说：“假如他日全国改良，地价一定跟着文明日日涨高的。到那时候，以前值一

① 孙中山．社会主义之派别与方法［M］//总理全集：第2集．上海：民智书局，1930.

② 孙中山．三民主义［M］//孙中山全集：第9卷．北京：中华书局，1986：391－393.

③ 孙中山．孙中山全集：第2卷［M］．北京：中华书局，1982：323－341.

④ 孙中山．中国国民党第一次全国代表大会宣言（1924年）［M］//孙中山全集：第9卷．北京：中华书局，1986：120.

⑤ 孙中山．社会主义之派别与方法［M］//总理全集：第2集．上海：民智书局，1930：814. 孙中山．孙中山选集：下卷［M］．北京：人民出版社，1956.

⑥ 孙中山．孙中山选集［M］．北京：人民出版社，1981：329.

⑦ 孙中山．孙中山全集：第9卷［M］．北京：中华书局，1986：391.

⑧ 梁启超．杂答某报［J］．新民丛报，1915（13）.

万银子的地，必涨至数十万、数百万。”① 他进一步认为土地之所以涨价应该归功于大众，所以土地增价也应该归属于大众，他说：“由于社会改良和工商业进步。……推到这种改良和进步的功劳，还是由众人的力量经营而来的；所以由这种改良和进步之后，所涨高的地价，应该归之大众，不应该归之私人所有。”② 因此他在《同盟会宣言》中规定：“其革命后社会改良进步之增价，则归于国家，为国民所共享，”并说：“行了这法之后，文明越近，国家越富，一切财政问题，断不至难办。”③

（2）国内资金来源。孙中山先生曾经想到要在国内通过发行国债等方式来筹措资金，但是由于国内资金匮乏而没有达到目的。比如 1912 年 1 月，临时政府曾经发行中华民国军需公债，定额为一万万元，十足发行，年息八厘，并以各省田赋钱粮担保。结果，认购者寥寥，据统计，实际发行金额只有 737 万元。因此，1913 年他在致蔡锷的信中谈到修建滇桂铁路时论及了国内资金匮乏的情况：“今当革命之后，国内之财力大厥，而欲以最短之时间成甚长之路线，其不能专恃国内之款明矣。”④ 由此，孙中山先生得出了“国内资金不堪依赖，只能依赖外资”的结论：“惟现当民穷财竭之时，国家及人民皆无力筹此巨款，无已，惟有募外资之一法。”⑤

（3）筹措外资。孙中山先生首先指出了利用外资的好处：“凡是我们应兴事业，我们无资本，即借外国资本，我们无人才，即用外国人才，我们的方法不好，即用外国方法。物质上文明，外国费二三百年功夫，始有今日结果，我们采来就用，诸君看看，便宜不便宜？”⑥“我们要拿外国已成的资本来造成中国将来的共产世界，能够这样做去，才是事半功倍。如果要等待我们自己有了资本之后，才去发展实业，那便是很迂缓了”。⑦ 接着在《中国国民党第一次全国代表大会宣言》中，建议在铁路、矿产、工业等国计民生的支柱产业上利用外资：“不能不借助外资来发展交通运输事业，又不能不借用外国有学问经验的人才来经营这些实业……要赶快开发矿产，也应该利用外资。其他建造轮船、发展航业和建设种种工业的大规模工厂，都是非借助外国资本不可。”⑧

---

① 孙中山．三民主义与中国前途［M］//孙中山选集：上卷．北京：人民出版社，1956：73.

② 孙中山．孙中山选集：下卷［M］．北京：人民出版社，1956：800.

③ 孙中山．三民主义与中国前途［M］//孙中山选集：上卷．北京：人民出版社，1956.

④ 孙中山．孙中山全集：第 3 卷［M］．北京：中华书局，1984：31.

⑤ 孙中山．孙中山全集：第 2 卷［M］．北京：中华书局，1982：431.

⑥ 孙中山．孙中山全集：第 2 卷［M］．北京：中华书局，1982：533.

⑦ 孙中山．孙中山全集：第 2 卷［M］．北京：中华书局，1982：533.

⑧ 孙中山．中国国民党第一次全国代表大会宣言（1924 年）［M］//孙中山全集：第 9 卷．北京：中华书局，1986：120.

(4) 国有资产收入。孙中山在《中国实业当如何发展》中主张“凡天然之富源，如煤铁、水力、矿油等，及社会之恩惠，如城市之土地、交通之要点等，与夫一切垄断性质之事业，悉当归国家经营，以所获利益，归之国家公用”①。因为“实业陆续发达，收益日多，则教育、养老、救灾、治疗，及夫改良社会，励进文明，皆由实业发展之利益举办。以国家实业所获之利，归之国民所享，庶不致再蹈欧美今日之覆辙，甫经实业发达，即孕育社会革命也”②。可见，孙中山先生认为，国有资产的收入可以帮助国家实施更大范围的国家投资，通过扩大再生产，国有大企业发展了，会给国家交纳更多的税，则国家的财源将更为丰富。

（三）国有资产投资

孙中山先生在《实业计划》中谈论了国有资产的投资范围，概括起来就是以交通运输为重点，以农、矿和钢铁原材料工业作为各种事业发展的基础。

他说：“予之计划，首先注重于铁路、道路之建筑，运河、水道之修治，商港、市街之建设，盖此皆实业之利器，非先有此种交通、运输、屯集之利器，则虽全具发展实业之要素，而亦无由发展也。……盖农、矿二业，实为其他种种事业之母也。农、矿一兴，则凡百事业由之而兴矣。且钢铁者，实为一切实业之体质也。凡观一国之实业发达与否，观其钢铁出产多少可知也。”③

可见，孙中山先生在《实业计划》中勾画出一幅建设中国文明的宏伟蓝图，主要包括六大计划：第一，修筑十万英里铁路，形成涵盖中央、西北、东北、东南、高原的五大铁路系统；第二，修建三个包括北方大港、东方大港、南方大港在内的具有世界水平的大海港，四个二等海港，九个三等海港及十五个渔业港，同时治理黄河，改良长江水系、珠江水系，开凿、疏浚运河，修建遍布全国的公路网共计一百万英里；第三，移民开垦边疆；第四，开发煤、铁、铜、石油及各种特种矿藏；第五，建立钢铁冶炼、采矿机械、造船制车、建材等重工业，广泛地发展食品、衣服、居室、

① 孙中山. 中国实业如何能发展（1919 年 10 月）[M]//孙中山全集：第 5 卷. 北京：中华书局，1985：135.

② 孙中山. 中国实业如何能发展（1919 年 10 月）[M]//孙中山全集：第 5 卷. 北京：中华书局，1985：134 - 135.

③ 孙中山. 中国实业如何能发展（1919 年 10 月）[M]//孙中山全集：第 5 卷. 北京：中华书局，1985：134 - 135.

行动及印刷工业；第六，建立农机工业，实现农业机械化。①

（四）国有资产经营

孙中山先生在《建国方略·实业计划》中谈论了国有资产的经营，包括经营方式、经营范围、组织形式等。

（1）国家与私人应该分工经营。行业重要的、资本规模大的由国家经营；行业不重要的、资本规模小的由私人经营，但国家同时要对私人经营进行法律保护和奖励。

孙中山先生指出："中国实业之开发应分两路进行：（一）个人企业，（二）国家经营是也。凡夫事物之可以委诸个人，或其较国家经营为适宜者，应任个人为之，由国家奖励，而以法律保护之，……至其不能委诸个人及有独占性质者，应由国家经营之。"②

（2）国有资产的经营范围。谈到国有资产经营的范围，孙中山先生在《中国实业当如何发展》中说："凡本国人及外国人之企业，或有独占的性质，或规模过大为私人之力所不能办者，如银行、铁道、航路之属，由国家经营管理之。"③

具体来说：第一，大矿业、大工业、大商业、大交通等。"大矿业、大工业、大商业、大交通都由国家经营。"④ 第二，铁路、矿山、森林、水利等。"铁路、矿山、森林、水利及其他大规模之工商业，应属于全民者，由国家设立机关经营管理之。"第三，基础设施等。"凡天然之富源，如煤铁、水力、矿油等，及社会之恩惠，如城市之土地、交通之要点等，与夫一切垄断性质之事业，悉当归国家经营。"⑤

（3）国有资产经营的组织形式。孙中山先生主张采用国有大公司的组织形式，他认为：既然"大公司之出现，系经济进化之结果，非人力所能屈服。如欲救其弊，只有将一切大公司组织归诸通国人民公有之一法。故在吾之国发展实业计划，拟将一概工业组成一极大公司，归诸中国人民公

---

① 孙中山．孙中山全集：第6卷［M］．北京：中华书局，1985：247－298.

② 孙中山．建国方略（1919年）［M］//孙中山选集．北京：人民出版社，1981：217－218，368－369. 孙中山．建国方略［M］//孙中山全集：第6卷．北京：中华书局，1985：253.

③ 孙中山．中国国民党第一次全国代表大会宣言（1924年）［M］//孙中山全集：第9卷．北京：中华书局，1986：120.

④ 孙中山．孙中山全集：第10卷［M］．北京：中华书局，1986：23.

⑤ 孙中山．中国实业如何能发展（1919年10月）［M］//孙中山全集：第5卷．北京：中华书局，1985：135. 孙中山．孙中山全集：第9卷［M］．北京：中华书局，1986：120. 孙中山．孙中山全集：第10卷［M］．北京：中华书局，1986：23.

有”。[①] 况且“大公司……尽为公有之社会事业，可免为少数资本家所垄断专制矣”[②]。

（五）国有资产收益分配

谈到国有资产收益的分配时，孙中山先生主张应该由全国人民共同分享。

（1）孙中山先生反对收益被少数人享有，更反对被一人独占：“国家一切大实业，如铁道、电气、水道等事务皆归国有，不使一私人独享其利。”[③] 主张收益应该归全国人民所有：“由国家管理资本，发达资本，所得的利益归人民大家所有。”[④] 这样做的目的是：防止垄断，防止贫富不均。他说：“惟所防者，则私人之垄断，渐变成资本之专制，致生出社会之阶级、贫富之不均耳。”[⑤]

（2）谈到全国人民分享国有资产收益的方式时，孙中山先生主要谈到以下方式：①按比例分享收益。对销售后所获利益，“用以抵偿各种费用、利息与冗费。其他之剩余利益，应按各种工人之工资并各资本家所供给于铸炉之生矿之多寡比例分配之”。[⑥] ②举办公用项目，共享利益。“兴办生产事业，利仍归公，则大公司、大资本尽为公有之社会事业，可免为少数资本家所垄断专制矣。准国家社会主义，公有即为国有，国为民国，国有何异于民有！国家以所生之利，举便民之事，我民即共享其利。”[⑦]

（3）孙中山先生谈论了全国人民分享国有资产收益的好处：“假若是由国家经营，所得的利益归大家共享，那么全国人民便得享资本的利，不致受资本的害。……这个目标，就是要全国人民都可以得安乐，都不致受财产分配不均的痛苦。”[⑧] 否则的话：“将来富者日富，贫者日贫，十年之后社

---

① 孙中山．建国方略［M］//孙中山全集：第6卷．北京：中华书局，1985：253.

② 孙中山．在上海中国社会党的演说（1912年10月）［M］//孙中山全集：第2卷．北京：中华书局，1982：521.

③ 孙中山．在南京同盟会会员饯别会的演说（1912年4月1日）［M］//孙中山全集：第2卷．北京：中华书局，1982：323.

④ 孙中山．孙中山全集：第9卷［M］．北京：中华书局，1986：120.

⑤ 孙中山．中国实业如何能发展（1919年10月）［M］//孙中山全集：第5卷．北京：中华书局，1985：135.

⑥ 孙中山．实业计划［M］//孙中山选集：上卷．北京：人民出版社，1956.

⑦ 孙中山．在上海中国社会党的演说（1912年10月）［M］//孙中山全集：第2卷．北京：中华书局，1982：521.

⑧ 孙中山．孙中山选集［M］．北京：人民出版社，1981：804.

会问题，便一天紧张一天了。”①

（六）国有资产发挥良好作用的决定因素

孙中山先生认为，虽然清政府的国有资产政策最后导致了清廷的覆亡，但这并不是国有资产的不好，而是清政府的不好，“国有之策，满清政府以之亡国，吾人所反对者也。然则向之反对铁道国有者，岂与本政纲抵触者乎？是不然”，因此他主张：国有资产能否为国民谋福利，主要取决于国家政权的性质是不是能够代表国民的利益。

（1）如果政府不好，则国有资产必然不好。他认为，因为清政府的不好，清政府所控制的国有资产所产生的危害和流弊甚至比私人资本还要厉害，“满清政府者，君主专制之政府，非国民公意之政府也。故满清政府之所谓国有，其害实较少数资本家为尤甚”。②

（2）如果政府是好的，国有资产就可以避免私人资本的弊病，致力于为人民大众谋福利。他认为中华民国政府是全体国民的政府，这一政府掌控的国有资产就应该是为国家和人民谋福利的，“中华民国国家者，为四万万人民共有之国家，此种事业，既为国家所有，即为四万万人民所共有，不至操纵于少数资本家之手，始可谓之国利民福也”③。

三、小结及启示

综上所述，孙中山先生的国有资产管理思想主要包括：第一，国家拥有国有资产的原因。诸如国家贫穷，必须依靠国家力量发展国有资产；土地天然地归国家所有；克服私人垄断资本的种种弊端；弥补私人资本数额的不足；挽回国家损失等。第二，国有资产筹资。诸如地租和土地涨价收入、国内资金来源、筹措外资、国有资产收入等均可以构成国有资产的资金来源。第三，国有资产投资。投资范围主要以交通运输为重点，以农、矿和钢铁原材料工业作为各种事业发展的基础。第四，国有资产营运。诸如国家与私人应该分工经营；国有资产经营范围主要包括垄断、大规模企

① 孙中山．三民主义与中国前途［M］//孙中山选集：上卷．北京：人民出版社，1956：73.

② 孙中山．在上海南京路同盟会机关的演说（1912 年 4 月）［M］//孙中山全集：第 2 卷．北京：中华书局，1982：338.

③ 孙中山．在桂林对滇赣粤军的演说（1921 年 12 月）［M］//孙中山全集：第 6 卷．北京：中华书局，1985：27－29.

业和行业；国有大公司是国有资产经营的最有效形式等。第五，国有资产收益分配。诸如全国人民应该共同分享，或者按比例分享收益，或者举办公用项目，共享利益等。第六，国有资产发挥良好作用的决定因素。诸如国有资产能否为国民谋福利，主要取决于国家政权的性质是不是能够代表国民的利益：如果政府不好，则国有资产必然不好；如果政府是好的，国有资产就可以避免私人资本的弊病，致力于为人民大众谋福利等。孙中山先生的这些思想对于目前我国建立和完善社会主义市场经济、加强国有资产管理具有很强的现实意义。

（1）社会主义公有制占主体地位的现实，要求我们必须拥有国有资产，孙中山先生提出的几点理由也为我国拥有国有资产提供了更加充足的依据。

（2）我国应该采取多种形式，充分利用一切可以利用的资源，比如国家财政资金和民间资金、国内资金和国外资金等，来为国有资产建设筹集资金。

（3）我们应该合理界定并遵循国有资产的投资范围，采取恰当的投资方式，才能在国有企业与民营企业之间建立起合理的分工和合作，以便共同搞好社会主义经济建设。

（4）我们应该充分采用一切合理的营运方式，包括资产营运和资本营运，以便实现国有资产的保值增值。

（5）我们应该公平、合理地在相关利益主体之间分配国有资产收益，以便让全国人民共同分享国有资产增长的好处，实现社会的和谐发展。

（6）我们的政府是代表人民利益的政府，因此更有理由也更有条件发挥国有资产的积极作用，为人民谋福利。

参考文献

[1] 孙中山．三民主义 [M]//孙中山全集：第9卷．北京：中华书局，1986.

[2] 孙中山．社会主义之派别与方法 [M]//总理全集：第2集．上海：民智书局，1930.

[3] 孙中山．总理全集：第2集 [M]．上海：民智书局，1930.

[4] 孙中山．孙中山全集：第2卷 [M]．北京：中华书局，1982.

[5] 孙中山．中国国民党第一次全国代表大会宣言（1924年）[M]//孙中山全集：第9卷．北京：中华书局，1986.

[6] 孙中山．孙中山选集：下卷 [M]．北京：人民出版社，1956.

[7] 孙中山．孙中山选集 [M]．北京：人民出版社，1981.

[8] 孙中山．孙中山全集：第9卷［M］．北京：中华书局，1986.

[9] 梁启超．杂答某报［J］．新民丛报，1915（13）．

[10] 孙中山．三民主义与中国前途［M］//孙中山选集：上卷．北京：人民出版社，1956.

[11] 孙中山．孙中山选集：上卷［M］．北京：人民出版社，1956.

[12] 孙中山．孙中山全集：第3卷［M］．北京：中华书局，1984.

[13] 孙中山．中国实业如何能发展（1919年10月）［M］//孙中山全集：第5卷．北京：中华书局，1985.

[14] 孙中山．孙中山全集：第6卷［M］．北京：中华书局，1985.

[15] 孙中山．建国方略（1919年）［M］//孙中山选集．北京：人民出版社，1981.

[16] 孙中山．建国方略［M］//孙中山全集：第6卷．北京：中华书局，1985.

[17] 孙中山．孙中山全集：第10卷［M］．北京：中华书局，1986.

[18] 孙中山．孙中山全集：第5卷［M］．北京：中华书局，1985.

[19] 孙中山．在上海中国社会党的演说（1912年10月）［M］//孙中山全集：第2卷．北京：中华书局，1982.

[20] 孙中山．在南京同盟会会员饯别会的演说（1912年4月1日）［M］//孙中山全集：第2卷．北京：中华书局，1982.

[21] 孙中山．实业计划［M］//孙中山选集：上卷．北京：人民出版社，1956.

[22] 孙中山．在上海南京路同盟会机关的演说（1912年4月）［M］//孙中山全集：第2卷．北京：中华书局，1982.

[23] 孙中山．在桂林对滇赣粤军的演说（1921年12月）［M］//孙中山全集：第6卷．北京：中华书局，1985.

[24] 严国海．孙中山的土地国有思想及其现实意义［J］．上海财经大学学报，2005（5）.

[25] 张忠民．孙中山国家资本思想及其对南京国民政府国有经济政策的影响［J］．史林，2007（3）.

[26] 严国海．论孙中山关于“大实业”资本归国家所有的思想［J］．江西财经大学学报，2006（2）.

[27] 贾孔会．论孙中山发展国有经济的思想［J］．兰州学刊，2007（8）.

[28] 杨军医．浅论孙中山“耕者有其田”、“节制资本”思想［J］．安徽文学，2008（12）.

[29] 王忠诚. 孙中山的所有制思想 [J]. 河北理工大学学报（社会科学版），2006（4）.

[30] 刘常青. 国有资产“三位一体”管理模式研究 [J]. 财会月刊，1999（9）.

7 On Sun Yat - sen's Thought of State Asset Management

Liu Changqing

Abstract: It's important to study Mr. Sun Yat - sen's thought of State Asset Management, which includes the reason that the state should have state asset, state asset financing, state asset investment, state asset operation, income distribution of state asset, and the decisive factors of state asset influence, etc. . Mr. Sun Yat - sen' s thought above can enlighten us a lot.

Key words: Sun Yat-sen; State Asset Management; Main Contents; Enlightening

8

中国现代经济理论百年考

——纪念辛亥革命100周年

王毅武　陈祥敏*

［内容提要］中国现代经济理论是辛亥革命以来研究并阐述中国人民追求并实现现代化过程中的经济理念、理论与学说、学派，及其产生、发展、完善的条件、过程、特点和规律性的科学。考察中国现代经济理论新学科确立与发展的历史，说明中国现代经济理论在中国现代化建设过程中的理论与实际意义，特别是在马克思主义中国化过程中的积极作用，是对辛亥革命历史与理论意义的纪念。

［关键词］**中国现代经济理论　孙中山　辛亥革命　中国共产党　现代化**

1911年10月10日，“推翻帝制，建立共和”的武昌起义爆发。百年来，中国发生了翻天覆地的巨大变化，伟大的辛亥革命之后的中国，经济总量已居世界第二，中华民族终于自立于世界民族之林。

毋庸赘言，当年的辛亥革命在中国、在亚洲、在世界都具有重大的历史意义与深远的政治影响。鲜为人知的是，辛亥革命同时还是中国现代经济理论这一20世纪80年代初期创建的新学科的发端，从而为纪念辛亥革命100周年增添了新的内容与意义。

中国现代经济理论是1911年孙中山先生领导的辛亥革命以来关于富民强国的经济观点、理论、学说的综合，是研究并阐述辛亥革命以来中国人民追求并实现现代化过程中的经济理念、理论与学说、学派，及其产生、发展、完善的条件、过程、特点和规律性的科学。其主体部分是在不断实

* 王毅武（1948—　），男，山东龙口人，博士，海南大学三亚学院中国现代经济理论研究所教授；陈祥敏（1967—　），男，四川广安人，硕士，海南大学三亚学院中国现代经济理论研究所副教授。

事求是地概括中国新民主主义革命与中国特色社会主义经济建设过程中的早期共产主义者、主要领袖人物、著名经济学家的社会主义经济思想基础上发展和丰富起来的。这里的中国现代经济理论百年，是指辛亥革命作为中国现代经济理论的发端，已经100年了，不是说中国现代经济理论学科的创立已经100年了。

一、辛亥革命翻开了中国现代经济理论的第一页

辛亥革命是以孙中山先生为代表的中国资产阶级领导的民主革命，它推翻了清王朝260多年的专制统治，结束了2000多年的封建专制制度。辛亥革命给了帝国主义沉重的一击。同时，极大地促进了中国生产关系的变革，在一定程度上推动了民族资本主义的发展，也使得无产阶级队伍日益壮大。

辛亥革命这一历史大事变与孙中山先生的伟大理论——“三民主义”是紧密相连的。辛亥革命为中国历史发展开创了一个崭新的历史时期，中国式的民主革命与产业革命进入了一个新阶段；孙中山的“三民主义”，对中国社会思想的变革有着难以估量的伟大意义，其中的“民生主义”理论，更是再次撼动了中国几千年来封建经济思想的基础。孙中山最早用“民生主义”将中国的大同主义与西方的社会主义相联结，从而使社会主义在中国有了自己的最初形态。正是从历史与理论一致的意义上说，中国经济思想史翻开了中国现代经济理论的崭新一页。

在孙中山看来，“民生主义就是社会主义，又名共产主义，即是大同主义”。人民真正达到民生主义，亦为达到社会主义，也就是实现孔子所希望的“大同世界”。孙中山在设计与阐述自己的社会主义观点的过程中，既强调实业建国，提出了我国第一个经济现代化思想，又主张实行开放主义，包括引进外国的资金、设备、人才、技术及经营管理方法等。在孙中山对社会主义的理解中，“民生”既不是贫穷，也不能封闭。在中国，“共产主义是民生的理想，民生主义是共产主义的实行”。所以，客观而又科学地认识孙中山的“社会主义”，实际上就是客观而又科学地认识孙中山的“民生主义”。

孙中山早期的经济思想实际上已经初步奠定了其经济发展思想的大致理论框架。辛亥革命及其后，孙中山对其“旧三民主义”作了进一步的丰富与完善，构建了自己独特、完整的经济发展理论体系，特别是其后来提出的具有代表性的“联俄、联共、扶助农工”三大政策的“三民主义”，即

"新三民主义"，与中国共产党的新民主主义实际上是一致的。孙中山明确指出："十月革命使人类产生了大希望，从今后只有沿着苏俄指出的道路，革命才能成功，"两国的"革命都是一条道路"，这是"联俄"。中国共产党要推翻"三座大山"，实行新民主主义，实质上是在中国的现实条件下实现社会主义的第一步。孙中山认为，在中国要实现民生主义，即社会主义，就必须与中国共产党结成革命同盟，此乃三大政策的中心环节。这是"联共"。与此同时，在孙中山看来，"农民是我国人之中的最大多数，如果农民不来参加革命，就是我们革命没有基础"。因此，"国民革命之运动，必恃农夫、工人之参加，然后可以决胜"，"质言之，即为农夫、工人而奋斗，亦即农夫、工人为自身而奋斗也"。此乃"联俄""联共"的必然结果，这是"扶助农工"。"三大政策"的提出把"旧三民主义"发展为"新三民主义"，体现了此时的孙中山在革命斗争中实现了他一生中极为难能可贵的三大转变：一是他把学习的榜样从西方的资本主义转向了东方的苏俄社会主义；二是他把革命的联合力量由大军阀、大资本家转向了中国共产党；三是他把革命的基本动力由资产阶级转向了工农民众。这三大转变是根本性的。"联俄"，走社会主义道路；"联共"，干社会主义事业；"扶助农工"，唤起社会主义的力量。当年，列宁曾把孙中山的"旧三民主义"的"民生主义"称为"主观社会主义"。现在，"三大政策"的"三民主义"已经实现了革命性的"三大转变"，因此，孙中山"新三民主义"的民生主义实际上已经具有科学社会主义的实质性内容。如果说，由于马克思的两个伟大发现——唯物史观和剩余价值理论使社会主义变成了科学，那么，由孙中山的"三大政策"所引致的"新三民主义"的"三大转变"就使得他的民生主义从主观变成了现实。

研究表明，中国现代经济理论从总体看，大致可划分为三大部分，即中国共产党的社会主义经济理论；中国国民党的资本主义经济理论；非国非共的"第三理论"，既非中国共产党的经济理论，也不是中国国民党的经济理论，诸如"实业救国论""教育救国论""科技救国论"等。就中国现代经济理论的主干部分——中国社会主义经济思想的产生、发展与创新而言，应当说，也是辛亥革命为其打下并开创了坚实的基础与广阔的前景，其早期形态——中国新民主主义经济理论也正是随着辛亥革命及其影响的深入而逐步拓展为以中国特色社会主义经济理论为主要内容的理论体系，从而成为中国现代经济理论的重要内容。

辛亥革命以及孙中山在革命前后经济思想的发展与变化是中国经济思想史的伟大事件，作为中国现代经济理论的发端与起点，也为今后中国社会主义经济思想的发展奠定了基石，特别是孙中山在"新三民主义"中阐释的民生主义，更是为探索中国式社会主义道路做出了巨大的理论贡献。

二、中国现代经济理论研究的基本过程

中国现代经济理论的研究始于20世纪80年代初期，其早期形态是中国社会主义经济思想史研究，其后发展为中国现代经济理论主体的研究。

在此之前，中国经济思想史的研究，下限一般到辛亥革命，或者到孙中山为止。1987年，学界第一本关于中国经济思想史现代部分的学术著作《中国社会主义经济思想史简编》（王毅武主编，以下简称《简编》）由青海人民出版社出版。该书的出版，得到学术界的一致好评，国内60余家刊物、媒体先后发表评论，表示认同与赞誉。《中国社会科学》（1989年第五期）刊发了著名学者叶世昌先生（中国经济思想史学会前副会长）的评论，认为该书“具有开拓性意义”，“是一本很有价值的专著”，填补了“中国经济思想史研究领域的一项空白”，“在整个中国经济思想史中，社会主义经济思想史是不可或缺的部分。有了它，中国经济思想史才有一个完整的体系”。著名学者胡寄窗先生（中国经济思想史学会前会长）表示：“现在中国经济思想史的研究，一般到五四运动前就停止了，我认为应该往下延续，”“可以认为中国社会主义经济思想是中国现代经济思想的主干部分，因为这一思想在中国这块土地上一是成功了，二是占了主导地位，特别是新中国成立后，也可以说，在新民主主义革命的过程中，这一思想也一直是中国现代经济思想的主体。”这些中肯的见解对中国现代经济理论的研究具有重要的指导意义。与此同时，《简编》多次获得社会科学研究方面的重大奖励。从中国现代经济理论的研究过程看，这是中国现代经济理论主体研究的起步。

1991年，《中国社会主义经济思想史研究》（王毅武著，以下简称《研究》）由青海人民出版社出版。专家评价这部著作深化了对中国社会主义经济思想史的学科研究，拓宽了中国经济思想史的研究领域，把对中国经济思想史的研究推进到一个新的阶段。叶世昌先生为该书作序，认为：“以本书作者为代表的一批学者选择了研究中国社会主义经济思想史的方向，而且已于1987年出版了《中国社会主义经济思想史简编》，自然特别令人瞩目。这本书出版后获得了普遍的好评。现在作者又完成了一部新著，对一些问题作了更深入的探讨，提出了自己的看法。研究中国社会主义经济思想史，开拓了中国经济思想史的新的研究领域，填补了这门学科的一个重要方面的空白，是很值得庆贺的。”该书出版后，同样获得了学术界的好

评，《武汉大学学报》《南开经济研究》《青海社会科学》等十多家学报、学刊发表了名家评论。北京大学著名教授商德文先生认为，这“是一部具有开拓性的力作”；西北大学著名教授何炼成先生称之为“我国第一部系统研究该学科及其基本理论的高水平的学术专著”。《研究》一书享誉甚高，也多次获得优秀研究成果奖。

1988—1993 年，《简编》的作者们历经五年多时间，完成了一套由 11 本分册组成的《中国社会主义经济思想研究丛书》（王毅武主编，以下简称《丛书》，由青海人民出版社分三年出齐），重点研究了毛泽东、周恩来、刘少奇、朱德、邓小平、陈云、李先念、李富春、张闻天、邓子恢、薄一波等中国共产党 11 位老一辈领导人的社会主义经济思想，为系统研究中国共产党的经济理论首开先河。《丛书》作为青海省的“五个一工程”，是国内第一次将毛泽东思想作为全党智慧的结晶，从经济思想方面进行系统研究的大型合作项目，被誉为“国内首次对中国共产党领导人的经济思想进行系统研究的重大工程”。1994 年 10 月，在武汉大学召开的中国经济思想史第七届年会期间，赵靖先生认为，“中国现代经济理论的研究可以填补中国经济思想史研究领域的空白，为中国经济思想史的发展做出了重要贡献”。

1997 年，《中国现代经济理论系列研究》（王毅武主编，共 8 册，由南方出版社出版）又在以往研究的基础上，为中国现代经济理论的系统研究揭开了新的篇章。与前一套丛书的不同之处在于，该系列研究主要以中国社会主义经济理论各主要方面为专题组成中国现代经济理论的主体内容。这两个系列研究的侧重点虽然不同，但基本任务是一致的，即拓展和完善由《简编》与《研究》等学术著作建立起来的“中国社会主义经济思想史”这一崭新学科，切实推进中国现代经济理论主体的系统研究。

2001 年，王毅武教授的《中国社会主义经济思想导论》《中国新时期经济理论发展研究》先后由南方出版社出版。这两部中国社会主义经济理论方面的学术著作继续拓展了中国社会主义经济思想史的研究，为中国现代经济理论新学科的奠基作了进一步的理论准备。

2004 年，《中国现代经济理论探索》一书（王毅武著，以下简称《探索》）由香港新风出版社出版，这是一部研究中国现代经济理论新学科的探索之作，系统研究并阐述了中国现代经济理论的学科建设、专题研究及人物评论等方面的基本内容。著名学者、国家级有突出贡献专家周成启先生在其评论中写道：王毅武教授“娴熟地运用马克思主义基本原理，联系中国的具体国情，首倡中国现代经济理论这一新学科，并从学科架构、理论专题和人物经济思想三个方面，率先客观、公允地研究与评论了中国现代经济理论产生、发展、创新以及完善的过程、条件、内容、特点及规律性。

《探索》一书的阐述坚持史论结合、论从史出、人从论出、重在评论的研究方法，观点鲜明，论述充分，思考认真，颇有见地，是作者长期从事中国现代经济理论研究的真实写照与理论结晶”。该书荣获中国经济思想史学会颁发的“学术贡献奖”。

2009 年，《中国现代经济理论研究》（王毅武著）由海南出版社出版，对中国现代经济理论的研究更加深入和饱满。2011 年 3 月，这部著作的第二版，补充了王毅武教授的最新研究成果，对于中国现代经济理论的研究更加系统和充实。

当然，国内还有其他一些知名学者从不同角度对中国现代经济理论进行了考察和研究。上海财经大学谈敏教授的《新中国经济思想史纲要》、其主编的《新中国经济思想史丛书》，以及赵晓雷教授的《中国现代经济理论（1949—2000）》，对新中国成立以来浩瀚的学术资料作了分专业的整理和分析，从综合的角度研究了新中国成立以来中国现代经济理论主体的发展阶段、线索、内容和过程，从经济理论史的视角总结了 20 世纪下半叶中国现代经济理论的主体在不同侧面的进展与创新。近年来，武汉大学的严清华教授主持的民国时期经济思想研究也有了长足的进展，填补了中国现代经济理论研究关于民国时期以及“第三理论”方面的研究空白，从而使得中国现代经济理论的研究越来越系统化、整体化、科学化。但是，对于中国国民党经济思想的研究，特别是台湾实现现代化过程中经济理论的系统研究亟待开展。

三、中国现代经济理论主体研究的基本内容

中国现代经济理论主体部分的研究，其主要内容可概括为“六大理论”，即中国新民主主义经济理论、国情与发展阶段理论、工业化道路理论、经济改革与开放理论、市场经济理论与经济发展战略理论。中国现代经济理论主体部分是马克思主义中国化的基本表现形式。

1. 新民主主义经济理论

新民主主义经济理论是在旧中国独特的国情环境中产生的，是马克思列宁主义与中国这样一个经济落后的半封建半殖民地的大农业国的实际相结合的结果，是中国共产党人长期奋斗的智慧结晶与经验总结，同时也是成功地探求与建设中国式社会主义过程的第一步在经济理论方面的基本概括。其基本内容主要包括：关于中国社会性质及社会经济关系的理论；关

于农民及土地问题的理论；关于根据地、解放区经济结构及建设方针、策略的理论；关于新民主主义经济的性质、任务、结构、目的、特点的理论；关于新民主主义经济向社会主义经济转化的理论等方面。这些理论方面又可概括为三个主要问题，即对旧中国社会经济制度的认识及对非社会主义经济理论的批判；对根据地、解放区经济建设与发展的理论分析与概括；对社会主义经济的认识、预测，及建设社会主义经济的条件、过程、方法、步骤、特征的理论分析与总结。中国新民主主义革命与建设的实践表明，中国的新民主主义经济理论不仅具有鲜明的中国作风和中国气派，而且极大地丰富了马克思经济学说的理论宝库。其中不少理论内容至今仍然具有重要的现实意义，很有创见并极富中国特色，如关于社会主义经济发展的阶段性问题，即中国的革命与建设应分“两步走”，新民主主义经济是从半封建半殖民地社会向社会主义发展的必然过渡形式；关于社会主义商品生产问题，即中国的经济发展程度较低，在中国进行社会主义经济建设不但要比生产力发达的资本主义国家困难，而且离不开商品、货币与市场；关于国家资本主义经济问题，即不仅新民主主义经济是多种经济形式并存，而且民族资本主义经济的两重性使得国家资本主义在社会主义中国具有特殊意义；关于中国工业化问题，即中国的工业化只有在反帝反封建的新民主主义革命胜利之后才有可能，同时，也只有当中国由落后的农业国变为先进的工业国，中国真正地独立和解放才算最后解决了。这些理论认识后来被完善为系统的中国工业化理论；关于农业和土地问题，即旧中国的国情决定了农业与土地问题是重大的社会经济问题，必须谨慎、逐步而又积极地引导个体农民向着现代和集体化的方向发展，以富民强国；关于新民主主义经济向社会主义经济的转化问题，即中国的新民主主义经济是一种特殊的经济形式，既有社会主义经济成分，又有资本主义经济成分，还有各种形式的合体经济成分及个体经济成分，是产生在中国半封建半殖民地基础之上向社会主义经济发展的过渡性经济制度。

2. 中国国情与发展阶段理论

认识中国国情，最重要的是认识对中国革命和建设有重大影响的一切有利和不利的现实因素，特别是认识中国社会的性质和发展阶段，认识社会主要矛盾和它的变化。新民主主义革命时期，以毛泽东为代表的中国共产党人，坚持用马克思主义观点揭示和认识旧中国社会的性质、特点及规律性，找到了适合中国国情的革命道路，把中国革命引向了胜利；新中国成立后，中国共产党又依据正确的“国情论”创造性地解决了中国建立社会主义经济的问题；之后又进行了多方面艰苦的探索，为开创建设有中国特色的社会主义奠定了基础，“国情论”也随之发展为“国力论”；改革开放新时期，我们党全面总结了“文化大革命”期间及以前一个时期违背国情、超越阶段的历史性教训，并果断地纠正了长期的“左”的主体错误，科学地概括出了社会主义初级阶段理论，从而把毛泽东思想推进到了邓小平理论的新阶段。

“初级阶段论”实质上是依据中国的国情，科学地对中国工业化建设进行历史定位。“国情”是一个复杂的综合范畴或动态概念，“国力”则是国情的经济侧面，是国情中最基础也是最重要的部分。无论是对国情的科学认识还是对国力的客观把握，都离不开对二者存在和变化的特定历史阶段的认识和定位。当然，对国情的正确认识与对国力的客观把握有助于对社会经济发展所处历史阶段的认识与定位，可是，错误的历史定位即对社会经济发展所处历史阶段的判断错误也会使对国情、国力的认识进入“历史误区”。我们之所以在新中国成立后的社会主义工业化过程中犯了长期的“左”的主体错误，应当说与超越历史发展阶段有着必然的联系。可见，“初级阶段论”是更高层次的“国情论”，是综合了中国政治、经济、社会、文化、自然、历史的各方面，既考虑了生产力发展的水平与特点，又注意了与之相适应的生产关系、经济基础、上层建筑的性质与状况，从人类社会发展的历史高度与社会形态交替的必然规律概括出来的“历史定位论”。

3. 中国工业化道路理论

中国工业化理论是中国共产党人依据马克思主义的立场、观点、方法，分析与研究中国实际及现代化建设的历史定位而形成的崭新理论，是中国共产党集体智慧的结晶，也是中国共产党领导人民群众长期奋斗、力争早日自立于世界民族之林的基本经验总结，是中国共产党人对于马克思主义经济学说的重大贡献。从过去的实际情况看，几乎世界上出现过的社会主义国家都是从经济落后国家变革而来的，初期都面对如何迅速实现国家工业化的严重问题。在中国，半封建半殖民地的基本历史事实把中国工业化问题摆到了一个特殊的基础、环境和起点上，从而构成了中国工业化道路理论的一系列重要特色及其基本内容。如中国工业化道路的选择问题，不仅是马克思再生产学说在中国的具体化，并且极大地深化了社会再生产的结构问题；国民经济发展过程中的综合平衡问题，不仅丰富了马克思再生产学说中的实现条件问题，并且从方向上、操作上都更具体化和现实化了；经济发展战略问题，不仅是对马克思再生产学说的充实和创新，而且以经济效益为实质实现了理论上的升华；中国社会主义工业化理论中关于社会主义再生产的规模、结构、速度、效益、调控、布局、步骤、措施、形式、模式等问题，无一不是对马克思再生产学说的发展；特别是关于信息化与工业化的关系理论，即中国新型工业化道路理论，系统地表明了中国工业化理论是具有相当高度和深度的经济理论，值得我们认真研究与总结。

4. 经济改革与开放理论

党的十一届三中全会之后，随着正本清源、拨乱反正的推进，马克思主义经济学说本来的科学面目得以恢复，紧接着，改革开放的大潮便把经济体制改革理论推到了中国现代经济理论的中心位置。这一时期，经济改革理论连续取得了巨大成就和重大突破；纠正了一系列“左”的错误经济思想，恢复了中国社会主义经济理论中许多宝贵思想的本来面目，原来的中国作风与中国气派重新显现；找到了适合中国农业发展的正确道路，农村家庭联产承包责任制从理论上得到说明；确立了社会主义初级阶段的理论，明确了社会主义初级阶段的性质、任务、主要矛盾、基本路线、时间规定及其经济理论说明；提出了社会主义经济是公有制基础上的有计划的商品经济的理论，突破了过去把计划经济与商品经济对立起来的观点，为经济改革理论奠定了基础；肯定了发展社会主义经济可以有多种模式，不能把那些不具有社会主义本质属性的东西当作“社会主义原则”加以固守，必须通过全面改革建设有中国特色的社会主义经济；突破了所有制方面的急于求公、求成、求纯、求大的观念，提出了发展社会主义经济要在坚持公有制为主的前提下发展多种所有制形式的理论；突破了国家所有、国家经营的“一统”传统观念，肯定了社会主义经济可以实行所有权与经营权分离，广泛实行承包、租赁等多种经营方式的理论；提出了社会主义经济应该建立计划与市场内在统一的体制，实行计划调节与市场调节相结合的运行机制的理论；破除了生产资料、资金、技术、劳务、信息以及房地产等生产要素不能进入市场的旧有观念，提出了发展和完善社会主义市场体系的理论；突破了社会主义经济中物价固定不变和统一由国家定价的旧观念，明确了价格体系的改革是整个经济体制改革成败的关键的理论；突破了分配领域中的平均主义观念的束缚，明确了在商品经济条件下实行按劳分配为主、多种分配方式并存的观点；突破了国家直接管理经济活动的“苏式”观念，明确了逐步建立以间接管理为主的宏观调控体系的观点，并认识到搞活国营大中型企业是经济体制改革的重要任务；突破了片面理解自力更生和长期闭关自守的旧观念，提出了实行对内对外开放、不断扩大国际经济技术交往与合作的新观点；摆脱了企业是行政机构附属物的观念束缚，确立了城市经济体制改革的中心环节是增强企业活力、在企业内部实行厂长（经理）负责制的新观点；拓宽了社会主义经济学的研究领域和内容，建立和发展了许多新兴经济学科，经济研究方法也由单一型走向多样化，经济科学与其他社会科学、自然科学相结合，取得了颇丰的研究成果，等等。所有这些创造性的发展，都极大地丰富了马克思主义的经济学说，充实了中国现代经济理论，成为中国人民的宝贵思想财富。

5. 中国特色市场经济理论

中国现代经济理论主体发展与创新的最新成果，是中国特色市场经济理论。应当说，中国特色市场经济理论的提出，是一个适应中国现代化建设的认识深化过程。在马克思那里，社会主义并不是市场经济。中国从"苏式"传统计划经济通过改革走向市场经济，自然是对马克思主义经济学说的创新性贡献。早在中国共产党成立初期，当时党的领导者对于商品经济与市场问题就已经有了若干可贵的认识。李大钊认为，社会主义将通过"中心市场"分配生产品，国家应该保持社会商品总量与货币总量的"相应"关系；瞿秋白通过对苏俄的实地考察，指出社会主义经济"不可缺少市场"；李达从社会主义时期生产力的发展水平出发，强调社会主义"不可不行使货币经济"；陈独秀在介绍马克思的经济学说时，也曾提出商品经济在中国实现社会主义时"不可避免"；王学文 20 世纪 40 年代在延安时就从"劳动部分个人所有制"说明社会主义全民所有制经济中商品生产存在的原因；"新民主主义"的三大经济纲领，即"没收封建阶级的土地归农民所有，没收蒋介石、宋子文、孔祥熙、陈立夫等的资本为首的垄断资本归新民主主义的国家所有，保护民族工商业"，也并不否定商品经济及其市场经济的存在。新中国成立后，在毛泽东的经济思想中，20 世纪 50 年代至 60 年代，他对价值规律及市场问题给予了极大重视，直到其晚年，对于商品、货币关系也还有不少深刻而又中肯的论述；刘少奇认为，新中国应当允许多种经济成分并存，要有多样性，要适当发挥市场的作用；陈云早在 50 年代中期就提出"三个为主，三个补充"的思想，认为社会主义经济离不开市场。在我国著名经济学家各自的理论研究中，几乎没有一个不涉及市场问题，我国各高等院校使用的政治经济学教科书中，几乎没有一本不谈商品生产和商品交换，特别是著名经济学家孙冶方，一生中最具开拓性的贡献，就在于创造性地论证了价值规律在社会主义条件下的必然性（1956 年），果断地提出"千规律，万规律，价值规律是第一规律"；经济学家卓炯则是我国有计划商品经济理论（中国市场经济理论的早期形态）的开拓者之一（1961 年），关于商品经济的阐释与论证，贯穿于他的全部理论著述之中。即便是在"大跃进"和"文化大革命"期间，在市场经济与资本主义画上了等号的情况下，商品经济与市场问题在实际上仍然无法回避，市场经济理论至少是在被“批判”的形式下顽强地表现着自己。邓小平的伟大功绩不仅在于他长期以来多次反复强调实行市场经济的必要性与必然性，而且在于其在南方谈话中一锤定音，中国的市场经济理论从此以合法、正统的身份登上了学术研究与经济理论的前台。

6. 中国经济发展战略理论

中国是世界上最大的发展中国家，其经济发展的经验与教训具有重要的世界意义，实际上是中国版本的发展经济学。新中国成立后，在不同的时期与阶段，均产生过相应的发展思路与总体战略。改革开放 30 多年来，在认真总结经验与教训的基础上，科学地提出了科教兴国、实现两个根本性转变、坚持可持续发展的总战略，逐步形成了新时期的科学发展观，创新了马克思主义的经济发展学说。

科学发展观，第一要义是发展，核心是以人为本，基本要求是全面协调可持续发展，根本方法是统筹兼顾。概括而言就是：以人为本、不折腾，全面、协调、可持续。

科学发展观是改革开放 30 多年来，包括新中国成立 60 多年来现代化建设过程中经验与教训的总结，是理论发展的精华与升华，同时也是关于社会主义发展理论的新飞跃，是新时期邓小平理论的新发展，是全面建设小康社会伟大实践的必然产物。

科学发展观与中国特色市场经济理论是紧密联系的。市场经济是实现科学发展观的运行平台；科学发展观规定了中国市场经济与现代化建设协调、健康、稳定、均衡发展的整体思路，是今后一个较长时期内指导我国市场经济发展与现代化建设的科学理论体系。

四、中国现代经济理论研究的规范与创新

任何学科的发展都有本学科的学术逻辑与研究规范。中国现代经济理论的研究同样如此。理论主线与核心范畴的确定以及一系列学术观点的创新，都是一个新学科创立与发展过程中必须要弄清楚的基本理论内容。

1. 中国现代经济理论的主线

新中国成立以来，特别是改革开放以来，市场与计划的关系问题一直争论不止，中国现代经济理论的主体研究将其视作理论主线。这一研究从价值规律的双重规定性出发，即价值规律的微观规定性和宏观规定性，从

价值决定与价值实现的角度解释了计划与市场之间的关系。把研究二者的关系作为中国现代经济理论主体研究的主线，使得理论与实践得到充分的结合，为中国现代经济理论的主体研究开拓了新天地。

关于市场与计划及其相互关系的研究与理论，贯穿于中国现代经济理论的产生、发展、丰富与创新的过程中，虽然时隐时现、时强时弱，但不是时有时无、可有可无。计划与市场都不过是一种调控手段，都表现为一种经济机制与经济过程。计划的本质在于实现宏观调控与经济发展的总体比例性；市场的本质是使整个系统的各经济主体实现利益与均衡运行。二者具有内在的统一性，即内在于市场经济的运行过程之中，统一于价值规律的客观要求。创造一种适合中国实际的、把计划与市场有机结合起来的中国特色市场经济体制，不仅是建设现代化的需要，也是中国特色社会主义的基本特征与要求。

在中国现代经济理论的研究中，为什么要提出理论主线的问题呢？第一，因为它在中国现代经济理论的发展过程中客观地存在着；第二，把握它有助于对中国现代经济理论产生与发展过程的历史考察中，科学地舍去内容、提炼观点以及分析和评价有关经济思想与理论，从而客观地规范中国现代经济理论的框架、体例、特征、线索、基本内容，并确定评论的依据；第三，认清它有助于系统地理解中国实现现代化过程中的基本内容，把握近一个世纪以来我国经济理论研究的脉搏，从而避免在一些枝节性、次要的经济观点、思想或理论方面出现兜圈子、费力气的情况；第四，抓住它有助于我国经济理论研究自身的发展，从基本的也是核心的理论研究方面总结经验教训，从历史的、总体的、科学的高度找准我国经济理论得以沿着中国特色社会主义道路迅速推进的突破口，从而减少经济理论研究中的盲目、反复与迂回，加强自觉性、针对性与实践性。

2. 中国现代经济理论的核心范畴

中国现代经济理论研究将“现代化”作为该理论的核心范畴，客观概括了中国现代经济理论的逻辑结构与理论链条。

所谓现代化，是经济落后国家为了获得发达的社会化生产力而经历的经济、文化与社会变迁的历史过程，关键是转变经济结构与发展方式，本质是解放与发展生产力。考察世界经济发展的基本进程，实现现代化一般是资本主义的历史任务，亦即社会化大生产替代以家庭为单位自给自足的小生产的产业革命过程。新中国是由一个半封建半殖民地经新民主主义革命建立起来的崭新社会，实现现代化的历史任务远未完成，以产业革命为实质内容的生产社会化自然也就成为新中国的基本任务。也正是由这一特殊的历史条件所决定，在中国，实现机械化、工业化和现代化几乎是同一个概念，或者是同一件事情与过程。

选择并确立“现代化”作为中国现代经济理论核心范畴的依据在于：

第一，现代化反映了人类社会经济发展方式的本质要求。纵观人类社会的经济发展史，经济发展方式不断分工化、专业化、规模化、集约化，其实就是在不断追求现代化，体现为工具的发展、生产方式的进步和经济形态的变化。现代化在封建社会表现为铁器工具和自然经济；在资本主义社会表现为机器、电器的使用和商品经济；随着科技的不断进步，现代化在现时表现为智器（机器人、智能人）进步、信息化与市场经济。依据马克思主义的基本观点，中国特色社会主义必然要继承人类社会发展的文明成果，追求现代化并大力推进其进程。因此，从人类社会发展的进程考虑，现代化必然是人类不断追求的核心理念与发展方式。中国现代经济理论作为研究与概括中国现代化的发展与进程的理论学科，其核心范畴必然要归结为如何在中国又好又省地迅速、稳定地实现现代化。

第二，现代化反映了社会生产力发展与中国特色社会主义的本质要求。在中国特色社会主义制度下，生产的目的是满足人们的需求，只有社会化、现代化大生产的不断发展与进步，才能不断满足人们日益增长的物质与文化生活的需求。这里，现代化既是衡量社会生产力发展的重要标志，又是保证社会生产力不断发展与进步的基本条件。我国社会主义初级阶段实行生产资料公有制基础上的市场经济，现代化的发展程度决定着市场经济的实现与完善程度，同时也决定着人民群众不断增长的物质与文化需求的实现与满足程度。没有经济现代化，就没有中国特色社会主义市场经济的发展与完善；不通过经济现代化来实现和体现中国特色社会主义经济发展的效率与效益，新中国与新时期的优越性也就无从谈起。经济发展的现代化程度，首先体现为社会生产力发展的水平、质量、规模，以及经济发展方式的集约化程度——富民强国的实现程度与人民群众的幸福指数。可以说，现代化范畴包含着这些逻辑要求和理论内容。

应当指出，把现代化规定为中国现代经济理论的核心范畴，对于民国时期的“第三理论”以及中国国民党的经济思想而言，也是客观与切实的，台湾经济的发展及其成为“亚洲四小龙”之一的事实，更能够说明问题。

中国现代经济理论立足于中国的客观现实，从生产力与生产关系的角度统一把握中国现代化建设的环境、进程、条件、特点及其内在逻辑性，抽象出“现代化”这一科学的核心范畴，目的是切实完善中国风格、中国特点和中国气派的中国现代经济理论，为中国特色社会主义现代化建设提供有意义、有价值的理论概括与说明。

参考文献

[1] 赵晓雷．中国现代经济理论（1949—2000）[M]．上海：上海人民出版社，2001.

[2] 王毅武．中国现代经济理论研究 [M]．海口：海南出版社，2009.

[3] 王毅武．中国社会主义经济思想导论 [M]．北京：南方出版社，2001.

[4] 王毅武．中国新时期经济理论发展研究 [M]．北京：南方出版社，2001.

[5] 王毅武．中国社会主义经济思想史研究 [M]．西宁：青海人民出版社，1991.

[6] 王毅武，编．中国现代经济理论系列研究 [M]．北京：南方出版社，1997.

[7] 王毅武，编．中国社会主义经济思想史简编 [M]．西宁：青海人民出版社，1987.

8　A Century of Modern Economic Theory in China —Commemorate the 100 Anniversary of the Revolution of 1911

Wang Yiwu and Chen Xiangmin

Abstract: Chinese modern economic theory is a science that studies and describes economic ideas, theories and schools of its condition, process, characteristics and laws during its emergence, development and improvement in the process of pursuing and realization of China's modernization by Chinese people since the Revolution of 1911. It is a commemoration on historical and theoretical significance of the revolution of 1911 to investigate and elaborate the history of this new discipline as well as its theoretical and practical significance in the course of Chinese modernization, especially its active role in the process of Marxism localization.

Key words: Chinese Modern Economic Theory; Sun Yat - sen; the Revolution of 1911; Chinese Communist Party Modernization

西方经济思想史

History of Western Economic Thought

9

论分配法则的协调*

菲利普·亨利·威克斯蒂德

［内容提要］本文是菲利普·亨利·威克斯蒂德 1894 年发表的论文《论分配法则的协调》的译稿，该论文主要讨论边际革命以后形成的收入分配理论——边际生产力论要能够成立所需要满足的条件，即各种生产要素按照各自的边际生产力进行分配所得到的收入份额，在什么条件下它们的总和正好等于总产量。作者运用数理论证方法，表明条件就是完全竞争的要素市场和规模报酬不变的总量生产函数。论文的理论意义在于揭示了收入分配的边际生产力论只是依托于现实中基本不存在的假设前提的逻辑推论。因此，它并非是对于现实市场经济中收入分配的真实解释。

［关键词］**收入分配　边际生产力论**

1932 年版前言

莱昂内尔·C. 罗宾斯

以下这篇论文最初印刷于 1894 年。众所周知，它的中心观点是当每个生产要素的报酬由边际生产力来决定时，总产品被精确地分配了。这个观

---

* 这是菲利普·亨利·威克斯蒂德（1844—1927 年）1894 年发表的著名论文，本文根据伦敦经济政治学院 1932 年再版的经济政治科学系列珍贵文献第 12 号的 1999 年电子版翻译。1932 年版的页码，在正文和脚注中都以带方括号的黑体字如［**P. 15**］等标明。文中的黑体字在 1932 年的英文版中都是斜体字，考虑到中文习惯，改为黑体字。文中包括 1932 年版由莱昂内尔·C. 罗宾斯所写的前言，这个前言包含一些对最初 1894 年版的修改。1932 版中仍然存在一些印刷错误，由乔治·施蒂格勒（《生产和分配理论：形成时期》，1941）指出并纠正。电子文稿中加入了施蒂格勒建议的修改，注以标记［Stigler］。电子稿附加的（未被 1932 年版或施蒂格勒指出的）印刷修正，文章中用标记［HET］注明。——中译者。译者：张旭昆（1953—　），浙江工商大学经济学院、宁波大学商学院教授，博士生导师；路婉婷（1985—　），浙江工商大学经济学院硕士生，现为中国人民银行嘉兴市中心支行职员。

点立即吸引了主要经济学家的注意，从那时起，对边际生产力理论的最广泛内涵、复杂性和难点展开了持续讨论。近几年，在一定程度上因为埃奇沃斯和帕累托的批判，威克斯蒂德变得不满于这篇论文中所采用的论证方式，所有后发行的副本都插入了以下脚注“作者关于分配问题的成熟观点是完全从假设 $\tilde{O} = Y(L, K)$ 蕴含 $m\tilde{O} = Y(mL, mK)$ 中引申出来的，这可以从《政治经济学常识》（1910）第一册第Ⅸ部分找到”。然而正如通常所认为的那样，他并没有放弃他自己的观点。关于威克斯蒂德的观点和一些著名难题的试探性解决方法的主要文献回顾可以在 J. R. 希克斯先生所著的《工资理论》的附录中看到。

（前言的以下部分为具体的修改情况，中译本略）

［**P. 2**］（以下是威克斯蒂德的一篇简短致谢，因与论文内容无关，略去。——中译者）

［**P. 3**］

序　言

近来经济学展现了完全重塑分配理论的显著趋势，但是我没有发现任何令人满意的、与所谓的旧理论没有什么关系的、能够在本质上称作新分配理论的论述。这个新理论如何驳斥原有理论？又如何系统化？如何发展成为它已经暗示的那种思想？

这篇论文没有任何可以称作原创的东西，只是尝试界定一个包含以上问题的领域，对新理论的一些基本论点提供严格的论证。我将指出一些研究方向，这些方向可以富有成果地应用于实际研究，并将影响其他的理论分支。

我虽然自认是专家，但要简单说明那些在这个研究中使用的数学方法的范围和意义，似乎仍远远不够。我将不涉及关于经济研究中数学方法的一般局限和能力的更为广泛的问题。

在分配法则的研究中，我们处于一个探索的领域，经验表明，在这个领域中有意无意地提出极端明确的假定和得出极端明确的结论都是很危险的。这些假定和结论有时能以数学语言表述，但这丝毫没有使其比原来更为确定，其价值只是在于使这些假定和结论更为明确，因而也更加令人警觉。例如，［**P. 4**］当明确的论述“产品是生产要素的一个函数”表达为数学形式时，立即就激发了我们的直接注意力，使我们明确意识到分配法则所依靠的客观基础概念背后的隐含假设的决定性特征，并且在研究过程中将发现，对租金理论的通常论述假定了以下命题：

产品是生产要素的函数

$$P = f(a, b, c, K)$$

如果函数形式是线性齐次的，则

$$\prod = f(\alpha,\beta,\gamma,\Lambda)\ ,\ v\prod = f(v\alpha,v\beta,v\gamma,\Lambda)$$

我认为以数学形式表述这个命题，并不比经济学家以通常方式所表达得更为明确或清晰，但数学形式使我们认识到它的明确和清晰，认识到对这个命题我们都做了些什么假定，从而使我们郑重考虑。我使用数学形式表述，第一，为了防止存在未意识到的假设；同时也促使那些普通的冗长的专题论文的结论所依存的假设凸显出来。第二，当论点以数学形式展开时，容易辨别其他那些也以数学形式展开的论点是否包括其中。尽管数学符号对经济事实的表现是不完善的，但不愿意用数学符号进行数学运算，在我看来就等同于说论证不严密也可以纠正轻率假定的错误推论。相反，数理经济学家宣称，无论何时，只要可以使用专业语言和数学逻辑，就可以消除错误的源头。他并没有假定方法的［**P. 5**］确定性会赋予比前提假设自身所既有的更大的确定性，但是他坚称他的结论拥有其前提拥有的所有确定性。从前提到结论他并未失去任何确定性，只是增加了数学推理的复杂性和抽象性。问题在于经济学家的前提或者结论是否包含任何不明确、不精确的东西，如果有，他将得不到原谅，并且也很容易发现他的欺骗。

缩小和确定错误范围就是一个伟大的收获。

当然，经济事实或者假设的数学表达的每个转换，必须能够理想地直接以经济术语表达出来，数学论证的每一步都应当能够理想地转化为在逻辑上令人信服的经济论证。此外，实现这个转化需要高水平的指导。例如，在问题的讨论中运用所有的方法，带领学生深究所运用的假设，经常揭示那些在前提中未被怀疑的弱点或者矛盾。若是两个命题 A 和 B 都以精确的数学术语表达，且 A 已经在数学上被证明是包含 B 的，那么如果命题 A 正确，则命题 B 也将正确，这个论证是完整的。数学论证本身的复杂性不是不确定性的来源，不应当引起我们任何忧虑。

［**P. 6**］

分 配 法 则

目　录①

1. 协调分配法则的困难来源。
2. 通过对交换价值规律的分析，提出协调方式。
3. 概述分配的一般理论。
4. 这个理论与经验相符吗?

① 原文没有“目录”字样，且后面每一节都只有序号，无具体标题。考虑到中国读者的习惯，改为现在的样子。

5. 它与现有经济理论的关系如何？

关于“地租的第二种形式”①

（a）它建立在确切的假设和蕴涵之上，而这些假设和蕴涵需要比先前更清晰的系统论述。

（b）它没有给予地租理论任何直接的公式表达。

（c）它假定理论对除土地以外的所有生产要素均适用。

（d）通过类比指出相同的理论对土地也有效。

（e）分析得出的结论严格包含于我们最初所做的假设之中。

6. 分配法则的协调。

7. 思考。

8. 对目前在地租法则的讨论中的假定或蕴涵的函数形式的补充考虑。

［**P. 7**］

一、协调分配法则的困难来源

在研究分配法则时，经常分别研究每个重要的生产要素（如土地、资本及劳动）在合作生产中的特殊情况。这种研究要考虑控制这些要素的人的特殊需要，考虑要素所给予服务的特殊性质。从所有这些考虑中推导出特殊法则，这种法则调控产出中将会归于那些特殊要素的分配份额。

只要这种方法还在推行，分配法则的协调就是不可能的，同时也无法确定理论指出的各种要素的报酬是否等于总的产出，以及总产出是否正好分解成各种要素的报酬。为了确定这一点，基本的要求也许是所有法则必须以通俗术语表达。例如，只要地租法则是以土地肥沃性这个客观标准作为基础，利息法则是以比较对未来和现在的评价这个主观标准作为基础，那就难以构造出任何能够使产出中减去土地报酬和资本报酬后的剩余部分正好与理论所指出的工资报酬相一致的微积分。显然，这种协调必须被经济理论所考虑。“产出分配”这一术语不言而喻包含了分配理论协调的含义。

最近可以观察到把分配法则的研究推进到探讨它们之间紧密关系的显著趋势。这些法则的基础并不是这些要素所给予服务的特殊性质，而是它所给予服务这一普通事实。如果每个要素在边际上所给予的服务能够客观度量，那么这种协调性的主张无论如何都能有所依据。

① 按照李嘉图的级差地租理论，有两种类型的级差地租，由于土地质量不同而产生第一种形式的级差地租，由于在同一块土地上相继投入的收益递减的各笔资本引起第二种形式的级差地租。这就是本文所说的地租的第二种形式。——中译者

二、通过分析交换价值规律，提出协调方式

现代对价值理论的研究已经给予我们所需要的引导。的确，交换价值［**P.8**］理论本身就是社会一般资源的分配规律。我们能够用关于公众的期望和满意的必要的陈述来论证这个论点，可以说社会的总满意度（S）是商品、服务等（A，B，C）的一个函数（F），或 $S=F$（A，B，C）。每种商品或者服务若是可购买的，其价值是当其他变量保持不变时，由增加或者减少商品或服务一小部分增量对整个社会的满意程度产生的影响决定的。因而一个拥有任何商品或者服务 K 的社会可以宣称，能够使人的满意程度变化的程度由比率$\frac{dS}{dk}$决定，它也表现了一单位这种商品或者服务的交换价值。这些商品和服务全部存量的交换价值是$\frac{dS}{dk}K$。事实上 $\frac{dS}{dk}$ 是边际效率（现代一般称作边际效用，下同。——中译者），表现了 K 作为满意的提供者的重要性。

三、概述收入分配一般理论

为了一般目的表达交换价值法则，这也许并不是方便的形式，但目前它是有用的，因为它暗示了分配公式。事实上，可以把社会所享受的总满意程度看作是一种“产出”，把各种商品和服务看作是生产这种“产出”的要素。此时，每个要素得到的“产出”份额受到其边际效率的调控。这样就得到了分配的一般法则。它可以应用到国内或者家庭内部每项商品和服务的分配中吗？可以把这些服务和商品视作生产它的众多要素的产物吗？令 P 作为一个特殊的产品来分配，将其看作各种生产要素（A,B,C,K）的函数（F），此时在其余要素保持不变时，每个要素的边际意义［**P.9**］由这个要素的微小增量对产出的影响决定。这意味着任何要素 K 每单位对产出的贡献（由于要素退出的威胁）为$\frac{dP}{dK}$，其全部贡献为$\frac{dP}{dK}\cdot K$。

当这个法则应用到分配时，在某些方面比应用在交换价值上更令人满意。因为满意程度作为商品或者服务的一个函数，只能够根据某种商品或者服务来加以度量或者在数量上得以表达；这些商品或者服务所能够分配到的满意只能通过其他一些商品或者服务来表现。因此，“满意”不能够被看作是另外的可以直接在其各个生产要素（商品或者服务）中间进行分配

的东西。满意程度作为这些生产要素的函数，本身又要通过其自变量来表示，并且只能由它们代表满意在各个生产要素之间真正地分配。

但是，在分配某种产出的情况下，对于生产要素，我们有一些另外的东西在生产要素中间被实际分配，它并不是要素本身。它或者是物质产品，例如钢轨，或者更为一般地作为与世界其他地方相比较的工业地位，这种地位表现为铁路的价值和它的数量，以及在某些情况下更为细微的工业优势。但无论哪种情况，都存在一些要被分配的东西，它对于生产要素而言是另外的，可以用不同于生产要素的另外术语表达。它可以由于任何一个生产要素的增加或者减少而确定地增加或者减少。因此，根据某个客观上代表 K 的单位，无论它是否容易确定，$\frac{\mathrm{d}F}{\mathrm{d}K}$都是可以测量的。用 P 代表这个产出的总收益。现在似乎在理论上可以回答法则的协调问题［**P. 10**］。每个要素的报酬并不与它所提供服务的性质相关，但却与它所提供服务的单位（边际）效率相关，检验和估计这个边际效率的实际方法已经被发现，但还需进一步研究。无论是否知道 F 的性质，都可以推导出$\frac{\mathrm{d}P}{\mathrm{d}A}\cdot A+\frac{\mathrm{d}P}{\mathrm{d}B}\cdot B+\frac{\mathrm{d}P}{\mathrm{d}C}\cdot C+K=P$ 这个性质。由此可知，$\frac{\mathrm{d}F}{\mathrm{d}K}\cdot K$ 真正定义了应当属于任何要素 K 的那部分产出。如果能够更进一步展示，当每个生产要素都得到它的产出份额时，所有产出就得到准确的说明，这就完成分配理论的协调了。

现在进一步探询上述理论如何经受经验和推理的考验，以及它与当前经济理论的关系。

四、这个理论与经验相符吗?

已经提出和即将进行讨论的一般分配法则可以简单地归纳为：产出中归于任何要素的份额，无论要素及其提供的服务的性质如何，总体来说，都是由这些要素某一单位如果从合作中撤出所减少的产出数量决定的。如此叙述的法则是显而易见的。任何人都知道，如果雇员工作不称职就会被解雇；一个员工不能使他的老板有利可图，老板就会开除其中的某些人（除非他的动机不是通常所说的“经济动机”）；如果一台机器被预期收不抵支，它就不会被购买；除非预计一块土地至少能够支付自己的租金否则就不会为产业目的而购买它；等等。［**P. 11**］似乎把这样一个人人皆知的道理表述成数学形式没有太大意义，但是我认为在研究中可以发现一些其他东西。同样，价值理论依赖无差异理论和边际效用现象，主张购买者不会超过他必须支付的价钱来支付更多，在任何情况下都不会超过他的心理价位来购买商品，这个理论对世界并无新意。这是众所周知的道理，在无论哪个时期的经济论文里都被不断重述。尽管如此，它在数学语言上的精确表达还是创造了新纪元，是经济学上的一次革命。一方面，它实际上与基本原理相联系，在简单情况下是理所当然的；但是要在远离熟悉经验、复杂而抽象的研究领域有意识且坚定地理解它，以至于永远不会失去对它的掌握，或永不认可任何与它不相符合的东西，这是另外一回事。这些领域需要数学作为引导。在目前的例子中也是这样，将要检验的分配法则十分明显，无须经济学家不断重复，但如果仅仅以一句话来叙述它，它通常会在后文里被忽视或被反驳。它很少被清晰而有意识地系统阐述，也无法通过更为细致的经济学推论来稳稳站住脚。这些工作只是最近才由经济学家开始进行。

为了详述实际经验和能够使前述法则更加牢靠的一般理论，用数理方式表达分配理论是值得的。

再次回顾交换价值的分析，任何服务或者商品 K 的交换价值都是由增加或者减少它一单位对社会满意程度的影响来决定的，因此是 $\frac{\mathrm{d}S}{\mathrm{d}k}$；但任何进入市场的个人会发现他个人的这个比率 $\frac{\mathrm{d}s}{\mathrm{d}k}$（$S$ 是他自己的满意程度）是由他特殊的爱好、期望和估价独自确定的，对于他，$\frac{\mathrm{d}S}{\mathrm{d}k}$ 是永久和独立的

［**P. 12**］固定价格（v），他必定询问自己 $\frac{\mathrm{d}s}{\mathrm{d}k} > v$ 是否成立，若是，则购买；反之则反是。对每个个体，当 $\frac{\mathrm{d}s}{\mathrm{d}k} = v = \frac{\mathrm{d}S}{\mathrm{d}k}$ 时，达到均衡。

类似的，若一个老板考虑录用或解用一个工人，将会问自己这个工人是否与支付给他的工资相称；又如，当其他要素保持不变时，这个工人带来的增加产出是否至少能够达到向他支付的工资水平；他将会雇用更多的工人，直至从最后雇用的工人那里之所得和支付给他的工资一样多时，他便停止进一步雇用。对于这个工人而言，他坚决要求获得与他工作的边际贡献相符的报酬，即至少要获得相当于如果撤回他的劳动将会导致的产出减少额那么多的报酬。为了维持统一的表示法，我们说 K 的市场价格是由增加或者减少 K 对于总产量 P 的影响所决定的。于是从一般观点来看，任何特别类型的劳动 K，都能够坚持每单位报酬为 $\frac{\mathrm{d}P}{\mathrm{d}k}$；从个人观点（劳动价格固定在 $w = \frac{\mathrm{d}P}{\mathrm{d}k}$）来看，个别老板将能够给他的土地、资本等持续提供特别类型的劳动，直到满足关系 $\frac{\mathrm{d}p}{\mathrm{d}k} = w = \frac{\mathrm{d}P}{\mathrm{d}k}$。

这个公式十分具有一般性。特殊类型的劳动单位对于企业的管理和指导而言，只具有短暂的吸引力（对于既定的性质）；或者他也许是委员会上某个人的助手，这个人不能管理或指导任何东西，但是出于一些其他的原因，他的名字或者到场加强了有关的企业的地位。K 无论名义上或实际上都不必是任何类型的劳动，它也可以是既定产能的土地。这时，是否［**P. 13**］应该用现有资源多耕种一些土地，这个问题也就是个人的 $\frac{\mathrm{d}p}{\mathrm{d}k}$ 是否比土地的价格高，以及这个价格本身是否固定在整个社会的比率 $\frac{\mathrm{d}P}{\mathrm{d}k}$ 上。K 也许是镐锄或其他的机械或工具。总之，这个公式有着严格的一般性，可以发现它与日常生活的实践也非常相符。观察发现，它也适用于不能归为一类的异质要素、那些不能按照常规单位（如英镑）表示的异质要素，以及那些非人为分组的异质生产要素。每种要素都以自己的单位表示，并且被视作在边际上对于产品的增加或减少有着自己独立的影响。我们将在第六部分再讨论这一点。

五、它与现有经济理论的关系如何?

关于“地租的第二种形式”。

（a）它建立在确切的假设和蕴涵之上，而这些假设和蕴涵需要比先前更清晰的系统论述。

（b）它没有给予地租理论任何直接的公式表达。

（c）它假定理论对除土地以外的所有生产要素均适用。

（d）通过类比指出相同的理论对土地也有效。

（e）分析得出的结论严格包含于我们最初所作的假设之中。

现在考虑分配法则和当前经济理论的关系，从通常被看作是分配法则的最为成功的精心阐述的部分开始。它通常被称为“地租的第二种形式”。在对这个法则的展示中，产品被看作是土地和“资本”的一个函数，被概括为“资本”的是包含了劳动以及所有其他使土地多产的、表现为货币的所有组成成分，可称作资本—劳动。[①]土地数量固定，资本—劳动一起被连续增加，至少在增加到某个特定的点之后，每个增加单位比起以前将获得更少的回报。这就是说，若土地数量不变，则产品可以被看作是资本—劳动的函数，这个函数的一阶导数（在通常所考虑的限度内）为正，二阶导

① ［**P. 13**］为了记住这种合成的特点，将称呼它为资本—劳动。将在数学表达中使用简单的符号 C 或者 c 来代表它。

数［**P. 14**］（至少在 x 的某个特定值达到后）被认为是负的。

这个函数在图 1 中表示为一个区域 $0bta$，它在所考虑的特定范围中以一条以任何比率向下倾斜的曲线为上界。

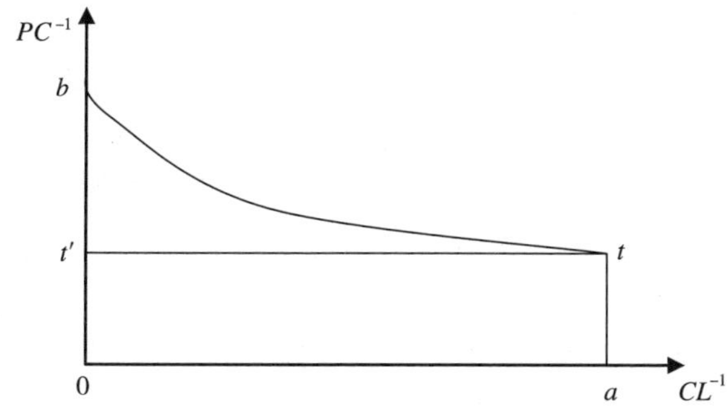

图 1　［**P. 14、P. 21**］

这意味着资本—劳动最后的报酬要小于先前的报酬，但这个最后的报酬一定是令最后单位资本—劳动满意的且不可能被任意减损；如果最后的报酬令最后单位资本—劳动满意，由于“无差异法则”，必然令先前所有单位都满意。因此，最后单位的报酬确定了令资本—劳动满意的报酬率，而先前单位的更多或者“剩余”的报酬，就构成地主所索取的地租。

（a）现在对论点和说明它的图像做一些注解。首先参照图 1 简单地考虑土地与资本—劳动之间的比例，而非它们的数量，以及单位土地回报率和单位资本—劳动的回报率，而非全部报酬量。因而图［**P. 15**］不需修正就可使用，单位可以是一英亩也可以是一平方英里。假定资本—劳动一单位、一单位地被连续递增地使用于一单位数量不变的土地，于是处于纵轴、横轴、垂线和曲线之间的整个区域，就代表了单位土地的总成果。这个理论忽略单个管理者面临的诸如合理土地数量等所有问题。它假设给定任何性质同样的土地，按照一定的比例应用资本—劳动于土地，则无论被耕种的土地面积大小，每单位土地都会产生一样的成果。这可以在数学上表达为产出（P）是土地（L）与资本—劳动（C）的函数（F），并且如果 $\prod = F(A, K)$，则 $m\prod = F(mA, mK)$。

同样注意到土地与资本—劳动之间的分配也可以用单位产出来加以表达。假设单位土地（为了简单起见，我们用单位土地作为固定数量土地的基准）上使用的资本—劳动数量是 $0a$，则线段 at 表示每单位资本—劳动的报酬，区域 $bt't$ 表示单位土地的报酬。①

下面（这里必须恳请读者们具有耐心和给予信任）可以观察到，为了获得 $bt't$ 的确定区域，x 的数量必须回到原点，这是什么意思呢？考虑单位“资本—劳动”对于土地的比率，当我们考虑 $x=0$ 时，就是考虑用于一单位土地上的无穷小的“劳动—资本”。即耕种活动中土地对“劳动—资本”的比率将是无比巨大，也就是说可以有这样的比率，就仿佛整个美洲大陆［**P. 16**］每天只有一单位的劳动应用到耕种里。并且这一单位劳动必须真实地应用到整个区域，否则“劳动—资本”和土地之间的真实比率就会与我们假设的不同。将这个难以想象的事情视作以确定比率（其测量对于我们的地租理论十分必要）产生的结果，似乎有些荒诞。

伟大的法国学者说“起因不清难以讨论”，促使我考虑这件荒诞事的原因非常实际，对于我所引起的反对意见，我明确的回答是，“以曲线表达经济数量时，假设的连续性是实际上不可能存在的。因此，‘地租’曲线下面的区域实际是由若干矩形组成，我们以明确且明智的方式提高资本—劳动对单位土地的比率，尽管只要我们愿意，就有自由以任何自己喜欢的单位来理解图像，如每英亩1镑，或者每平方英尺0.0000382便士，但是我们不能随意地选择每英亩0.0000382便士，这是不明智的，现在来谈谈论证的结果吧。在把资本—劳动的增量设想成无穷小时，不应在极小单位里混淆对这个比率的理解。曲线表示为连续的，但是必须铭记它的真实情况并非如此。假设由土地的一个确定单位开始，在脑海中称它为一英亩，此时从位于横轴的原点开始，以资本—劳动在理论上可确实应用于一英亩的最小量为单位。把这个单位在实际上可以评估的产出表示为以资本—劳动为底的细小矩形。表达这个矩形的直线单位是随意的。因而构建的这些连续矩形组成了区域中基本的或者原子式的成分。为了方便，将这个区域的边界表示为一条连续曲线，虽然这里有论证上的错误，但是使我们可以把一些小于我们的原子的东西用图形加以说明”。［**P. 17**］当这个回答伴随合适的告诫时，是非常令人满意的，但必须对它进行一点延伸。这个曲线由一些微小矩形构成，构造这条曲线的基本要点是它在总体上应当表示劳动—资本和土地之间比率的变化，这个变化是十分重要的。没有根据断言，单位土地上资本—劳动的等量增加，会在图形所有部分产生同样的微小矩形，这一点似乎确实很明显。但是无论如何，我们所再三宣称的是区域中的每个成分必须有一个重要的基础。因此，在曲线由微小的元素组成以及为了方

① ［**P. 15**］CL^{-1}表示单位土地使用的资本—劳动数量，以横轴表示；PC^{-1}表示单位资本—劳动的产出，以纵轴表示；PL^{-1}表示单位土地产出，以图中面积表示。

便只能表示为连续的限制性条件下，就可以使曲线回溯到原点。从原点出发可以使曲线就像我们选择的那样向右延伸；并且如果方便的话，也可以看作是向右趋向无限远处。唯一的限制条件是那些未达到某个临界点以前的每一个元素都必须建立在一个有意义的基础上，而一旦达到这个临界点，所有资本—劳动的增量都将不再有意义（此时土地相对资本—劳动的比率是很小的，就像在原点资本—劳动相对土地的比率是很小的一样），这个曲线最后的原子成分将包括这个临界点。在这篇论文结束时，在对它们的形式进行辅助性检验中算出一些相互关联的曲线时，所有这些都将变得清晰。同时，在方便时将假设已经确认“地租”曲线无限延伸的正确性。

（b）现在回到图像，它使我们注意到目前假设的地租法则并不是一个独立的地租法则。它说明总产出是 $F(x)$ ，$F'(x)$ 是使资本—劳动满意的单位报酬率，除去属于所有资本—劳动的产出 $x \cdot F'(x)$ ，剩余的 $F(x) - x \cdot F'(x)$ 就是地租。当其余生产要素［**P. 18**］的报酬得到支付时，就可以简单地说明“剩余”可以被地主索取。简言之，它并未给予地租任何直接的公式，它是“地租的剩余理论”。这个事实的全部重要意义可以从经济学家们对假设的地租理论的推导中看出。因而 Walker① 试图系统阐明“工资的剩余理论”，在详细阐述这个理论时，他假设土地所享有的报酬由地租法则独立确定。即地租是除去工资和其他一些特定费用后的剩余，而工资是除去地租及那些相同费用后的剩余。以代数形式精确表达，这个理论就会完美呈现。

$S = x + y + z + u + \cdots$ ，S 已知，其余未知。大胆假定一个独立的法则被发现，可以确定除 x 和 y 以外的 z、u 等，从而可以得到 $z + u$ +其他 $= s$ ，于是有两个方程可用来确定 x 和 y ，即

$$x = S - s - y \text{ 和 } y = S - s - x$$

（c）即便这个所谓的地租理论并没有真正给予任何关于土地的产品分配法则，它仍然对除了土地以外的所有要素假设并公布了一个直接又精确的分配法则。土地是固定的，其余所有要素被还原成普通的度量单位，被称作资本，或“资本—劳动”，每单位土地的产量被视作资本—劳动的函数。在图像中，假设资本—劳动报酬为每单位 at ，因此资本—劳动的全部报酬为 $at \times 0a$ ，但显然 at 是 $\frac{\mathrm{d}p}{\mathrm{d}c}$ ，$at \times 0a$ 是 $\frac{\mathrm{d}p}{\mathrm{d}c} \cdot c$ ，所以 c 在产品中分享的报酬被假定为［**P. 19**］$\frac{\mathrm{d}p}{\mathrm{d}c} \cdot c$ ，这就是法则（见 P. 10）应用于 c 时的正式论

① 似为沃尔克·阿马萨（Walker Amasa）（1799—1875），美国商人兼经济学家。——中译者

点。①

［**P. 20**］

这里假定了一个真正的分配法则，尽管它具有复杂的形式，无法应用到任何特定的可以与其他要素相分离的生产要素，只能应用于一种理想的混合物。这个混合物本质上是流动“资本”，称之为“资本—劳动”，除了劳动外它还包括差异甚大的不同东西，如犁、人工肥料以及其他我们不知道的东西。这个已经被假定涉及了十分模糊的要素“资本”的精确法则，是否在应用到相对明晰的要素——土地的情况下依然正确？

（d）提出问题就要回答。假设资本—劳动数量固定，进一步考虑土地的连续增加，则通过简单论述，“地租法则”的第二形式常常无须修正就可以被确立。

用一个与图 1 极其相似的图 2 来说明它。资本—劳动不变，那么在过了某个特定点后，每单位后续增加的土地的产量将会少于上一单位土地。如果不然，那么一个有限数量的资本—劳动就有可能扩展自己的优势到无限数量土地上。因而，当土地的进一步增加所增加的总产量少于它目前的租金时，就到达了一个临界点；在这一点上，“资本”已经充分地供给以至于对于土地的进一步增加而言，资本是没有反应的。这时，比起把下一块可以使用的土地投入耕种，存在更有效的土地使用方式。相对于数量固定的“资本”，最后增加的土地正好能够保证获得当前的收益率。根据假设，“土地”愿意根据这个收益率放弃进一步的增加。但如果这个收益率对最后增加的土地是满足的，则根据无差异法则，它对先前那些已经耕种的土地也

① ［**P. 19**］注意，图中并未把产出看作是所有生产要素的函数，只是把它看作是当一个要素固定时其余要素的函数。因此，固定要素和变动要素的报酬具有一定比例；当我们定义总产出为 p，$\frac{dp}{dc}\cdot c$ 为 c 的总报酬时，意思就是 p 是（比如说）单位土地的产量，并且 $\frac{dp}{dc}\cdot c$ 是单位土地的产量中属于资本—劳动的总份额。当然这里要考虑时间，我们所考虑的是单位时间里单位土地上使用的资本—劳动，以及单位时间里单位土地上的产量（如单位土地的年产量）。要运用严格、正确的措辞通过论证来表述这一点将是很烦琐的；但是必须始终保持警惕，忽视精确性是会自食其果的。当不用曲线来图解分析时，我们经常方便地把单位时间的总产量（如一年的总产量）看作是所有生产要素的函数。为了在心中始终清楚这一区别，有必要求助于关于度量单位的理论（见我在《政治经济学辞典》中的文章“经济数量的度量单位”）。如果以 P、L、C 分别表示总产量、土地量、资本—劳动量，那么在图中单位土地的产量将表示为 PL^{-1}。X 轴表示 c，它等于 CL^{-1}，即单位土地的资本—劳动量。用度量单位 $PL^{-1}c^{-1}$ 或 $PL^{-1}C^{-1}L$ 或 PC^{-1} 表示单位土地上单位资本—劳动的产量。用小写字母表示比例关系。p（$=PL^{-1}$）是单位土地的产量，c（$=CL^{-1}$）是单位土地上的资本—劳动量。始终使用这些符号能够避免在语言中出现偶然的疏忽。时间作为度量单位与讨论的所有数量有关。土地是指单位时间里的土地，劳动是指单位时间里的劳动，等等。这种一般的表达方式使我们可以省去任何特殊的考虑。关于这一点的富有启示的有益见解可见马歇尔的“关于短语‘资本和劳动的单位’含义的注释”《经济学原理》（英文第 2 版——中译者）第 1 卷第 227 页。

是满足的，从而土地（图2[①]）的报酬率为 bt，土地的总报酬为 $bt\cdot 0b$，但 bt 是 $\frac{\mathrm{d}p}{\mathrm{d}l}$，而 $bt\cdot 0b$ 是 $\frac{\mathrm{d}p}{\mathrm{d}l}\cdot l$［**P. 21**］因此地租法则是：土地报酬率为 $\frac{\mathrm{d}p}{\mathrm{d}l}$，土地总报酬为 $\frac{\mathrm{d}p}{\mathrm{d}l}\cdot l$。

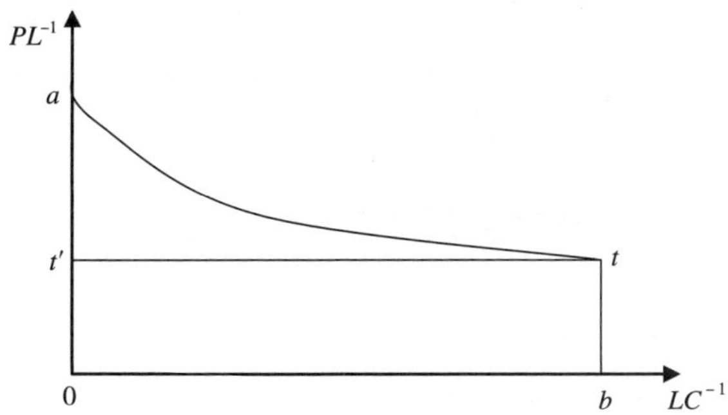

图2　［**P. 21**］

［**P. 22**］

现在可以看到为资本所假定的一般法则和为土地所假定的法则有着同样的合理性。马歇尔就是遵循这条线索，假设资本固定不变，而土地的重要性不断下降，由此开始论述其地租理论，同样也可以假设土地固定不变，而资本的重要性不断下降。[②]如果图 1 中横轴上的 x 较大（即允许单位土地与较多的资本—劳动相配合），那么图 2 中横轴上的 x 就较小（即单位资本—劳动将与较少的土地相配合），这两个图之间没有矛盾。如果提高与单位土地配合的资本—劳动，就降低了与单位资本—劳动配合的土地，即如果图 1 中的曲线趋离原点，那么图 2 中的曲线就会趋向原点。二者同样说明

---

① 图 2 中 LC^{-1} 表示单位资本—劳动使用的土地数量，以横轴表示；PL^{-1} 表示单位土地的产出，以纵轴表示；PC^{-1} 表示单位资本—劳动的产出，以图中面积表示。——中译者

② ［**P. 22**］参考马歇尔《经济学原理》（英文版第 2 版——中译者）第 1 卷第 206 页。

地租的增长将伴随资本—劳动报酬的降低。①

［**P. 23**］

涉及除土地外的所有其他要素的法则的一般假定与涉及土地的假定并非不相容，但这一点尚未充分说明。因此须进一步说明关于后者的假定是绝对包含前者的，也可以通过前者含蓄地阐明，地租是产品中除去属于所有其他要素的份额后的“剩余”，同时属于所有其他要素的份额也是产品中除去属于地租后的“剩余”，即必须说明，按照第一个图形的假设，区域 btt' 既不多于也不少于 $\frac{dp}{dl}$。

在进行证明之前须对将要使用的符号解释一下。

［**P. 24**］

P 表示一种具体产品；

p_l表示单位土地的产品；

pc 表示单位资本—劳动的产品；

L 和 C 分别表示土地和“资本—劳动”以合适单位所表达的数量；

c 表示 C 对 L 的比率；

l 表示 L 对 C 的比率；

希腊字母 Π 、Λ 、Κ 、② λ 、κ 表示相对应的英语字母 P、L、C、l、c 所代表数量的特定价值。在函数符号里不会观察到希腊字母和英语字母的这

① ［**P. 22**］这将意味着各种在这里不能深究的问题。至于被称作地租的“剩余”的性质，通过有曲线边界的图形，比以前的矩形图更便于说明；同时用一个有曲线边界的“租金”图形来命名其他一些东西也方便一些，如“效率租金”“消费者租金”，等等。同样极其重要的是要说明报酬递减法则是双向的。以任何可使用的比率来使用土地以及资本—劳动，如果土地保持不变而资本—劳动增加，单位土地报酬将增加，单位资本—劳动的报酬将减少。如果资本—劳动不变而土地增加，前者每单位的报酬将增加而后者每单位的报酬将减少。例如，一个农民在土地和劳动市场既定的情况下耕种最有优势的土地，他可以增加资本—劳动的使用，也可以增加土地的使用。若其他要素保持不变，无论在哪种情况下，其结果就是减少那些增加使用的要素的单位报酬，而增加那些不变要素的单位报酬。可以看到我们并非讨论产出中归于各种要素的单位报酬，而是“每人（per capita，拉丁文——中译者）”“每小时（per horas，拉丁文——中译者）”“永久（per jugera，拉丁文——中译者）”的总收益，或者其他。提高某一个要素的比率就会降低其他要素的比率。为了估算两种要素（或两组要素）之间任何比率变化的社会意义，必须知道两者之间我们希望增加何者的报酬。如果比起土地我们更“支持”资本—劳动，那么在这个复合要素里我们感兴趣的究竟是劳动还是资本？提出这个问题就是要了解通常所说的“土地报酬递减”法则对于一个国家的福利具有多么令人困惑和深远的意义。因为它告诉我们，在复合的要素单位里只有一个我们感兴趣的要素的报酬是递减的；并且那个保证增加报酬的要素，被那些“聚集”在一起而减少报酬的其余要素掩盖了。我们真正想要的是如果可能的话把劳动与土地—资本分离开。但是当我们试图想象这一过程时，就会看到如果不把人们集合在一起与土地紧密结合，用具是不能够无限增加和使用的。从纯粹的工业角度考虑，“人口”问题在根本上取决于其他那些自由人对于每个人的重要意义，和那些自由人所占空间对于他的重要意义，是这二者的平衡。是他们的空间更重要还是他们的同伴更重要？

② 此处原有小写希腊字母 π，但是后文中始终没有出现，疑误，故删去。——中译者

种差异。

F 和 f 表示假定 L 固定不变时的生产函数，同时，Φ 和 ϕ 表示假定 C 固定不变时的类似函数。其余的字母在需要时再使用。于是：

$$P = \Psi(L, C)$$

Ψ 的性质是，如果：

$$\Pi = \Psi(\Lambda, K)$$

则：

$$m\Pi = \Psi(m\Lambda, mK)$$

考察 P 中属于 L 和 C 的份额，说明它们分别是 $\frac{\mathrm{d}P}{\mathrm{d}L}\cdot L$ 和 $\frac{\mathrm{d}P}{\mathrm{d}C}\cdot C$，且它们的总和就是 P。①

［**P. 25**］

令：（Ⅰ）$p_l = F(c)$，这是在假定 $c = C: L$ 的基础上，每单位土地的总产品。

$F'(c)$ 为 c（或 $C: L$）增加时，每单位土地增加的产出。

令：（Ⅱ）$f_c = F'(c)$

构造曲线 $y = f_c(x)$ ②，它是和论证“地租法则第二形式”所用方法相一致的曲线，给出：

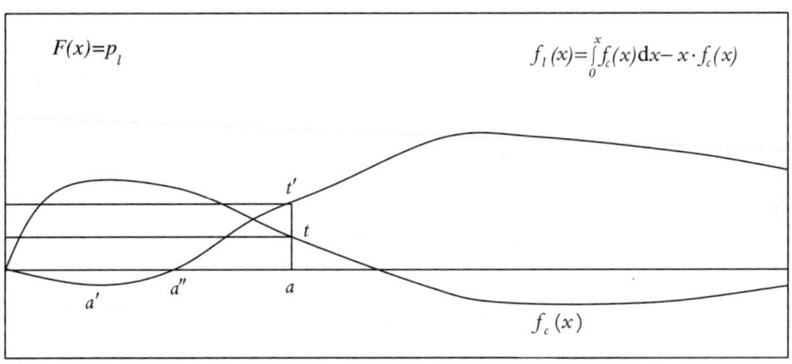

图 3　［P. 24－25］

（Ⅲ）$\int_0^x f_c(x)\,\mathrm{d}x = F(x) = p_l$

此时每单位土地的地租，或者每单位土地产品中归于单位土地的份

① ［**P. 24**］初次阅读时，在此忽略证明并在［**P. 31**］开始论证会方便一些。

② ［**P. 25**］在此介绍比通常的课本更合适的曲线形式会方便很多。关于给曲线（其中一些还在审查中）赋予明确性质的原因将会在增补部分讨论某些经济函数的形式时给出，同时，我将求助于马歇尔证明曲线轨迹在开始阶段是上升的，如果在接近原点处停止增加 x，理论上会产生负租金。见《经济学原理》第 2 版（英文版）第 1 卷第 211 页至第 214 页。

额是：

$$\int_0^x f_c(x)\,\mathrm{d}x - x \cdot f_c(x)$$

于是：
$$f_l(x) = \int_0^x f_c(x)\,\mathrm{d}x - x \cdot f_c(x)$$

[**P. 26**]

为了简单起见，以一般形式重复（Ⅰ）：

（Ⅰ）$p_l = F(x)$，这是在假定 $x = c = C{:}L$ 为连续变量时，每单位土地的总产品。

（Ⅴ[①]）$f_c(x)$，为 $x = c = C{:}L$ 时，p_l 中归于每单位 c 的报酬。

（Ⅵ）$f_l(x)$ 为在 $x = c = C{:}L$ 时，p_l 中归于每单位 L 的报酬。

根据定义和函数的性质，有：

（Ⅶ）$xf_c(x) + f_l(x) = F(x) = p_l$

于是：

（Ⅷ）$f_c(x) = \dfrac{\mathrm{d}P}{\mathrm{d}C}$

因为
$$f_c(x) = \frac{\mathrm{d}p_l}{\mathrm{d}c} = \frac{\mathrm{d}p_l}{\mathrm{d}\dfrac{C}{L}},$$

既然 p_l 是每单位 L 的产物，那么 Lp_l 就是 L 的全部产物，或：$Lp_l = P$

所以
$$f_c(x) = \frac{\mathrm{d}(Lp_l)}{\mathrm{d}C} = \frac{\mathrm{d}P}{\mathrm{d}C}。$$

现在要证明 $f_l(x) = \dfrac{dP}{dL}$，为此构造图 3 中的曲线 $y = f_l(x)$。

对于 $C{:}L$ 或 c 的任何数量 $0\,a$，每单位 L 产品中归于单位 C 的报酬，由线段 at 表示，归于单位 L 的报酬由线段 at'[②]表示。[③]

[**P. 27**]

于是所有 L 在产出中所得的份额为 $at' \cdot L$,[④] 所有 C 在产出所得的份额为 $at \cdot c \cdot L = at \cdot \dfrac{C}{L} \cdot L = at \cdot C$。

① 原文没有序号Ⅳ。——中译者

② 原文为 al，疑误。——中译者

③ [**P. 26**] 区域 $F(x)$ 的面积是 PL^{-1}，线段 at 的长度是 $Pc^{-1}L^{-1}$，或者是 $PC^{-1}LL^{-1}$，又或者是 PC^{-1}，线段 at' 的长度是 PL^{-1}。

④ 原文为 alL，疑误。——中译者

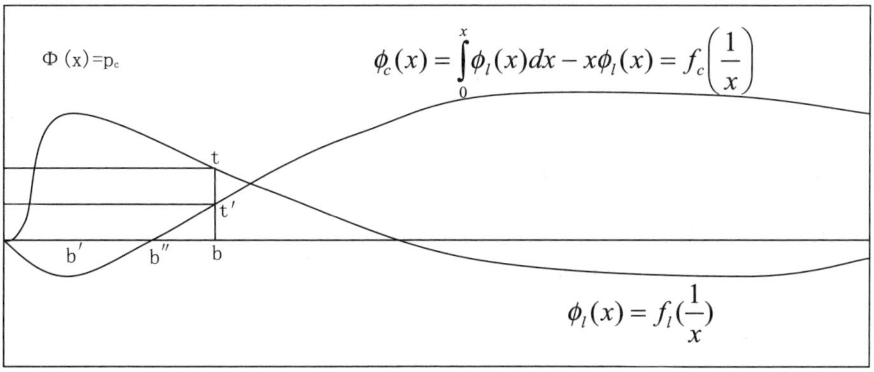

图 4　［**P. 24 - 25**］

假设 $\phi_l(x) = f_l(\frac{1}{x})$ 并且构造图 4 中的曲线①$y = \phi_l(x)$。现在考虑这条曲线的构造。已知

$$\phi_l(x) = f_l(\frac{1}{x})$$

可以看到，在图 4 的原点，$c = \infty$；然后逐渐减少趋向于零。相反，$l = \frac{L}{C} = \frac{1}{c}$ 在原点为零，然后逐渐增加趋于无穷。

曲线 $\phi_l(x)$ 代表随着 L/C 的增加每单位土地的边际报酬，如同 $f_l(x)$ 表示的是随着 L/C 的减少每单位土地的边际报酬一样；对于 C 和 L 的特定值 K、Λ，将会得出 c、l 的相应值 κ、λ，如：

$$\lambda = \frac{1}{\kappa}, \phi_l(\lambda) = f_l(c)$$

对于连续值，可以得出

（Ⅸ）$\phi_l(l) = f_l(c)$

设 $\Phi(x)$ 是 $\phi_l(x)$ 的原函数，于是

（Ⅹ）$\Phi(x) = \int_0^x \phi_l(x)\mathrm{d}x$

［**P. 28**］

并且　（Ⅺ）$\phi_c(x) = \Phi(x) - x \cdot \Phi'(x)$

构造图 4 中另一条曲线

$$y = \phi_c(x)$$

可以建立关系：

①［**P. 27**］这是我们能做的，为了证明把曲线 f_i（x）看作无限延伸的是正确的。见 **P. 17**。

$$\phi_c(x) = f_c(\frac{1}{x})$$

这个式子使得这四条曲线构成了一个对称的体系。有：

(1) $f_l(x) = F(x) - x \cdot F'(x)$；

(2) $\phi_l(x) = f_l(\frac{1}{x}) = F(\frac{1}{x}) - \frac{1}{x} \cdot F'(\frac{1}{x})$。

用 $f_c(x)$ 代替 $F'(x)$，代入（1）式中有：

$$x \cdot f_c(x) = F(x) - f_l(x)$$

同理也有： $\frac{1}{x} \cdot f_c(\frac{1}{x}) = F(\frac{1}{x}) - f_l(\frac{1}{x})$

等价于： $f_c(\frac{1}{x}) = x \cdot F(\frac{1}{x}) - x \cdot f_l(\frac{1}{x})$

用 $\phi_l(x)$ 替换 $f_l(\frac{1}{x})$，

可得：(3) $f_c(\frac{1}{x}) = x \cdot F(\frac{1}{x}) - x \cdot \phi_l(x)$

而且 $x \cdot F(\frac{1}{x}) = \Phi(x)$。

可以证明，当 $x=0$ 时，这两个式子将不存在，并且它们的导数相等。［**P. 29**］

当 $x=0$ 时，这两个式子不存在。因为当没有任何土地时，$\Phi(0)$ 作为每单位劳动—资本的产出量显然为0。并且 $x \cdot F(\frac{1}{x})$ 变成 $0 \times F(\infty)$，这也是等于零的。因为当资本—劳动无限增加时，$F(\infty)$ 是每单位土地产出的极限值，这个值显然是有限的。

$\Phi(x)$ 或 $x \cdot F(\frac{1}{x})$ 的导数为：$F(\frac{1}{x}) - \frac{1}{x}F'(\frac{1}{x})$。

由（2）式可知，上式等于 $\phi_l(x)$ 或 $\Phi'(x)$，因此 $x \cdot F(\frac{1}{x})$ 等价于 $\Phi(x)$。

在（3）式中，用 $\Phi(x)$ 代替 $x \cdot F(\frac{1}{x})$，可得：$f_c(\frac{1}{x}) = \Phi(x) - x \cdot \phi_l(x)$

而且，根据 $\Phi(x) - x\phi_l(x) = \phi_c(x)$，因此，（XIII①）$\phi_c(x) = f_c(\frac{1}{x})$。

现在得出了关于这些曲线的一个完美的对称体系，可以表达如下：

① 原文没有序号Ⅶ。——中译者

(1) $f_l(x) + xf_c(x) = F(x)$;

(2) $\phi_c(x) + x\phi_l(x) = \Phi(x)$;

(3) $f_l(x) = \phi_l(\frac{1}{x})$ 或者 $f_l(\frac{1}{x}) = \phi_l(x)$;

(4) $f_c(x) = \phi_c(\frac{1}{x})$ 或者 $f_c(\frac{1}{x}) = \phi_c(x)$。

给出特定值Κ、Λ，令 F 系列函数中 $x = \kappa$，将得出 Φ 系列函数中有 $x = \lambda = \frac{1}{\kappa}$。因此

$$F(\kappa) = f_l(\kappa) + \kappa \cdot f_c(\kappa) = \phi_l(\lambda) + \frac{1}{\lambda} \cdot \phi_c(\lambda)。$$

[**P. 30**]

由（2）式可知：$\lambda \cdot F(\kappa) = \phi_c(\lambda) + \lambda \cdot \phi_l(\lambda) = \Phi(\lambda)$。

对于 $C:L = c$ 的连续值，可以得出：

(XIV) $F(c) = c \cdot \Phi(\frac{1}{c})$

而 $F(c)$ 就是 p_l，也就是每单位土地的总产出。因为 $c = C:L$，那么每单位 C 的产出自然是每单位 L 的总产出的 $\frac{1}{c}$。也就是每单位 C 产出的 c 倍等于每单位 L 的总产出。即：

(XV) $p_l = c \cdot p_c$

在（XIV）中用 p_l 替代 $F(c)$，那么（XIV）和（XV）两式的右边必然相等，即 $c \cdot p_c = c \cdot \Phi(\frac{1}{c})$，两边同乘以 $\frac{1}{c}$，则有 $p_c = \Phi(\frac{1}{c})$；且考虑到 $\Phi(\frac{1}{c}) = \Phi(l)$，则有

(XVI) $$\Phi(l) = p_c$$

这就达到了我们的目标。这个长而乏味的证明过程的目的就是要表明：地租法则的第二种形式的普通表达形式严格地来说，不仅意味着

$$\frac{dP}{dC} \cdot C = \text{资本—劳动的贡献份额}$$

而且还有 $$\frac{dP}{dL} \cdot L = \text{土地的贡献份额}$$

这就是最后要证明的。因为已经得出 $\Phi(l)$ 就是 p_c，或者就是在 $c = \frac{C}{L}$ 的条件下每单位 C 的产出。但是 $\phi_l(l) = \frac{d\Phi(\lambda)}{dl}$ 或 $\frac{dp_c}{dl}$，因此对于 C 和 L 的任何值以及相应的 c、l 的值，都可得如下等式：

根据假设［**P. 31**］，

$$\text{单位土地的贡献份额} = F(c) - c \cdot F'(c) = f_l(c) = \phi_l(l)$$

$$= \frac{\mathrm{d}p_c}{\mathrm{d}l} = \frac{\mathrm{d}p_c}{\mathrm{d}\frac{L}{C}} = \frac{\mathrm{d}[C \cdot p_c]}{\mathrm{d}L} = \frac{\mathrm{d}P}{\mathrm{d}L} \qquad [\text{Stigler}]$$

这是每单位土地的贡献，那么所有土地的贡献即为 $\frac{\mathrm{d}P}{\mathrm{d}L} \cdot L$，证毕。

另一个至关重要的观点，即

$$\frac{\mathrm{d}P}{\mathrm{d}L} \cdot L + \frac{\mathrm{d}P}{\mathrm{d}C} \cdot C = P$$

以 F 系列函数作起点，有

$$f_l(c) + c \cdot f_c(c) = F(c) = p_l$$

$$\text{或} \frac{\mathrm{d}P}{\mathrm{d}L} + \frac{C}{L} \cdot \frac{\mathrm{d}P}{\mathrm{d}C} = p_l$$

两边同乘以 L，则有 $\frac{\mathrm{d}P}{\mathrm{d}L} \cdot L + \frac{\mathrm{d}P}{\mathrm{d}C} \cdot C = Lp_l = P$。

读者可以通过在 F 图像上增添度量 L 单位的 Z 轴或者在 Φ 图像上添加度量 C 单位的 Z 轴来构建立体图形。这类图像能使读者以立体的图形来理解真实的产品。

在 F 图像里有：

x：c 或者 CL^{-1} 的大小；

y：$PL^{-1}c^{-1}$ 或者 $PL^{-1}C^{-1}L$ 或者 PC^{-1} 的大小；

z：L 的大小；

xy：$CL^{-1}PC^{-1}$ 或者 PL^{-1} 的平面；

xz：$CL^{-1}L$ 或者 C 的平面；

yz：$PC^{-1}L$（这没有直接的意义）的平面；

$CL^{-1}PC^{-1}L$ 或者 P：立体图像。

在这样的图形上，无论直接还是由其倒数表示，皆可以理解为引起我们注意的所有数量。全部产品，所使用的全部的土地、全部资本—劳动、资本—劳动对土地的比率或者土地对资本—劳动的［**P. 32**］比率（在这个图像中由它的倒数表示）、产品对土地的比率或者产品对资本—劳动的比率。

六、分配法则的协调

现已充分证明，经济学家们也一般认为，“地租法则的第二种形式”的假设严格涉及如下命题：产量是土地和某些其他要素（即 C）的函数，且：

L 在产出中的贡献份额 $= \frac{dP}{dL} \cdot L$

其他因素在产出中的贡献份额 $= \frac{dP}{dC} \cdot C$

$$\frac{dP}{dL} \cdot L + \frac{dP}{dC} \cdot C = P \qquad [\text{HET}]$$

但这并不能给我们很多帮助，因为使“地租法则的第二种形式”得以成立的假设太严格从而很难实现。首先，假设函数具有一般特性，即

如果 $\Pi = \Psi(\Lambda, \mathrm{K})$，

那么 $m\Pi = \Psi(m\Lambda, m\mathrm{K})$。

其次，它认为把由不同成分组成的各种要素总合为统一的单位是可能的、合理的。

现在检验这些假设。从第一个开始，把产出 P 作为 Ψ 函数的应变量，A、B、C…为自变量。如果 $\Pi = \Psi(A, B, C, \cdots)$，那么是否也会有 $m\Pi = \Psi(mA, mB, mC, \cdots)$ 呢？

当学者们联系土地和资本研究地租法则时，只考虑实物产出，他们所说的地租似乎就是这种类型的报酬。［**P. 33**］现在必须承认，如果生产一定数量的麦子或者别的什么物品的实际条件相同，那么结果也恰好相同，并且一种物品按比例增加会使另一种也按比例增加。生产要素被粗略地划分为土地、资本和劳动，如果我们清楚这种划分的含义，就会放弃这种划分。必须把劳动看成是一种有区别的要素，此劳动的本质和属性不同于彼劳动的本质和属性。同样，土地也是有区别的要素。更重要的是在谈及资本的数量时，它包括许多耕犁、许多吨肥料、许多马，或者许多单位的能量。每种要素的数量都依自己的单位确定，只有这样才会完成生产要素的计算。显然这是易于理解的。所有生产要素按同比例增加，将保证产出按同比例增长。但这个公理显然没有经济意义，因为我们感兴趣的不是实物产出的数量，而是这种产出赋予它的拥有者掌握的企业优势，并且显然，如果只考虑实物产出，就不会使用那些与企业优势有关的要素。例如“信誉”（它可以用报童提供日报和周报的家庭数量，或者送牛奶者每日卖掉的夸脱数，或者医生或学校领导的“社会关系”的多少来测量），如果“产出”被认为是“企业或经济优势”，那么“信誉”在生产中就是一个相当不同的因素，并且会根据它每单位的边际效率得到报酬。另一方面，恶名（如果用影响范围中所涉及的既定特征的单位来测量）同样是一种广义的生产要素。当然管理能力［**P. 34**］特别是不同层次的管理能力，都会是一些不同的要素。这些事例将启发读者，如果那些从事管理和监督的企业职员半日工作最后一小时的边际效率至少等于在市场一般工资水平下他每小时的薪金，并且进

一步增加工作时间的边际效率会小于他的薪金时，可以实行半日工作。同样，在许多行业中“推销”也是一个很重要的生产要素。

现在要考察的问题是：若用于生产的才能、努力、原材料和与企业优势有关的因素都以相同的比例增加，产出是否也以同比例增加？

若要确定地回答这个问题，答案将是否定的。即使上述公理完全普遍使用，并且放弃寻求各种要素的详尽数据，仍然不能确定地说，若所有要素同倍增加，产出也同倍增加，因为我们定义的产出，不只是实物产出，而且还包括企业地位或者企业优势，并且为了使产出二倍或者三倍地增长，不只需要所有生产要素的投入增加二倍或者三倍，而且产品的范围也应该能够在已经规定的相同的条件下相应扩大；换句话说，产出也应该包含一些人们想要或能够使他们想要的新供给，而那些前面讨论的商品或服务只是他们目前已经享受的。但是做这种假设显然是不合理的。

这稍微涉及利益最大化问题，由于这个问题太大，这里只能顺便涉及它的一个方面，这个问题的其他方面会在这篇文章第七部分 f 段谈到。事实上，真正的或“社会”的产出是从企业到社会整个过程中包括顾客和生产者的累加的总满意度；［**P. 35**］在这种意义上，顾客的身体和他们对产出的欲望，本身就构成了生产要素。如果这些要素像其他要素一样，得到了同比例的增加，那么显然状况就会相同，而且产出也会得到同比例的增加。但这里再次说明，如果“实物产品”比“商品”或者企业优势范围更窄，那么总的或“社会”的产出就比“商品”或者企业优势范围更宽；并且必须分配的并非总优势，不过是作为社会总产出的一部分的生产企业创造的份额。相应的，一些商品生产要素用以制造实物产品，另一些要素就会被其他需要实物产品的生产者获得或者赢得；任何在社会产品中增加公共份额，从而同等程度减少生产者份额的事情，都会被生产者认为是净损失；并且它的确是商品的绝对减损。生产者并不认为消费者是真正意义上的社会产出生产要素，只是在商业意义必要的同时又是竞争的对手，他们要求的份额应当减小。

于是，若谈及实物产品，通常的假设，即生产要素的同比例增加会保障产出同比例增长，似乎是合理的；但谈及商业产品时，涉及主观决定的事情，就不能保证上述假设正确。

可以更进一步看到，在实际或真正垄断的情况下，这个假设是明显错误的。因为任何商品的需求显然都不是无限弹性的；并且如果实物产品的每个单位受其他类似产品的排挤，增量的反应会更慢。总之，如果 x 是每年或者其他单位时间的产出数量（下同），对 x 最后增量单位的需求敏感度［**P. 36**］是 x 的函数 $f(x)$，由 x 决定的相关商业收益是 $x \cdot f(x)$［Stigler］，

而且 x 的增量 h，对商业收益的影响不是同比例（$x \cdot f(x) \cdot h$）增加的，而是按照 $h \cdot \frac{\mathrm{d}\{x \cdot f(x)\}}{\mathrm{d}x}$（或 $f(x) \cdot h + h \cdot f'(x) \cdot x$）增加的。$f'(x)$ 当然是负的。于是，即便 x 是一个满足同比例增加条件的 A、B、$C\cdots$ 的函数，但 $f(x)$ 和 $x \cdot f(x)$ 虽然也是 A、B、$C\cdots$ 的函数，但是它们不满足这个条件，$x \cdot f(x)$ 就是我们要讨论的 $\Psi(x)$。这样 $\Psi(x)$ 也就不满足同比例增加的条件。

可以观察到，如果假设从真正垄断到通常的完全自由竞争市场，单个厂商的产出占总产量的 $\frac{1}{q}$，他在以相同比例增加自己产出所需的要素时，将会引起 x 的同比例增量，也就是 h，相应地，这将导致商业收益的增量为 $h \cdot f(x) + h \cdot f'(x) \cdot \frac{x}{q}$。$h \cdot f(x)$ 的数值不会被 q 的数值影响，而且与 h 成比例；而 $h \cdot f'(x) \cdot \frac{x}{q}$ 将随 q 的增加而减少。因此，"若所有生产要素同比例增加，则商业收益也将同比例增加"这个命题在理论上并不正确。但若 $h \cdot f'(x)$ 不显著，那这个命题对于相对小的增量就是正确的。且如果 $h \cdot f'(x) \cdot \frac{x}{q}$ 与 $h \cdot f(x)$ 相比很小，这个命题对于小增量 h 来说也大致正确。

所有这些结论都很容易应用到实际市场中，在应用中能够证明它们具有实践意义。

因此结论就是，如果：1. h 大得［**P. 37**］使 $h \cdot f(x)$ 显著，或者小得使 $h \cdot f'(x)$ 不显著；2. 或者 Π 不是整个产出而只是单个厂商的产出，也就是整个产出的 $\frac{1}{q}$，并且在这个产出使 $h \cdot f'(x) \cdot \frac{x}{q}$ 不显著或是与 $h \cdot f(x)$ 相比并不重要而 $h \cdot f(x)$ 却显著的情况下，可以自由假设，若 n 数值很小，那么如果

$$\Pi = \Psi(A, B, C, \cdots)$$

则 $$(1+n)\Pi = \Psi\{(1+n)A, (1+n)B, (1+n)C\cdots\}。$$

再三考虑后可以看到，在关于生产和分配的抽象理论的讨论中，上述 1、2 两种条件下，这个结果通常被认为是正常的。

现在继续探索这个性质是否包括我们预期可能得到的分配法则中的协调性。很容易看出确实如此，因为 $P = \Psi(A, B, C, \cdots)$，则对于数值很小的 n，有

$$P + nP = \Psi(A + nA, B + nB, C + nC\cdots) ①$$

① ［**P. 37**］当然，这不能理解为没有其他一些要素可以生产 $P + nP$（或者一般是 mP）。某些要素可能被一起放弃而其他的要素可以代替它们。或者有各种各样的方式增加一种要素，同时减少另一种要素来达到精确的补偿。

因为 n 数值很小，所以总增量 nP 是由 nA、nB、nC 等导致的各自的增量组成，并且（对于很小的 n 值），这些增量分别是 $\frac{dP}{dA}\cdot nA$，$\frac{dP}{dB}\cdot nB$，$\frac{dP}{dC}\cdot nC$，等等。

因此可得：$\frac{dP}{dA}\cdot nA+\frac{dP}{dB}\cdot nB+\frac{dP}{dC}\cdot nC+\cdots=nP$，

［**P. 38**］

两端同乘以 $\frac{1}{n}$：

$$\frac{dP}{dA}\cdot A+\frac{dP}{dB}\cdot B+\frac{dP}{dC}\cdot C+\cdots=P。$$

也就是说，在竞争产业的一般情况下，若每一种生产要素都能根据它的边际效率得到报酬，那么总产品将正好分配完毕。这种论点是合理的或者大致正确的。证毕。

但一定要注意，我们没有提出任何权威假定，认为集中于少数人手中的产业的分配也符合这条法则。

这种不足并不会使我们觉得泄气，因为它充分证实并推演出了生产函数能够非常缜密、完整地协调分配法则所需要的特征。这种不足的重要意义在于使我们认识到，在谈论垄断生产和真正的社会生产时，不能只对目前的关于分配协调性的结论完全认可。

需要指出与此有关的一些提示。例如，企业的大小就是一种重要因素，这种因素会通过一些方式表现自己，如通过某一个或多个只能以相对大的单位（类似于高层商务人士的整个工作年或一台巨大的引擎）被整个加减的要素（如一些特别的管理能力或某种机器和厂房）。这导致要素严重的离散性，以及任何以实验为根据评估这个特别要素的 $\frac{dP}{dK}$ 的不确定性。这是一个经常出现在经济研究中、需要十分［**P. 39**］坦诚面对的困难的特别醒目的例证（见 **P. 16**）。在我们的函数中，总会存在一些不连续性，像 $\frac{dP}{dK}$ 这类公式在经济研究中只具有相对的合适性。但在各种生产要素确实处于自由竞争的市场时，作为要素产出竞争性分配份额的准确的理论极限，这类公式是一种很精确的表达，指出其局限并不减损其价值。

现在转向必须检验的第二项假定。考虑认为所有要素（除了一个要素之外）能够度量并可以表达成一个复合单位的合理性。这种合理性可以从已经论证的命题中推出。因为这个命题马上确证并完善了对各种要素所作贡献的数量关系的观点，这种贡献由各种要素对产出的作用来测量。并且如果这种测量尽可能被精确到使我们满意，它就会形成一个合理且易于理解的命题。该命题假设生产要素的总体安排如此专业，如果用货币表达，以至任何要素的贡献都不会超过它自身的价值，即任何其他要素都不会有不成比例的损失。因此，给定一个生产服务市场，其中 1 美元开支能得到最大生产效率，并且从一单位土地开始也非常合理，设想其他生产要素都被支配得尽力发挥以保证能有最大的生产结果，于是可以把产出看作是土地和以英镑为代表的资本的一个函数。然而有两点必须注意。首先，所有的其他因素都被表达为英镑，单独挑选土地作为一种以自身单位衡量的特别要素，这不是因为一种内在的性质。例如，也可以自己特定的单位表示劳动，而土地、机器，甚至其他类型的劳动则根据它们的［P. 40］市场价格用英镑表示，这样会更方便，而且也相当合理。其次，我们不赞成对除了挑选的因素“资本”以外的全部其他要素采用普通测量，并且把“资本”作为与土地和劳动合作的生产要素。事实上，用普通术语来说，一个人刚开始做企业时所使用的资源总数（用黄金表达）就是他的“资本”，并且他会根据这些要素的市价和它们的边际效率，有计划地安排土地、劳动、种植等，以得到最好的利益。在这种意义上，“资本”并不是生产要素之一，而是它们全部。在另一种意义上使用“资本”时，它就意味着除了土地和劳动以外的所有其他要素。它与其他要素所具有的联系，使我们会在思考和论证中逐渐理解土地用它的单位英亩来测量，劳动用它的单位小时来测量，和机器、厂房、工具等用黄金为单位来测量，是因为它们有一些内在的性质！①

于是可以看到，通过合适的保留和概括，地租法则的两大假设可以被合理接受。每种生产要素很小比例的增加都将得到产出一定比例的增加。并且如果可以的话，我们可以任选一种要素以一个合适的单位来衡量，而不是用一个一般的单位来衡量其他所有要素。进一步说，若这些假设成立，则分配协调法则亦成立。因此，可以认为该分配理论符合客观实际，同时它也是现行理论中最详尽、最少争议的。

［P. 41］

我们到底证明了什么？在所有生产要素的微小增加对于降低产品市场价值的影响微不足道的情况下，我们证明，如果任何一种周期生产的产出 P，按照任何一种要素 K 得到的产出份额为 $\frac{\mathrm{d}P}{\mathrm{d}K}\cdot K$ 的方式，在所有参加生产

① ［**P. 40**］武断地选择那些总是由它们自己的单位来度量的某个或某些要素，而其余的要素却以黄金为单位度量，这会培植错误的思维习惯，这些 Graham Wallas 先生早就给我指出来了，他对当代经济理论所给予的启发式评论，我是十分钦佩的。我的一个学生也向我指出了这个错误与术语“资本”的模糊使用之间的联系。

的要素之间进行分配（比例 $\frac{\mathrm{d}P}{\mathrm{d}K}$ 意味着在实际情况下要素 K 每增加一个单位对该商品产出 P 的影响），那么该产品刚好被分完。如果任何一种要素得到的比这个份额更多，那就必然意味其他某种要素得到的比这个份额要少；反之亦然。

但是当各种要素相互作用而且可以互相替代时，每种要素就有一个市场价格，它以半是经验半是推测的估价为基础，这个估价就是该要素的一个增量对于社会的价值，或者就是 $\frac{\mathrm{d}P}{\mathrm{d}K}$。如果这种估计值大部分是推测，每种要素从共同产品中提取出属于自己的一部分的可能性就很小；但如果这些估计值非常符合实际情况，那么各种要素就可能按照一定的比例相结合，以保证产出总能得到与整个产业的估计值 $\frac{\mathrm{d}P}{\mathrm{d}K}$ 相应的实际的 $\frac{\mathrm{d}P}{\mathrm{d}K}$。实际中，经常有一些投机者，除了自己投入一些直接要素（例如监督或者机器或者二者兼有），还投机性地按其估计价格买断其他要素。若估计的 $\frac{\mathrm{d}P}{\mathrm{d}K}\cdot K$ 的数值后来证实大于实际的 $\frac{\mathrm{d}P}{\mathrm{d}K}\cdot K$ 的数值［**P. 42**］，投机者就会从产出中分配到更多；反之，则反是。但是这些盈亏都被包含到风险补偿中，同时也算是作为一种特殊投机能力的生产要素依照总公式 $\frac{\mathrm{d}P}{\mathrm{d}K}\cdot K$ 应得到的份额（在某些情况下可能为负）。只要冒险对于产业运行是必要的或有用的，它也会被认为是一种生产要素，并且它的报酬也遵循同样的法则。

这个法则被认为是极其普遍的。在严格的形式下，它仅仅主张实际的 $\frac{\mathrm{d}P}{\mathrm{d}K}\cdot K$ 之和正好等于实际产出。在这种形式下，它不是一个分配法则，而是一个关于生产要素和产出的分解和合成的分析的和对称的法则，它同样适用于鲁滨孙·克鲁索的岛屿、美国人的宗教社区、被习俗统治的印度村庄、典型的现代工业竞争中心。并且，即使在要素之间没有任何分配，这个法则的公式也会继续适用；但若存在这样的分配，那么我们就会认为，一般来说，如果任何要素 K 得到的报酬大于 $\frac{\mathrm{d}P}{\mathrm{d}K}\cdot K$，那么一种或几种其他要素得到的就变少了；但是如果没有一种要素获得过多的报酬，那么所有要素都能得到它们应有的报酬。在实际形式中，这个法则声称，在自由竞争环境下，没有一种要素会自动让给其他要素比由公式 $\frac{\mathrm{d}P}{\mathrm{d}K}$ 决定的更多的报酬，也没有一种要素会得到比由公式 $\frac{\mathrm{d}P}{\mathrm{d}K}$ 决定的更少的报酬［**P. 43**］。因此，存在一种均衡状态，对于任何产业中的任何要素 K 都有 $\frac{\mathrm{d}P}{\mathrm{d}K}=\frac{\mathrm{dP}}{\mathrm{d}K}$，并且，

$$\frac{\mathrm{dP}}{\mathrm{d}A}\cdot A+\frac{\mathrm{dP}}{\mathrm{d}B}\cdot B+\frac{d\mathrm{P}}{dC}\cdot C+\cdots=P$$。①

七、思　考

现在完成了对分配法则的陈述和检验。这离我想在这篇文章中发展其结论的意图还很远。现有一些各种性质的想法可以作为进一步研究的方向，在这些方向上，现在建立的法则能够期望得到有效应用。

（a）在完全意识到这里所研究的分配法则的普遍性之前，我已经把它作为决定工业利润的法则。这种观点在一篇发表在 1889 年 4 月的美国《经济学季刊》上的题为“通览杰文斯的‘政治经济学原理’”的文章中得到具体表述。必须告诉读者的是那篇文章中提到了分配法则在争论不休的利润问题上的一些应用。这篇文章是由剑桥国王学院的约翰逊・威廉・欧内斯特②先生写的。我非常感激他富有价值的见解，并非常接近他关于这个法则可以普遍适用的信念。此后，他在法则普遍适用的假设前提下建立了分配和交换理论。我于 1891 年复活节前在剑桥经济俱乐部见到了他的论文，但那时我还没有意识到他的意见具有如此重要的意义。

（b）在图形中，地租习惯上被描述为曲线所包围面积的上方部分，以此为依据的推论，已经造成一种根深蒂固的错觉，即它是可以去掉的很大一部分剩余。我们研究过的每种要素似乎第一单位的边际产出都大于以后单位的边际产出，这就产生了大量剩余积累［**P. 44**］与最初要素的边际贡献无关的想法。现在的研究结果首先非常清楚地表明，根本没有这种剩余。边际贡献是整个产出的原因，尽管你可以减少任何一种要素的使用以使它每单位有更高产出，但是你只能通过减少其他要素每单位的产出才能达到这个目的。你可以不断减少某种要素使它每单位有更高的产出，但是你不能把所有要素一起减少并得到相同的结果。从单个推论到所有是一种古老的谬论，对于这种顽固的谬论，我们运用更清楚的方法来战胜它。回顾用于解释土地和资本—劳动报酬的图 3，假设土地一定，于是

① 原文中 $\frac{\mathrm{d}P}{\mathrm{d}C}C$ 为 $\frac{\mathrm{d}P}{\mathrm{d}B}C$，疑为印刷错误，故改动之。——中译者

② 约翰逊・威廉・欧内斯特（Johnson，W. E. 1859—1931），剑桥大学 1886—1931 年西奇威克讲座讲师，逻辑学家兼经济学家。——中译者

$$p_l = \int f_c(x) = (\ c = C:L \text{时}) \text{ 单位 } L \text{ 的报酬} \qquad [\text{Stigler}]$$

对于 a 的任何一点可以建立 att' ，将有 $0a \cdot at + at' = F(0a) = (\ C:L = 0a$ 时) p_l 的价值，以 Λ、K 作为土地的实际数量和资本—劳动的参与数量，则：

(1) $\Lambda(0a \cdot at + at') = \Lambda p_l = \Pi$

比率 $0a:1 = C:L$ ，则 $\frac{1}{0a}:1 = L:C$ ，因而与图 3 中的 a 点对应，图 4 中的 b 点将由方程式 $0b = \frac{1}{0a}$ 得到。在图 4 里建立 $bt't$ ，则 $0b \cdot bt + bt' = \Phi(0b) = (\ L:C = 0b$ 或 $C:L = 0a$ 时) p_c 的价值。于是

(2) $K(0b \cdot bt + bt') = Kp_c = \Pi$

由关系式 $C:L = 0a = \frac{1}{0b}$ ，可得 $C = 0a \cdot L$ 和 $L = 0b \cdot C$

[**P. 45**]

于是（1）式和（2）式可分别写为：

$$K \cdot at + \Lambda \cdot at' = \Pi$$

$$\Lambda \cdot bt + K \cdot bt' = \Pi$$

因为 at' 等于 bt ，而 bt' 等于 at ，于是可以写出方程 $K \cdot at + \Lambda \cdot bt = \Pi$ 。又因为 at 是 $\frac{\mathrm{d}\Pi}{\mathrm{d}K}$，$bt$ 是 $\frac{\mathrm{d}\Pi}{\mathrm{d}\Lambda}$ ，两个图像放在一起就说明了由边际产品决定的全部产品的分配。

在单个图形中对它的说明会更为充分一些，因此，在图 5 中画出曲线 $y = f_c(x)$ 。以此代替曲线 $y = f_l(x) = \int_0^x f_c(x)\mathrm{d}x - x \cdot f_c(x)$ 。

计算 $\frac{f_l(x)}{x}$ ，并构造曲线 $y = f_c(x) + \frac{f_l(x)}{x}$ 。

可以根据任何比率 $C:L = c$ ，在图 5 里对应 $0a$ ，并对于任意的 a 建立 att' 。

现在整个矩形 $0t'$ 等于 p_l ，即每单位 L 的总产品；这个图像说明了总产品按照边际原则的分配。

从上述分析可以看出这是十分明显的；更为精密的分析需要假定 L 的数量以 Z 轴表示。对于 c 或者 $\frac{C}{L}$ ，每单位 L 的增加将与单位 C 的增加相对应。对于 l 或者 $\frac{L}{C}$ ，单位 L 的增加与每单位 C 的增加相对应。因此，如果 L 和 C 之间的比率不变，则产品的增量 [**P. 46**] 以比例 $\frac{\mathrm{d}P}{\mathrm{d}C}:l \cdot \frac{\mathrm{d}P}{\mathrm{d}L}$ 分别归因于 C 和

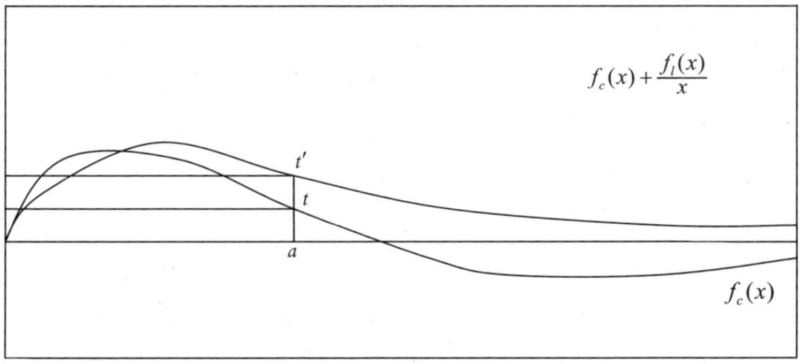

图 5　［**P. 24 – 25**］

L；但是 $\frac{dP}{dC}$ 是 at 而 $l\cdot\frac{dP}{dL}$ 或者 $\frac{f_l(x)}{x}$ 是由 tt' 表示。因而维持 C 与 L 之间比例时，边际产量就以比例 $at:tt'$ 增加，在图像中的 p_l 就是 C 与 L 之间边际意义上的分配。

一旦清楚了这一点，在通常情况下，按边际产品进行的分配耗尽了所有产品，每个要素获得的报酬由它的边际产品决定，没有什么剩余。于是可以尝试对任何要素以报酬最大化的方式进行科学分析。

（c）“剩余”大于边际贡献的想法，像在图表和推理中看到的那样，由混淆不同要素的习惯所助长。“信誉”或名声，或管理能力，或垄断，恰巧和一些与它们有关系的特别厂房或机器相混淆，于是它们在产出中的贡献就会被认为是对资本的回报。既然有更多的要素影响着资本的“边际”收益，那么结论就是在某些场合，“初始资本单位”确保了比边际单位更高的收益，并且提供了一个比按照边际法则分配给各种要素的更高的剩余。

或者另画一条曲线，表明对于“相同数量的资本—劳动”（就像它们曾经有过相同的数量！）土地数量的连续变化将导致其边际报酬的连续减少。曲线也叫作“租金曲线”，它看起来就像前面研究的其他要素和土地之间比例逐渐增加时的边际报酬曲线。从这些曲线得出的结论可以无差异地用于［**P. 47**］两者。在严格保证每个要素均质性的条件下，只要用要素本身合适的测量单位来清楚地表明它的数量，并且在极端情况下，合理地以英镑作为共同单位来衡量一组异质要素的数量，就会避免发生上述由混淆导致的错误。

（d）如果知道了真正的分配法则，类似于“地租是否是生产成本的一部分?”之类的愚蠢问题就不会被提出。不付地租的人当然不会把地租算在他的生产成本里，而付地租的人当然会把地租算在他的生产成本里。但整个问题看起来似乎是源于交换价值的“生产成本”理论。论点似乎是：“小麦的交换价值由它的生产成本决定，但是付地租的人的小麦价格和不付地租的人的小麦价格是一样的，因此地租并不被算入生产成本！”在现实中，产出当然是某些生产要素的函数。生产成本是一种为保证这些要素协作的一种代价。如果两个人生产相同的物品，但是其中一个人使用了某些要素而另一个却没有，那两个人的生产成本就包含不同的元素。例如，地租算入了一个人的生产成本而没有被算入另一个人的成本中。一个人账单上不存在的项目是否能从另一个人的花费中把它排除？严肃地讨论这个问题真是很荒唐，说到底他们的花费是相同的。从地租理论的研究中仍然能够使“生产成本”理论作为一种如此粗鄙的令人厌恶的东西继续幸存下来，这是非同寻常的。在教科书里可以看到“地租并不是产品交换价值的原因而是结果”。既然地租法则也是工资法则和利润法则，那照此推论，“工资并不是产品交换价值的原因而是结果”是同样正确的，利润也将如此。但是经济学家经常看到的是：在特定场合地主们联合起来坚持更高地租使产品交换价值提高。[**P. 48**] 同样，工人联合起来坚持更高工资也使产品交换价值提高。

(e) 任何要素的单位报酬会随着被投入生产中的其他要素的自由使用而提高，但是却会随着自己的自由使用而下降。从社会角度看，不可能不注意这种现象的含义。只要想到对应物质要素（土地、机器）的大量劳动，就会希望尽可能低报酬地自由使用前者。但如果无论何时将一种劳动与其他劳动区分开，那么其他劳动的增加会带给这种劳动的酬金增长，而它们自己的报酬反而降低。这表明一种可悲的结论：给自己更多的自由使用权就是给其他要素更大的产品报酬，而自己的报酬反而减少。

(f) 最后将简略提及关于生产曲线和满意曲线之间相似性的有意思的主题。在普通的个人消费曲线中，随着消费的增加，个人的满意会增加，但支付的价格要从满意的总量中扣除。初始的一些商品会产生大于价格的剩余，因为它们会产生比价格所决定的边际重要性更高的满意度。我们的研究意味着看一个问题的另一种方法。满意度可能被视为一些要素的函数，这些要素中的某一个居于核心地位而且很敏感。按照这种思路，就会发现“剩余”或者“消费者租金”与生产满意的核心要素的微分系数或边际重要性相等！这里再一次看到按照边际贡献进行分配就没有剩余。我们的观念是，如果不扣减核心要素的分配份额，那么全部满意中归于每单位核心要素的份额，会与实现理想上的满意最大化时核心要素的边际增量所引致的边际满意是一致的。[**P. 49**]

八、对目前地租法则的讨论中的假定或蕴含的函数形式的补充考虑

现在完成了分配法则的研究，并且也提出了从它自然引申出来的几点建议和想法。但因为在研究过程中得出了和经济学家们广泛讨论的相似的函数。因此，在结论中能否明白确定它们的形式是很有意义的。

经济学家讨论的这个特别函数把每单位土地（常量）的产出（从狭义上说）看作是所有其他生产要素（用一个普通单位来衡量）和土地之比的函数；或者用符号表达，是 $p_l = f_c(c)$ 的积分。我们希望检验 f_c 的形式。修正一点前面的符号，用 $f_{l,c}(c)$ 和 $f_{c,l}(l)$ 代替前面的 $f_c(c)$ 和 $\phi_l(l)$ 。然后将得到一个容易得出的符号。现在 $p_l = f_{l,c}(c)$ 和 $p_c = f_{c,l}(l)$ 建立了某种联系。检验 $f_{l,c}$ 的同时也检验 $f_{c,l}$ ，这两者相辅相成。进一步选出任意要素 K，把其余要素称为 S，于是

$$p_K = f_{K,S}(S) \text{ 的积分}, p_S = f_{S,K}(K) \text{ 的积分}$$

或更一般，把所有要素分成两个混合组 S_1 和 S_2 ，则：

$$p_{S_1} = f_{S_1,S_2}(S_2) \text{ 和 } p_{S_2} = f_{S_2,S_1}(S_1) \text{ 。}$$

尽管不能使结论严格地一般化，但是如果仔细研究 $f_{l,c}$ 和 $f_{c,l}$ 的形式，通常会得到 f_{S_1,S_2} 这个一般形式的性质特征的线索。

当我们准备给 x 一个无限大的数值时，它将是 $f_{c,l}(l)$（就是图 4 中的 $\phi_l(l)$ ）的一个很好的开端，［**P. 50**］首先，想象无限大的土地比想象无限大的资本—劳动更容易获得支持。然后想象固定劳动和工具，使用持续增加的土地。不考虑土地的最初增量，直到耕种者仍然想要更多的土地而他用于土地每一连续增量上的资源的效率越来越低的某一点，该点将被纳入研究中，即研究一个土地报酬递减而劳动等其他报酬递增的过程。这表明在曲线上随着 X 增加 Y 是递减的。但是这并不能无限持续。当劳动用于越来越大的土地面积上时，某一点终将到来，即再增加土地面积也不能使得产出增加。曲线与 X 轴相交。如果劳动继续被投入于更大面积的土地，那么土地增加绝对有害，会使产出减少。并且土地无限扩大的极端，就是无限大的土地被有限的劳动耕作，产出会无限制地趋向于零。但产出不会跌落到这个地步，因为讨论的不是剩余产品而是总产出，总产出不会小于零。对这些事实的分析表明，产出在正研究的这个曲线的性质中表现了自己。被曲线包围的整个面积为零，即在 X 轴上方正的面积等于在 X 轴下方负的面积。这意味着曲线以 X 轴为渐近线，或者在某一点之后和 X 轴重合。土地的连续使用将或者失去了所有效果或者无限度地增加以至于不再对总产

量有影响，这一性质可能被独立推导。进一步考虑，这条曲线至少有一个负的最大值。现在将所有这些转换成曲线$f_{l,c}(c)$（图3中的$f_c(c)$）的构造，在这条曲线中土地是常量，我们［**P. 51**］看到曲线经过原点（或者是从原点到某个很小的x这一段与X轴重合）。因为整个p_l，就是每单位土地对于任何X的所有报酬κ，都是整个p_c确定的一部分，即每单位资本—劳动对应于x的任意值$\frac{1}{\kappa}$或λ的报酬的一小部分。因此，如我们看到的，如果对于$l = \infty$，p_c和$f_{c,l}(l)$是0，那就是当$c = 0$时，p_l和$f_{l,c}(c)$也都是0。马歇尔已经承认了这些相互联系的曲线是先上升后下降，从而清除了瓦尔拉斯的一些尖锐的批评。但是他倾向于认为这种情况在英国是罕见的（《经济学原理》英文版第1卷第212页——中译者）。我几乎不能相信他会从容不迫地坚持这一点。当他说到开始的份额（即一份投入）是最有效的时候，他很清楚地想到一份确切投入，如一个实际的农夫可以想象的一份投入，并且他的从原点出发的（他的构造使曲线必须如此）连续曲线，使他很清楚必须考虑资本—劳动与土地之比的可能被观察到的最小增量；并且和图4曲线上的结合点相关的这些考虑会表明这个曲线一定经过原点（可能在原点附近和X轴重合）。如果按照马歇尔的方法，只计算当前劳动—资本的数量，那么这一点肯定是对的。对于产业来说，只有过去的劳动—资本而没有当前的劳动，或者是有限劳动用于无限土地，都是不行的。即任何情况下对于$l = \infty$，有$f_{c,l}(l) = 0$；对于$c = 0$，有$f_{l,c}(c) = 0$。

现在由$c = 0$，$f_{l,c}(c) = 0$开始，通过增加c的数量对它进行描述。从对$f_{c,l}$的研究，可以推导出$f_{l,c}$至少会有一个正的极大值，然后会与X轴相交。并且可以进一步直接且独立地推导当l具有更高数值时的$f_{c,l}$，以及当c具有更高数值时的$f_{l,c}$，尽管并不十分容易进一步想象它们的具体［**P. 52**］图像。于是有一条开始于零点，逐渐上升至极大值（或者若干极大值），然后下降到x轴下方并逐渐下降至极小值（或若干极小值）的曲线，该曲线渐近于x轴或与其趋于一致，并产生一个总面积；若该曲线趋于无限，则总面积将等于零。

让我们做出更详细的经济学阐释。

随着c的数量变化，分配于C的产品报酬是比率$\frac{\mathrm{d}P}{\mathrm{d}C} = f_{l,c}(c)$；归于$L$的报酬是$\frac{\mathrm{d}P}{\mathrm{d}L} = f_{l,l}(c)$ ①。首先，后面这个函数可能为负。C获得的报酬多于总产出，那么L的报酬就是负的。但是它们所获得的报酬是由一个很小的增量对产出的影响来调控的，在这个阶段，C保持不变，L增加会使产出减少。

① $f_{l,l}$（c）为土地不变时，由于C的增加所引起的单位土地收益的变化。——中译者

如果耕种到达一个由 $c=0a'$（图3）代表的极值点上，那么最大负租金值就会达到。在曲线负斜率阶段上的一个特定点（图 3 的 $c=0a''$），租金成为0。从这一点到曲线［**P. 53**］穿越 X 轴那一点（这一点上所有产出都是租金），租金和资本—劳动的报酬都将是正的。在曲线与 X 轴的交点之后，使用更多的资本—劳动将是有害的。资本—劳动增加将对应产出减少，土地要素会把资本—劳动当作无使用价值的东西处理，只是为了报酬才同意接受进一步的协作。根据无差异法则，C 的报酬将始终是负的；L 照常会得到所有（递减的）产品减去 $\frac{\mathrm{d}P}{\mathrm{d}C}\cdot C$，但 $\frac{\mathrm{d}P}{\mathrm{d}C}$ 现在是负数，这意味着 L 的报酬超过了全部产品。过了一定点，进一步增加资本—劳动对于不断减少的产品将会产生较小比例的减损。其次，严格地讲，土地、资本—劳动都是无意义的了，全部产品将为零。当然，这个过程的后面部分就像虚构场景是绝不会发生的。尽管如此，不能认为对它们的考虑是无价值的，它们与 x 很小从而地租为负时的情况相对应，如图 6 所示。［**P. 54**］这种情况也不会在实际中出现，但是理论研究需要假设它们出现，并且不可避免要考虑它们，因为它们有助于决定那片代表了正值租金的有限区域。

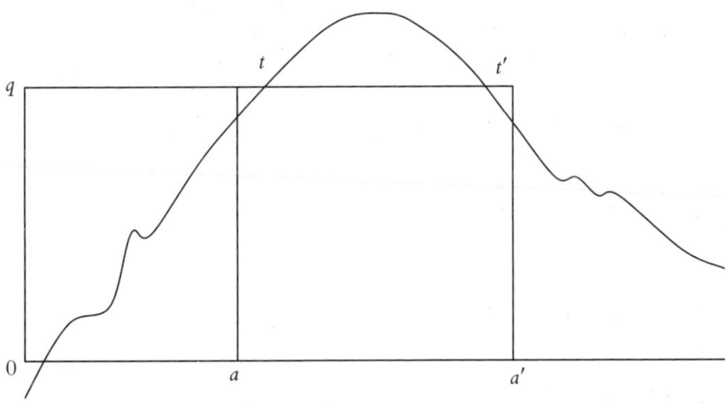

图6① ［**P. 53**］

现在确定了所考虑函数的特性：若 $x=\infty$ 或 $x=0$，$F(x)=0$；若 $x=\infty$ 或 $x=0$，$F'(x)=0$。

这些性质（回顾图 3 或图 4，以及先前的注释）对于 $F(x)$ 和 $\Phi(x)$ 是共同的。并且 $\Phi(x)$ 与 $F(x)$ 有特定的可以由一个确定过程推导出的关系。如果推导合理，那么由 $F(x)$ 推导出 $\Phi(x)$ 的过程必然暗示 $F(x)$ 的特性将再现于 $\Phi(x)$。下面证明事实的确如此，以进一步确认分析和推理的正确性。②

---

① 原文没有对图 6 的详细说明。——中译者

② ［**P. 54**］证明工作由 Hampstead 的 John Bridge 先生完成，对他在整篇研究论文的技术部分所给予的珍贵协助，我要在此表达最为诚挚的谢意。

回顾图 3 和图 4，有：

$$f_c(0) = F'(0) = 0$$
$$f_c(\infty) = F'(\infty) = 0$$
$$F(\infty) = F(0) = 0$$

证明 $f_l(x)$ 是 $F(x) - x \cdot F'(x)$ 和 $\phi_l(x)$ 是 $f_l(\frac{1}{x})$，有：

（Ⅰ）$\phi_l(0) = 0$

（Ⅱ）$\phi_l(\infty) = 0$

（Ⅲ）$\int_0^\infty \phi_l(x)\mathrm{d}x = 0$

［**P. 55**］

（Ⅰ）和（Ⅱ）直接源于函数的构造，必须证明（Ⅲ）

现在 $f_l(x) = F(x) - x \cdot F'(x)$ 及 $\phi_l(x) = f_l(\frac{1}{x}) = F(\frac{1}{x}) - \frac{1}{x} \cdot F'(\frac{1}{x})$

$$\therefore \int_0^\infty \phi_l(x)\mathrm{d}x = \int_0^\infty F(\frac{1}{x})\mathrm{d}x - \int_0^\infty \frac{1}{x} \cdot F'(\frac{1}{x})\mathrm{d}x$$
$$= \int_0^\infty [F(\frac{1}{x}) - \frac{1}{x} \cdot F'(\frac{1}{x})](-x^2)\mathrm{d}\frac{1}{x}$$

用 v 代替 $\frac{1}{x}$，则：

上式 $= \int_\infty^0 [F(v) - vF'(v)](-v^{-2})\mathrm{d}v$ ［HET］

$= \int_\infty^0 \frac{vF'(v) - F(v)}{v^2}\mathrm{d}v$ ① ［HET］

它的一般积分是 $\frac{F(v)}{v}$ ［HET］

现在可以说明 $\frac{F(0)}{0} - \frac{F(\infty)}{\infty}$ 是 0，现在 $F(0)$ 是 0。∴ $\frac{F(0)}{0}$ 是不确定的，但是根据 $\frac{0}{0}$［**P. 56**］的罗毕塔法则，$\frac{F(v)}{v}$［HET］的极限将等于 $\frac{F'(v)}{1}$［HET］的极限，且为 0。并且 $\frac{F(\infty)}{\infty}$ 是 $\frac{0}{\infty}$ 或 0。

① 原文被积函数分子的第一项为 $vF(v)$，疑误，故更正。——中译者

因而

$$\int_{0}^{\infty}\phi_l(x)\,\mathrm{d}x = 0 \quad 证毕。$$

现在已经充分展示了对地租法则的一般说明所隐含和显含的假定，严格展示了地租法则和“资本”报酬法则的绝对同一。

9 An Essay on the Co – ordination of Laws of Distribution

Philip H. Wicksteed

Abstract：The paper is the translation of the essay “Co – ordination of Laws of Distribution” which was originally published in 1894 by Philip H. Wicksteed. It mainly discussed distribution theory formed after marginal revolution—the conditions that must be satisfied by various of production factors get their returns exactly equal to the sum of output according to their marginal productivity under certain situations, when the marginl productivity theory was true. The auther explained that the necessary conditions are sufficiently competive factors market and aggregate production fuction in constant ruturns to scale by the approach of mathematical method. The theoretical significance of the essay reveals that the theory of distribution depending on its marginal productivity is not exist in reality. Therefore, it is not real explanation for income distribution in market economy.

Key words：Income Distribution；Marginl Productivity Theory

10

行进在半道上的《马克思恩格斯全集》历史考证版*

格尔德·盖勒森**

[内容提要] MEGA² 的重要性表现在四个方面：其一，收录了马克思和恩格斯全部的著作、文章、手稿和各种类别的札记；其二，用马克思和恩格斯写作的最初语言形式编辑出版；其三，如实记录了每部作品从最初构想到最后发表的变化轨迹；其四，交代了每篇文献的历史条件及其翻译和发表的历史反响。当前 MEGA² 进展情况总体来说是顺利的，但仍存在不少问题，主要表现在：MEGA² 编辑队伍高度国际化，人员构成过于分散，缺乏统一、可靠的资金支持，这种情况将影响 MEGA² 编辑风格的统一性和持续性；MEGA² 编辑过程拉得太长，先前已经出版的各卷由于新文献的不断发现而形成缺陷；除了编辑出版 MEGA 这样的马克思恩格斯著作考证版外，多种语言形式的大众化版本，如中文版、英文版、意大利版等显得十分重要；《资本论》及其手稿 MEGA² - Ⅱ 中部分卷次已经数字化完毕并上线运

---

* 本文系教育部社科基金重大攻关项目“《资本论》及其手稿再研究”（11JZD004）阶段性成果。原文发表于 Socialism and Democracy，Vol. 25，issue3，2011. 本文撰写于 2011 年，有些数据已经过时（见译者注）。但作者关于 MEGA 编辑工作的思考反映了特定历史时期《马克思恩格斯全集》编辑出版工作中的问题，有些问题当前仍然很突出。新的 MEGA 国际编辑工作会议于 2015 年 11 月或 12 月举行，这个会议决定了是否按已有的编辑形式继续 MEGA²，之后作者将撰写最新文章。感谢盖勒森博士就相关问题与译者进行书信交流。

** 格尔德·盖勒森（Gerd Callesen）（1940—　），奥地利维也纳 MEGA 编辑组负责人。1961—1970 年先后在德国马尔堡大学、图宾根大学、基尔大学和丹麦哥本哈根大学学习。1970—2002 年在哥本哈根劳工运动图书档案馆任首席馆员。从 1998 年起参与了《马克思恩格斯全集》历史考证版（MEGA）的编辑工作。他与莫斯科 MEGA 编辑团队联合编辑的 1889 年 10 月—1890 年 11 月马克思恩格斯书信卷（MEGA² - Ⅲ/30）已经出版。译者：范畅（1971—　），三峡大学马克思主义学院副教授。校对：赵凯荣（1962—），武汉大学哲学学院教授。

行，但仍有大量工作要做；新的编辑团队要不断建立起来，而1990年以前直到现在仍掌握大多数卷次编辑出版的莫斯科团队，受传统的马克思恩格斯著作编辑思想影响太深，从MEGA² 整体利益考虑，他们需要尽快退出。

[关键词] **《马克思恩格斯全集》历史考证版　编辑　数字化　未来发展**

去年夏天，MEGA²，或者用它的全称来说，《马克思恩格斯全集》历史考证版，在出版了第57卷之后，算是完成了工作计划的一半。随后出版了第58卷，另外两卷于2011年出版①。对于马克思恩格斯研究来说，MEGA² 之所以具有重要意义，表现在四个方面：①收录了马克思和恩格斯全部的著作、文章、手稿和各种类别的札记；②用马克思和恩格斯写作的最初语言形式编辑出版；③呈现了马克思和恩格斯每部作品的形成过程——从最初的构想到最后发表，每一步变化都得到了如实记录；④交代了每篇文献产生的历史条件及其翻译和发表的历史反响。

马克思和恩格斯的文献资料，60%用德语写作，30%用英语，5%用法语，另有5%使用了别的多种语言，MEGA² 保留了这些文献的最初语言形式。不过，每一卷的前言和附注，包括文献史部分，都是编者另加的，全部使用了德语。

《马克思恩格斯全集》历史考证版有很长的编辑历程。如果追溯一下的话，可追溯到19世纪50年代。最初，MEGA是20世纪二三十年代依据共产国际的决定组织出版的，原计划40卷，实际上只出了13卷。新的《马克思恩格斯全集》历史考证版——MEGA² 的出版工作始于1975年。此后，苏联解体，德国统一，MEGA² 眼看就进行不下去了。幸运的是，人们不久就找到了继续这一工程的好办法——“非政治化”，强调它的专业性和学术性功能。与早期MEGA一样，MEGA² 包括四个部分：第一部分收录著作、评论、草稿（共30卷，已出版19卷）；第二部分收录《资本论》及其手稿（共15卷，2011年编完）；第三部分收录马克思和恩格斯书信，包括两人之间的书信以及他们写给其他人的书信，共1.4万封，差不多近一半是以前从未发表过的（共35卷，已出版12卷）；第四部分收录马克思和恩格斯的笔记摘要、目录、批注等（共32卷，已出版12卷）。②

如果顺利的话，35年前肇始的MEGA出版计划，有可能在另外一个30

---

① 译注：截至2014年，MEGA² 共出版62卷。

② 参见阿米·万德林（Amy Wendling）．两种版本的《马克思恩格斯选集》之比较［J］．社会主义与民主（*Socialism and Democracy*），2005（1）．译注：截至2014年，MEGA² – Ⅰ共出版20卷，MEGA² – Ⅱ共出版15卷（23册），MEGA² – Ⅲ共出版12卷，MEGA² – Ⅳ共出版12卷。

年后完成。然而，可以肯定的是，我们还会再发现一些新文献——尤其是有些书信至今则仍晦暗不明。由于这个原因，早期出版的 MEGA 各卷具有一定的局限性。如此一来，新发现的文献将收录在更大众化的全集本中。例如，到一定时候，就要修订和再版德语版《马克思恩格斯著作》（*Marx – Engels – Werke*）和意大利语版的《马克思恩格斯著作》（*Marx – Engels – Opere*）。目前，依据 $MEGA^2$ 的编辑成果，中文版《马克思恩格斯全集》已出版了 20 卷①，俄国、韩国、日本和巴西也都正在编辑出版各自语言版本的《马克思恩格斯全集》。

$MEGA^2$ 共计划 114 卷，不过在第二部分有 3 卷是安排了分册的，实际卷数将达 23 卷，而不是 15 卷。这曾引发一些疑惑，在其他方面也存在同样的情况。起初，MEGA 计划出 100 卷，到 2000 年完成。即便在东德和苏联解体前，人们也早就看得很清楚，这个计划根本无法完成，最终卷数要比原先设想得宏大。

MEGA 最初的出版者——莫斯科和柏林马克思列宁主义研究所试图把来自西方国家的学者也吸收到编辑队伍中来。当时大量不为人知的手稿存放在阿姆斯特丹，另外一大部分保存在莫斯科。这些手稿在 20 世纪 30 年代前由德国社会民主党保管，只是允许苏联人拍照。幸运的是，其中一部分手稿在 1933 年从柏林转移到了哥本哈根。其中关于《资本论》的手稿以前从未发表过，几乎所有 $MEGA^2$ 第四部分的文献材料以前也不为人知。

已知的马克思和恩格斯间的书信差不多在 1912 年就已收集全了，接下来要弄清的是他们写给第三方的书信，以及别人写给他们的书信，这些书信大部分从未公开过。迄今属于 MEGA 第一部分的鲜为人知的文献首先是马克思和恩格斯的新闻通讯，包括发表在《新莱茵报》和《纽约论坛报》上的文章。现在已经出版了马克思和恩格斯发表在《纽约论坛报》上的一些先前未公开的文章。

1990 年后，人们开始寻求 $MEGA^2$ 工程的重新启动工作。当然，最初投入大量资源编辑 MEGA 的两个马克思列宁主义研究所，赋予了 MEGA 明显的政治功能，这在已出版的各卷前言和一些注释中表现得很清楚。不用说，这种政治化的处理方法再也不会继续下去了，但即便如此，许多人显然不愿再支持这个项目。不过，一个德国的学术委员会指出，除了前言和一些注释，由苏联和柏林马克思列宁主义研究所出版的各卷在学术质量上还是很高的，值得做下去。只不过编辑出版《马克思恩格斯全集》被视为纯粹的学术事业，再也不允许对文本进行原教旨主义（并且是单方面的）的政

① 译者注：截至 2014 年，人民出版社《马克思恩格斯全集》共出版 24 卷，目前出版工作正在以每年 2 卷的速度推进。

治阐释。对于马克思和恩格斯著作来说，编辑工作完全与政治无关是不可能的，也是不足取的，但毕竟是一个进步。

1990 年，马克思恩格斯国际基金会（IMES）成立，组建了新的编辑委员会，总部设在阿姆斯特丹。马克思恩格斯国际基金会由俄国、荷兰、德国的成员构成，特别是早些年，阿姆斯特丹国际社会历史研究所从各种不同的途径为 $MEGA^2$ 争取到了很可观的资金，其中一部分来自于欧盟。美国的 $MEGA^2$ 编辑工作组负责第四部分的一卷，他们得到了一个学术基金的大力支持。1992 年，马克思恩格斯国际基金会与德国科学院出版社签订了 $MEGA^2$ 的出版协议。世纪之交，马克思恩格斯国际基金会秘书处从阿姆斯特丹迁往柏林，在此之前隶属于柏林—勃兰登堡科学院（BBAW）的 MEGA 工作组已经发挥了重要作用。20 世纪 90 年代初，苏联和东德编辑出版了一些卷次，1993 年后 MEGA 有了新的指导方针，1999 年后每年都有 1 ~2 卷得以出版。

20 世纪 90 年代，马克思恩格斯国际基金会开始寻求《马克思恩格斯全集》历史考证版编辑工作的国际化。这意味着要为 MEGA 各卷组建来自不同国家的编辑工作组。几个国际性的编辑工作组很快就建立起来了，特别值得一提的是，日本学者积极参加了 $MEGA^2$ 第二部分各卷的编辑工作，一些日本大学长期拥有马克思研究传统。美国、丹麦和德国工作组负责的各卷也处在编辑准备之中。这些工作组在财务上都独立于马克思恩格斯国际基金会，其中一些工作组由所在大学提供资金支持，另外一些工作组甚至自己掏钱开展工作。这些编辑工作组独立承担财务支出，对文本编辑的学术规范具有相当大的影响。事实上，研究人员过于分散，必然导致不同的学术风格出现在各卷前言和注释部分，相应的，也就无法形成大家都能接受的单一的文本编辑模式。丧失学术理论风格的一致性，这种情况将出现在 $MEGA^2$ 中。

如果没有印刷品数字化所体现的编辑技术上的突破，完成如此宏大的出版工程几乎是不可能的。尽管马克思恩格斯国际基金会资源有限，这方面的工作也还是开展起来了①。

首先进行数字化的是差不多已经编辑完成的 $MEGA^2$ 第二部分——《资本论》及其手稿。与以往任何版本的《资本论》不同，这一部分囊括了《资本论》的所有版本，马克思为三卷《资本论》撰写的手稿以及恩格斯的编辑稿，各卷还在附注中增加了上述这些文献相互间关系的说明。MEGA 数

① 关于这方面的具体情况，参见里贾娜·罗斯（Regina Roth）发表在"社会历史在线"（*Sozial. Geschichte online* 5）上的报告。里贾娜·罗斯是这一项目的工作人员，本文吸收了她的研究成果，在这里向她表示诚挚的谢意。

字化工程的对象就是呈现 $MEGA^2$ 第二部分各卷的经济学文献。各手稿和印刷出版物之间的文本关联将通过多次记录和全文检索而提供给研究者。为了方便研究者引用，数字 MEGA 同时标注了与印刷版 $MEGA^2$ 各卷完全相同的页码和行数。

任何一种型号的 Windows 窗口都可以打开数字 MEGA 的虚拟桌面，各种文本、记录和研究成果可以同时平行显示。“桌面”比计算机显示屏大了许多，即便几个窗口同时打开，各个栏目布局仍很清晰。与内容和功能相关的导航信息可在标题键“Über das Projekt”（http：//telota. bbaw. de/mega/）下面一一找到。另外，英文版的数字 $MEGA^2$ 也在计划之中，相信上线的时间不会太久。

当前数字 $MEGA^2$ 拥有 5 卷已经编辑完成的作品，包括“大纲”①（Ⅱ/1）、《资本论》第 2 卷、马克思手稿（Ⅱ/4. 1，Ⅱ/11）、与之相关的编辑说明卷（Ⅱ/12）以及恩格斯编辑出版的《资本论》第 1 卷（Ⅱ/13）②。《资本论》第 1 卷（1867 年）的编辑说明即将上线，用不了多久，《资本论》第 2 卷准备材料和所有不同版本的主题索引，以及各卷的文本内容都可以在线阅读。《资本论》第 3 卷（Ⅱ/4. 2，Ⅱ/15）的数字化工作也在计划之中。③

MEGA 从来没有打算取代《马克思恩格斯选集》之类的版本。相反，MEGA 认为，构建不同语言版本的马克思恩格斯著作体系，开展大众化马克思恩格斯著作翻译和出版，是很重要的。MEGA 只是为更深入的学术研究提供服务。正是由于这个原因，$MEGA^2$ 出版了马克思恩格斯留下的每一片文献材料，每一片文献材料都使用原稿的语言形式编辑出版（这些原稿的语言形式多种多样），所有文献的文本演变历史，包括人物简要介绍、与马克思恩格斯新闻评论相关的全部参考资料，或者作品中提及的出版物等，都一一呈现给读者。这就涉及寻找那些不太为人所知因而也没有太多文字线索的人物的相关资料，同样，不少相关的新闻报刊今天也已经很难找到了。然而，在某种程度上，这些信息可以通过 MEGA 各卷的整体关联性而得到

① 译者注：指马克思 1857—1858 年经济学手稿。

② 译者注：目前能够在线阅读的数字 MEGA 包括 1857—1858 年经济学手稿第一册（MEGA Ⅱ/1. 1）、第二册（MEGA Ⅱ/1. 2），1863—1867 年经济学手稿第一册（MEGA Ⅱ/4. 1），1867 年印刷版《资本论》第 1 卷（MEGA Ⅱ/5），1868—1881 年《资本论》第 2 卷马克思手稿（MEGA Ⅱ/11），1884—1885 年《资本论》第 2 卷恩格斯编辑手稿（MEGA Ⅱ－12），1885 年印刷版《资本论》第 2 卷（MEGA Ⅱ/13），1894 年《资本论》第 3 卷印刷版（MEGA Ⅱ/15），计 8 册。更具体的情况请参见：http：//telota. bbaw. de/mega/。

③ 《马克思恩格斯全集》历史考证版的文本材料能够在线阅读，这是柏林—勃兰登堡科学院的 MEGA 项目组、Telota 项目组、日本东北大学（仙台）、政法大学（东京）的学者们合作的结果。

确认。

这就使得 MEGA^2 成为其他马克思恩格斯著作出版物十分优秀的基础。正在编辑出版中的其他马克思恩格斯著作出版物，如法国、意大利和中国出版的马克思恩格斯著作，其重要性也越来越突出。在德国，狄茨出版社利用 MEGA^2 的新文献和其他研究成果，不断扩充和修订《马克思恩格斯著作》（MEW），如第 1、8、14 卷（以及即将出版的第 13 卷修订版）。《马克思恩格斯研究年鉴》① 的编辑之一——罗夫·黑克尔（Rolf Hecker）正在极力推动这一工作。目前狄茨出版社出版的《马克思恩格斯著作》共计 43 卷，还有一些正在计划中的卷次运用了 MEGA^2 第二部分提供的从未发表过的原始材料，要比《大纲》丰富得多。《马克思恩格斯著作选》（*Marx Engels Collected Works*）则是包含大量译成英文的马克思恩格斯手稿，是目前最完整的马克思恩格斯著作英文版，当然，MEGA^2 最近出版的一些最新文献，这个版本还没有收录进去。

出版马克思和恩格斯写下的所有东西（同时再加上必要的分析说明），还有很长的路要走。实际情况是，出齐所有各卷，差不多需要 60 或 70 年的时间，这意味着原则上各卷文本的编辑工作必须得到最新技术的支持。花费十年以上的时间准备一卷书的编辑工作很平常。因此，值得注意的是每卷的前言部分，这一部分往往超过必要的原则性说明而显得冗长起来，随着最新研究的进展、各卷出版工作的推进，以及工作方法的更新，这些导言性质的章节就会有过时的风险。

不断的资金努力似乎也是个问题。2015 年以前，MEGA^2 的工作是有保证的，但 2015 年以后，将进行一次重新评估，以便决定这个项目是中断还是继续下去。希望至少那些已经准备得很充分的各卷能赢得继续编辑出版的机会。还希望，随着 MEGA^2 得到德国和世界出版界以及国际学术期刊的广泛认可，基金能不断增加。应该指出，《马克思恩格斯全集》历史考证版的应用领域是很宽泛的，以至于有一些卷次已经不得不重印，对 MEGA 各卷的引用也更加频繁。

新合作团队的加入倒不是什么突出的问题，但那些 1990 年以前直到现在仍掌握大多数卷次编辑出版的人，特别是那些莫斯科的合作者，有必要尽快退出。这并不是因为他们在个别卷次上的表现，主要是因为他们受莫斯科出版马克思恩格斯著作的影响太深，要从对整个工程有利的角度来考虑他们的工作。尽管 MEGA 工程存在这样那样的困难，面临着种种挑战，

① 这本年鉴包含一些关于 MEGA 早期历史的重要论文和专刊。第 5 卷（2006 年）专门讨论了 1945 年以后苏联和东德编辑出版马克思恩格斯著作的情况。马克思恩格斯国际基金会在 1994—2001 年出版发行的期刊《MEGA 研究》则发表了诸多对于了解 MEGA^2 准备情况的非常重要的文章。

但考虑到每年都有两卷得以出版，这也是令人欣慰的，与其他大规模的历史考证版相比，已经难能可贵了。

10 MEGA² at the Halfway Point

Gerd Callesen

Abstract: MEGA² or to give it its full name, the Marx – Engels Gesamtausgabe – the complete collected works, writings, and letters of Karl Marx and Friedrich Engels – made it to its half – way point last summer when its 57th volume was published. What makes MEGA² so significant for Marx – Engels scholarship is that 1) it includes all of their writings, articles, manuscripts, drafts and different kinds of notes; 2) they are all published in the languages originally used by the two authors; 3) the progression of the texts is analyzed from the very first thoughts about any given thesis to its final published form; and 4) a special section – textual history – describes the circumstances surrounding the production of each text and its contemporary echo in translations and reprints. However, there are still many difficult problems or challenges. So more things must be done for MEGA.

Key words: MEGA²; Edition; Digital; Future Development

Author (s): Gerd Callesen, co – editor of MEGA, works at Vienna. Studies from 1961 to 1970 at the universities of Marburg, Tübingen, Kiel, Germany and at Copenhagen University (Denmark). Worked as the chief librarian at the Labour Movement Library and Archive in Copenhagen 1970 to 2002. From 1998 preparing and editing volumes of the Marx – Engels – Gesamtausgabe (MEGA) – the correspondence of Friedrich Engels 1888 – 1890. In addition numerous articles and reviews mainly relating to working – class internationalism and the history of the Labour Movement from 1870 to 1920. He now lives in Vienna. <gerd. callesen@ chello. at>

11

发展经济学视野中的扭曲理论：回顾与评价*

马　颖　李　酣**

［内容提要］对扭曲与市场效率相互关系的研究多年来一直是西方主流新古典经济学关注的领域。20 世纪 60 年代中期以来，持新古典主义思路的发展经济学家转向探讨发展中国家中扭曲与市场效率的关系，进而探讨扭曲对发展中国家长期经济发展的影响。因此，对扭曲理论的研究成为发展经济学的一个重要领域。本文回顾了当代发展经济学家包括扭曲的一般理论的分析、扭曲和贸易政策、扭曲与经济增长，以及扭曲与发展中国家的经济政策在内的研究成果，并对扭曲与经济发展之间的关系及其政策含义作了一个简要的评价。

［关键词］**发展经济学　扭曲理论　市场效率**

一、引　言

在二战前传统的突出完全竞争的微观经济学理论体系中，对扭曲问题并没有留下多少讨论的空间，直到马歇尔（1920 年）率先提出外部性概念，

* 本文系教育部人文社科重点研究基地重大研究项目“发展经济学前沿理论研究”的结题成果。项目批准号：05JJD790079。

** 马颖（1954—　），男，辽宁宽甸人，经济学博士，武汉大学经济发展研究中心教授，博士生导师，中华外国经济学说研究会发展经济学分会副会长兼秘书长，主要研究方向：经济发展思想史、发展经济学前沿理论、中国经济发展；李酣（1979—　），男，湖南新化人，武汉大学经济发展研究中心博士生，主要研究方向：发展经济学前沿理论、国际贸易理论与政策。

才为扭曲问题的研究打开了一个突破口。马歇尔在《经济学原理》中写道：“我们可把任何一种货物的生产规模之扩大而发生的经济分为两类：第一是有赖于这工业的一般发达的经济；第二是有赖于从事这工业的个别企业的资源、组织和经营效率的经济。我们可称前者为外部经济，后者为内部经济。”①马歇尔之后直到20世纪50年代，有诸多学者逐步丰富和完善了外部性理论。阿瑟·C. 庇古（Arthur C. Pigou，1924）在《福利经济学》一书中，通过区分社会边际净产出和私人边际净产出两者之间的差异，补充了外部性可以为正也可以为负的重要思想，并将市场失效引入经济理论之中。阿林·杨（Allyn Young，1928）在其著名论文《收益递增与经济进步》中系统地阐述了动态外部性的思想。动态外部性是指随着产业增长而产生的劳动分工的扩大，由此出现了专门从事新活动、专门为其他厂商开发资本设备或为之服务的厂商。该思想与技术外部经济联系不紧密，而与货币性外部经济紧密相关。詹姆斯·米德（James Meade，1952）在《竞争状态下的外部经济与不经济》一文中，把外部性分为两种情况：一种是“无偿的生产要素”的作用，即生产中的正外部性，如苹果园和养蜂场的例子；第二种是来自环境对企业的有利或不利的影响。弗朗西斯·巴托（Francis Bator，1958）将外部性概念用非帕累托最优的成本与收益之间的关系来表述，并最先给出了市场效率的条件。他提出的外部性概念使得市场失效这一术语被人们广泛接受。威廉·鲍莫尔（William Baumol，1993）在《福利经济及国家理论》一书中对外部性理论进行了综合性研究。在对外部性的处理上，鲍莫尔强调用政府机构代替市场机制的效果不见得更好。

如果说上述有关外部性理论的产生与演进可以看作是扭曲理论登台的前奏曲的话，那么，20世纪50年代中期问世的“次优”（the second best）理论则为对付扭曲的经济政策提供了理论基础。理查德·G. 利普西和凯尔文·兰开斯特（Richard G. Lipsey & Kelvin Lancaster，1956）在总结前人研究的基础上正式创立了次优理论。他们所定义的“次优”含义是：如果在一般均衡体系中存在着某些情况，使得帕累托最优的某个条件遭到破坏，那么，即使其他所有帕累托最优条件得到满足，结果也未见得令人满意。外部性理论和次优理论构成了对完善市场和完全竞争假设的冲击，确证了市场的不完全性，为政府干预提供了空间；此外，次优理论更进一步地明确了政府干预的方向、手段、程度和有效性的界限。

① ［英］马歇尔．经济学原理：上卷（中文版）［M］．北京：商务印书馆，1965：279－280.

二、对扭曲的一般分析

战后初期，随着发展经济学的问世，一批持新古典主义思路的发展经济学家开始关注发展中国家的扭曲问题。戈特弗里德·哈伯勒（Gottfried Haberler，1950）在对封闭经济和自由贸易作对比分析时，最早将注意力放到了对国内扭曲的研究上①。除了哈伯勒之外，该领域的主要贡献者还有詹姆斯·米德（James Meade）、W. 马克斯·科登（W. Max Corden）、艾佛瑞特·哈根（Everett Hagen）、贾格蒂什·N. 巴格瓦蒂（Jagdish N. Bhagwati）、V. K. 拉玛斯瓦米（V. K. Ramaswami）及哈里·G. 约翰逊（Harry G. Johnson）等。他们认为，除了贸易条件理论之外，大多数关于保护的论点都是基于对国内经济中某种形式的价格和边际成本之间偏离的讨论。发展经济学家正是在这些早期文献的基础上推进了对扭曲的研究。

巴格瓦蒂、拉玛斯瓦米和 T. N. 斯瑞尼瓦桑（Jagdish N. Bhagwati, V. K. Ramaswami & T. N. Srinivasan，1969）在他们联名发表的《国内扭曲、关税和最优补贴理论：一些进一步结果》一文中明确地提出了扭曲概念，并且用一个统一的模型来考虑经济环境中存在的种种扭曲现象。他们假设存在着1、2两种商品，在模型中分别用 C_i 和 X_i 代表商品 $i(i=1,2)$ 的消费和国内产出；另外有 $DRS=-\mathrm{d}C_2/\mathrm{d}C_1=p_c$ 代表消费的替代率，用 $DRT=-\mathrm{d}X_2/\mathrm{d}X_1=p_t$ 代表国内转换率，用 p_f 来表示两种商品的世界价格的比率即平均贸易条件。只有在国内不存在垄断力量的特殊情况下，边际贸易条件 FRT 才会与 p_f 相等。福利函数 $U(C_1,C_2)$ 和生产函数都是可微的。

在扭曲理论的形成过程中，最具历史意义的当属巴格瓦蒂（1971）撰写的《扭曲和福利的一般理论》一文。他在总结前述大量文献的基础上，对扭曲的类型、来源、相关政策选择的优劣等一系列问题作了系统的阐释。巴格瓦蒂的扭曲一般理论不仅包括国内扭曲，也涵盖了贸易扭曲的情形。他证明了在满足帕累托最优的完全竞争自由开放经济的两种商品模型中，最优化的一阶条件（FOC）成立时经济应该满足 $DRT=FRT=DRS$，但是，经济活动往往会偏离这一帕累托最优状态。当这三个等式中任意两个不能成立而另一个成立时，即形成了以下4种扭曲：

生产扭曲：$DRT\neq DRS=FRT$。国内生产边际转换率不等于国内消费边际替代率，但国内消费边际替代率与国外边际转换率相等，此时，国内生

---

① 哈伯勒认为，垄断、寡头垄断、外部经济和非经济、价格和工资刚性及信息缺乏等都可能导致从理想条件的偏离和摩擦。

产发生扭曲。

消费扭曲：$DRS \neq DRT = FRT$。国内消费边际替代率不等于国内生产边际转换率，但国内生产边际转换率与国外边际转换率相等，这便是消费扭曲。

要素市场扭曲：$DRS_1 \neq DRS_2$。即一国的国内生产边际转换率与另一国的国内生产边际转换率不相等，生产点不是生产可能性曲线上有效的点，这时发生了要素市场扭曲。

贸易扭曲：$FRT \neq DRT = DRS$。国外边际转换率不等于国内生产边际转换率，但国内生产边际转换率与国内消费边际替代率却相等，即国外市场发生了扭曲。

巴格瓦蒂认为，这4种扭曲根据成因可以分为3种类型，即内生原因（如市场垄断或失效）造成的扭曲、政策施加的工具性扭曲（如为了抵制进口而征收关税所致）以及政策施加的自发性扭曲（如并非为了特定的政策目的而征收关税所致）。

巴格瓦蒂还把上述4种扭曲又划分为内生性扭曲和政策性扭曲两大类。内生性扭曲是某种导致自由放任的竞争性市场达不到帕累托最优的因素由于市场失效所造成的扭曲；而政策性扭曲是由各种经济政策所造成的扭曲。此外，政策性扭曲又可细分为自主性扭曲和非自主性扭曲。自主性扭曲是政策并非作为实现某种特定目标的工具时出现的扭曲；非自主性扭曲则是由经济政策的工具性所造成的扭曲。

巴格瓦蒂认为，在现实中进行上述这种区分常常是很困难的，这是因为旨在消除最初扭曲（这类扭曲或许是内生的或政策强加的）的政策往往会带来一些伴生的扭曲（by - product distortions），其结果是，政策所产生的是人们不希望看到的效果。

巴格瓦蒂具体讨论了针对上述4种扭曲状态应该采用的各种政策的排序问题。首先，应当考虑最优政策；然后，对政策排序，以决定在什么层次上应该采用次优政策工具的原则，并且评估由次等政策带来的收益或损失。当存在扭曲时，不管是内生的、政策引致的还是自发的扭曲，都可以对各种不同政策，依据其福利效果，从最优到次优依次向下做一个排序。最优的政策被排除之后，各种可行政策的排序就依赖于所考虑的特定情形。具体如表1所示。

表 1 扭曲的各种状态与政策排序①

扭曲类型	扭曲原因	最优政策	次优政策	第三优政策	其他
1. $FRT \neq DRT = DRS$	贸易中存在垄断力量	关税	生产、消费或者是要素的征税附加补贴	n. a②	n. a
2. $DRT \neq DRS = FRT$	纯生产外部性	生产税附加补贴	关税或者要素税附加补贴	n. a	消费税附加补贴无助于福利
3. $DRS \neq DRT = FRT$	商品销售者对买方收取统一溢价	消费税附加补贴	关税	n. a	生产或者要素税附加补贴无助于福利
4. $DRS_1 \neq DRS_2$	不在有效的生产可能性曲线上运行（要素市场不完全性）	要素税附加补贴	生产税附加补贴	关税（贸易补贴）	消费税附加补贴无助于福利

贝拉·巴拉萨（Bela Balassa，1975）在《改革发展中国家的激励体系》一文中，以发展中国家资本市场为例展开分析，并证明了扭曲可能源自政府行为，也可能源自这些国家资本市场的不发达状态。发展中国家实行的进口高保护措施导致了所投资的行业资本密集度较高，这常常是因为发展中国家中实行低实际利率以及对汇率和出口的管制政策，人为地降低了资本的成本，导致就业增长率低和收入不平等的扩大。通过降低通货膨胀率、提高实际利率以及消除信贷配给，将改善信贷资金在潜在借款者中的配置，并且有助于提高储蓄率。但是，这些措施需要通过对信贷市场进行相应的改革来配合。同时，消除信贷配给有助于提高就业率和促成更为公平的收入分配。对使用非熟练劳动力的行业提供补贴以及对公共设施实行更为合理的定价，有助于实现提高就业率、改善收入分配和资源配置“三效合一”的目标。巴拉萨相信，以撤销那些中小型规模的劳动密集型项目为代价，使之有利于资本密集型进口替代项目的信贷配给，将有助于提高收入水平和实现更平等的收入分配。他觉得，若用以上提到的引致扭曲的政策所造成的产出损失来衡量的话，发展中国家的扭曲成本要高于发达国家。

巴拉萨（1982）还对发展中国家产品市场上和要素市场上的政策所施

① 根据巴格瓦蒂 1971 年《扭曲和福利的一般理论》一文有关内容归纳。

② not available 的简称。

加的扭曲以及可能造成的经济效应作了进一步的检验，并估计了这些扭曲在配置现有资源、储蓄、投资效率和影响经济增长方面的效应。他认为，保护主义措施引发了国民经济中三种形式的歧视。

三、扭曲与贸易政策

对贸易政策所造成扭曲程度的测度最早可以追溯到哈里·G. 约翰逊（1960）①，他复兴了使用消费者剩余和生产者剩余工具来测度来自贸易的收益的方法。对扭曲成本度量的研究大体经历了四个阶段②。第一阶段以科登（1957）为代表，建立了只考虑总进口和总出口的加总水平的模型。在第二阶段，人们开始考虑由进口产品之间的替代性和互补性所产生的效应。第三阶段则以斯蒂芬·P. 玛吉（Stephen P. Magee）等的研究为代表性文献，此类研究文献扩展到包括贸易条件效应以及以统一的关税当量（uniform tariff equivalent，UTE）来计算关税结构指数。到了第四阶段，中间产品被包括进来，而且在计算保护成本时用有效保护率取代名义保护率。这些对实际保护率进行测度的模型通常显得非常复杂。

克拉伦斯·巴伯（Clarence Barber，1955）首次提出了“有效保护”（the effective protection）的概念，米德（1955）也在他的《贸易和福利》一书中简要地谈到“有效保护”的概念，但没有详加解释。科登（1963）在一份涉及澳大利亚的研究中提出了“有效保护率”（the effective rate of protection，ERP）的概念，并用案例讨论了对“有效保护率”的计算方法。哈里·H. 约翰逊（1965）认为，有效保护的概念对于解释递增的关税结构很有助益，③ 他的研究激发了巴拉萨（1965）和吉奥吉·巴瑟维（Giorgio Basevi，1966）发表了最早的两篇关于有效保护的实证性论文。后来在世界银行的资助下，巴拉萨所主持的研究项目对发展中国家有效保护问题进行了大规模的研究，逐步发展了关于有效保护率的一整套理论模型与实证分析方法。他提出的有效保护率的基本计算公式为：

$$(VA_d/VA_{int}) - 1 \tag{1}$$

其中，VA_d 为国内产品增加值（the domestic value added），通常是指实行贸易

① Johnson, Harry G., 1977, “The Cost of Protection and the Scientific Tariff”, *Journal of Political Economy*, vol. 68, No. 4, Aug., pp. 327 – 345.

② Melo, Jaime de, 1977, “A General Equilibrium Approach to Estimating the Costs of Domestic Distortions”, *American Economic Review*, vol. 67, No. 1, pp. 423 – 424.

③ 在所谓“递增的关税结构”（escalation of tariff structures）中，对原材料和燃料征收的关税为零，工业半成品的关税稍高，而最终产品的关税率最高。

保护政策时的产品价值；而 VA_{int} 为国际产品增加值（the international value added），指没有实行保护政策时的产品价值。

从此项研究中得出了几个结论：第一，计算出的有效保护率（*ERPs*）大大高于名义保护率（*NRPs*）水平，这说明保护成本大于名义保护率所体现的成本；第二，*ERPs* 与 *NRPs* 之间的差距在每个国家各不相同，所以，在跨国的比较中 *ERPs* 更为适用，而在同一国家内，*ERPs* 对于跨产业的比较更为适用；第三，*ERPs* 揭示出在某些产业中资源浪费问题极为严重。

在扭曲理论提出之后，许多学者致力于将贸易扭曲进行量化，包括对各种关税和非关税政策进行衡量。巴格瓦蒂（1973）和玛吉（1973）分别提供了改进对贸易政策效应进行分析的方法，但是，上述研究都没有相应的实证研究的支持，而且对国内扭曲福利成本的度量大都是在部分均衡框架下完成的。杰姆·德·梅罗（Jaime de Melo，1977）率先尝试了使用瓦尔拉一般均衡方法来检验扭曲的静态福利成本，并且用哥伦比亚的例子展示了这种方法的效果，其结果是测量福利成本的框架与理论分析更加吻合。爱德华·利默（Edward Leamer，1988）结合大量实证研究数据，运用赫克歇尔—俄林一般均衡模型，对政府干预贸易的指数进行了估算，并且对贸易的导向性以及政策对贸易的扭曲程度作了度量。

在度量贸易扭曲方面真正有效的方法是詹姆斯·安德森和 J. 彼得·尼律（James Anderson & Peter Neary，1996）提出的“贸易限制指数”（trade restrictiveness index，TRI）。他们把该指数定义为同给定的贸易保护模式的福利效果等价的统一关税，用以衡量贸易政策扭曲所带来的福利损失。与其他测度贸易限制的方法不同，贸易限制指数方法有坚实的理论基础。他们通过对一个贸易平衡方程求解，将非关税措施关税化，并得出福利效果的一般形式。

李钟和（Lee，Jong－wha，1993）在《国际贸易、扭曲和长期增长》一文中对贸易政策的扭曲效应进行了定性分析①。由关税和外汇控制这类政策引致的贸易扭曲在长期内将导致增长率和人均收入的跨国差异。实证结果亦表明，关税税率和黑市上的溢价在自由贸易条件下将会同进口份额发生相互作用，这对各国之间人均收入的增长率有显著的负面效应。

① Lee，Jong－wha，1993，“International Trade，Distortions and Long－Run Economic Growth”，*IMF Staff Papers*，International Monetary Fund.

四、扭曲与经济增长

对发展中国家扭曲与经济增长相互关系的研究起源于巴格瓦蒂（1958）对“贫困化增长”的探讨。随后，拉姆格派尔·阿加瓦拉（Ramgopal Agarwala，1983）等分析认为，应设法直接就政策对相对价格和资源配置造成的扭曲进行测度，而且各国在实行这些政策上的差异能够或至少能部分地解释发展中国家之间在经济增长率和收入增长方面的巨大差异。

巴格瓦蒂受弗朗西斯·Y. 埃奇沃斯（Francis Y. Edgeworth）“损害型增长”概念的启发，证明了在某些环境下，尽管经济增长表现为产出的增加，但是，产出的增长却有可能导致贸易条件恶化，进而抵消经济扩张带来的收入增加的效应，使得实际收入减少。

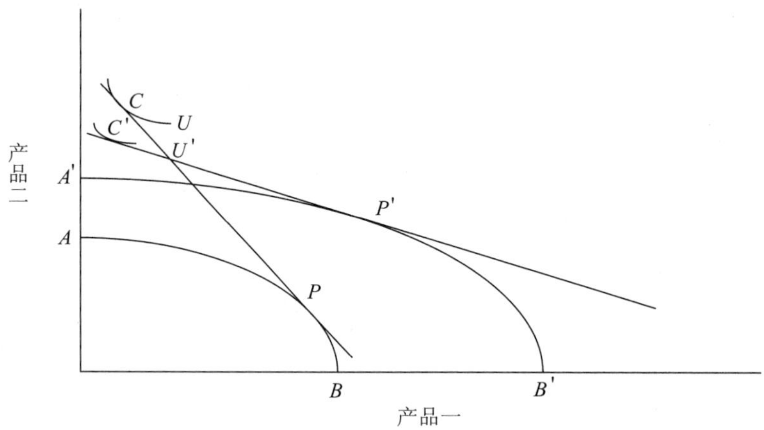

图 1　“贫困化增长”

在图 1 中，AB 和 $A'B'$ 分别为经济增长之前与之后的生产可能性曲线。增长前的生产、消费和福利分别处在 P、C 与 U 点上；增长之后，它们分别处于 P'、C' 和 U' 点上，贸易条件由 PC 恶化为 $P'C'$。其结果是，福利由 U 下降为 U'，由此导致了“贫困化增长”（the immiserizing growth）。

实际收入的减少被认为是由三种效应共同作用的结果。它们分别是：由经济扩张引起的进口品产出的增加、由价格变动引起的对进口消费的减少以及由价格变动带来的进口品产出的增长。在这三种效应的共同作用下，处于增长中的发展中国家的实际收入下降。

哈里·G. 约翰逊（1967）[①] 从另一个角度证明了“贫困化增长”的存在，即“贫困化增长”可以使得社会福利降到低于增长前的水平，如果技术进步发生在受关税保护的进口竞争行业中，或者在该行业中密集使用的要素密集度上升，则“贫困化增长”现象就会在国际贸易中不拥有垄断支配力的弱国中出现。

哈里·G. 约翰逊的观点给了巴格瓦蒂以启发，使巴格瓦蒂意识到“贫困化增长”的根源在于市场扭曲。他在后续的一系列文章中对贫困化和扭曲之间的关系作了进一步引申，使之成为一个一般化的理论。他在这一领域所做的推进包括：第一，从分析“贫困化增长”的特例中推导出扭曲导致“贫困化增长”的一般结论。他认为，在他使用的传统案例中，扭曲发生在国外，来自增长的收益被来自贸易条件恶化造成的亏损所抵消，即平均贸易条件和边际贸易条件之间出现了差距；而在哈里·G. 约翰逊分析的小国实行关税的例子中，扭曲是由政策强加的，其结果是关税导致了次优状态。当国际贸易中不存在垄断力量时，关税必然引起扭曲并导致福利损失，这种损失在经济出现增长后将进一步增大，最终造成“贫困化增长”。巴格瓦蒂还将分析引申到传统的两种要素、两种商品的贸易模型之中，证明了当扭曲造成工资差距拉大时，生产可能性边界将内缩，贫困化将可能发生。通过上述分析，巴格瓦蒂得出了一般结论，这就是只要经济中存在扭曲，贫困化就会发生。第二，分析两国之间存在贸易情况下的“贫困化增长”。当一国与他国同时出现增长时，假定一国所面临的提供曲线不变，同时，该国在增长前后均实行最优关税，该国来自贸易的最初收益将会被贸易后的收益减少所抵消。其原因就在于，国外出现的增长使得外国的提供曲线产生了变动。同时，当一国在国际贸易中既不存在国内扭曲，也不拥有垄断支配力时，自由贸易是当然的最优政策。但是，当外国的提供曲线不变时，该国来自贸易的收益将下降，如果外国的提供曲线进一步恶化，该国发生增长后的均衡便是与贫困化相伴随的均衡。第三，鉴于“贫困化增长”的根源在于扭曲，巴格瓦蒂将其区分为同要素市场不完全相关的内生性扭曲和由外国引起的内生性扭曲两种类型。前者表现为工资差距因扭曲而拉大，后者同贸易中存在垄断支配力有关。尽管拥有垄断支配力的国家在出现增长之前实行的是最优关税政策，但通过取消政策强加的扭曲的方式，或者采用旨在消除减少福利的扭曲效应的最优政策干预手段，将有望从根本上消除出现“贫困化增长”的可能性。

阿加瓦拉（1983）在《价格扭曲和发展中国家增长》一文中测度了商

① Johnson, Harry G., 1967, “Two Notes on Tariff, Distortion and Growth”, *Economic Journal*, vol. LXXVII, No. 305, March, pp. 151 –154.

品价格（包括可贸易品和非贸易品）扭曲和要素价格扭曲对发展中国家增长绩效的影响。他采用了与1981年《世界发展报告》相同的方法，也就是将价格扭曲偏高国家的平均增长绩效与那些价格扭曲低的国家相对照，然后，通过对整个20世纪70年代的观察来检验一个足够长的时期内不同国家一系列政策措施对经济发展带来的影响。

阿加瓦拉首先单独对价格扭曲和增长之间的关系作了统计分析，并且将样本国家分为高、中、低三个扭曲的类别。他使用了世界银行提供的有关31个发展中国家在外汇、资本、劳动和基础设施服务业等领域扭曲程度的数据，这些国家代表了除中国之外的发展中国家人口的75%。在分析对工业的保护（亦即进口替代）时，他将分析建立在巴拉萨（1982）研究成果的基础上，把总有效保护率作为在制造业中为增加值定价并且与贸易相关的扭曲指标。其结果是，这种对扭曲的度量方法能解释20世纪70年代以来增长绩效变化的11%。与工业保护相对应的是，通过各种不同类型的政策工具对农业实行征税，如对产出和出口征收直接税、实行低价强制收购或通过政府的营销和分配管道对农产品销售提供补贴等。用名义保护系数（the nominal protection coefficients，NPC）① 作为对农业中扭曲程度的测度。他的统计分析表明，农业中的扭曲程度与总的增长率之间呈现出温和的负相关关系，在农业部门呈现高度扭曲的国家中，农业生产增长率显著较低，出口增长率也较低，而且其影响还波及工业部门，甚至影响到资源利用的总效率。

发展中国家面对不断变化的经济环境时，缺乏积极的政策应对措施，相反，频繁地采用固定汇率政策来应对，由此造成了汇率扭曲。统计数据显示，汇率扭曲同经济增长之间存在强烈的相关性。在扭曲程度偏高的国家中，经济增长率、工农业产出增长率以及投资效率这些分组平均数明显低于总样本的平均数。20世纪70年代，发展中国家通常都执行严格控制的低利率政策和信贷配给政策，当这些国家面临不断增高的通货膨胀率时，投资者所面临的实际上是负利率，用这种负利率来代表信贷成本中的扭曲，只能解释增长绩效差异的10%。在发展中国家，政府政策的失误和来自工会的压力将导致劳动力成本发生扭曲，但是，由于很少有发展中国家保存了系统的记录工资和劳动生产率的数据，因而很难对这种扭曲的程度进行度量。但是，却可以用工业部门的实际工资是否比经过外部贸易条件调整的人均收入增长更显著这种方法来对这类扭曲进行度量。度量的结果表明，

① 所谓的NPC就是商品边境价格等价（the border price equivalent for the commodity，BP）和国内价格（the domestic price for the commodity，DP）之间的差异，即有 $NPC = DP/BP$，它与名义保护率（NPC）之间的关系为 $NPC =$（$NPR/100$）$+1$。

劳动市场扭曲也能解释各国增长率差异的 10%。

阿加瓦拉认为，大多数发展中国家倾向于出于对外部性的考虑而将基础设施服务的定价定得偏低，但是，由这些基础设施提供服务的却是资本密集型部门和能源密集型部门，这将导致对资本和能源的过度需求，有时甚至会出现价格不足以抵消生产中的平均成本的情况。若采用世界银行报告所提供的电力设施服务的价格扭曲数据作为度量其他基础设施服务扭曲的代理变量来作分析，其结果表明，这种扭曲程度能解释增长率的 11%。不断加速的高通货膨胀强烈地影响着资源的配置效率，所导致的价格扭曲将显著地影响发展中国家的增长绩效。

不同的价格对构成增长的不同组成部分的影响交织在一起，并且呈现出复杂的现象；与此同时，政策效果往往有时滞。不论是采用时间序列方法还是横截面方法，都很难令人满意地将这些效果捕捉住，尤其是很难在对单个扭曲状况分析的基础上来判断配置效率。因此，采用一些度量价格扭曲的复合测度方法可能更为合意。他认为，有三种方法可以确认不同扭曲在复合指数中的重要性。第一种方法是将上述 7 种扭曲对于增长的效应通过多元回归来分析。第二方法是以根据这些单个扭曲与增长之间的相关系数比例来对其赋予不同的权数。第三种方法是简单地对每一个扭曲给予同样的权重。虽然使用不同的方法会显示各国的扭曲程度在排序上存在差异，但却不会改变有关增长和复合价格扭曲指数之间存在显著的负相关关系的结论，其中，第一种方法最具有解释力。阿加瓦拉建立了一个有关经济增长与扭曲指数和之间的简单的回归方程：

$$G2 = 11.2 - 3.4DI \tag{2}$$

在式（2）中，$G2$ 代表增长率，DI 为扭曲指数（distortion index）。回归结果说明扭曲指数能够解释经济增长差异的 34%。对于横截面分析来说，这一结果相对较高。

为了进行更系统的分析，阿加瓦拉对上面提到的各种不同的政策因素和非政策因素同经济增长做了多元回归。他的回归结果发现，就与主要价格指数的关系而言，那些扭曲程度较高的国家，其经济增长率相对较低。如果按照价格的不同扭曲程度对这些国家进行分类，则经济增长和价格扭曲之间的负相关关系将更为明显。在整个 20 世纪 70 年代，低扭曲国家的经济增长率大约是每年 7%，比发展中国家作为整体的平均增长率水平高出 2 个百分点，而那些高扭曲的国家，通常要低 2 个百分点。在储蓄绩效、投资效率、工农业生产增长率与出口之间也存在这样的系统性关系。回归分析表明，价格扭曲能解释经济增长率差异的 1/3。

威廉·伊斯特里（William Easterly，1993）在《扭曲会在多大程度上影响增长》一文中，试图采用内生增长模型来刻画发展中国家在政策扭曲方面的一些特性。他提出的模型假设资本既包含物质资本又包含人力资本，并用所定义的两类资本在正式部门和非正式部门中生产一种产品，即产出。他首先分析了初始状态下由政府对正式部门中的企业投资征收销售税所引起的扭曲，然后，在上述假设之下研究扭曲比率与经济增长之间的关系，最后，将他的这一套分析思路拓展到其他类型的扭曲性政策上去。在他看来，他所提出的分析框架也可以用来分析其他类型的扭曲性政策。例如金融抑制政策，将利率控制在市场利率水平之下的金融抑制通常会导致正规金融部门实行数量型信贷配给，也会导致生产者和消费者按照市场利率进行相互借贷的地下交易市场出现。这种数量型信贷配置常常被用来促进某些类型的经济活动，如为小企业或农业生产提供融资等。

伊斯特里从模型中得出的结论是：对投入品相对价格的扭曲对增长与福利具有明显的效应，该效应的量值取决于生产的替代弹性。对投入品和投资品提供补贴即便在使福利恶化的情况下也有助于促进增长。但是，以对另一种资本品征税的方式来补贴某一种资本品，这种做法将有可能降低增长率；此外，由跨部门投资品相对价格的变动所产生的负效应不仅会打击投资，而且还会通过扭曲金融市场的方式降低经济增长率。

五、扭曲与发展中国家的经济政策

市场失效对于落后经济的增长来说是一个严重的障碍，但是，在 20 世纪 40—50 年代，发展经济学家关注的只是与投资决策相关的范围狭窄的市场失效现象。这就导致了在发展政策领域过于强调投资，与此同时也形成了一种简单化的看法，即认为一旦投入物质资本，接下来的生产过程本身及提高生产率的问题都会迎刃而解。但是，后来的理论研究和发展经验都发现了仍然存在着同学习过程[①]（learning process）以及同已安装设备能力的运用相关的市场失效问题。

安妮·克鲁格和巴兰·唐瑟（Anne Krueger & Baran Tuncer，1982）对基于外部性和动态要素的政府干预幼稚产业论与市场失效之间的相互关系做了实证研究。他们对土耳其的案例研究表明，没有证据显示，受到更多

① 穆里纳尔·达塔—乔杜里（Mrinal Datta – Chaudhuri，1990）在《市场失效和政府失效》一文中写道，学习过程可能发生在不同的层次，例如，在如何运用新的生产技术的层次上，在如何引入新的降低成本和改进质量的创新层次上，以及在如何迅速改变生产组合以适应环境变化的层次上等。

保护的产业同受到较少保护的产业相比，其成本的下降率更大。他们指出，市场失效论诱导人们不再信任市场，而过于相信政府的能力和计划的功能，这就忽视了市场与价格的激励功能，与此同时，计划管理体制易于产生腐败。奉行结构主义政策会导致国民经济中价格偏离边际替代率，进而造成资源配置扭曲。这才是一些发展中国家陷入重重困境的主要原因。

阿加瓦拉（1983）指出，在相关文献中至少提到四种重要的市场失效的类型[①]：“第一种失效是指因规模收益递增而导致的一种倾向——它倾向于形成一种妨碍竞争运行的垄断体系，在其中，价格不再由市场给定。第二，存在着由经济因素（庇古，1946）[②] 或社会因素（Fred Hirsch，1976）[③] 所导致的外部性，在这一方面，个人所面临的成本不再反映社会成本。第三种难题在于对于相关活动来说，市场可能不存在，这类难题之所以会产生，不仅仅是公共品（控制洪水或国防）的缘故，也可以由未来产品（future goods）所引起。第四，市场产生了尽管从配置角度来看是有效的结果，但却未能满足其他社会目标，如平等或国家威望。”[④] 在阿加瓦拉看来，对“看不见的手”失效可能做出解释的一种理由是分派给这只手的任务太复杂了。假使“看不见的手”被政府的那只“看得见的手”取而代之，这种复杂性并不会消失。问题在于：市场失效是不是比政府失效更具有破坏性？或者更有实用意义的问题是：市场或政府各自的比较优势在哪些领域？在某种给定的环境下，什么是两者的最优组合？他认为，在经济发展的后期阶段，市场失效的影响更为明显，但在经济发展的早期阶段，国民产出主要由简单的必需品如食物、衣着、住房和初等教育所构成，这时，规模收益递增和外部性对于这些产品而言，不如对大部分技术先进的工业产品那么重要。与此同时，运输和通信手段的落后削弱了在早期发展阶段政府干预的比较优势。以此为依据，可以有理由认为价格与市场对于发展中国家来说特别重要。价格之所以对增长来说是重要的，这是因为对于增长来说，不仅仅价格重要，高价格扭曲不仅有害于增长，而且无助于收入分配。他对比分析了韩国与智利的案例：前者是政府积极参与国民经济管理，因而避免了高价格扭曲；后者是政府实行“放手”政策（a hands - off policy），却对关键价格造成了高度扭曲。阿加瓦拉试图通过他的研究向世人表明，

① 巴托（1958）在《市场失效探析》一文中指出，若按市场失效模式来分类，可以将其分为5个层次，但若强调按市场失效的原因分类，可以按所有权外部性（ownership externality）、技术外部性（technical externality）和公共品外部性（public good externality）这3种极化形式来分类。

② Pigou，Arthur，1946，*Economics of Welfare*，London：Macmillan & Company.

③ Hirsch，Fred，1976，*The Social Limits to Growth*，Cambridge，MA：Harvard University Press.

④ Agarwala，Ramgopal，1983，“Price Distortions and Growth in Developing Countries”，*World Bank Staff Papers*，No. 575，*Management and Development Subseries* No. 2，pp. 2.

确实存在着“理顺价格”（get the prices right）的案例，但它不应当必然按照某种“自由放任”（*laissez faire*）的论点来做出解释。他所得出的结论是：价格对于增长来说是重要的，但并非仅仅是价格重要。

克鲁格（1990）对发展过程中政府失效的问题作了全面分析。她认为早期发展经济学家承认政府在提供“社会分摊资本”（the social overhead capital）即基础设施以支持经济发展方面具有重要作用。然而，他们的分析更多地集中在政府的第二种作用上，即政府应当承担对市场失效予以补偿的那些活动。在上述理念的指导下，在20世纪50—60年代，许多发展中国家都采用了政府在投资配置中起领导作用、政府控制经济管理部门、政府通过其他措施对市场失效实行补偿等广泛干预经济的政策。其结果是，到了20世纪70—80年代，大多数发展中国家政府深陷在被证明并不成功的经济政策中，出现了非常严重的政府失效。在有些国家，政府失效明显地压倒了市场失效。

克鲁格把政府失效区分为因代理不当所造成的“代理失效”（failure of commission）和因管理失职而带来的“失职失效”（failure of omission）。“代理失效”具体表现在政府建立了极高成本的公共部门企业，政府从事制造业和其他类型的经济活动，国家对市场营销进行直接管理，在零售业中实行国家所有权，国家经营采掘业，在进出口部门中建立国营企业，直接控制私人部门，对银行与保险公司运营实行国有化，把高档旅馆纳入公共部门等。此外，由于政府投资计划的低效率和浪费，政府因对私人部门实行广泛的控制而付出了高代价，政府因对私人部门企业融资而导致公共部门赤字，过度投资及其他政府支出引发的高通货膨胀率等也被克鲁格纳入“代理失效”的范畴。“失职失效”则表现在运输与通信设施恶化上，由此增加了私人与公共部门活动的成本，当面临迅速上升的国内通货膨胀时却通过汇率控制和颁发进口许可证来维持固定名义汇率，通过信贷配给方式使名义利率长期大幅度低于通货膨胀率的利率政策，以至于政府能够对在相互竞争的客户中所实行信贷配给进行监控，未能维持现有的基础设施等。克鲁格指出，大规模的“看得见”的腐败往往作为“代理失效”和“失职失效”的副产品而出现。

克鲁格在上述分析的基础上提出了相关政策建议。第一，经济学家不能因为存在市场失效就断言说存在政府进行干预的理由，这是因为政府所采取的任何行动并不是不需要成本的。所需要的是详细陈述一整套政府实行干预的标准或规则，还需要对实施干预的行政成本（administrative cost）、干预的可行性，以及是否存在足以改变一开始所选择的干预过程的政治压力的可能性进行判断。第二，即便当政府行为是有效时，仍然存在这样的预设，即只赞成最低限度行政与官员投入的政策和计划，因为政策一旦被实施有其自身的寿命，还因为一部分稀缺的行政资源从那些政府拥有更为强大的比较优势的领域中转移了出去。第三，假使可供选择的机制与政策也许能够实现某个给定的社会的或政治的目标，仍然有可能存在寻租行为，使得这种政策的运行机制为某些利益集团服务。第四，还存在透明度问题。当实施一项政策的成本不够明确时，私人和政府部门的特殊利益集团就有了机会在不被其他集团批评和指责的情况下利用该政策来获取自身利益。于是，可以预见的是，在通常情况下会选择一项具有更低信息成本的政策。

维诺德·托马斯和王燕（Vinod Thomas & Yan Wang，1996）在《扭曲、干预和生产率增长：东亚是否不同?》一文中，通过区分政府干预和扭曲这两个概念，对这两者在东亚经济增长中的作用进行了研究，并回答了如下两个问题：第一，东亚地区政府促进增长的政策是否与其他地区不同？第二，在东亚地区，政府政策的效应同其他地区相比是否有很大不同？他们使用了两种实证检验模型。第一种是传统的索罗新古典增长模型；第二种是内生增长模型。通过这两种模型来检测扭曲、政府干预与经济增长之间的关系。

在按照第一种模型的简化形式的实证模型中，使用了增长核算文献中常见的柯布—道格拉斯生产函数，其中，未解释的余项（the unexplained residual）被认为是全要素生产率的增长率，而全要素生产率的增长率被假定为政府政策、东亚地区的哑变量（regional dummy for East Asia）以及两者交互项的函数：

$$\Delta \ln Y_{it} = \alpha_{i0} + \sum_{j} \gamma_j P_{ijt} + \sum_{j} \delta_j P_{ijt} \times D + \theta D + \sum_{X=k,l,h,e} \beta_X \Delta \ln X_{it} \tag{3}$$

式（3）中，Y_{it} 是 i 国在 t 年的产出，而 X_{it} 代表以对数形式度量的物质资本、劳动和土地等生产要素。变量 P_{ijt} 是 i 国在 t 年的政策指标 j，它可能是单一政策变量或者是一个复合指数。而 D 为东亚地区的哑变量，$P_{ijt} \times D$ 为交互项。

托马斯和王燕的计量分析结果表明，贸易开放度和宏观经济稳定性同经济增长和生产率增长呈显著的正相关关系。从总体上看，东亚地区的贸易政策、价格政策和宏观经济政策比其他地区更为优越。这反映在宏观经济中的扭曲程度更低，而且这些政策与更强劲的增长绩效相联系。东亚地区在通过从更为优越的政策框架中获得收益方面更有效率。与产出相关的政府支出既不低也不高，与其他地区相比，东亚地区的这类政府支出处于适度水平。东亚地区的贸易和价格政策比其他地区的发展中国家更具有生产力。该地区不同于其他地区的地方就在于，该地区不仅从开放与稳定中获得了最多的收益，而且还使得公共支出发挥了作用。由此可以说，东亚地区的成功可以部分地归结为其优越的政策框架。

六、简要的评价

一直以来，“帕累托最优”状态构成了西方主流新古典资源配置理论的核心概念。在20世纪70年代后期之前，收益递增分析工具尚未被广泛运用于发展经济学领域，西方主流新古典经济学家在探讨市场经济体制和市场运行机制不完善的发展中国家中的市场效率与经济发展的相互关系时，静态的“帕累托最优”状态被作为唯一的判断经济效率的参照系：一个经济体若是达到或接近于“帕累托最优”状态，便被判定为实现了或近似于实现“帕累托最优”或“帕累托有效率”；反之，若是偏离“帕累托最优”更远则被判定为“帕累托无效率”或“帕累托低效率”。在以上概述的自战后以来研究市场扭曲与经济发展相互关系的代表性文献中，大都采用了反映福利效应的新古典经济学“标准的”静态分析工具（需要指出的是，也有少数学者对扭曲作了动态的考察，譬如，前文中概述的李钟和与伊斯特里的两篇论文便是分别从贸易扭曲和扭曲比率角度对扭曲与长期增长相互关系进行动态考察的范例），把发展中国家市场不完全相关的种种现象与“帕累托最优”状态相比照，分析这些现象对“帕累托最优”状态的偏离程度。自20世纪60年代扭曲理论问世之后，包括米德、科登和巴格瓦蒂等对贸易扭曲的分析，巴格瓦蒂等对扭曲的分类研究，巴拉萨对扭曲起源的讨论，哈里·G. 约翰逊对扭曲成本的度量，以及由此引发的对“有效保护率”的测度等研究成果基本上都是同“帕累托最优”进行对比分析得出的结果。尽管这种分析范式具有典型的静态或比较静态特征，但这些研究毕竟是西方新古典经济学家探讨发展中国家问题的一种尝试，他们针对发展中国家市场经济运行效率问题所建立的扭曲理论正是抓住了发展中国家市场体系不完全和市场运行机制不完善的某些主要特征，因而具有重要的理论价值，尤为重要的是，虽然扭曲理论属于短期的和静态的范畴，而不属于长期的和动态的范畴，然而，一旦将短期的资源配置同长期经济发展摆在一个分析框架中进行探讨，无疑就具有动态的经济发展的含义。著名发展经济学家哈拉·明特（Hla Myint）曾明确指出这一点。他写道：“经济增长并不仅仅取决于储蓄供给和可投资资源的增长，而且关键性地取决于这些资源如何被生产性地（productively）加以利用。配置效率是生产性地使用资源的一个主要因素；更确切地说，当我们所关注的不是给定资源，而是来自于储蓄和资本积累增长而形成的资源扩张流（an expanding stream of resources）时，有必要防止资源错误配置就显得特别重要。在这样的背景下，资源配置的扭曲会通过其累积效应严重地阻碍增长，因此，认为静态的配置效率问题对于动态的、通过资本积累来促进增长的问题并不重要的说法具有误导性。"①

再就扭曲理论的政策含义而言，自20世纪50年代中期利普西和兰开斯特在总结前人研究的基础上创立了次优理论以来，"次优"概念便取代了"帕累托最优"概念，不仅为包括扭曲理论在内的各种市场不完全理论有关政府干预的论点提供了理由，而且也成为判断发展中国家政策效果的一个可供操作的参照系。新一代发展经济学家们从次优概念中引申出两个方面的政策含义：第一，需要对各种扭曲加以甄别并进行分类，然后针对不同扭曲采用不同的政策；第二，对可供选择的政策工具进行排序，在政策操作过程中应遵循"两害相权取其轻"的原则。就第一个含义而言，巴格瓦蒂基于扭曲的成因对扭曲进行分类，巴拉萨对发展中国家的产品市场和要素市场中扭曲相互作用的机理所作的考察，阿加瓦拉对产品价格扭曲和要素价格扭曲对发展中国家增长绩效的影响进行测度等，都是对各种扭曲进行甄别和分类的范例。他们的研究确证了发展中国家因市场不完全和市场机制不完善而存在市场扭曲，不仅为政府干预提供了空间，而且明确了政府干预的方向、手段、程度和有效性的界限。再就第二个含义而言，主要由巴格瓦蒂创立的针对扭曲的政策工具排序理论告诉人们，当存在市场扭曲时，不管是内生的、政策引致的还是自发的扭曲，都应当对各种不同政策工具依据其福利效应从最优到次优、第三优、第四优等顺序依次向下做一个排序，并针对扭曲的类型采用适当的措施。否则，政策运用不当又会带来由政策引致的新的扭曲。笔者以为，扭曲理论对于发展中国家最重要的政策含义就在于，该理论与次优理论一道，率先打破了传统新古典经济学以追求理论完美性为最高境界的分析传统（着力于刻画"帕累托最优"状态和实现该状态的过程是这一传统的集中体现）。这有助于发展中国家的政策制定者在扭曲理论和次优理论的框架下做出决策，考虑经济现实同"帕累托最优"假设之间存在的距离，选择符合实际的追求次优状态的政策目标，并根据本国市场体系的完善程度和市场机制的成熟程度采用不同的政策工具。

① Myint, Hla, 1987, "The Neoclassical Resurgence in Development Economics: Its Strength and Limitations", in Gerald M. Meier ed., *Pioneers in Development* (*second series*), Oxford University Press, pp. 135.

参考文献

[1] Agarwala, Ramgopal, 1983, "Price Distortions and Growth in Developing Countries", *World Bank Staff Working Papers*, No. 575.

[2] Anderson, James & Peter Neary, 1996, "A New Approach to Evaluating Trade Policy", *Review of Economic Studies*, vol. 63, No. 1, pp. 107 – 125.

[3] Balassa, Bela, 1975, "Trade, Protection and Domestic Production: A Comment", in Peter B. Kenen, ed., *International Trade and Finance*, Cambridge University Press, pp. 154 – 163

[4] Balassa, Bela, 1982, "Disequilibrium Analysis in Developing Countries: an Overview", *World Development*, vol. 10, No. 12, pp. 1027 – 1038.

[5] Balassa, Bela, 1988, "The Interaction of Factor and Product Market Distortions in Developing Countries", *World Development*, vol. 16, No. 4, pp. 449 – 463.

[6] Barber, Clarence L., 1955, "Canadian Tariff Policy", *Canadian Journal of Economics and Political Science*, vol. 21, No. 4, pp. 513 – 530.

[7] Bator, Francis M., 1958, "The Anatomy of Market Failure", *Quarterly Journal of Economics*, vol. 72, No. 3, pp. 351 – 379.

[8] Baumol, William, 1952, *Welfare Economics and the Theory of the State*, Cambridge, MA.: Harvard University Press.

[9] Bhagwati, Jagdish N., 1971, "The Generalized Theory of Distortions and Welfare", in Jagdish N. Bhagwati et al. eds., *Trade, Balance of Payments and Growth*, Amsterdam: North – Holland, pp. 69 – 90.

[10] Corden, W. Max, 1969, "Effective Protection Rates in the General Equilibrium Model: A Geometric Note", *Oxford Economic Papers*, vol. 21, No. 2, pp. 135 – 141.

[11] Harberger, Arnold C., 1954, "Monopoly and Resource Allocation", *American Economic Review*, vol. 44, pp. 77 – 87.

[12] Harberger, Arnold C., 1959, "Using the Resources at Hand More Effectively", *American Economic Review*, vol. 49, No. 2, pp. 134 – 146.

[13] Johnson, Harry G., 1972, "Fiscal Policy and the Balance of Payment in a Growing Economy", in David Wall, ed., *Chicago Essays in Economic Development*, Chicago: The University of Chicago Press.

[14] Johnson, Harry G., 1972, "Two Notes on Tariffs Distortions and

Growth Aspects of the Theory of Tariffs", in *Aspects of the Theory of Tariffs*, Cambridge, MA., Harvard University Press.

[15] Krueger, Anne, O., 1987, "The Importance of Economic Policy in Development: Contrasts between Korea and Turkey", in Henryk Kierzkowski, ed., *Protection and Competition in International Trade*, London: Blackwell.

[16] Krueger, Anne O., 1990, "Government Failure in Development", *Journal of Economic Perspective*, vol. 4, No. 3, summer, pp. 9 – 23.

[17] Lee, Jong – wha, 1993, "International Trade, Distortions and Long – Run Economic Growth", *IMF Working Papers*, 92/90, International Monetary Fund.

[18] Lipsey, Richard G. & Kevin Lancaster, 1956, "The General Theory of Second Best", *Review of Economic Studies*, vol. 24, No. 1, pp. 11 – 32.

[19] Lloyd, P. J., 1974, "A More General Theory of Price Distortions in Open Economies", *Journal of International Economics*, vol. 4, No. 4, pp. 365 – 386.

[20] Meade, James E., 1952, "External Economies and Diseconomies in a Competitive Situation", *Economic Journal*, vol. 62, No. 245, pp. 54 – 67.

[21] Meade, James E., 1955, *Trade and Welfare*, Oxford University Press.

[22] Meier, Gerald, ed., 1987, *Pioneers in Development*, (second series), Oxford University Press.

[23] Srinivasan, T. N., 1996, "The Generalized Theory of Distortion and Welfare: Two Decades Later", in Robert C. Feenstra, Gene M. Grossman & Douglas A. Irwin, eds, *The Political Economy of Trade Policy: Papers in Honor of Jagdish Bhagwati*, Cambridge, MA., The MIT Press, pp. 3 – 25.

[24] Thomas, Vinod & Yan Wang, 1996, "Distortions, Interventions, and Productivity Growth: Is East Asia Different?" *Economic Development and Cultural Change*, vol. 44, No. 2, pp. 265 – 288.

11 Distortion Theory in the Field of Vision of Development Economics: Retrospect and Evaluation

Ma Ying and Li Han

Abstract: Researches on the relation between distortion and market efficiency has been an area which the mainstream neoclassical economics is concerned to for many years. Since mid-1960s, the neoclassical development economists switched to explore the relationship between distortion and market efficiency in the LDCs, so as to further study the effects which distortions made on the long - run economic development in the LDCs. Thus, it has been an important area to do researches on distortions. The article provides a retrospect over the analytical results including the general theory of distortion, distortion and trade policy, distortion and economic growth, distortion and economic policies in the LDCs. It also discusses the relationship between distortion and development as well as the policy implication it involves.

Key words: Development Economics; Theory of Distortion; Market Efficiency

12

日本经济哲学思想的创立

——兼论左右田喜一郎的经济哲学思想

陶　芸*

[内容摘要] 日本明治时代以前的经济思想中就有着丰富的哲学内涵，明治时代掀起了日本学习西方的热潮，左右田喜一郎就是在这种背景下，在吸收新康德学派文化价值理论的基础上加以改变，形成了自己独创的经济哲学。他的经济哲学思想以超越价值的多元主义社会为基础，以文化价值、极限价值、超越的多元化社会等概念为其经济哲学思想研究的出发点，整个经济哲学思想围绕着货币展开。

[关键词] **文化哲学　经济哲学　极限价值　文化价值　超越的多元化社会**

日本经济哲学思想由左右田喜一郎创立于19世纪末20世纪初，从时间上来看，大致属于从明治到大正年间，在日本，左右田喜一郎被尊称为“经济哲学之父”。日本在明治时代以前的很多经济思想中就有着深刻的哲学内涵，随着明治维新掀起了一股向西方学习的热潮，西方的经济思想和经济学专著不断地传入日本。左右田喜一郎正是在这样的一个时代中通过吸收新康德学派的文化价值理论并加以改变形成了自己独创的经济哲学，由此创立了日本的经济哲学思想。因此，本文主要立足于对左右田喜一郎经济哲学思想的介绍，来展示日本经济哲学思想创立的情况。

* 陶芸，武汉大学经济与管理学院博士研究生，研究方向：经济思想史。

一、明治时代以前经济思想中的哲学思想

日本被公认为是一个学习能力、模仿能力很强的国家，古代日本以中国为典范，向中国学习先进的文化、政治、经济、法律等，近代以后从明治维新开始，日本首先模仿欧洲，二战以后模仿美国，是一个模仿的时代，所以近年来很多学者在研究日本时发现，日本的德川时代是最富于创造性的时代。日本学者山本七平就把直接构成日本的资本主义精神的文化要素的纯粹性归因于德川时代的特殊性。[①]

日本的德川时代从时间上来看大致是1603—1867年，德川幕府统治了日本两个多世纪，这个时期正好是古典经济学从产生到最终完成的阶段，这一时期的日本，在锁国政策的指导下，仅在长崎设立荷兰商馆作为与西方沟通的窗口，因此受国外影响极其有限，几乎是在一种封闭的状态下自我发展的。但是在现实的经济生活中，日本也同样存在着分工、交换、货币、价格等现实经济问题，这些问题促使学者去思考，由此也涌现出了很多有价值的经济思想。这一时期日本受中国儒家传统哲学的影响很深，德川时期居于主导地位的儒学是朱子学派，儒学中所说的“经济”一词是一种与正义、法律、道德等问题不可分开地结合在一起的哲学体系。[②] 这一时期的代表人物可以根据他们的主张简单地归纳为以下几个方面。农本思想的代表人物主要是熊泽藩山（1619—1691年）和荻生徂徕（1666—1728年），在这两个人的经济思想中，都非常重视对农业是国家财富之本的认识，这一点和法国的重农学派非常相似，这种认识首先是受到了儒家重农传统的影响，同时，将农业提高到国家根本的高度，这是运用了哲学是对事物的本源进行研究的思想，除此之外，藩山受阳明心学的影响很深，他一直致力于将王阳明的思想与正统的朱子学说和佛教结合起来。重视货币经济的代表人物主要是荻生徂徕和新井白石（1657—1725年），荻生徂徕除了重视农业的作用外，还非常重视对货币制度功能的研究，而与他同时代的新井白石则对货币经济进行了更为深入的研究，并将贵金属的重要性放在了首位，同时还提出了国家缩减对外贸易以防止金银外流的政策主张，他们对货币的认识已经透过了货币现象本身，深入到了货币在经济生活中的本质来看待货币经济，这其中就有了很明确的哲学思维。重视商业利润

① ［日］山本七平．日本资本主义精神［M］．莽景石，译．北京：三联书店，1995：5.

② ［日］泰萨·莫里斯—铃木．日本经济思想史：第一版［M］．北京：商务印书馆，2000：16.

的代表人物是石田梅岩（1685—1744 年）和海保青陵（1755—1817 年），石田梅岩构建了商人的伦理体系，这一体系对于特别有益于近代化和合理化的日本宗教环境的形成是有贡献的，他的商人伦理体系本身就是一种经济伦理思想，而伦理学又是哲学的重要组成部分。海保青陵生活在德川时代后期，当时，日益严重的社会经济问题使得深受儒学传统影响的海保认为，国家的繁荣在于全体国民的艰苦劳作和进取精神，这与石田的勤勉伦理如出一辙，同时，他将商人追求利润的活动提升到解决同时代经济问题的基本原则的地位，创建了一种把一切社会关系都视为在本质上是市场交易的方法。重视国家管理和对外贸易的代表人物是佐藤信渊（1769—1850 年）和横井小楠（1809—1869 年），佐藤是和海保同时代的人物，但是与海保不同的是，他信奉统治者的伟大义务在于拯救人民于苦难的原理，所以他强调国家管理、福利和国家主义等原则，而横井小楠生活在幕府统治的末期，此时的日本可谓是内忧外患，侵略者的入侵打破了日本长期以来形成的稳定的秩序观和安定观，横井正是在这种背景下提出了自己的实学思想，他的实学沿袭了王阳明的“知而不行不为知”的哲学观点，主张国家对经济制度和政治制度进行全面的重建，并认为国家应该发挥促进经济发展的中心作用。

二、日本经济哲学思想产生的时代和思想背景

明治时代的日本被帝国主义列强打开了国门，签订了一系列丧权辱国的条约，在世界经济上处于不平等的脆弱地位，政治上，明治政府进行的改革使日本在根本上实现了政治制度和经济制度的重建，奉还版籍后日本成为一个统一的中央集权国家，为了摆脱帝国主义列强对本国的侵略，日本国内“富国强兵”的思想非常浓厚，而向强者学习在当时的明治政府看来就是最好的“富国强兵”的方法，于是明治政府开始了一系列学习西方的举措，学习西方的经济思想就是其中的重要一环。

日本学习西方的思想首先是所谓的“兰学”，即翻译荷兰版本的西方书籍，后来随着日本学者掌握的外语增多，就开始直接翻译英文、法文和德文版的著作，斯密、穆勒、李斯特等的经济学名著就是这样传入日本的。在翻译和学习西方经济思想的过程中，涌现出了一批知名的高校、学者和学术组织，例如，东京大学对发展日本经济和整个近代日本学术起到了不可估量的重要作用，京都大学、庆应义塾、一桥大学等都是学习西方经济思想的重要阵地。从学者来说，从自由主义思想的代表人物如兰学家西周、

津田真道、福泽瑜吉（庆应义塾的创办人）、森有礼（一桥大学的创办人）、神田孝平、田口卯吉，到保护主义的代表人物若山义一、大岛贞益、金井延、福田德三等，他们将西方古典经济学、新古典经济学、德国历史学派以及马克思的思想带入了日本，并培养了一大批优秀的政商界要人和知名学者。左右田喜一郎就是在一桥大学师从福田德三教授，系统地学习了西方经济思想。从学术组织来说，从明六社到国际经济协会以及后来的社会政策学会，都是当时日本知名的学术组织，它们成为日本接受西方最新思想的前沿阵地，到20世纪30年代，凯恩斯的著作一出版，日本马上就成立凯恩斯思想读书会来研读和讨论凯恩斯的著作。到二战之前，日本国内的经济思想已经呈现出百花齐放的局面。一方面，马克思主义思想在日本得到了极大发展并形成了讲座派和劳农派两大派别，同时，国内还掀起了一场马克思主义者和批判者之间的大论战；另一方面，新古典经济学的思想成果被中山伊知郎和高田保马等学者进一步传入日本，而国家主义的思想不断与军国主义相结合，为日本的对外侵略扩张打下了一定的思想基础，在战争期间，许多学者遭到迫害，因此一度造成了学术的真空状态。

日本对西方经济思想的学习经历了“初期学英国、后期学德国”的转变过程，从明治到大正年间，很多学者赴德国留学，将德国先进的思想文化成果带回国内，因此，德国历史学派、新历史学派的保护主义、国家主义的思想对日本影响很大，从经济发展的实际效果来看，日本明治时代的工业化和近代化的政策的确凸显出了政府对经济干预的效果，随着经济实力和军事实力的增强，日本重新取得了不平等条约的谈判权并逐步废除了不平等条约，最后还走上了殖民扩张的道路。所以这个时代是日本经济思想发展的黄金期，日本对西方经济思想的学习不是被动输入而是主动学习，并有选择性地与本国利益紧密结合，并在这些思想的基础上结合本国传统，发展出自己的思想。所以日本并没有一般学者所认为的殖民主义将西方的学问强加给非欧洲社会所造成的对本地文化传统的消灭，相反，日本很好地将西方思想和本国传统进行了融合，正如日本学者丸山真男所说：“将日本近代思想分成传统和非传统两类是一个严重的误解。就外来思想已被摄取，以各种形式渗入我们的意识和生活方式并在我们的文化上打上了难以磨灭的印记而言，欧洲思想也早已变成了我们传统的一部分。”①

左右田喜一郎正是在这样一个积极向西方学习的时代潮流中踏上了他的德国求学之路，而当时正是德国哲学发展的黄金时期，从康德开始，经过费希特和谢林再到黑格尔，德国古典哲学对欧洲国家产生了深远的影响。

① ［日］丸山真男．日本的思想［M］．东京：岩波书店，1961：8.

左右田的经济哲学思想正是深受新康德学派中西南学派的影响，他通过吸收新康德学派的文化价值理论并加以改变形成了自己独创的经济哲学，从而在20世纪的日本开创了一系列经济思想的潮流，并涌现出一批经济哲学的后继者。

三、左右田经济哲学的基础——超越价值的多元主义社会

1. 文化价值

左右田哲学形成期的日本在思想领域有两类对抗的思潮：一类是处于支配地位的官僚主义、军国主义和保守主义思潮；另一类是与其对抗的民主主义、进步主义和自由主义思潮。左右田本人对这两类思潮都不完全认同，因此他想要“如果能够站在批判哲学的立场上，对这些立场进行内在的超越”①，来提出自己的立场，左右田的这种立场我们称之为“文化主义”立场，这一立场并不是要排斥两类对抗的思潮，而是寻求对各种立场的超越。

左右田所谓的文化主义是“我是那么地希望能够实现在逻辑上具有普遍妥当性的文化价值的内容，这种形而上学的努力就是我所谓的‘文化主义’”。② 他认为要实现对各种立场的超越，首先就必须把各种主义的主张纯粹化，捕捉各领域相应的极限理想价值，由此形成的各种多元理念的集合体就是“文化主义”。“文化主义”的诸价值领域之间是没有优劣、序列、等级之分的，个人或者社会全体都可以自由地追求价值，每一种价值都是“相互独立、相互并列、紧密依存的关系”③，在同一平面上并列形成一个“文化的世界”。当人们在各自的领域中探求内在的价值、追求人格的完善，他们就被认为具有了“文化的人格”。文化人格的获得并不是轻而易举的事情，如果人们妥协于自我的懒惰状态，就只能过着凡俗的人生，只有那些为了探求内在价值，超越一般的道德判断，抱有为了使命而献身的社会理想时，才实现了“文化的内在超越”。左右田认为“黑格尔哲学中将法律、国家、政治、人伦、历史等领域的价值称为‘客观精神’，而将艺术、宗

① 文化主義の論理［M］//文化価値と極限概念：左右田喜一郎論文集第二卷．京东：岩波书店，1972：49.

② 文化主義の論理［M］//文化価値と極限概念：左右田喜一郎論文集第二卷．东京：岩波书店，1972：51.

③ 価値の体系［M］//文化価値と極限概念：左右田喜一郎論文集第二卷．东京：岩波书店，1972：102－103.

教、哲学等领域的价值称为‘绝对精神’，黑格尔认为‘绝对精神’是更高层次的精神”①，对于他这种用宗教体系对人伦体系进行包容的“伦理包容主义”的立场，左右田持反对态度。左右田认为，不论是“客观精神”还是“绝对精神”都是同样的精神，它们都是文化创造者的创造行为，它们和黑格尔的绝对精神一样都是“发扬其自身内在的意义、自足圆满完了的实现其统一调和”②，文化创造者的创造行为所表现出来的“创造者的价值”，在价值上是并列的，因此，他反对价值上的“阶层主义”“序列主义”，而主张价值的“相对主义”“多元主义”。

左右田强调人们对文化价值的追求，应当是对内在价值、极限价值的追求，那么不同领域的极限理想价值的表现形式是怎样的呢？在左右田看来，经济生活形式的极限理想价值就是货币，因为经济生活中有各种各样的极限价值，但是不论哪个经济活动都有共通的极限价值，这就是货币，货币虽然本身并不具有价值，它只是以中介的形式在经济活动中发挥作用，但是各种经济活动又都以它为目标，所以货币显示了对经济活动统一把握的极限价值，反映了经济生活的全体，货币这个概念成为左右田经济哲学思想的核心概念。

2. 超越价值的多元主义社会

左右田认为每个社会都存在由各个行为者的“意思自由”作为因果的出发点而产生的“非合理性”，“意思自由”带来了社会的偶然事项，这就是“非合理性”，这种“非合理性”从极限价值理念的高度来看，可以被看作是“被合理化的个性”，当人们以极限价值作为奋斗目标时，各种意志自由就能将“非合理性”合理化。人们在追求特定的极限理想价值的升华时，可能会丧失个人的特殊性，各个人成为“单纯价值的代表”，与其他人的人格没有区别，左右田将这种“超越个体的个性”的人格规定为“由意思自由所决定的自我的非合理性”和“作为极限价值的超越的合理性”的综合。

正因为个人是合理性和非合理性的综合体，左右田认为必须将非合理的创造契机从“各价值的意思内容的实现这一观点来捕捉”③，由此就必须要考虑价值的次要合理性。价值根本的合理性是其普遍的形式即极限理想价值，价值的次要合理性是各自领域成立的意思内容。人们一方面以极限

① 価値の体系［M］//文化価値と極限概念：左右田喜一郎論文集第二卷．东京：岩波书店，1972：105.

② 価値の体系［M］//文化価値と極限概念：左右田喜一郎論文集第二卷．东京：岩波书店，1972：120.

③ 合理性對非合理性の問題を通じて観たる［M］//文化価値と極限概念：左右田喜一郎論文集第二卷．东京：岩波书店，1972：361.

理想价值作为目标，将生存方式合理化；另一方面因为每个极限理想价值内容上有区别，因此不同领域价值的实现有差异。人们能够在各自的价值领域遵循自律的基准，追求特定价值的意思内容，于是这种价值的意思基准，就是对非合理的创造性契机给予了整体秩序的意思内容。由此，左右田基于这种价值次要合理性的“意思内容的整体秩序”，提出了形成一个非合理的创造性契机社会的构想。左右田所谓的非合理的创造契机社会，实际上就是在近代社会中，各个领域实现了机能的分化，各个领域都被置于一个极限概念之下，获得自律的秩序化原理，基于各种概念的机能分化社会一旦成立，人们就已经不再是被社会全体所统一的价值所包容，而是在各自领域以“极限概念的文化价值”为目的而生存，这种基于各领域的机能分化社会就是“超越的多元化社会”。

在超越的多元主义社会中，每个人从自身非合理的创造性契机出发，以各个领域相应的价值实现作为目标，在这个过程中，个人发挥了很关键的作用，因此，左右田肯定了个人的价值，他认为个人肩负着将自身潜力无限实现的重任，其创造性的成果将对社会的发展做出贡献，由此表达了对人格的尊敬。

四、左右田的经济哲学思想

左右田以其文化价值理论中的“超越的多元主义”为思想背景构筑了他经济哲学的理论基础，他认为在一个追求真善美的“超越的多元主义”社会中，货币也具有超越的文化价值，他首先论述了货币到底在什么意义上具有超越的文化价值，然后对边际效用说展开批判，最后提出了自己对货币本质的认识。

1. 具有超越的文化价值的货币

左右田所理想的自由社会是介于全体主义和无政府主义之间的重视个人自律和尊严的社会，他认为全体主义会使社会和学问被完全秩序化，每个人都崇拜并追求一种绝对精神；而无政府主义则会使个人无秩序地追求自身多方向的创造性，因此，不论哪一个都没有使人们向着人格完善的方向努力的倾向。人们要追求人格的完善，就必须在各领域有其固有的价值标准，每一领域必须要成立“被纯粹化的文化价值”，人们必须根据那个价值基准来追求文化价值。“经济生活之所以能成为人类文化生活的一方面，其理由正是在于‘经济的文化价值’”。[①]

当时经济哲学的中心问题是经济学是否作为一门独立的学科而成立，由此，围绕经济学认识的正当性展开了讨论，对于这个问题左右田引用了新康德学派李凯尔特的文化哲学，重新构筑了经济学正当化的原理，李凯尔特以超越的文化价值形式的“文化科学”的成立为基础，于是左右田就根据同样的方法将经济学也以经济的文化价值的形式为基础进行分析，具体来说，左右田思考了三个问题：第一，经济学到底是从其他诸学问中分离出来的一个自律性的学科领域吗？第二，经济学作为一门学问对经济领域的全体现象具有文化意义的向导性作用吗？第三，在经济活动中应该追求的超越的文化价值是什么？对于这三个问题，左右田给出了回答，他认为如果把第一个问题和第二个问题结合起来，可以得出这样一个认识，经济学被作为一门学问所确立，基于此，发现它给予了经济现象良好规范的和政策理念的指导；从第一个问题和第三个问题的结合来看，在经济学中，超越的文化价值在提供了被纯粹化的经济学的根本概念的同时，也提供了经济活动最崇高的理念。

左右田为了推进经济学理论逻辑的纯粹化，研读了当时在日本处于支配地位的经济学教科书——福田德三的《国民经济原论》和津村秀松的《国民经济学原论》（上卷），他发现，经济学基本研究对象的选择集中在“欲望”“财货”“经济行为”等概念上，并以这些概念为出发点构筑经济学的理论体系，对此左右田并不认同，他认为例如经济学选择“欲望”作为研究对象，并不是以全部的欲望作为研究对象，而只是以“物质欲望”作为研究对象，这是先取得的论点，不能被特定为经济学的根本问题，不能在最初就将经济学的基本对象特定化。导出经济学概念构成时要探求其根本的原理，在左右田看来，“纯理经济学也就是要探究成为根本原理的向导观念”[②]，那么什么能成为“向导观念”呢？不是“欲望”“财货”“经济行为”，而是“货币”。左右田认为货币具有将经济现象与其他的社会历史现象相互区分开的中心特征。“作为经济哲学对象的经济文化价值，在形式上和实质上的确立，才使得经济学的认识论成为可能”[③]，货币是导出经济学的概念构成的先天的普遍要素，与此同时，它还是经济生活的极限理想价值的形式。

① 経済学認識論の若干問題［M］//経済哲学の諸問題：左右田喜一郎論文集第一巻．东京：岩波书店，1972：106.

② カント認識論と純理経済学［M］//経済哲学の諸問題：左右田喜一郎論文集第一巻．东京：岩波书店，1972：56.

③ 経済学認識論の若干問題［M］//経済哲学の諸問題：左右田喜一郎論文集第一巻．东京：岩波书店，1972：106－107.

那么货币作为经济生活的极限价值有什么意义呢？左右田认为“经济生活和经济政策的归结点也就是要使经济的文化价值规范具有客观普遍妥当性的内容”[①]，对于这一问题，他实际上更多的是从政策层面来提出自己的主张。左右田认为功利主义所主张的经济政策的目的是为了“保障生存权”和“最大多数人的最大幸福”是不正确的，他认为经济政策的目的是向着“货币”的，作为货币的主要发行和经营机构——近代银行业的确立，在当时的社会是给了人类历史的发展最大贡献的领域，同时也是经济文化中显示了最卓越的精神的领域。左右田从始至终对银行业在经济生活中的作用推崇备至，这和他本人长期在银行业工作有很大的关系[②]，左右田既注重在实践中推进银行业作用的发挥，同时，自己也怀着对极限理想价值的追求来从事银行工作，即使在他晚年左右田银行倒闭了，他也为了保障储户的利益拿出自己的所有资产进行清偿，从而实践了他自己的人生哲学。

对于人们在追求卓越的文化价值、理解价值的客观性时所应抱有的态度，左右田认为，应该是接受人生的“喜悦”和“悲哀”。这种人生的“悲哀”指的是人们在那种严峻的超越的价值面前“屈服”，感悟到了自己人生“悲惨”和“悲剧”，这样一来懦弱的人不能达到优秀的文化价值，而完全被自己内生的“退化”过程所侵蚀，而勇敢的人为了防止那种“退化”，“在对抗创造过程的流动性的同时，会在宗教上、教理上、习惯上、伦理上、学术上等领域，留下有形无形的艺术上的作品，它残留着人生的过去，延续着人生的段落，既有人生的喜悦也有人生的悲伤”。[③]

2. 对边际效用说的批判

左右田生活的时代正是经济学领域里边际革命如火如荼发展的时期，边际革命将经济学的研究对象带入一个崭新视角，经济学由此前关注厂商行为转向了对消费者行为的研究，“效用”“稀缺”等概念不断被提及，边际革命中最有影响力学派之一的奥地利学派的边际主义理论引起了左右田的关注，而他对边际效用说的批判也主要是以奥地利学派的门格尔、庞巴维克等的学说为对象。左右田认为，边际效用说是把价值现象作为心理主义、个人主义来捕捉的结果，不利于把握超越的文化价值，边际效用说只是提供了比较价值高低的尺度，但是“对于价值内容（作为思维成果的价

① 経済政策の歸趣［M］//経済哲学の諸問題：左右田喜一郎論文集第一卷．东京：岩波书店，1972：126.

② 左右田喜一郎继承父业担任左右田银行的董事长，同时还是多家银行和大企业的董事或顾问。

③ 未定稿價値論の一節［M］//経済哲学の諸問題：左右田喜一郎論文集第一卷．东京：岩波书店，1972：207.

值现象）却没有在认识论上进行统一的把握”。① 同时他认为这个理论的立场，仅仅只是单纯地关心因果现象和利己行为，而对于经济现象到底具有怎样的“文化价值”却并没有探求其中的意义，从这一点来看方法上是不充分的。那么作为社会现象的价值是什么呢？左右田认为，作为社会现象的价值如果直接说就是超越的文化诸价值，它是为了实现人生最高成果的向导概念，真、善、美和货币这四个价值作为指导人生的东西，所表现的应当是客观地把握作为社会现象的价值。

左右田在分析边际效用说与欲望的关系时认为，边际效用说并没有捕捉欲望无限增大的可能性，具体来说，根据边际效用递减规律，随着人们对某种商品消费量的不断增加，这种商品给人们带来的效用的增量是不断减少的，从某一时点开始效用会转向负数，那个“负的效用”会向着“负的最大点”（消极的最大点）转化，左右田认为边际效用说要成立就必须“向着那个逻辑的终点即负效用的最大点（终极点）”②，但是边际效用递减规律在考虑“货币”的效用时却并不一定成立，货币的效用不可能转化为“负效用”，即使货币的边际效用递减，由于人们对货币欲望的无限增大，它的边际效用还可以是微微增加的，甚至于常常会不断增加。对于一般的商品，人们获得它的欲望是有限的，而对于“货币”，人们获得它的欲望是无限的，而边际效用说却并没有捕捉到货币的这种特殊性。

关于货币欲望的无限性，左右田认为受到“以货币手段所享受到的满足应该以有形商品和无形服务的充足”③ 的制约，对于这里所谓的“充足”，桥本认为：“左右田是将货币欲望与权力欲望区别开来，所谓的无限的货币欲望，并不是使货币经济崩溃的一种夸耀权势的欲望，而是对商品、服务最大限度享受的一种欲求，那是意味着受到经济社会全体不衰退范围内的制约的欲望，是我们能享受到的与货币相互交换的商品、服务的数量，即使那些全部不能在意识上提高，也想要尽可能地把握，想要培养对财货、服务的理解力和趣味吧。”④

---

① 未定稿価値論の一節［M］//経済哲学の諸問題：左右田喜一郎論文集第一巻．东京：岩波书店，1972：194－195.

② 貨幣論上の限界効用学説［M］//経済哲学の諸問題：左右田喜一郎論文集第一巻．东京：岩波书店，1972：267.

③ 貨幣論上の限界効用学説［M］//経済哲学の諸問題：左右田喜一郎論文集第一巻．东京：岩波书店，1972：299.

④ 橋本努，鈴木信雄，编．左右田喜一郎——真・善・美にならぶ貨幣［M］//経済思想：第10巻．东京：日本経済評論社，2006：25.

3. 货币本质论

左右田的货币本质论实际上是围绕着“经济”这一社会现象的先天条件是“货币”，“货币”不能还原成个人现象，但是“货币”又是怎样从个人现象出发，作为不能还原的要素而出现的呢？

为了说明这个问题，左右田首先导入了“评价社会”这一概念，所谓“评价社会”，是在每个个人把对象进行个别评价的基础上，相互之间主观的，作为集团的一员对对象进行评价的社会。对某种对象（商品）其价值进行社会性的评价时，那个评价既不是每个人欲望的总和，也不能完全离开个人而成立。相互之间的主观评价，既不能从个人的评价导出，也不能还原成个人评价的平均或共通。左右田所谓的“评价社会”是从每个人的评价出发，是从那里概念上独立地评价主体外面上成立的社会，由主体的评价强度来区别于其他的评价社会。例如对某艺术品的评价，不能简单地还原成鉴定团内每个人的主观评价的平均，那是作为一个独立的相互之间的主观评价，与每一个人的评价相比，会成为一个更加正当的主体而成立。同样的关于货币也有类似的“评价社会”成立，例如外汇市场汇率的稳定，各国中央银行对本国货币的价值也有必要有一个相互之间的主观评价，那种情况下“货币的价值”就是在不能还原成每个人的主观评价的相互之间的主观评价的基础上，中央银行自己必须独立地判断。左右田的“评价社会”就是认为像中央银行或鉴定团这样的集团，会比每个人的平均的彼此之间的主观评价具有更加优越的相互之间的主观评价，将其推定为更加优越的集团。

左右田认为货币的成立与这样一个评价社会的成立是相通的。具体来说，左右田认为所谓货币的成立，承担货币物体与其实体价值相分离，是接受了价值尺度机能（职能）的阶段（不保证和金·银兑换的不兑换纸币的成立），于是这个阶段是货币的“机能－职能”，从它的实体价值中独立出来的阶段，那个独立意味着承担“评价社会”机能的成立，日语的“ファンクション”这个词有“机能”和“职业上的承担者＝职分”两个意思，这里左右田承载了这两个意义，作为货币机能的独立，认为是与作为那个评价＝操作主体的职业分化同时成立的，于是那个成立也就作为货币的完成状态出现了。这里左右田认为当货币制度发展到不兑换纸币阶段时，就会出现货币与其实体价值相分离，承担价值尺度的职能，但是在左右田生活的时代，还没有实现不兑换纸币制度，因此，实际上这里是左右田对货币发展制度做的一个展望，而从经济发展的实际来看，布雷顿森林体系崩溃以后纸币本位制普遍建立起来。左右田认为货币机能纯粹化的社会也就是不兑换纸币流通的社会，也就是操纵货币价值的集团以一个独立的支配层出现的社会，左右田对那样的社会作为货币形式的极限价值预先做了理论的设想，那个理论的先行性最终与历史发展的最终阶段重合。

左右田的经济哲学围绕着货币展开，他将货币看成是经济领域中具有超越的文化价值的向导观念，认为经济学的研究应该围绕货币展开；而对边际效用说中运用欲望、效用概念来分析消费者的行为持否定态度，认为那是犯了主观主义、心理主义的错误，不利于从客观上对超越的文化价值进行把握；最后他认为当货币从其实体价值中独立出来以后，就真正承担了评价社会的机能，这正是不兑换纸币制度实现的社会，左右田对这样的社会作出了展望。

五、评　价

1. 开创了以货币作为经济哲学研究出发点的新视角

左右田的经济哲学理论中，研究的核心内容是货币，不论是超越文化价值的货币论、对边际效用论的批判还是货币本质理论，都是围绕着货币这一中心概念展开的，以货币作为对经济本质探讨的切入点，从哲学的视角来研究经济的本质问题，由此开启了日本经济哲学研究之路。其直接后继者杉村广藏在其代表作《经济哲学的基本问题》中，正是循着他的研究道路，立足于货币论，对其价值论有了更深入的理解。到了20世纪80—90年代，日本经济哲学得到了较快的发展，吉泽英成在《货币与象征》一书中，不论是从交换、语言、意识形态等角度对货币原型的探讨，还是向着未来货币的展望，其经济哲学思想的基础都立足于货币；岩井克人将其经济哲学思想直接以《货币论》来命名，不论是价值形态论、交换过程论、货币系谱论，还是恐慌论和危机论，都表现了强烈的对货币的关注；到了21世纪初，佐伯启思的《货币与欲望——资本主义的精神解剖学》更是从对货币的分析上升到了对资本主义制度的思索。由此我们可以清楚地看到，左右田喜一郎开创了一个以货币作为经济哲学问题研究切入点的研究思路，此后被其他学者继承、发扬，并不断加以完善。

2. 确立了日本经济哲学研究的哲学基础

左右田喜一郎早年在德国求学，师从新康德学派中西南学派代表人物李凯尔特，新康德学派的文化价值理论及其研究方法对左右田影响很大，他直接以新康德学派的哲学思想作为其经济哲学的哲学基础；杉村广藏是左右田喜一郎的学生，也是他思想的直接后继者，他在继承左右田西南学派哲学思想的基础上，又吸收了新康德学派中马堡学派的思想。新康德学派属于早期人本主义哲学重要的理论学派，从根本上都属于“大陆哲学”“人本主义”这个系谱。日本的经济哲学发展到当代，仍然延续了左右田所开创的大陆哲学这一系谱，盐野谷祐一经济哲学思想中的哲学根基是在整个20世纪大陆哲学中占据主导地位的现象学，尤其是其第三阶段的解释学，所以有江大介评价说盐野谷祐一“是以卓越崇高的‘价值’和这种价值的承担者即‘人’作为关键概念，体现了对以新康德学派为基础而创立日本经济哲学的左右田和杉村思想的优秀传承”。① 这种传承一方面由于日本学术研究注重对传统的研究和继承；另一方面也与日本经济思想一直注重对“价值”“历史”“人性”等这些“人本主义”元素进行研究的学术氛围有很大关系，尤其是20世纪90年代以来，日本当代经济思想越来越关注人生存的价值意义，关注人的欲望、幸福、快乐等活动对价值实现的影响，并且将人置身于社会中来考察，分析一个善的社会中，价值、平等、人与人之间相互关爱、所有权实现等问题。

3. 开创了一个将经济学和哲学研究相结合的学术研究的新视野

在左右田喜一郎以前，日本没有专门针对经济哲学思想的研究，那时经济学和哲学是各自独立的学科。日本的哲学思想在近代以前一直深受中国儒家传统的影响，到了近代以后，随着向西方学习的不断深入，西方哲学思想对日本的影响很大，尤其是作为西方哲学精华的德国哲学，实际上新康德学派是在深受德国古典哲学影响的基础上发展起来的，而现象学的主要阵地则是在德国，由此可以看到日本哲学思想与德国的紧密联系。经济思想上从明治维新后大量西方经济学著作的传入，开启了日本接受西方经济思想的新道路，此后日本更是紧跟西方经济学发展的新动向。左右田将这两个原本联系紧密但在学术研究领域却将这种联系忽略的两个学科联系在一起，从而迎来了学术研究的新视野。此后他的思想经过杉村广藏、间宫阳介、吉泽英成、佐伯启思、岩井克人、盐野谷祐一等学者的继承和发扬，思想内容日臻完善，发展到当代，日本的经济哲学思想更是吸收了很多社会科学领域，尤其是哲学领域的新思想、新成果、新见解，逐渐形成了独具特色的思想体系。

① ［日］有江大介．書評塩野谷祐一“経済哲学原理一解釈学的接近”［J］．経済学史研究，2011－01－31，52（2）：149－150.

参考文献

[1] ［日］左右田喜一郎．経済哲学の諸問題：左右田喜一郎論文集：第一巻［M］．东京：岩波书店，1916.

[2] ［日］左右田喜一郎．文化価値と極限概念：左右田喜一郎論文集：第二巻［M］．东京：岩波书店，1922.

[3] 橋本努，鈴木信雄，編．左右田喜一郎——真・善・美にならぶ貨幣［M］//经济思想：第10卷．东京：日本経済評論社，2006：25.

[4] ［日］馬場啓之助．左右田喜一郎論［J］．一橋論叢，1965，53（4）.

[5] ［日］武藤光郎．極限概念と限界状況：左右田哲学への回想［J］．一橋論叢，1957，38（2）．

[6] ［日］渡植彦太郎．経済価値の社会学［M］．东京：未来社，1972.

[7] ［日］泰萨·莫里斯—铃木，著．日本经济思想史［M］．北京：商务印书馆，2000.

[8] ［日］山本七平．日本的资本主义精神：第一版［M］．北京：三联书店，1995.

12 The Creation of Japanese's Thought of Economic Philosophy —Comments on Sayuuta Kiichirou's Economic Philosophy Thought

Tao Yun

Abstract: before Meiji era economic thought of Japan it has a rich philosophical connotations, Meiji era opened craze to study Western, in this context Sayuuta Kiichirou absorbed theory of Cultural Value of Neo - Kantian school change them to own unique economic philosophy, His thought of economic philosophy based on beyond the value of social pluralism, the concept of cultural value, limit value, beyond pluralistic society have become the starting point of thought of economic philosophy, Entire thought of economic philosophy revolves around monetary expansion.

Key words: Cultural Philosophy; Economic Philosophy; Limit Value; Cultural Value; Beyond Pluralistic Society

13

亚当·斯密“看不见的手”及其批判述评

李黎力*

[内容提要] 作为经济学文献中最知名的比喻之一，亚当·斯密的“看不见的手”受到世人瞩目，甚至得到了过度关注，然而对于其本意却存在诸多“重建”，也遭到许多学者和学派的批判。本文旨在从学术界的各种“重建”中寻求“看不见的手”的共同内涵，廓清并指出“看不见的手”实为一个分析框架；通过归纳该分析框架所具有的特征，回顾其所受到的各种批判，从而厘清该框架存在的缺陷；最后从斯密的角度对该框架进行“历史重建”，提出一些容易被人们所忽视和误解的含义，并强调其对现实的警醒和借鉴意义。

[关键词] **亚当·斯密　“看不见的手”　批判　述评　重建**

假如我们要给古典经济学乃至新古典经济学配上一段主旋律的话，那么“看不见的手”（invisible hand）或许是一个不错的选择。无疑，亚当·斯密的“看不见的手”受到世人瞩目，甚至受到了过度关注，尤其对那些阅读有关斯密著作甚于其原著的人而言，更是熟悉得无以复加。然而，如若问及“看不见的手”的本意，答案肯定是五花八门。自“看不见的手”被提出以来，学术界对其展开的学术理论探讨一直不断，纷纷对其本意进

* 李黎力（1986—　），男，湖南省衡南县人。中国人民大学经济学院博士候选人（硕博连读研究生），主要研究方向为经济思想史。

行各种“重建”（reconstruction）①，然而至今似乎仍未达成共识。正如Grampp（2000）所言，“‘看不见的手’这首歌的开头应该由单人清唱，以符合这五个字最初的单纯本质；而歌曲的结尾应该由众人各唱各的调，以反映这五个字后来被诠释成各式各样、相互矛盾的主张”。本文旨在综述“看不见的手”的“众人各唱各的调”，试图寻求他们之间的共同“旋律”；然后回顾自古典经济学以来其受到的各种批判，厘清“看不见的手”所存在的缺陷；最后综合学术界对“看不见的手”的各种“腔调”和批判，提出自己的“历史重建”（historical reconstruction），并强调它对现实的借鉴意义。

一、斯密“看不见的手”的含义

斯密在其著作中曾三次直接使用“看不见的手”这一术语。最早使用这一概念是在《天文学》Ⅲ2 中，第二次是在《道德情操论》中提及的，第三次则是在《国富论》中表述的。综观这三次论述②，斯密均未明确提出其具体含义，于是后人便对其进行各种“重建”。关于“看不见的手”的神学目的论残余已被西方学术界所广泛承认，其本意是讲“神”的而为人所看不见的手，然而人们又普遍认为，“看不见的手”是一种隐喻，即一种比喻性描述。因此后继者便纷纷从自身角度来解读其“本体”，从而为自由阐释提供了广阔空间。

一些学者（Fleischacker，2004；Kennedy，2007）认为，“看不见的手”仅仅是一个孤立的隐喻，并没想用来表示更多的内容。它是在描述商人支持国内投资时明确提出来的，商人出于规避风险的考虑投资于国内，这完全是一种合乎逻辑的结果，根本用不着其背后的“看不见的手”的指引；而使用“看不见的手”仅仅是便于读者理解或引起读者注意，它只是一个“诗意的设计”。然而在其他大多数学者看来，以上这种看法太过狭隘——

① 以雅克·德里达（Jacques Derrida）和米歇尔·福柯（Michel Foucault）为代表的结构主义认为，过去所有的文本都需要重建，因为这些文本的意义并非全无晦涩之处，而且并非只能有一种诠释，甚至连作者也没能完全掌握文本的意义，故需要重建，即对过去的经济思想予以重新阐述。Blaug（2001）借用哲学史的术语，区分了“理性重建”和“历史重建”两种不同的经济思想史的研究方法，详细介绍及评论请参见贾根良，李黎力．浅议经济思想史观与经济思想史研究方法论——兼评马克·布劳格的《经济理论的回顾》［J］．当代经济研究，2010（4）：19－24.

② 大部分学者（Grampp，2000；Kennedy，2007 等）认为这三次所提及的“看不见的手”具有不同的含义，而且学术界的讨论主要针对《国富论》中所论及的“看不见的手”，因此本文也仅限于对《国富论》中所提及的“看不见的手”进行述评。

他们只是盯住斯密在《国富论》中唯一一次提及的“看不见的手”的短语上做文章；事实上，“看不见的手”的思想贯穿了斯密整个著作，作为一种隐喻，它具有更广泛和深刻的内涵①。但是，关于“看不见的手”隐喻的“本体”的解读却又出现了重大分歧。Grampp（2000）归纳了“看不见的手”在现代经济文献中的九种不同含义（包括他自己的就是十种），而西方主流经济学则将其解释为市场均衡机制，将它作为是否与竞争概念相一致的检验（Blaug，1968）。

实际上，关于“看不见的手”，斯密只是提出了一种思想，或谓一个分析框架（姚开建，2008）。该分析框架认为：出于利己动机的个人通过一个现实的经济活动的中介过程，产生了出人意料的积极后果，最终增进了其他利益。而许多学者对“看不见的手”的诸多“重建”均可纳入该分析框架之内，仅仅是在该分析框架的后面两个部分的具体内含，以及该框架的成立条件上存在分歧。如图 1 所示，学者们对“看不见的手”的本体（即中介过程）提出了一系列不同的看法，而且对非本意的积极后果的外延界定也呈现出差异。

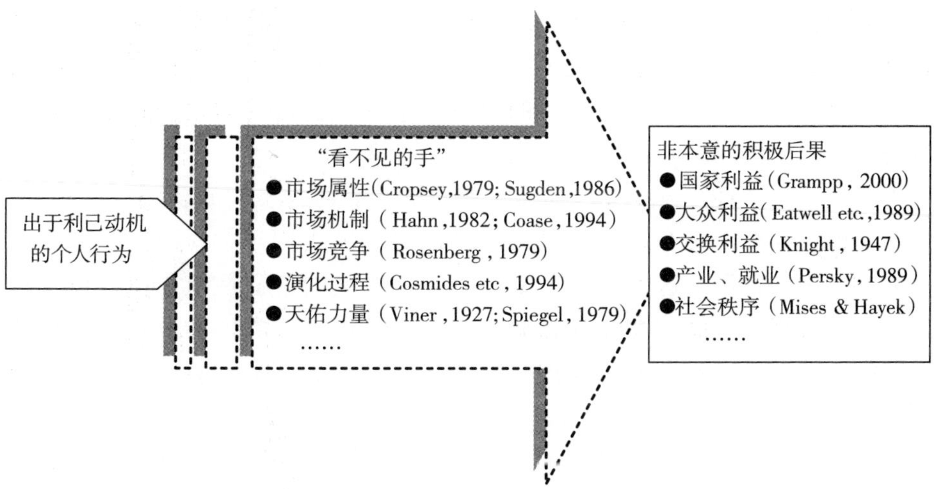

图 1 斯密“看不见的手”分析框架②

通常认为，这个分析框架包含了以下几个方面的特征，正是这些特征使得“看不见的手”成为后来经济学者批判的对象。

第一，个人利益的正当性。斯密承认个人利己心的合理性，并把它解释为人类的全部行为准则。所谓自利或利己心，就是“支撑个人的一切行

① 该观点以埃蒙·巴特勒为代表。请参见［英］埃蒙·巴特勒，著．解读亚当·斯密［M］．王巧玲，等，译．西安：陕西人民出版社，2009：26.

② 根据（Grampp，2000）等资料整理而成。

为，使其在某一问题上根据利害观点来采取某一行动的原则”①。由于每个人自己天然是自己利益的最佳判断者，每个人在不违反法律这一社会理性的前提下，可以自由地追求自己的利益，满足自己的欲望，在追求自己利益的同时，他会理性地使用资源，将资源投到最有价值的地方，从而自动地合理配置资源，增进社会福利。

第二，个人利益与社会利益的一致性。在斯密看来，首先，人类具有互通有无的特殊倾向，人们之间自愿的交易会增进各自的福利；其次，交换倾向导致的分工可以提高劳动生产率、降低转换成本以及促进节约劳动机器的发明，从而增加全社会的财富；最后，在个人利益的引导下，个人会把有限的资源用在最需要的地方，从而节约资源、提高配置效率、增加社会财富。这三个方面都表明个人利益与社会利益具有一致性。

第三，个人自由。斯密的《国富论》在一定程度上是一部经济自由的宣言书。在他看来，公共利益是个人利益的总和，尊重和增进公共利益的最好办法就是尊重个人自由地满足自己的利益，这不仅不会导致社会混乱，相反，社会会自动走向秩序和繁荣。

第四，“自由放任”最小政府原则。最小政府既是“看不见的手”的逻辑结论，也是让这只“看不见的手”发挥良好功能的前提，据此斯密提出了政府至多充当一个“守夜人”的角色。这种管的最少的政府就是最好的政府，便是所谓的“自由放任”原则。

第五，普适性与自发性。斯密认为，“看不见的手”的普适性意味着，它不是仅仅存在于某个国家、民族和某段时间的人们当中，而是暗藏于所有人类行为的背后。这种世界主义鼓吹资本主义的普适性与永恒性以及自由贸易的合理性。而自发性则强调，这是一种不由人类理性或智慧设计和发明的，而是经过长期的演化或自然地生长出来，即非本意的、自然的或不自觉的。

第六，乐观主义。斯密“看不见的手”洋溢出强烈的乐观主义色彩，他在“看不见的手”的表达中，对自发的和自然的秩序的信任感溢于言表，这种乐观主义是建立在有一个睿智和仁慈的上帝的基础之上。

二、“看不见的手”受到的批判

自从斯密提出“看不见的手”以来，对它的批判就持续不断，这种批

① ［英］斯密．关于法律、警察、岁入和军备的讲演［M］．北京：商务印书馆，2003：260.

判大致可以分为两个阶段：古典经济学阶段和新古典经济学阶段。古典经济学阶段所受到的批判主要来自以下几个方面：古典经济学内部、国家保护主义、德国历史学派、各种社会主义和马克思主义等；新古典经济学批判阶段主要包括福利经济学、当代主流经济学内部、新制度学派以及其他学派的批判。

1. 古典经济学内部对“看不见的手”的乐观主义与利益和谐的批判

古典经济学内部的批判主要是指以马尔萨斯、李嘉图以及西斯蒙第为代表的批判。

马尔萨斯第一个抹去了笼罩在斯密“看不见的手”头上的乐观主义光环。他否定了斯密关于“人是理性的动物”这一前提，认为人生来是一种愚蠢、感情冲动和无知的动物，这是上帝所设计的人性。他认为“大自然在人类身上播种的本能，若放任自流的话，必然导致饥荒和死亡，或者犯罪”①，于是他在《人口论》中提出了“两个级数”的观点，由此导致人间苦难，而非斯密主张的人类幸福，“结果，一个不切实际的和谐世界的幻想一下子烟消云散”②。

李嘉图把经济研究由生产领域转向分配领域。在对社会中土地所有者、资本家和工人三个阶级的分析中，他得出土地所有者获得不劳而获的地租，而资本家的利润与工人的工资是对立的结论，从而在某种程度上批判了“看不见的手”个人利益与社会利益和谐的内涵，“以他自己的温和方式，对亚当·斯密所持的乐观前景以同样的打击”③。

西斯蒙第从人道主义的角度对“看不见的手”所造成的苦难予以批判。他首先批判了资本主义不以人而以财富作为生产的目的，主张消费至上，认为对财富的生产、流通和分配应由政府加以指导，以符合人们对物质幸福的要求，从而与经济自由决裂；其次他批判了基于经济自由的自由竞争会带来公共利益增进的观点，他认为私人利益的自由发展经常导致对公共利益的损害，因此祈求国家干预。

2. 国家保护主义和历史学派对“看不见的手”的普适性和自发性的批判

以德国历史学派的先驱李斯特和美国凯里为代表的国家保护主义，以

① ［美］斯皮格尔．经济思想的成长（上册）［M］．北京：中国社会科学出版社，1999：102.

② ［美］罗伯特·海尔布罗纳．几位著名经济思想家的生平、时代和思想［M］．北京：商务印书馆，1994：69.

③ ［美］罗伯特·海尔布罗纳．几位著名经济思想家的生平、时代和思想［M］．北京：商务印书馆，1994：69.

及以其后继者罗雪尔、希尔德布兰德、克尼斯等为代表的德国历史学派，主要集中批判“看不见的手”的普适性和自发性。

关于普适性，李斯特对“看不见的手”的“世界主义”予以反驳。首先，他认为，把“看不见的手”理论看成是全人类的任何时期与任何国家都必须坚持的东西，从而超越一切民族和国家立场，这本身是虚伪的，违背了经济史实，为此，他援引英国通过有力的保护关税和海运政策崛起的历史加以证实；其次，他认为“看不见的手”理论一方面把经济自由看作是个人主义的，另一方面又从个人跳跃到整个人类，把经济自由说成是世界主义的，有意地忽视国家的存在，从而错误地忽视“在个人与整个世界之间还有一个重要的中间舞台，这就是国家”①；最后，李斯特认为，斯密“看不见的手”将个人与人类等同起来，从而认为人类利益是个人利益的简单加总的这样一种观点是错误的。

关于“看不见的手”的自发性，李斯特首先致力于揭露斯密独断地把自然的、自发的等同于善的、逻辑的混乱，在他看来，这种崇拜自发性的根本错误就在于，斯密主义利用含糊、笼统的“看不见的手”的自发性，反对一切形式的人为方法。虽然“看不见的手”能为社会带来福利，但并非在任何情况下都是如此。人们有意识地自觉促进生成并不必然就是恶，相反，它可以更好地为我们带来善。

3. 以马克思为代表的社会主义的批判

在各种社会主义的批判中，马克思的科学社会主义的批判最为全面、精辟和彻底。他对“看不见的手”的相关论述主要集中在《政治经济学批判（1857—1858 年手稿）》和《政治经济学批判（第一分册）》等著作中，他对斯密“看不见的手”的分析框架进行了彻底的批判。这种批判主要包括以下三个方面②。

第一，这个分析框架表现为对资本主义经济的单纯的全面肯定。该框架直接把个人利益与最终共同利益的结果连接起来，商品交换中固有的对立、矛盾都消失了，从而将本应表现为经济关系的历史性、合理性，表现为一种自然的、由个人永恒本性决定的“和谐”。在马克思看来，“看不见的手”这种机制从来就不是固定不变的自然秩序，而只是历史的产物。

第二，这个分析框架用简单、抽象的方式去说明复杂、具体的经济关系。具体而言，即用交换价值或货币形式时交换的规定性去说明资本主义交换，舍去了货币转化为资本以后社会矛盾、对立甚至对抗的已发展了的

① ［德］李斯特．政治经济学的国民体系［M］．北京：商务印书馆，2009：28.

② 姚开建．论斯密“看不见的手”［J］．中国人民大学学报，2008（4）.

各种关系。

第三，这个分析框架为单纯利用流通说明资本主义经济提供了方便，实质上是把资本主义生产仅仅归结为流通，用流通中的价格平衡去论证资本主义经济具有天然的和谐，从而回避了资本主义生产方式交换中所存在的各种对立与矛盾。

4. 当代主流经济学内部关于市场失灵的批判

20 世纪 30 年代资本主义大萧条之后，市场失灵得到了特别关注。以庇古为代表的福利经济学家看到了市场失灵，而以凯恩斯为代表的宏观经济学看到了“看不见的手”机制的内在缺陷，强调市场机制不是稳定的，在纯粹的“看不见的手”的机制下资源并不能自动达到最优配置，市场的非均衡现象是普遍的，而瓦尔拉斯一般均衡只是特例。综合起来，现代主流经济学对“看不见的手”的批判主要集中在帕累托最优的不现实性、收入分配不公以及经济波动三个方面。第一，关于帕累托最优的不现实性，主要是指满足帕累托最优的条件在现实中并不存在。福利经济学第一定理认为完全竞争才能达到帕累托效率，而完全竞争的条件在现实中却往往被违反，包括有限理性、信息不完全、外部性、交易成本、规模经济等。第二，即使满足“看不见的手”的所有条件，经济运行也只能达到帕累托效率，但却无法解决收入分配不公平的问题。第三，单纯的“看不见的手”的市场机制会出现经济波动，即经济周期。

5. 其他批判

博弈论指出，只有在正和博弈的情况下，个人竞争才会导致社会效益，而在负和博弈和零和博弈中，个人利益并不能促进整体利益。同时，博弈论已经证明，并不是所有的纳什均衡都能导致帕累托效率。

阿罗不可能性定理说明，不可能存在一种能把个人偏好转化为社会偏好的机制，除非是独裁的或任意的。

新制度经济学所强调的“囚徒困境”“公地的悲剧”都证明了“看不见的手”的缺陷，因为在这种情况下个人利益与社会利益相冲突。奥尔森的集体行动理论说明“有理性的、寻求自我利益的个人不会采取行动以实现他们的共同的或集团的利益”①。

萨缪尔森的合成谬误理论指出，并不是在任何时候，整体都等于部分之和，换言之，对个人有利的并不必然就对社会有利。

---

① ［美］奥尔森．集体行动的逻辑［M］．上海：上海三联书店，1995：2.

我国学者崔之元在研究现代市场经济时指出，“看不见的手”无法解释西方现代市场经济实践中的三种制度，即有限责任公司、中央银行和破产重组，从而向“看不见的手”理论提出了挑战。①

三、结论与简评

关于“看不见的手”，斯密仅仅提出了一个分析框架，其主旨在于自利的个人行为会产生无意识的积极后果。而后人大体在这个分析框架内，从自身角度出发，对中介过程——“看不见的手”的本体以及无意识的积极后果的内涵与外延进行了各种“重建”。无论他们如何“重建”，斯密所阐释的“看不见的手”的分析框架却依然大体上被遵循着，并且被赋予了某些明显的特征和含义，并成为后继者持续展开批判的对象。综观第二部分的各种批判我们发现，大多数学者（或学派）对分析框架的某一个或几个特征进行批判，这些批判大都没有从根本上动摇整个“分析框架”。而马克思则从历史唯物主义的角度对斯密“看不见的手”的分析框架进行了比较彻底和深刻的批判。无疑，回顾这些批判对于我们进一步认识和理解“看不见的手”大有裨益，当然，这也促使我们怀疑“看不见的手”分析框架的“本意”——在斯密看来，这种分析框架是无条件成立的吗？这需要我们进一步对其展开“历史重建”。

首先，我们来看一下这个分析框架的前提部分——个人具有利己动机，且遵循自利的行为方式。无疑斯密曾提出，每个人自己天然是自己利益的最好判断者，生来就具有一种首先和主要关心自己的天性。然而，不可忽视的是，斯密也曾明确地指出，人的行为不一定在追求自己的利益：人们可能搞不清楚什么是对自己有利的事情（例如他们在应该节省开支时却铺张浪费）；即使他们知道利益之所在，也不一定知道如何有效地运用它（例如对一些事情过于自信乐观）；他们甚至可能完全不考虑自己的利益（例如耽于逸乐而误了正事）。这些都反映出，在斯密看来，这个分析框架的前提在现实中其实是不确定的，用现代经济学的术语来讲，即理性经济人的假设是存在问题的。

其次，倘若前提条件成立——即个人是理性的，那么在斯密眼中，是否必然意味着，经由“看不见的手”就能无意识地促进其他利益（公共利益）呢？他是否完全相信“最单纯的自然自由体系”（simple system of natu-

① 崔之元．“看不见的手”范式的悖论［M］．北京：经济科学出版社，1998.

ral liberty）呢？Grampp（2000）给出了否定的答案。他认为，"看不见的手"这个分析框架对于斯密来说是有条件的，这个条件在竞争市场的交易中可能存在，也可能不存在。这个条件是：某个人在以某种方式追求自身利益的过程中，同时产生对每个人（包括自己）都有利的好处。这意味着"看不见的手"是一个有条件的框架，必须在"个人某些利益与大众不同类但又相容的利益幸运地相一致"这个特殊条件下才能成立，而不是一个具有普适性和自发性的命题。其实，我们从斯密的原话中也能发现，他认为人们的自利行为并不能通用地解释一切意料之外的结果，只能适用于其中一部分，它"在这场合，像在其他许多场合一样"[①] 活动着，但却不是在一切场合，因此不是普遍的良性的法则。

确实，关于"看不见的手"机制，斯密并非完全无条件地膜拜，他并没有完全沉迷于自然哲学。正如布劳格所言，"如果我们开出斯密所承认的'最单纯的自然自由体系'不足的目录——利益的冲突，追求个人利益导致不受社会欢迎的结果——我们将有充足的'弹药'"[②]。例如，斯密在《国富论》第四篇第二章中，停止对自由贸易的辩解，证明保护关税论者的方案在幼稚产业情况下，或在对外国关税报复的情况下是正确的；为航海法辩护，因为"国防比财富更重要"，完全的贸易自由被认为是乌托邦的空想，因为从制造业的既得利益来看它是很难实现的。另一方面，斯密并不满足于说明一个自由市场经济能保证将所有可能的事情办得最好，他还潜心研究能够保证市场势力良好运行的制度结构。举他对公共服务讨论和教育制度的分析的几个例子已经足够，他对为政治和经济地位进行斗争的各阶级的阶级利益和意识形态武装的论述，表明他很了解私人利益很可能像促进公共利益一样阻碍公共利益，市场机制能够促进和谐但也能够破坏和谐，除非它受适当的法律和制度框架的约束。这些均说明，在斯密看来，其阐释的"看不见的手"的分析框架并非绝对成立的，而是有局限的，他因而致力于在制度层面完善这种具有缺陷的分析框架。然而，这些却经常为世人所忽视，如2005年"克拉克"奖得主达龙·阿西莫格鲁（Acemoglu，2009）在金融危机后对经济学反省时所提到的，"我们不假思索地接受的第二个观念是，资本主义经济是在无制度的真空中运行的，在这个真空中，市场会万无一失地监督机会主义的行为，我们忘掉了市场的制度基础，错误地将自由市场等同于无监管的市场……经济学家忽视了支持市场的制

① ［英］斯密．国民财富的性质和原因的研究（下卷）［M］．北京：商务印书馆，2008：27.
② ［英］马克·布劳格．经济理论的回顾［M］．北京：中国人民大学出版社，2009：41.

度的重要性，在这一点上，经济学家并不比政策制定者好得多”。①

现代经济学家在阐发现代经济理论时，往往具有援引经济思想史来为其“背书”的偏好。作为经济学文献中最知名的比喻之一，“看不见的手”无疑成为诸多经济学家援引“背书”的对象。如阿罗、德布鲁等经济学家在阐释一般竞争分析时向斯密致敬，因为他们认为，斯密在两百多年前就已经洞知，完全竞争会导致帕累托最优的市场均衡。这种解读也充斥于许多初级教科书中。Blaug（2001）以“历史重建”的手法，批判这种解读是典型的违背斯密原意的“理性重建”（rational reconstruction）。② 他严厉批判这种“理性重建”——“若要援引历史来替当代的信仰背书，则漠视文本证据，是没水平的做法”③。

而在现实中，“看不见的手”已不再仅仅是一个理论命题，而更多地成为经济政策论战中的辩论工具。他们不顾斯密对“看不见的手”分析框架的许多保留意见，而常常用来斥责某些人对价格机制认知的视野狭隘，盲目崇拜市场主义。例如，最近我们在综述有关中国“转变经济发展方式”研究的文献时发现，鲜明存在着两条对立的转变思路，其中占主流的“自由派”的转变思路正是遵循片面市场化的逻辑。这种思路是存在缺陷的，忽略了斯密所忠告的“最单纯的自然自由体系”的局限性，也是与中央的精神背道而驰的。④ 正确认识和把握斯密的“看不见的手”的分析框架，正视其所受到的各种批判，这无疑对于我们研究现实问题具有警醒和借鉴意义。

参考文献

［1］William D. Grampp，2000，“What did Smith Mean by the Invisible Hand?” *Journal of Political Economy*，108（3），pp. 441－465.

［2］Daron Acemoglu. The Crisis of 2008：Structural Lessons for and from Economics http：//www. cepr. org/pubs/PolicyInsights/CEPR_ Policy_ Insight_

① Daron Acemoglu. The Crisis of 2008：Structural Lessons for and from Economics［EB/OL］. http：//www. cepr. org/pubs/PolicyInsights/CEPR_ Policy_ Insight_ 028. asp

② Blaug（2001）廓清了“作为过程的竞争”与“作为结局状态的竞争”以及“动态效率”与“静态效率”之间的区别。请参见 Mark Blaug. No History of Ideas Please，We’re Economists［J］. Journal of Economic Perspectives，2001，15（1）：145－164.

③ Mark Blaug. No History of Ideas Please，We’re Economists［J］. *Journal of Economic Perspectives*，2001，15（1）：155.

④ 贾根良，李黎力．论“转变经济发展方式”研究中的两种对立的思路［J］. 天津社会科学，2010（6）.

028. asp

[3] Mark Blaug, 2001, “No History of Ideas Please, We’re Economists” *Journal of Economic Perspectives*, 15 (1), pp. 145 – 164.

[4] [英] 斯密．道德情操论 [M]．北京：商务印书馆，1997.

[5] [英] 斯密．国民财富的性质和原因的研究（下卷）[M]．北京：商务印书馆，2008.

[6] 余章宝，杨玉成．经济学的理解与解释 [M]．北京：社会科学文献出版社，2005.

[7] [英] 斯密．关于法律、警察、岁入和军备的讲演 [M]．北京：商务印书馆，2003.

[8] [美] 斯皮格尔．经济思想的成长（上册）[M]．北京：中国社会科学出版社，1999.

[9] [美] 罗伯特·海尔布罗纳．几位著名经济思想家的生平、时代和思想 [M]．北京：商务印书馆，1994.

[10] [德] 李斯特．政治经济学的国民体系 [M]．北京：商务印书馆，2009.

[11] 姚开建．论斯密“看不见的手”[J]．中国人民大学学报，2008 (4).

[12] [美] 奥尔森．集体行动的逻辑 [M]．北京：上海三联书店，1995.

[13] 崔之元．“看不见的手”范式的悖论 [M]．北京：经济科学出版社，1998.

[14] [英] 斯密．国民财富的性质和原因的研究（上卷）[M]．北京：商务印书馆，2008.

[15] [英] 马克·布劳格．经济理论的回顾 [M]．北京：中国人民大学出版社，2009.

[16] 贾根良，李黎力．论“转变经济发展方式”研究中的两种对立的思路 [J]．天津社会科学，2010 (6).

13 A Review of Adam Smith’s “Invisible Hand” and its Criticisms

Li Lili

Abstract: As one of the most well – known metaphors in Economics literatures, Adam Smith’s “invisible hand” has received worldwide, even excessive attention. However, there are so many "reconstructions" towards its original idea and criticisms from a variety of scholars and schools. This paper aims to seek a common meaning of the "invisible hand" from academic various "reconstructions" and argues that "invisible hand" is actually an analytical framework. Through generalizing characteristics of this framework, we take a review of its various criticisms and therefore clarify the shortcomings of the framework. Finally, from Smith's perspective we take a "historical reconstruction" towards the framework, propose some meanings easily neglected and misunderstood by some people, and also emphasize its significance of alertness and reference.

Key words: Adam Smith; "Invisible Hand"; Criticisms; Review; Reconstruction

14

库兹涅茨“倒 U”曲线的理论缺陷

甘鸿鸣[*]

［内容提要］越来越多的研究对库兹涅茨“倒 U”曲线的可靠性提出了质疑。为什么有那么多国家收入分配的演变过程并没有表现出“倒 U”形的特征？本文没有走实证研究的思路，而是对“倒 U”收入分配曲线的理论架构进行了研究。我们认为，库兹涅茨“倒 U”曲线理论的第三和第四假设条件，即农业部门内部的收入不平等程度较低以及农业和非农部门内部收入不平等程度长期保持不变的假设，并不符合事实，这可能是导致“倒 U”收入分配曲线和大部分国家经济发展现实不一致的根本原因。

［关键词］**库兹涅茨　“倒 U”曲线　假设条件**

一、前　言

对美国经济学家、诺贝尔经济学奖获得者西蒙·库兹涅茨而言，“倒 U”收入分配曲线也许不是他最重要的，却极有可能是他最引人瞩目的理论发现。库兹涅茨在 1955 年的《美国经济评论》上的一篇论文中提出，当一个国家进入工业化的快速经济增长阶段，收入分配的不平等程度会呈现“先上升、后下降”的“倒 U”形发展轨迹。[**] 无论在发达国家还是发展中国家的经济学界，库兹涅茨的这一理论都曾经风靡一时。库兹涅茨“倒 U”

---

* 甘鸿鸣（1969—　），男，湖北麻城人。广西大学商学院讲师，武汉大学经济与管理学院博士，研究方向：西方经济思想史、金融学。

** Simon Kuznets, 1955, “Economic Growth and Income Inequality”, *The American Economic Review*, Vol. 45, No. 1, pp. 1 –28.

曲线理论的支持者和论证者美国经济学家谢尔曼·罗宾逊（1976）指出，“倒 U”收入分配曲线“具有经济规律的力量”。[①]印度经济学家 Ahluwalia（1976）提出了类似于“倒 U”曲线的“抛物线”理论，他说，“也许不得不经历收入不平等的过渡期，最大化的经济增长速度有可能使一个国家能够更快地进入到收入不平等程度抛物线的下降阶段”[②]。

然而，不同的看法一直都存在。而且，自 20 世纪 90 年代以来，反对意见正变得越来越多。大量实证研究表明，库兹涅茨“倒 U”曲线与大部分国家的经济发展轨迹严重不符。

二、有关库兹涅茨“倒 U”曲线的争论

1. 早期争论

早期的经济学家显然是把“倒 U”曲线当成了一个具有普遍意义的理论，他们多少是受到 Paukert 和 Ahluwalia 在 20 世纪 70 年代的实证研究的影响。在分别对发展中国家、发达国家以及社会主义国家的横向数据进行分析之后，Paukert（1973）[③] 和 Ahluwalia（1976）都得到了支持“倒 U”曲线的结论。在整个 70 年代和 80 年代，有相当多经济学家的研究为“倒 U”曲线提供了支持。比如，Chenery 和 Syrquin（1975）、Ahluwalia（1976）、Sherman Robinson（1976）、Erich Weede 和 Horst Tiefenbach（1981）、Lecaillon（1984）、Papanek 和 Kyn（1987）、Tsakloglou（1988）等。

尽管如此，早在 70 年代，就有人提出了不同的看法。基于对 56 个国家的数据分析，Charles L. Wright（1978）发现，只有极少数的西欧国家或者地区符合“倒 U”曲线的特征，大部分的国家和地区则表现为不同的形式：①中—中或中—低。比如，包括美国在内的大部分西方民主国家从来就没有经历过收入高度不平等的阶段，从工业化一开始，这些国家收入的不平等程度一般都保持稳定或者是逐步下降。②高—高。也就是收入分配不平等程度一直都很高并且没有出现过显著下降。一些石油国家、拉丁美洲国家以及南非等国家就属于这种情况，发达国家中的法国也属于此类。

① Sherman Robinson，1976，“A Note on the U Hypothesis Relating Income Inequality and Economic Development”，*American Economic Review*，6，pp. 437 – 440.

② Ahluwalia，Montak，S.，1976，“Inequality，Poverty and Development”，*Journal of development economy*，3，pp. 307 – 342.

③ Felix Paukert，1973，“Income Distribution at Different Levels of Development：A Survey of Evidence”，*International Labour Review*，108，pp. 97 – 125.

③“L”形。也就是进入工业化进程之后，收入分配的不平等程度一直都在下降。俄国、中国、韩国、中国台湾以及日本这些在经济增长过程中经历过大规模制度变革的国家和地区都属于此类。[①] 而 Saith（1983）、Ram（1988）以及 Campano 和 Salvatore（1988）的三份研究报告的结论都显示，发展中国家的情况不符合库兹涅茨的“倒 U”曲线的特征。[②]

Wright（1978）从方法论角度，对 Paukert 和 Ahluwalia 所使用的横向数据的兼容性提出了质疑。他认为，只有在欠发达国家目前的发展阶段和发达国家所经历的历史过程能够互相比较的前提下，这些数据才可以应用于对历史现象的分析。Giorgio Gagliani（1987）则认为，所有的实证研究都缺少足够的历史数据，并且存在定义、方法和测量等问题。[③]

2. 反对的声音正变得越来越多

20 世纪 90 年代以后，不支持“倒 U“曲线的研究越来越多。Miles Simpson（1990）综合了 Muller（1988）和 Hoover（1989）的模型和数据之后的研究显示，国民收入并不能对收入分配的不平等程度造成持续性的直接影响，其他因素，比如获得教育的机会和政治民主，更能对收入分配造成影响。[④] 在 Miles Simpson 的影响下，经济学家把更多的关注力转移到对单个国家内部收入分配变化的历史过程以及究竟是哪些因素在对收入分配起影响作用这些问题的研究上。

针对 Wright 等对数据的兼容性发出的质疑，Deininger 和 Squire（1996）提出了一套能够在一定程度上反映不同时间各国的收入不平等程度变化情况的数据。[⑤] 从此以后，有关“倒 U”曲线的实证研究，基本上都参考这套数据所依靠的标准来构建自己的数据体系。

Rati Ram（1997）在对 19 个发达国家二战后的收入分配情况进行研究

---

① Charles L. Wright，1978，“Income Inequality and Economic Growth: Examining the Evidence”，*The Journal of Developing Areas*，Vol. 13，No. 1，pp. 49－66.

② Ashwani Saith，1983，“Development and Distribution: A Critique of the Cross－country U－hypothesis”，*Journal of Development Economics*，Vol. 13，issue 3，pp. 367－382. Ram，R. 1988，“Economic Development and Income Inequality: Further Evidence on the U－curve Hypothesis”，*World Development*，Vol. 16 No. 11，pp. 1371－76. Fred Campano and Dominick Salvatore，1988，“Economic Development，Income Inequality and Kuznets' U－shaped Hypothesis”，*Journal of Policy Modeling*，vol. 10，Issue 2，pp. 265－280.

③ Giorgio Gagliani，1987，“Income Inequality and Economic Development，” *Annual Review of Sociology*，3，pp. 13－86.

④ Simpson，Miles，1990，“Political Rights and Income inequality: A Cross－national Test”，*American Sociological Review*，55，pp. 682－689.

⑤ Deininger，K.，and L. Squire，1996，“New Data Set Measuring Income Inequality，” *World Bank Economic Review*，10，pp. 565－591.

后指出，战后这些国家的收入不平等程度不仅没有下降，反而是上升了。这显然不符合库兹涅茨关于高收入国家不平等程度应该下降的结论。[①] Thomas Piketty 等（2006）对 1807—1994 年法国尤其是巴黎的财富分配情况的研究显示，法国财富分配的不平等程度上升主要是由于工业和金融资产的急剧升值所造成，而工业和金融资产的急剧贬值反过来又造成不平等程度下降。[②] Thomas Piketty 等（2005）的另一份研究报告指出，在 20 世纪上半叶，20 个经合组织国家收入不平等程度的下降几乎都是突然发生的，这似乎说明导致收入分配不平等程度变化的原因和库兹涅茨的“倒 U”曲线并不存在内在的联系。[③]

包含华人经济学家在内（Li 和 Zou 等）的研究小组（1998）的研究结果显示，大多数国家的收入分配并没有表现出“倒 U”曲线的特征。对单个国家而言，收入的不平等程度一般都表现得相当稳定，差别仅仅显著地存在于国家之间。他们还认为，收入不平等程度主要由每个国家内部缓慢发生变化的因素决定，在不同的国家，决定因素也各不相同。[④] Lundberg 和 Squire（2003）对 49 个国家的数据的研究结论显示，只有 8 个国家符合“倒 U”曲线的特征，11 个国家具有“倒 U”曲线的部分特征，多达 30 个国家没有表现出和“倒 U 曲线”任何的关联性。他们的报告还指出，决定经济增长水平和收入不平等程度的因素并非互相排斥的关系，政策制定者拥有大量的手段来同时实现更快的增长和更大程度的收入平等。[⑤] Henry Tam（2008）则认为，从时间的角度看，并不存在经济意义上的库兹涅茨曲线，倒是存在政治意义上的库兹涅茨曲线。[⑥]

巴罗（2000）的研究结论是，我们能够在经济增长和收入分配之间找到库兹涅茨式的联系，然而这种联系却无法为各个国家的收入不平等在横

① Rati Ram, 1997, “Level of Economic Development and Income Inequality: Evidence from the Postwar Developed World”, *Southern Economic Journal*, Vol. 64, No. 2, pp. 576 – 583.

② Thomas Piketty, Gilles Postel – Vinay, and Jean – Laurent Rosenthal, 2006, “Wealth Concentration in a Developing Economy: Paris and France, 1807 – 1994”, *The American Economic Review*, Vol. 96, No. 1, pp. 236 – 256.

③ Thomas Piketty ENS – EHESS, Paris – Jourdan, 2005, “Top Income Shares in the Long Run: an Overview”, *Journal of the European Economic Association*, Vol. 3, No. 2/3, Papers and Proceedings of the Nineteenth Annual Congress of the European Economic Association, pp. 382 – 392.

④ Hongyi Li, Lyn Squire and Heng – fu Zou, 1998, “Explaining International and Intertemporal Variations in Income Inequality”, *The Economic Journal*, Vol. 108, No. 446, pp. 26 – 43.

⑤ Mattias Lundberg and Lyn Squire, 2003, “The Simultaneous Evolution of Growth and Inequality”, *the Economic Journal*, 113, 487: 326 – 344.

⑥ Henry Tam, 2008, “An Economic or Political Kuznets Curve?”, *Public Choice*, 134: 367 – 389.

向和纵向上的变化做出解释。① Garth Frazer（2006）指出，世界各国收入分配的不平等状况表现出了多种多样的发展路径。在横向分析中能够对库兹涅茨曲线提供支持的证据，被用于对各个国家内部的非参数回归分析的时候，其作用显著下降。②

Kanbur 是长期研究收入分配问题的经济学家。20 世纪 90 年代以前，他的观点是，从跨国分析的角度看，经济增长和收入不平等之间存在着“倒 U”关系。然而最近几年，Kanbur 几乎完全颠覆了自己从前的看法。他（2005）指出：“从实证角度看，经济增长和人均收入的变化之间缺乏经验数据的支持，很可能意味着收入的不平等程度不会随着人均收入的变化而变化。这种思考路线将导致这种看法，即人均收入和收入不平等程度的变化都只是结果变量而不是政策变量。政策制定者不能简单地期望人均收入的上升和收入不平等程度下降；相反，他们不得不选择和执行他们希望达到这些结果的政策。找出那些能够导致公平化增长的政策变量才是分析家和政策制定者在面对增长、不平等和贫困时需要解决的最重要的课题。”“对于我们来说，直接关注那些能够产生增长而又在分配方面没有副作用的政策或者政策组合，要比依靠人均收入和不平等之间或许存在或许不存在的那个总的简化的关系要好得多。”③ 关于方法论，Kanbur（1993）还指出，除了存在数据的兼容性问题外，采用的函数形式不同，对库兹涅茨曲线的检验结果也不会相同。④

总之，总结国际经济学界近 40 年有关库兹涅茨“倒 U”收入曲线的学术研究，我们可得出以下几点结论：

（1）库兹涅茨“倒 U”收入曲线与大部分国家的实际发展经验不符；

（2）收入分配不平等程度不仅仅与国民收入水平相关，它还与其他因素，比如教育的机会、政治民主等相关；

（3）实证研究，无论其结论支不支持“倒 U”曲线，由于存在数据的兼容性以及采用的函数形式不同等问题，对库兹涅茨“倒 U”曲线的检验效果都存在一定程度的不可靠性。

---

① Robert J. Barro，2000，“Inequality and Growth in a Panel of Countries”，*Journal of Economic Growth*，5：5 – 32.

② Garth Frazer，2006，“Inequality and Development Across and Within Countries”，*World Development*，Vol. 34，No. 9，pp. 1459 – 1481.

③ Ravi Kanbur，2005，“Growth，Inequality and Poverty：Some Hard Questions”，*Journal of International Affairs*，Vol. 58.

④ Anand，S.，and Kanbur，R.，1993，“Inequality and development：A critique”，*Journal of Development Economics*，41：19 – 43.

三、库兹涅茨“倒U”收入分配曲线是否存在理论缺陷

为什么大多数国家的经济发展轨迹并没有表现出“倒U”曲线的特征？我们的猜测是：库兹涅茨“倒U”曲线本身在理论上存在缺陷。如果“倒U”曲线在理论上根本就不成立，当然就不可能被普遍性的经济现象所证明。因此，本文并不准备做一次新的实证研究，因为过去几十年有关的实证研究已经足够多，我们的目的是尝试另外一种思路，也就是到库兹涅茨的理论体系中去寻找问题的答案。为此，我们找到库兹涅茨发表于1955年的那篇著名的论文，对他为推导“倒U”曲线所设定的前提条件以及整个推导过程进行分析。在该论文中，库兹涅茨为推导“倒U”曲线设立了四个假设前提条件，然而我们发现，这四个假设前提条件并不是都成立，部分假设条件与现实的经济环境不相符合；而且，为推导“倒U”曲线，库兹涅茨并没有采用真实的历史数据，而是采用了为方便进行数学推导的假想数据。这就是说，库兹涅茨“倒U”曲线的理论实际上是缺乏现实经济基础的支持的，从某种意义上说，它是一个停留在纸面上的理论。

1. 库兹涅茨曲线的四个假设条件

利用刘易斯的二元经济理论，库兹涅茨建立了收入分配“倒U”曲线的理论模型。所谓二元经济理论，就是把一个进入工业化阶段的国家的经济划分为农业和工业（或者叫非农业）两大经济部门，而经济的发展过程，主要体现在就业人口不断地从农业部门转向工业部门。因此，在库兹涅茨“倒U”曲线的理论模型里，最重要的因变量是农业人口和工业人口占总就业人口的比例，库兹涅茨“倒U”曲线反映的是农业人口和工业人口人口比例的变动对收入分配不平等程度的影响效果。当然，库兹涅茨并没有排除其他因素对收入分配的作用。比如他指出，限制资产所有者收入比重上涨的因素包括税收的调节作用、高收入家庭后代数量较少、个人机会增加，以及较低阶层通过服务获得收入的机会增加等，这些因素都会对收入分配造成影响。然而，他又指出，这些因素都不是决定性的答案（determinate answer）。言外之意，只有两大经济部门就业人口占总人口的比例，才是决定性的因素，因此，库兹涅茨的理论仅仅研究两大经济部门就业人口比例变动对收入分配的作用效果。

除了把一个国家的经济分为农业和非农两大部门，库兹涅茨还做出了以下四个假设：

（1）非农部门的人均收入比农业部门的更高，两部门的人均收入差距最多只能保持稳定，更多时候呈现出加大的趋势；

（2）农业部门比重会不断下降；

（3）农业部门内部收入分配的不平等程度不高于非农部门内部收入分配的不平等程度；

（4）两大部门内部收入分配的不平等程度无论高还是低，都保持不变。

显而易见的是，在这四个假设条件当中，第一个假设条件和第二个假设条件是基本符合实际的经济状况的。非农部门的人均收入更高，农业部门比重不断下降，这与大多数国家的经济发展历史基本一致。

那么第三个假设条件和第四个假设条件呢？它们是否也与现实的经济情况相符呢？如果不相符又会得出什么样的结论呢？

2. 第三个假设条件并不具备普遍性的现实意义

包括库兹涅茨在内的很多西方经济学家认为，城镇人口收入的不平等程度超过农村人口的收入不平等程度是一般现象，然而，在很多欠发达国家，实际情况却并非如此。我国学者王检贵（2000）指出，在我国，农村内部的基尼系数就一直比城镇内部的基尼系数高。① 在这种情况下，随着工业化和城市化程度的提高，正常的结果应该是全民收入分配的不平等程度只会越来越低，并不会出现"倒 U"曲线的发展轨迹。

王检贵的研究还发现，"倒 U"现象是否出现，取决于工农业两部门内部的收入水平差距（$Y_1 - Y_2$）和工农业内部的收入差距（$\sigma_2^2 - \sigma_1^2$）之间的关系。只有当（$Y_1 - Y_2$）不是太小，或者（$\sigma_2^2 - \sigma_1^2$）不是过大时，才可能出现"倒 U"现象。如果不具备这样的前提，收入分配的不平等程度则可能呈现不断上升或者不断下降的变化趋势。这个结论和本文前面提到的 Charles L. Wright（1978）所总结的情况是基本一致的。

王检贵的研究表明，"倒 U"曲线只是在非常特殊的情况下才会成立。

3. 严重脱离现实的第四个假设条件

如果说库兹涅茨的第三个假设条件只是部分地反映了现实的经济环境，那么他设定的第四个假设条件则完全脱离了经济现实。库兹涅茨假设，在农业人口和非农人口比例从 90∶10 下降到 10∶90 的过程中，两部门内部的收入不平等程度完全不发生变化。然而在现实的经济环境中，这几乎是不可能存在的。这是因为，无论在农业部门内部，还是在非农部门内部，由于

---

① 王检贵．倒 U 现象是不是一条经济法则——对罗宾逊经典结论的质疑［J］．经济研究，2000（7）．

各种各样的原因，比如政治因素、技术因素、教育因素、劳动力市场因素等，收入的不平等程度都不可能长期保持不变，特别是在非农经济部门，由于它本身是由各种各样的行业组成，每个行业所涉及的技术不同，生产率水平不同，生产率提高的速度也不一样，这就会导致收入分配的不平等程度一直都会处在变动状态，有的时候收入不平等程度会上升，有的时候则会下降。部门内部收入不平等程度所发生的变化，完全有可能使整个经济的收入分配不平等程度朝着库兹涅茨“倒 U”曲线的相反方向演变。

很显然，如果第四个假设条件根本就不成立，“倒 U”曲线就不可能通过库兹涅茨原文里简单的数学推导过程得出。库兹涅茨正是在假设两大经济部门收入不平等程度不变的前提下，通过两个部门的人口比例关系，计算出整个经济的收入分配不平等水平。如果两部门的收入不平等程度是变量而不是常数，显然是无法计算出整个经济的收入不平等水平的。

退一步来讲，即便能够找到符合第四个假设条件的极端经济环境，库兹涅茨的理论能够提供的解释力度也极为有限。这是因为，即使农业人口的比重下降为零，整体经济的收入不平等程度也不可能下降到比非农部门内部的收入分配的不平等程度更低（假设库兹涅茨的第三个假设条件成立，即农业部门内部收入分配的不平等程度较低）。由于非农部门收入分配的不平等程度被设定为保持不变，因此可以推断，人口结构的变化最终给整个国家收入分配状况带来的改善是极为有限的。

4. 理论和历史数据互不相关

库兹涅茨 1955 年的论文提到了 1780—1947 年的英国、1840—1950 年的美国和 1840—1920 年的德国（或普鲁士）的收入不平等程度的演变情况。然而，库兹涅茨并没有利用这三个国家三个历史时期的数据来进行实证分析。在推导“倒 U”曲线的过程中，库兹涅茨使用的是自己设计的数据。因此，我们可以说，库兹涅茨的理论和历史数据实际上互不相关。库兹涅茨自己这样说，他的研究“只有 5% 的部分是实证，95% 的部分是思考，某些地方可能只是自己的一厢情愿”，问题在于，5% 的实证部分并不能对 95% 的思考部分提供足够有力的支持。即便是英、美、德历史上的收入不平等程度曾经表现为“倒 U”曲线的变动轨迹，也并不一定是由于农业和非农两个部门人口比重的变动引起的，反而更有可能出自其他原因。

四、总　结

有关库兹涅茨“倒 U”曲线的争议一直都在持续。长期以来，“倒 U”

曲线被看成是发展经济学的一个重大理论发现，对许多发展中国家的经济发展战略也产生过重大影响。然而，在最近的20年中，越来越多的实证研究都得到了不同的结论。

本文没有采取实证研究的思路，而是到库兹涅茨的理论架构中去寻找答案。我们的结论是，库兹涅茨为推导“倒U”收入分配曲线所设定的第三个和第四个假设条件，由于成立条件并不充分或者是和实际经济环境完全不相符，有可能是导致“倒U”曲线不能够为大量经济现实所证明的根本原因。首先，与库兹涅茨所设定的第三个假设条件不同，许多欠发达国家的农业人口收入分配的不平等程度非常高，并且有可能高于城镇人口内部收入分配的不平等程度，这就导致“倒U”并不是随着农业人口比例下降整个经济收入分配不平等程度变动轨迹的唯一结果。其次，库兹涅茨的第四个假设条件更是不具备现实的经济基础。两大经济部门，特别是非农经济部门内部的收入不平等并不是稳定不变的，而是处在不断的变化之中。由于两个部门内部的收入分配不平等程度是变量而不能看成是常数，就无法利用库兹涅茨的二元经济结构模型进行数学推导，也就不可能得到“倒U”曲线的结论。而且，库兹涅茨在他的理论模型里使用的是自己构造的数据，而不是真实的历史数据。由于这些原因，“倒U”收入分配曲线的推导过程成了纯粹的数学游戏。前提条件不成立的“倒U”曲线，当然也就无法在大多数国家的经济发展过程中得到体现。

库兹涅茨“倒U”收入分配曲线理论的产生，契合了20世纪五六十年代欣欣向荣的世界经济形势。发展经济学几个最重要的理论建构，比如刘易斯的二元经济理论、库兹涅茨的人口与经济增长和收入分配理论以及舒尔茨的人力资本理论等，都是在这个时期完成的。“倒U”曲线体现了以经济增长为中心的发展思路，认为只要实现了经济增长，收入分配问题也能够得到解决。“倒U”曲线理论，在一定程度上强化了“一切以经济增长为中心”的片面认识，容易导致我们忽视对收入分配工作进行必要的改进。因此，对“倒U”曲线进行重新认识，对转变思路、加快建设具有中国特色的社会主义和谐社会具有十分积极的现实意义。

参考文献

[1] 世界银行，编．世界发展报告：公平与发展［M］．中国科学院—清华大学国情研究中心，译．北京：清华大学出版社，2006.

[2] Chenery, H., Syrquin, M., 1975, “Patterns of Development”, 1950－1970, *London: Oxford University Press.*

［3］ Ahluwalia, M. , 1976, "Income Distribution and Development: Some Stylized Facts", *American Economic Review*, 66 (2): 128 - 135.

［4］ Erich Weede and Horst Tiefenbach, 1981, "Some Recent Explanations of Income Inequality: An Evaluation and Critique", *International Studies Quarterly*, Vol. 25, No. 2, Symposium in Honor of Hans J. Morgenthau, pp. 255 - 282.

［5］ Lecaillon, Jacques, Felix Paukert, Christian Morrisson, and Dimitri Germidis, 1984, *Income Distribution and Economic Development: An Analytical Survey*, Geneva, Switzerland: International Labour Office.

［6］ Papanek, G. F. and Kyn, O. ,1987 , "Flattening the Kuznets Curve: The Consequences for Income Distribution of Development Strategy, Government Intervention, Income and the Rate of Growth", *Pakistan Development Review*, 24 (1): 1 - 54.

［7］ Campano, F. , and Salvatore, D. , 1988, "Economic Development, Income Inequality and Kuznets' U - shaped hypothesis", *Journal of Policy Modeling*, 10 (2): 265 - 280.

［8］ Tsakloglou, P. , 1988, "Development and Inequality Revisited. Applied Economics", 20: 509 - 531.

［9］ Randolph, S. M. , and Lott, W. F. , 1993, "Can the Kuznets Curve be Relied on to Induce Equalizing Growth?", *World Development*, 21 (5): 829 - 840.

［10］ Jha, S. K. , 1996, "The Kuznets Curve: A Reassessment", *World Development*, 24 (4): 773 - 780.

［11］ Dawson, P. J. , 1997, "On Testing Kuznets' Economic Growth Hypothesis", *Applied Economics Letters*, 4: 409 - 410.

［12］ Eusufzai, Z. , 1997, "The Kuznets Hypothesis: An Indirect Test", *Economics Letters*, 54: 81 - 85.

［13］ Mbaku, J. M. , 1997, "Inequality in Income Distribution and Economic Development: Evidence Using Alternative Measures of Development", *Journal of Economic Development*, 22 (2): 57 - 67.

［14］ Huang, H. R. , 2004, "A Flexible Nonlinear Inference to the Kuznets Hypothesis", *Economics Letters*, 84: 289 - 296.

［15］ Oded Galor and Daniel Tsiddon Source, 1996, "Income Distribution and Growth: The Kuznets Hypothesis Revisited", *Economica*, *New Series*, Vol. 63, No. 250, Supplement: Economic Policy and Income Distribution, pp. S103 - S117.

[16] Abhijit V. Banerjee and Andrew F. Newman, 1998, "Information, the Dual Economy, and Development", *The Review of Economic Studies*, Vol. 65, No. 4, pp. 631 - 653.

[17] Muller, Edward N: 1988, "Democracy, Economic Development, and Income Inequality." *American Sociological Review*, 53: 50 - 68.

[18] Hoover, Greg A., 1989, "International Inequality: A Cross - National Dataset", *Social Forces*, 67: 1008 - 1026.

14 Theoretical Defects of the Inverted U Pattern Curve

Gan Hongming

Abstract: More and more researches have been enforcing the doubt on the Kuznets inverted U - shaped pattern curve. Why are there so many countries which haven't shown up the character of the U-shaped curve? This paper studied the theoretical structure of the U-shaped curve. We have found that the third and fourth assumptions, inequality degree within the agriculture sector is lower and the inequality degrees within the agriculture and the non-agricultural sectors are stable in a long run, are not consistent to the reality, which may be the basic cause that the U-shaped curve doesn't interrelate with the developments of most countries.

Key words: Kuznets; Inverted U Pattern Curve; Assumptions

中国经济思想史

History of Chinese Economic Thought

15

广东改革开放36年的制度红利、改革经验与发展奇迹*

丁　霞**

［内容提要］广东是中国改革开放的先行地、试验区和探路者，其转轨历程和发展实践对建设中国特色社会主义具有开创性贡献。广东在风云激荡的36年改革中先行先试、披荆斩棘，充分利用“政策红利”“区位红利”“资源红利”“人口红利”，以及不断挖掘、释放“制度红利”，持续领跑全国市场化、工业化、国际化、现代化进程，创造了经济率先腾飞与社会全面进步的“广东奇迹”，并逐步形成兼具时代特征和广东特点的发展模式、发展道路与改革经验，而广东长期的经验积累与制度变迁和创新是驱动自身迅速崛起与转型升级的“双引擎”。

［关键词］**广东改革开放　发展奇迹　经验总结　制度红利**

一、引　言

改革开放以来，广东敢闯敢试，先行一步，边实践边摸索，持续进行

* 基金项目：广东省哲学社会科学“十二五”规划项目“关于民生本位的中国经济发展理论体系从起点范畴上升到总体的具体化研究”（GD13CMK05）、教育部哲学社会科学研究重大课题攻关项目“《资本论》及其手稿再研究”（11JZD004）、广东财经大学国民经济研究中心招标项目“关于经济发展范畴在具体化行程中的多层次研究”（2013XM11）。

** 丁霞（1976—　），女，湖北武汉人，广东财经大学国民经济研究中心与经济贸易学院讲师，经济学博士。

了一系列的制度变迁与体制机制创新，进而完成了由以农业为主的边陲落后省份向全国经济强省的历史性跨越。在整个变革过程中，广东是推进经济体制转轨的探路者、构建科学发展模式的试验区、提升中国国际竞争力的主力省，乃至建设中国特色社会主义的先行地。所以，有必要对广东36年来改革开放的主要成就、丰富经验与制度红利作全面梳理与深入分析。

二、广东改革开放以来的发展奇迹与主要成就

改革开放以来，广东大胆探索，率先发展外向型经济与建立社会主义市场经济体制，迅速实现了自身腾飞与崛起，且新阶段其经济社会又率先全面进入科学发展轨道，并主动适应与引领新常态。总体来看，广东的发展奇迹与主要成就大致体现在六个方面。

（一）初步建立中国特色社会主义市场经济体制

中国作为最大的社会主义发展中国家，在现实可能性和历史必然性的共同作用下，成功破除高度集中的计划经济体制之坚冰，史无前例地在理论与实践层面上创建了“社会主义市场经济体制”这一新形态，逐渐将社会主义基本经济制度与市场经济进行有效对接、磨合、兼容和融合。回首36年来我国经济体制改革进程，市场化改革日趋加深的特征清晰可见，且社会主义市场经济体制已初步建立。党的十八届三中全会明确提出，经济体制改革是全面深化改革的重点，核心问题是处理好政府和市场的关系，使市场在资源配置中起决定性作用和更好发挥政府的作用。广东站在全面深化改革的历史新起点上，不断在更大程度上与更广范围内向市场逐步放权。首先，全省以推进政府机构改革、制定政府部门权责清单、深化行政审批制度改革、优化政府监管机制等为突破口，不断加快转变政府职能。其次，从实行统一的市场准入制度、推进工商注册制度便利化、探索建立负面清单管理方式、深化投资管理体制改革、推进市场监管体系和社会信用体系建设等方面入手，着力构建公平、开放、透明的市场规则。再次，不断发展混合所有制经济、推进国有企业改革、大力促进非公有制经济健康发展以激发市场主体之活力。实践证明，广东率先实现了向市场经济体制的转轨，成为全国市场化程度最高的先行地区。由著名经济学家樊纲主持的《中国市场化指数》研究报告表明，广东各市场化程度评价的指标（市场与政府关系、要素市场发育程度、产品市场发育程度、非国有经济的发

展、市场中介组织的发育程度和法律环境等指标）均排在全国各省、自治区、直辖市的前列，其市场化程度领先全国。

（二）GDP与人均GDP不断提升

广东在改革开放中艰难探索，逐步发展成为经济实力名列全国之首的经济强省，实现了自身的崛起。1978 年全省生产总值仅为 186 亿元，2007 年则高达 30674 亿元（约占全国的 1/8），这表明 1978—2007 年，全省生产总值年均增长 13. 7%，是同期世界经济年均增速的 4 倍多。同时，2007 年的人均生产总值超过 4000 美元。2014 年广东经济总体保持稳中有升的发展态势，全省 GDP 达 67792 亿元，依然保持在全国最高水平，按可比价格计算，同比增长 7. 8%。同时，人均 GDP 达到 63452 元人民币，折合 10330 美元，首次超过 1 万美元，这标志着作为全国人口最大的省份，广东实现了经济的持续、稳定发展，并在整体发展上已达到中等发达国家水平。[①]

（三）开放型经济体系已然成型

广东率先发展外向型经济并成为经济外向度最高的省份。更重要的是，广东不断适应经济全球化新形势，持续推进开放领域、开放结构与开放质量之间的有机统一，目前已基本形成以珠三角为引领的四大区域协同开放格局，并注重发挥经济特区的辐射带动功能，同时致力于自由贸易园区与“一带一路”的建设，持续推进粤港澳深度合作，以及我国与中亚、南亚、欧洲等地区的经贸和文化交流，不断提高开放型经济水平。可见，广东已走出一条既适应本省发展又与国际接轨的社会主义对外开放道路，初步建立起内外联动、互利共赢、“引进来”与“走出去”相结合，以及国际国内市场深度融合的开放型经济体系。2014 年广东省实现进出口总额 6. 61 万亿元人民币，占同期全国外贸总值的 25%，同期全国外贸进出口增长 2. 3%，其中，广东全年实现出口 3. 97 万亿元，增长 0. 5%，同期全国增长 4. 9%，占全国出口总值的 27. 6%；进口 2. 64 万亿元，占全国进口总值的 22%。2014 年广东对东盟 10 国和欧盟 28 国进出口分别增长 8. 7% 和 8. 3%，对美国贸易实现增长 1. 4%，对韩国贸易实现增长 1. 8%。[②]

---

① 宋雅静. 2014 年广东 GDP 总值 67792. 24 亿元　同比增长 7. 8% ［N］. 羊城晚报，2015 - 01 - 23.

② 陈菲菲. 2014 年广东省进出口总额同期下降 2. 5% ［EB/OL］. http：//www. qianzhan. com/qz-data/detail/149/150122 - 3a790744. html，2015 - 01 - 23.

（四）自主创新能力持续增强

新世纪新阶段的广东，经济社会全面进入以转型升级为特点的科学发展轨道。提高自主创新能力、建设创新型强省、优化经济结构、转变经济发展方式成为广东深化改革的必然选择。广东以企业为主体，以市场为导向，以高等学校、科学技术研究开发机构为支撑，实行产学研相结合，同时注重政府引导与社会参与，并以深化科技体制改革为动力，加快构建区域创新体系，深入实施创新驱动战略，推动“广东制造”转变为“广东创造”，不断提升自主创新新优势与核心竞争力。值得关注的是，广东科技进步对经济增长的贡献率从2002年的45.8%提升到2007年的50%以上。发明专利申请量从2005年起跃居全国第一。2014年广东省研究与试验发展经费支出占生产总值比重达2.4%，技术自给率提高到71%，全省有效发明专利量和PCT国际专利申请量保持全国第一，知识产权综合发展指数、保护指数和环境指数均居全国首位。区域创新能力稳居全国第二位。发展新型研发机构120多家，建成各类产学研创新平台1600多家、技术创新联盟100多家、标准创新联盟167家。新增9项“973”首席科学家项目、新增2项国家重大科技基础设施落户广东。[①] 总之，为增强自身的“造血机能”和“内生动力”，以及率先实现经济提质增效升级，全省从体制上、机制上、行动上不断推进自主创新能力稳步提升。

（五）经济结构日益优化升级

经济结构的战略性调整是经济转型升级的突破口。全省实行一系列改革举措来优化产业结构、区域结构、内外需结构，日益增强经济转型升级的核心驱动力。一是产业结构持续优化。广东第三产业占经济比重不断上升，甚至超越了第二产业，吸纳就业的比重也大幅上升，进而经济质量不断提升，转型升级趋势明显。广东第三次全国经济普查数据表明，2013年年末，在法人单位中，第二产业占31.2%，比2008年年末下降了3.7个百分点；第三产业占68.8%，提高了3.7个百分点。广东三大产业占GDP的比例为4.8∶46.4∶48.8，第三产业比重超过第二产业2.4个百分点。2013年年末，广东第二产业法人单位从业人员2354.63万人，比2008年年末增长17.5%，占全部法人单位从业人员的59.5%，比2008年年末下降了5.0个百

① 2015年广东省政府工作报告［EB/OL］. http://www.gkstk.com/article/1423481781352.html

分点。第三产业法人单位从业人员1592.54万人，比2008年年末增长45.6%，高于第二产业的增速28.1个百分点，占全部法人单位从业人员的40.5%，提高了5.0个百分点。[①] 2014年广东三次产业比重调整为4.7∶46.2∶49.1。工业增加值增长7.8%，先进制造业增加值、高技术制造业增加值占规模以上工业比重分别提高到48.1%、25.7%。[②] 服务业增加值增长8.2%，现代服务业增加值占比达58.4%。二是区域经济结构逐步优化。广东实行"腾笼换鸟"政策后，珠三角地区将部分劳动密集型制造业向东西两翼、粤北山区转移，进而集中发展商务服务业与技术服务业等技术密集型和资金密集型产业，这不仅推动了珠三角地区产业结构的优化升级，也带动了粤东西北地区的振兴，使其从业人员不断攀升。2013年年末，在法人单位中，珠江三角洲占79.2%，比2008年年末提高了2.2个百分点；东翼占6.6%，下降了2.1个百分点；西翼占7.3%，提高了0.8个百分点；山区占6.9%，下降了0.9个百分点。在法人单位从业人员中，珠江三角洲比2008年年末下降了0.3个百分点，东翼提高了0.1个百分点，西翼提高了0.4个百分点，山区下降了0.2个百分点。[③] 2014年，广东设立121亿元粤东西北振兴发展股权基金，13个市签订股权投资协议。全面对口帮扶工作扎实推进，帮扶资金达43亿元，引进产业项目990个。13个县（市、区）纳入国家原中央苏区振兴发展政策扶持范围。[④] 三是广东加快外贸体制转型，有效降低了对海外市场的依赖度，内外需结构不断优化升级。2012年，广东规模以上工业企业内销产值6.41万亿元，同比增长11.4%，出口交货值2.91万亿元，同比增长6.5%。[⑤]

（六）人民生活水平显著提高

随着经济的高速发展，广东率先从生存型社会过渡到发展型社会，人民收入水平与生活水平逐步提高，当前基本奔向富裕安康。1978—2013年，广东城镇居民人均可支配收入由343元提高到33090元，增长约96倍；农村居民人均纯收入由134元提高到11669元，增长约87倍。与此同时，城镇居民和农村居民消费持续平稳增长。2014年广东实现社会消费品零售总额2.85万亿元，增长11.9%。新兴业态、新商业模式、新消费增长点不断

① 黄应来．广东省不断优化产业结构与区域经济结构［N］．南方日报，2015-01-30.

② 2015年广东省政府工作报告［EB/OL］．http：//www.gkstk.com/article/1423481781352.html

③ 黄应来．广东省不断优化产业结构与区域经济结构［N］．南方日报，2015-01-30.

④ 2015年广东省政府工作报告．http：//www.gkstk.com/article/1423481781352.html

⑤ 广东经济结构进一步优化［EB/OL］．http：//finance.eastmoney.com/news/1345，20130216273181416.html，2013-02-16.

催生，信息消费规模约 8600 亿元，增长超过 20%；电子商务交易额达 2.63 万亿元，增长 30.5%；快递业务量增长 59%。健康、养老、体育等新型消费快速发展；旅游总收入达 9227 亿元，增长 12%。[①] 此外，广东基本形成广覆盖、多层次的社会保障体系，且参保人数稳居全国首位。2013 年广东城镇职工基本养老保险参保人数高达 4183.0372 万人，失业保险达 2705.0903 万人，医疗保险为 9179.7534 万人，工伤保险为 3057.2534 万人，生育保险为 2711.5918 万人。[②]

三、广东改革开放以来的成功经验与演进动力

中国崛起，广东为先。广东 36 年的发展奇迹在一定程度上得益于自身在长期改革开放过程中积累起来的丰富经验。这些经验蕴含着改革方向、改革目标、改革战略、改革途径、改革方式等内容，总结起来可以从五个方面阐释之。

（一）坚持改革开放的根本方向与社会主义市场经济的改革取向

中国改革开放以来的辉煌成就和成功实践雄辩地证明：改革开放是建设中国特色社会主义、实现中华民族伟大复兴的必然选择。改革开放是广东的魂，广东的起步、腾飞、崛起及进一步发展必须依靠改革开放。在改革实践中，广东逐步打破制度的藩篱，率先实现从计划经济体制向市场经济体制转轨，并不断从转变政府职能、健全市场体系、推进国有企业改革等方面入手来完善经济体制，使得市场化程度不断加深、市场在资源配置中的作用日趋加大，市场地位已从“基础性作用”被提升到“决定性作用”。可以说，广东始终以体制创新来解除制约深化改革的深层次障碍，持续激发经济社会发展新活力与新动能，并以经济基础变革推动上层建筑改革，实现经济体制改革与政治体制、文化体制、社会体制改革之间的综合配套和协同推进。

---

① 2015 年广东省政府工作报告［EB/OL］. http：//www. gkstk. com/article/ 1423481781352. html

② 广东统计信息网［EB/OL］. http：//www. gdstats. gov. cn/tjsj/zh/

（二）坚持问题导向，创新理论与制度，先行先试，求真务实

广东在对改革开放的探索和实践中，坚持问题导向，不断解放思想、冲破传统体制的束缚，创新理论与制度，敢为人先，开拓进取，务求改革实效。在邓小平的南方谈话、江泽民的“三个代表”重要思想、胡锦涛的科学发展观的指引下，广东敢于啃硬骨头，敢于涉险滩，率先探索经济体制转轨、价格体制改革、企业管理体制改革、分配体制改革，发展以公有制为主体的混合所有制，建立互利共赢、多元平衡、安全高效的开放型经济体系，不断提升自主创新能力与优化经济结构，主动落实科学发展观与适应经济发展新常态，推动经济社会全面转型升级，努力做好先行一步的排头兵。并且，注重在改革开放相互融合的演化生态中，以改革促开放，以开放促改革、促发展。一方面，广东基于省情与时代潮流，发挥地缘、人缘优势，不断扩大对外开放以推动国际国内要素有序自由流动、资源高效配置、市场深度融合，进而促进经济体制深化改革。另一方面，通过价格、流通、外贸、金融等领域的体制改革，推动经济开放性发展及深度融入经济全球化进程。总之，36 年来，广东不唯书、不唯上、只唯实，从初期用好“特殊政策、灵活措施”，到之后持续的制度创新与制度变迁，始终以“三个有利于”、科学发展观作为一切新变革、新举措的衡量标准，同时注重将经验积累和与时俱进相结合，逐步将改革开放一步步推向更高层次与更广领域。

（三）采用有计划、有步骤、分阶段的渐进式改革方式

广东作为改革开放的前沿阵地，没有前车之鉴可效仿，必须大胆探索、“摸着石头过河”。在整个改革开放过程中，广东采取了温和的、循序渐进的转轨方式，即由点及面、由浅入深、先易后难、分步到位，先局部后整体、先微观后宏观、先试点实验后政策推广，从传统体制外的增量改革到传统体制内的存量改革，从传统体制内易于突破的外围到需重点攻坚的内核，由对计划经济体制的局部修正逐步升华到制度建设和创新，由经济体制改革带动综合体制改革，最终实现自下而上和自上而下的有效结合，乃至改革、发展和稳定的内在统一，从而避免了经济的大起大落及激烈的社会震荡和政治风波。

（四）坚持以人为本，激发人民群众改革的积极性、主动性与创造性

广东树立全面、协调、可持续的发展观，始终坚持以人为本，大力发展普惠型民生福利，将改革成果惠及全省人民，不断提高人民生活水平与幸福指数，着力完善社会保障体系与推进基本公共服务均等化，努力构建消除两极分化、走向共同富裕和实现人的全面发展的和谐社会。同时，广东充分尊重基层和群众的首创精神，并积极调动广大人民群众的主动性与创造性，大力鼓励、支持非公有经济发展，创新国有企业产权制度，以及逐步加大政府简政放权、放管结合的改革力度。因此，广东能凝聚全社会改革共识及形成改革合力，将改革开放在先行先试与稳步演进中扎实推向纵深。

（五）实行整体推进和重点突破相结合的改革战略

渐次改革使新旧两种体制并存、相持的时间较长，由此可能会导致旧体制抗衡、牵制、侵蚀新体制及两者相互“套利”的负面影响。为尽量避免、抵制、解决这种矛盾，广东坚持统揽改革全局，在整体循序协调推进各领域改革的同时，注重因地制宜，分步实施，分类指导，典型示范，适时选择关键的领域和环节进行重点突破。为实现经济体制改革这个关键突破口，广东始终坚持遵循市场规律，突破利益固化和制度僵化的藩篱，正确处理政府和市场的关系，建设法治政府与服务型政府，着力打破各种形式的行政保护、行政特权及行政垄断，不断清除显性与隐性的市场准入壁垒，积极探索负面清单管理方式，建立公平、开放、透明的市场规则，逐步形成统一开放、竞争有序的市场体系。

四、广东的改革开放与制度变迁、制度红利

广东在以先行先试为特色的改革开放进程中，率先以科学发展为主题，以建立健全社会主义市场经济体制为基点，以加快转变经济发展方式为主线，不断推进经济社会全面协调可持续发展，进而造就了举世瞩目的广东奇迹，形成了兼具时代特征、中国特色与广东特点的广东模式。而广东改革、广东奇迹、广东模式与广东 36 年持续不断的制度变迁、制度创新、制

度红利密不可分。

（一）广东改革：制度变迁与制度红利

传统经济发展史认为，经济发展的根源在于技术进步，而制度经济学则认为经济发展的关键在于制度安排。制度是激励和约束人们行为的一系列正式和非正式规则及其实施机制的结合。制度变迁是新制度产生、替代或改变旧制度的动态过程。作为替代过程，制度变迁是一种效率更高的制度替代原制度；作为转换过程，制度变迁是一种更有效率的制度的生产过程；作为交换过程，制度变迁是制度的交易过程。一言以蔽之，制度变迁就是以提高人们行为的效率和收益为目的，通过制度创新来改善资源配置、减少交易费用、有效保护产权和增强预期稳定性。

从新制度经济学的视角来看，中国的改革实质上是不断创新制度、推进制度变迁并持续释放制度红利的改革。我国最重要的制度变迁与最大的制度红利是经济体制转轨，这是一个市场化程度日益加深直至市场在资源配置中起决定性作用的转轨过程。在长期的制度变迁之中，广东以持续的制度变革与创新来释放“改革红利”，促使市场这只“看不见的手”激发出经济更突出、更持久的活力与竞争力，将改革向纵深推进。从社会主义经济体制的建立到完善，从外向型经济向开放型经济跨越，从单一追求经济总量到加快经济转型升级，从经济建设延伸到政治建设、文化建设、社会建设以及生态文明建设等，无不体现出制度创新带来的制度红利。而且，这种制度红利也得益于制度变迁方式，即渐进式变迁而非激进式变迁、诱致性制度变迁而非强制性制度变迁，这使得新旧制度之间衔接良好、变迁过程相对平稳，避免了较大的社会震荡。

新时期的广东立足省情阶段性变化的新特征，对改革作了进一步的制度安排：为加快转变政府职能而不断优化政府机构、职能设置与深化行政审批制度改革，为完善现代市场体系而建立公平、开放、透明的市场规则与打造法治化国际化营商环境，为健全现代产权制度而鼓励民营企业产权制度创新，为发展混合所有制经济而促进非公有制经济壮大与推进国有资产重组和国有企业改革，为建立开放型经济新体制而放宽涉外投资准入、设立自贸区与建设“一带一路”，为转变经济发展方式而优化需求结构、产业结构、要素投入结构与促进区域协调发展、推进城镇化，同时，构建提升珠三角带动东西北战略、人才强省战略、创新驱动发展战略、扩大内需战略、区域协调发展战略、和谐共享战略、绿色发展战略，等等。这些制度安排可以促进广东在深化改革中实现经济提质增效升级与社会全面发展。

（二）广东奇迹：先行先试与制度优势

广东开启在改革开放中“先走一步”的伟大历程后，敢闯敢试、敢为天下先、大胆探索、持续创新制度并充分利用制度优势“杀出一条血路”，进而提升为探索科学发展模式的试验区、中国国际竞争力的主力省乃至中国特色社会主义建设的先行地。实践表明，广东是改革开放最早的省份之一，也是受益最早、受益较多的省份。广东各阶段面对的各种新挑战与新难题必将激发出其率先变革的巨大需求，加之地方文化传统的历史积淀，尤其是改革开放以来的经验积累，使得广东迅速发展成为迄今为止市场化程度、经济开放程度，以及经济总量与经济质量均位于全国之首的发达省份。可以说，长期以来形成的以先行先试为典型特征的广东模式成就了广东全面崛起的发展奇迹。

广东市场取向的“先行一步”的改革是符合经济逻辑的理性选择，而制度相容原理基础上表现出的互动性质，不仅是其区域制度创新的内在力量，也是其先发效应具有示范性质的根源。社会经济政治的综合改革将日益牢固地建立在这一观念的基础上。[①] 改革开放初期，广东利用“特殊政策、灵活措施”，率先打破传统计划管理体制之“禁区”，开启向社会主义市场经济转型的改革之路，并注重发挥毗邻港澳、华侨众多的地缘人缘优势，通过创办经济特区吸引外商投资与引进先进技术和科学管理方法，大力发展“三资”企业和“三来一补”（来料加工、来样加工、来件装配）企业，由此开创了中国参与全球竞争的现代开放之路。随着改革开放的深入，广东又创立经济技术开发区和珠江三角洲经济开放区，之后还将“小三角”扩大到“大三角”，继而开放粤北、粤东广大山区，逐步形成了多层次、多形式、全方位的对外开放新格局，率先建立起内外联动、互利共赢、多元平衡、安全高效的开放型经济体系，不断提高开放型经济水平。与此同时，广东逐步探索与推进产权、国企经营和监管、行政审批、流通、价格、营商、投资、外贸、财政、金融、分配等领域的市场化改革，率先建立起社会主义市场经济体制，促使经济活力、内生动力充分迸发。概言之，广东在各阶段、各领域改革中勇立潮头，并注重在改革开放相互融合的演化生态中，以开放促改革、促转型、促发展，从而领跑全国市场化、工业化、城镇化、现代化、国际化进程。

在当前“三期叠加”、适应经济新常态以及打造经济“升级版”的大背

① 温思美，罗必良，尤玉平．广东改革的制度经济学分析［J］．学术研究，1999（6）．

景下，广东以“三个定位，两个率先”为目标，继续先行先试，选择一系列完善措施以推动帕累托改进，层层深入，实现渐次演进的全面制度变迁。广东正积极培育与国际接轨的市场化、法治化营商环境，着力从“政策洼地”向“环境高地”转变，不断增创营商环境新优势，充分挖掘本地资源潜力及积极吸引外地资源大量流入。此外，还率先探索建立科技创新驱动机制、推进经济结构优化升级、深化城乡一体化综合改革、构建广覆盖与多层次的社会保障体系、打造生态文明制度体系、建立健全惩治和预防腐败体系等。总之，广东注重以制度之先发优势激活发展新动能，并推动改革红利逐步从经济领域惠及政治、文化社会等各领域，进而创造了经济社会全面进步的“广东奇迹”。更重要的是，广东先行一步为全国改革开放提供了探索性、可行性的经验和做法，我国许多政策、制度、规则的制定与创新都得益于广东的大胆探索与改革实践。所以，广东的改革开放之路对发展中国特色社会主义与推进社会主义现代化具有开创性贡献。

五、结 语

广东改革开放36年的发展奇迹与其持续的制度红利、长期的改革经验密不可分。但应该认识到，广东要真正发展成为科学发展、新常态新作为的先行标杆和实践模范，还需继续利用先行一步的“时间差”，全面纵深推动自身创新与变革。具体言之，应重点以转变政府职能、完善现代市场体系、推进国有企业改革、调整优化经济结构、建立开放经济新体制等为突破口，加快完善社会主义市场经济体制与转变经济发展方式，全面深化改革与扩大开放，进一步以制度创新与变迁来释放“改革红利”，由此实现广东经济提质增效升级，乃至包容性、协调性、平衡性、内生性和可持续性发展。

参考文献

[1] 宋雅静．2014年广东GDP总值67792.24亿元 同比增长7.8%[N]．羊城晚报，2015-01-23.

[2] 陈菲菲．2014年广东省进出口总额同期下降2.5% [EB/OL]．2015-01-23. http：//www.qianzhan.com/qzdata/detail/149/150122-3a790744.html

[3] 2015年广东省政府工作报告 [EB/OL]．http：//www.gkstk.com/article/1423481781352.html

[4] 黄应来．广东省不断优化产业结构与区域经济结构 [N]．南方日报，2015 -01 -30.

[5] 广东经济结构进一步优化 [EB/OL]. http：//finance. eastmoney. com/news/1345，20130216273181416. html，2013 -02 -16.

[6] 广东统计信息网 [EB/OL]. http：//www. gdstats. gov. cn/tjsj/zh/

[7] 温思美，罗必良，尤玉平．广东改革的制度经济学分析 [J]. 学术研究，1999 (6).

15 Institutional Bonus, Experiences and Development Miracle of 36 – Years' Reform and Opening – up in Guangdong

Ding Xia

Abstract: Guangdong Province is the pioneer, test area and pathfinder of China's reform and opening up. Its transition process and development practice has a pioneering contribution to the socialist construction with Chinese characteristics in China. In the past 36 storming years of reform, Guangdong always acts as a pioneer and makes full use of "bonus of policy", "regional bonus", "resources bonus" and "demographic dividend", continuously releasing institutional bonus and leading marketization, industrialization, internationalization, modernization in China. It created "Guangdong miracle" with both economic growth and comprehensive social progress, and gradually formed the model and roads of development and reform experiences with both characteristics of times and of Guangdong itself, and Guangdong's long – term accumulation of experience together with institutional change and innovation are the "double engines" that drive itself to a rapid rise, transformation and upgrading.

Key words: Guangdong's Reform and Opening – Up; Development Miracle; Experience Summary; Institutional Bonus

16

从哲学无定论到主体生成论

黄　超[*]

［内容提要］陈修斋先生于20世纪80年代阐释的“哲学无定论”与段德智教授于21世纪初创立的“主体生成论”是两代珞珈哲人在不同的时代背景下贡献的两种具有原创性的哲学理论，二者在哲学品格和精神境界上具有内在的一致性。“哲学无定论”和“主体生成论”都反对一切中西哲学史上的教条主义。陈修斋先生从宇宙论的角度从根本上否定了任何理论可以成为对世界的“最后一言”的“绝对真理”的可能性，其哲学指归正是人的精神自由。段德智教授从人的“生成性”和“未完成性”出发，辩证地回应和扬弃了现代西方哲学的“主体死亡论”，从历史向度和逻辑向度系统建构了作为“一种希望人学”的“主体生成论”。在“主体生成论”的指归中，段德智教授创造性地提出了建立在“人的全面发展”基础上的“主体类型学”；以及从“人的自由发展”“自由人的联合体”的角度重新诠释了乌托邦的历史启示；并将“主体生成论”的内在动因归结为希望人学的“未来之维”。

［关键词］**哲学无定论　主体生成论　精神自由　希望人学**

哲学有无定论是一个元哲学问题，也是20世纪中国哲学的一个重要问题。1988年，陈修斋先生在《关于哲学本性问题的思考》一文中，继贺麟之后进一步明确提出“哲学无定论”“从元哲学的高度，并结合马克思主义哲学，对‘哲学无定论’问题予以了新的阐释”。2009年，段德智教授的专著《主体生成论——对“主体死亡论”之超越》出版，从该书的副标题我们可以看出，“主体生成论”正是对已经沦为“定论”的“主体死亡论”

* 黄超（1970—　），男，湖北仙桃人。武汉大学哲学学院宗教学系副教授，研究方向为宗教学原理与基督宗教哲学。

的超越，而该书的正标题“主体生成论”所体现出的元哲学意蕴，可以使我们将其视为“哲学无定论”的一个肯定表达式。哲学是世界的，哲学也是民族的，而哲学家是有国家的。陈修斋先生在《研究西方哲学的学术标准和目标》一文中指出，中国学者研究西方哲学的学术价值应与西方学者相同，不宜另设一个较低的标准。向世界西方先进水平看齐，“与西方一流学者相抗衡（季羡林语）”，才是中国西方哲学研究工作者应有的目标。这一学术标准和目标不仅仅是陈修斋先生个人的内心独白，而且也是激励和鞭策一代又一代珞珈哲人的学术标杆。从陈修斋先生的“哲学无定论”到段德智教授的“主体生成论”，我们仿佛聆听到一曲跨越时空的交响乐。

一、从“与西方一流学者相抗衡”到“钻进特洛伊木马”

某种意义上看，“与西方一流学者相抗衡”易，与国内教条主义相抗衡难，这是陈修斋先生哲学人生的真实写照与切身之痛，也是当代中国哲学和哲学家面临的共同处境。认识到这一点，我们才能更深切地体悟到“哲学无定论”的元哲学价值与社会现实意义。

从苏格拉底的“哲学始自诧异”到亚里士多德宣布“知识与诧异相对立”“哲学将会是靠结束诧异而完成其目的”，从笛卡尔以“我思故我在”为无可怀疑的哲学第一原则，到黑格尔宣布“哲学的思想必须超出诧异的观点之上”，两千多年的西方哲学的目标似乎在于寻求永恒不变的“确定性”。哲学真的是靠“结束诧异”来达到其“目的”的吗？哲学真的应该并必须“超出”诧异的观点吗？若果真如此，哲学的多样性又何以成为可能呢？哲学的发展又何以成为可能呢？这样的追问无疑是一种元哲学的追问，一种关于哲学本性的追问。陈修斋先生所阐述的“哲学无定论”正是与统治西方哲学两千四百多年的“哲学始自诧异却又终结于诧异”的教条相抗衡。陈修斋先生没有任何含糊余地地宣布：“我认为，无定论正是哲学的本性，只有无定论的问题才是真正的哲学问题，而真正的哲学问题总是无定论的。如果一旦有了定论，则它就是科学问题，而原本并不是或不再是哲学问题了。”①

对“哲学无定论”的思考和坚持，使陈修斋先生能够摆脱束缚同时代人心灵的教条主义桎梏。1956 年春至 1957 年春，陈修斋先生接连发表三篇反对哲学教条主义的论文，即《为什么要有宣传唯心主义的自由》（与贺麟

① 段德智，主编．哲学人生——陈修斋先生 90 周年诞辰纪念文集［M］．北京：人民出版社，2011：90.

联合署名）、《对唯心主义哲学的估价问题》和《关于对唯心主义的估价问题的一些意见》。这三篇论文从表面上看所讨论的是唯心主义哲学的地位和作用问题，是宣传唯心主义哲学的自由问题，但是，从深层次看，则是一个哲学观和哲学史观的问题。陈修斋先生所抗衡的是当时在我国哲学界和哲学史界几乎独霸天下的苏联式的哲学教条主义。“从更广泛的意义上，也可以看作是对在西方哲学界和西方哲学史界两千多年来一向占主导地位的哲学观和哲学史观的抗争、挑战和宣战”。汪子嵩先生坦诚地指出：“在有这点觉悟上，修斋比我至少要早十几年。”杨祖陶先生非常动情地说：“他在1957年1月的‘中国哲学史座谈会’上居然不畏棍子和围攻，拍案而起，为自己的老师贺麟先生关于必须对唯心主义哲学进行正确评价的观点作辩护。所有这些使我对于修斋的学识、才能和理论勇气有了深刻的印象，并由衷感到钦佩。”萧萐父先生在回忆当时的情景时，也表示“惊叹”其“敢于反潮流、敢于与苏联专家争鸣的学术勇气”。①

事实上，如果离开了“哲学无定论”，我们很难真正理解陈修斋先生为何为唯心主义作激情辩护。改革开放以后，“有人记起了修斋1957年在北大中国哲学问题讨论会上关于唯心主义的估价问题的发言，以及因此而长期受到的委屈，便大力邀请修斋到黄山之会上去‘亮相’，去畅谈他的观点。未料到一再邀请，都被修斋婉言辞谢了”。萧萐父先生在《怀念修斋》一文中转述了陈修斋先生的立场：“我不能去参加黄山会，是由于我的一贯观点只是主张对历史上的唯心主义哲学如对唯物主义、二元论哲学等一样，都应作出科学的分析和实事求是的评价，而并不同于现在某些专为唯心主义翻案或夸大唯心主义作用的过激观点。”择善固执，不随风倒，这是陈修斋先生的真正品格，也是“哲学无定论”的理论必然。

一个时代的语言往往能够鲜明反映所属时代的特色。如果说“与西方一流学者相抗衡”更多是老一辈学者努力摆脱被动落后局面的慷慨悲歌，那么“钻进特洛伊木马”则直接体现了崛起中的中国主动进取、“直捣黄龙”的自信与豪迈。

段德智教授在《主体生成论》中借康熙之口为我们生动地刻画了一个18世纪的教条主义者：巴黎外方传教会会士、时任福建主教的阎当（Charles Maigrot，1652—1730）。阎当对中国文化和中国典籍缺乏深层次的了解，却在他的教区内严禁中国礼仪，在“中国礼仪之争”中扮演了一个特别激进的角色。康熙严厉批评阎当：“既不识字，又不善中国语言。对话须用翻译。这等人敢谈中国经书之道，像站在门外、从未进屋的人，讨论

① 段德智，主编．哲学人生——陈修斋先生90周年诞辰纪念文集［M］．北京：人民出版社，2011：5－7.

屋中之事，说话没有一点根据。”[1][2]“站在门外，从未进屋”，却妄论“屋中之事”，这是古今中外绝大多数教条主义者的共同特点。

能否真实走进当代西方哲学家“主体死亡论”的“屋内”，取决于作者在多大程度上克服言说者与言说对象之间的“空间间距”和“时间间距”。段德智教授深刻指出：虽然我们现在已经步入了所谓“全球化”时代，但是，由于东西方世界之间的差异和张力依然存在，由于当代东西方学者都在一定程度上依然生活在各自的文化传统之中，当代中国学者要真正进入当代西方学者的话语体系也依然是一件非常困难的事情。另外，就中国的人文社会科学学者群而言，一般而言，对于西方近现代时期的思想和文化比较亲近，感到易于理解和易于接受，而对于当代西方思想和文化则感到生疏，感到难于理解，甚至往往自觉或不自觉地产生某种抵触情绪和几分排斥感。[3] 因此，为克服上述“空间间距”和“时间间距”问题，实现相对意义上的“视域融合”，我们不仅必须保持一种“出窍”状态和开放心态，而且还要通过种种努力切实突破我们自己的习以为常的思维模式，尽可能多地从思想上缩小我们同言说“主体死亡论”的当代西方哲学家的“空间间距”和“时间间距”，切切实实地进入他们的语境。

基于这样的“出窍”心态，段德智教授带领读者钻进“特洛伊木马”之内，走进当代西方哲学家“主体死亡论”的“屋内”，直观西方主体性哲学从“凯旋”到“衰落”直至“死亡”的历史进程。死者已矣？不然。作者的这种直观并不是为了发出“逝者如斯”的慨叹，正如藏在木马里的希腊将士必须从木马里钻出来同特洛伊人进行战斗一样，作者的真正目的是将“主体死亡论”的腐朽化为“主体生成论”的神奇。因此，必须再从“主体死亡论”的“屋里”钻出来，到外面重新审视自己曾经钻进去的那个“房屋”，这样，我们发现导致当代西方哲学“主体性死亡”的症结，正是当代西方哲学的“主体”概念与近现代西方哲学的“主体”概念的一种“非此即彼”的“排拒”关系。[4] 而我们从主体生成论的理论高度来重新审视这种关系，恰好可以克服西方“主体死亡论”狭隘的“仇父情节”，还原其本来的“生成”关系。“主体生成论”令人惊喜地为我们展示出一幅与“主体死亡论”意趣迥异的壮丽历史画卷：前现代社会的人的群体意识与人的合群性；近、现代社会人的自我意识的张扬与人的主体性；当代社会人的他我意识的觉醒与人的主体间性。

---

① 段德智．主体生成论——对“主体死亡论”之超越［M］．北京：人民出版社，2009：9.
② 李天刚．中国礼仪之争：历史、文献和意义［M］．上海：上海古籍出版社，1998：63－65.
③ 段德智．主体生成论——对“主体死亡论”之超越［M］．北京：人民出版社，2009：5.
④ 段德智．主体生成论——对“主体死亡论”之超越［M］．北京：人民出版社，2009：5.

死生事大！“生成性，特别是人的主体性的生成性乃人的又一项本质特征”。人类主体意识或人的主体性的演进和生成过程，是“主体生成论”最为重要的内容之一。相对于“主体死亡论”的“确定性”，“主体生成论”不正是一种“哲学无定论”吗?

二、“宇宙全体”与“未完成的人”

“真正的哲学问题”原则上无法用实践来检验而达到最后的定论，之所以如此，陈修斋先生认为“关键就在于这类真正的哲学问题是以宇宙全体为其认识对象”。“而要以宇宙全体作为认识对象，这本身就是必然会导致‘悖论’，或陷入‘自相矛盾’即所谓‘二律背反’。因为一说把宇宙本身作为认识对象，则就蕴含着必有一个与此对象相对立，即在此对象之外的认识主体。因为按定义就应该认定没有无主体的对象，也如同没有无对象的主体一样。但宇宙全体作为宇宙全体，按定义就应该无所不包，当然也应包含那以宇宙全体为认识对象的认识主体。这样，这作为认识对象的宇宙全体就应该既不包括认识主体又包括认识主体。这就是‘悖论’，或就是‘自相矛盾’即‘二律背反’。”由于这一根本的“二律背反”，就可导致一系列“二律背反”。因此，“正如康德所已表明的，凡是二律背反的问题，都是双方可以各持己见，双方都可以通过揭露对方的立论不合理来证明自己的合理，而且，由于宇宙全体的问题原则上无法用实践来加以证实或验证，实际这类问题也就必然是无定论的”。①

陈修斋先生在对“哲学无定论”的原因的探讨过程中，深刻揭示了以宇宙全体为认识对象所蕴含的认识主体与认识客体的“二律背反”，但是，陈修斋先生在文章中主要还是从认识客体即宇宙全体的无限性来论证“哲学无定论”的。在陈先生看来，哲学上所说的宇宙全体是可以超出这天文学或宇宙学所把握的宇宙的。“以为仅凭科学知识就能最能最终解决宇宙有无开端或终结，以及宇宙是有限还是无限之类的哲学问题，实在是一种误解。其实科学不管怎样发达，也永远无法证明哲学上所讲的宇宙是有开端还是无开端，有终极还是无终极，或者是有限还是无限。”“利用一些天文上的材料来证明世界在时间、空间上的无限性，认为这就表明马克思主义哲学是建立在科学的基础上，是经科学证明了的客观真理，这实在是既不

① 段德智，主编．哲学人生——陈修斋先生90周年诞辰纪念文集［M］．北京：人民出版社，2011：92.

符合哲学，也不符合科学的做法。”①

事实上，如果从认识主体的角度来分析，从人是“未完成的”和“生成着的”出发，我们同样可以得出“哲学无定论”的结论，而且这种“主体论证明”与陈修斋先生的“宇宙论证明”互为表里，相得益彰。

人是“未完成的动物”，这是段德智教授的“主体生成论”的一个根本出发点。作为主体的人的问题，特别是作为主体的人的生成问题，既是一个非常古老的问题，也是一个永远崭新的话题。说它古老，是因为人作为“未完成的动物”从其脱离动物界之日起，就不仅不能不作为主体的人而生存，而且在自己的生存实践活动中也不能不反思和进一步实现自己的主体性。说它崭新，是因为作为个体的人，如果有朝一日丧失了自己对自己的“未完成”的意识，丧失了自己的生成性，他也就因此或是把自己对象化为“神”，或是因此而把自己对象化为禽兽。一个个人如此，一个社群，乃至整个人类社会的情况亦复如此。因此，人的主体性和作为主体的人的生成是一个人类永远不能不说也一定会永远说下去的话题。人类历史在一个意义上也就是主体或人类本性不断生成和变化的历史。②“人在改造自然、改造社会、改造自己历史的实践活动中也就同时改造了他自己。主体或作为主体的人的生成性或自生成性之谜的谜底就在于此。”一如马克思所强调指出的：“整个历史也无非是人类本性的不断改变而已。”③

从生物人类学的观点来看，人与动物相区别的最显著特征就是人的身心结构的“非专门化”，人的这种“非专门化”所体现出来的正是人的“非完善性”“非完成性”和“自完成性”。根本不存在人的世界。人的世界是一个必须由人自己的活动来构建的世界。从哲学观点来看，叔本华的“看穿个体化原理”、尼采的“成为你自己”、海德格尔的“向死而在”、萨特的“存在先于本质”、拉康的“个性理论”和福柯的“自我伦理学”，都可以看作是主体或作为主体的人的生成性的见证。即使从神学角度探讨，结果同样如此，人的“未完成性”和“生成性”是人既区别于神也区别于一般动物或一般事物的一项本质规定性。④

正是在人是“未完成的”意义上，段德智教授指出：人类关于作为主体的人的主体性和生成性的思想和学说也就因此而永远是开放的和未完成的，永远不可能有什么“最后一言”。因此之故，对“最后一言”哪怕是一

---

① 段德智，主编．哲学人生——陈修斋先生90周年诞辰纪念文集［M］．北京：人民出版社，2011：92.

② 段德智．主体生成论——对“主体死亡论”之超越［M］．北京：人民出版社，2009：1.

③ ［德］马克思．哲学的贫困［M］//马克思恩格斯全集：第4卷．北京：人民出版社，1965：174.

④ 段德智．主体生成论——对“主体死亡论”之超越［M］．北京：人民出版社，2009：316.

星一点的奢望都是与“主体生成论”的主旨相左的。而且，对“最后一言”的任何企图也都是没有结果的。正如我们不把笛卡尔、康德、尼采、胡塞尔、海德格尔和萨特的主体性思想视为“最后一言”一样，后人同样也不会把我们的“主体生成论”视为“最后一言”的。

三、精神自由与希望人学

陈修斋先生厌恶并反对形形色色的教条主义，“哲学无定论”正是陈修斋先生对思想解放和精神自由的呐喊。因此，即使对于他不赞同的哲学观点，他也认为在学术上别人有这样看的权利。在《关于哲学本性问题的思考》一文中，陈修斋先生多次声明了对别人和自己思考与表达权利的尊重。“我们既然认为对于‘哲学是什么’的问题本来也无定论，有人主张哲学就是对科学语言的逻辑分析，当然也有他们这样做的自由，我们也无意加以否定或责难。但我们也认为其他人也应该同样有把哲学看成别的东西的权利。”“哲学的无定论最重要的还是表现在关于哲学基本问题的争论，即唯物主义与唯心主义的争论上。其实，对于哲学是否有或应有一个基本问题或最高问题，这本身就可以争论，也事实上存在着争论。非马克思主义的哲学家显然并不主张或赞同有这样一个哲学基本问题。我们知道近年来我国哲学界也有人——当然他们自称是马克思主义者，人们也承认他们是马克思主义者——认为哲学并没有或不需要有一个基本问题。我个人对这种观点并不赞成，但我认为在学术探讨范围内完全应该容许提出这种观点的自由。”①

陈修斋先生认为，哲学的价值和意义就在于：首先，可以锻炼理论思维能力。其次，有助于使人树立正确的世界观和人生观，以作为立身处世之本。最后，有助于使人摆脱心灵的桎梏，解放思想，开拓心胸，提高精神境界。“人生活在世界上，总要受自然和社会环境种种条件的制约。如果陷入盲目性而不自觉，则会处处感到受桎梏，受束缚。通过良好的哲学训练，能从宇宙全体的高度来看待一切事物，看到个人在宇宙中的地位，就会有如登高望远，心胸开阔，眼光远大，不至为个人区区小事烦恼，从而获得精神的自由。再者，熟悉了历史上和当代丰富多彩、千差万别的种种哲学思想，也就不会陷于一孔之见，或为某种偏执之论所囿。而哲学思想实为各个时代精神文明的精华，多受哲学熏陶，自能提高人的精神境界。这对于精神文明建设无疑是大有好处而绝不可缺少的。一个没有哲学的民

① 段德智，主编. 哲学人生——陈修斋先生90周年诞辰纪念文集［M］. 北京：人民出版社，2011：96.

族绝不可能是一个有高度文明的民族。”[①]

而且，陈修斋先生指出：要想使哲学体现上述的意义和价值，发挥其应有的作用，只有正确地认识哲学无定论的本性才行。如果认为哲学有定论，只有唯一一种观点是绝对正确的，大家都该接受一种观点，那就真是所谓“舆论一律”“思想一律”，大家都照着一种现成的理论模式来思维，还谈得上什么锻炼理论思维能力？如果认为哲学有定论，则人人都只能现成接受这种定论作为世界观和人生观，即使它是完全正确的，这样不经过自己的独立思考和比较鉴别而直接凭学习或灌输接受下来的世界观和人生观，也不可能真正植根于心灵中，融化在自己的血液里，真正成为自己的世界观和人生观，也就不能起指导自己思想行为的作用。如果哲学是有定论的，则每一个人都只能凭学习接受这种作为定论的哲学理论，这样也就谈不上起解放思想、提高精神境界的作用。认为哲学有定论，正是那种教条主义、僵化思想的根源，它和生动活泼、充满生命力，并且不断向前发展的马克思主义是背道而驰的。

对于马克思主义是否是定论的争论，陈修斋先生指出，马克思主义的经典作家也曾一再表明，“单靠论据和三段法是不足以驳倒唯心主义的”；[②]同样，要证明唯物主义的正确，也不能单靠论据和三段论，即不能单靠抽象的理论论证，而主要是依靠人类的全部科学和实践。即使迄今为止的科学和人类实践已证明唯物主义的正确性，那也还不是全部。这就是说，单靠某一门或几门科学、一次或多少次实践，或若干次不论怎样规模宏大、设计精巧的科学实验，也不能一劳永逸地完全证明唯物主义的绝对真理性。马克思主义历来否认有这种作为对世界的“最后一言”的“绝对真理”，也从来没有认为自己的辩证唯物主义就是这样的“绝对真理”。它的真理性是体现在全人类的科学和实践的整个发展过程中的，而这个过程是一个不断发展、永不会完结的过程。这就意味着辩证唯物主义也不会有朝一日成为对世界的“最后一言”式的“绝对真理”，从而成为人人普遍接受的“定论”。

与陈修斋先生对精神自由的呐喊相呼应，段德智教授认为其主体生成论的终极旨归是“一种希望人学”，而“希望人学”的终极希望则是“人的自由而全面发展”“自由个性”和“自由人的联合体”。

段德智教授的“主体生成论”采取了年鉴学派布罗代尔的“长时段史学研究方法”。按照布罗代尔的长时段理论，短时段研究往往容易为眼前的现象所迷惑，故而为要真正探索和发现历史发展的根本规律，就必须采取长时

① 段德智，主编．哲学人生——陈修斋先生90周年诞辰纪念文集［M］．北京：人民出版社，2011：97.

② ［俄］列宁．列宁选集：第2卷［M］．北京：人民出版社，1975：30.

段的研究方法。主体生成论不仅探索和发现了迄今为止的主体生成史或主体发展史总体上是一个从以“人的群体意识”为主导主体意识到以“人的自我意识”为主导主体意识再到以“人的他我意识”为主导主体意识的演进过程，而且昭示了西方的主体生成史与经济形态演进史的同步性。这无疑是对马克思在的《经济学手稿（1857—1858 年）》中关于人的主体生成史的论断的一个佐证。[①] 而且，这样一种历史的追溯无疑为我们对理想人格和理想社会的预测，对作为主体的人的未来发展前景的展望，亦即对个人的自由而全面的发展和“自由人的联合体”的设想或论述奠定了史学基础。

因为在马克思看来，作为主体的人的生成史是一部从“人的依赖关系”走向“以物的依赖性为基础的人的独立性”再走向“自由个性”的历史，而人的这样一种生成和发展的历史显然是以人类社会的三种社会形态和经济形式为基础并且大体上是与后者一一对应的。就马克思本人来说，他之所以用“人的依赖关系”来概括“前现代社会”的人的主体性，用“以物的依赖性为基础的人的独立性”来概括西方近现代社会的人的主体性，也是立足于“未来”“产品经济社会”、立足于理想人格“自由个性”的。换言之，他是从“未来”“产品经济社会”、理想人格“自由个性”的高度和“时段”来反观和审视“自然经济社会”和“商品经济社会”时段的人的主体性及其基本特征的。随着人类社会从自然经济社会转变为商品经济社会，人的主体性形态也发生了变化，从“人的依赖关系”转变为“以物的依赖性为基础的人的独立性”，从强调人的群体意识到强调人的自我意识和个体意识再到强调他我意识。而随着商品经济社会的进一步的发展，随着更高级的社会经济形态的出现，人的主体性的更为高级的形态也将随之到来。这就是说，“作为主体的人的生成史……是以人类社会的三种形态和经济形式为基础并且大体上是与后者一一对应的”。[②] 因此，人类历史并不会终结于商品经济时代。只有作为主体的人的“未来”之维才是作为主体的人的“希望之维”“意义之维”“超越之维”和“生成之维”，从而构成主体生成论的“纵深维度”（蒂利希语）。而这种“纵深维度”是那种永远变动不居[③]的，从而能够永远处于我们前面的东西。属于真实希望的东西永远是那种我们可以将之付诸实践但是却永远不可能完全实现得了的东西，是一种永远处在我们面前鼓舞着我们为之奋斗的东西，是一种在任何时候都

① ［德］马克思．经济学手稿（1857—1858 年）［M］//马克思恩格斯全集：第 46 卷（上册）．北京：人民出版社，1979：104.

② 颜鹏飞．中国社会经济形态大变革：基于马克思和恩格斯的新发展观［M］．北京：经济科学出版社，2009：前言，3. 颜鹏飞教授的这个说法把人学史和经济学史有机地统一起来了。

③ 出自《易系辞下》：“《易》之为书也不可远为；为道也，屡迁，变动不居，周流大虚。”

处在我们前面的东西。而“自由个性”和“自由人的联合体”无疑就是作为主体的人的最值得希望和憧憬的东西，是值得我们一代代人为之拼搏、为之奋斗的东西。①

四、结　语

改革开放初期，破除对马克思主义的教条主义理解是哲学的一个重要使命，“哲学无定论”吹响了哲学改革的号角。“要为改革提供一种哲学，必须哲学本身首先进行改革；而哲学要改革，就必须从认识和肯定哲学无定论开始。因为如果断定哲学有定论，而且已有定论，就无从谈哲学的改革。同时，如果要成为一个真正的马克思主义者，就必须承认马克思主义哲学也并未成为定论。”② 21 世纪是全球化、多元化的时代，中国的伟大崛起需要与之相适应的伟大理论创新。主体生成论和希望人学激励我们在促进“真实集体”的生成、振兴中华民族、推进世界和平和人类进步的伟大事业中，不断地实现自我超越和自我完善，从而最终实现“人终于成为自己的社会结合的主人，从而也就成为自然界的主人，成为自己本身的主人——自由的人”③。

参考文献

［1］段德智．哲学人生——陈修斋先生 90 周年诞辰纪念文集［M］．北京：人民出版社 2011：90，361．

［2］段德智．主体生成论——对“主体死亡论”之超越［M］．北京：人民出版社，2009：5．

［3］［德］马克思．哲学的贫困［M］//马克思恩格斯全集：第 4 卷．北京：人民出版社，1965：174．

［4］［俄］列宁．列宁选集：第 2 卷［M］．北京：人民出版社，1975：30．

［5］马克思．经济学手稿（1857—1858 年）［M］//马克思恩格斯全集：第 46 卷（上册）．北京：人民出版社，1979：104．

① 段德智．主体生成论——对“主体死亡论”之超越［M］．北京：人民出版社，2009：391－395．

② 段德智，主编．哲学人生——陈修斋先生 90 周年诞辰纪念文集［M］．北京：人民出版社，2011：98．

③ ［德］恩格斯．社会主义从空想到科学的发展［M］//马克思恩格斯选集：第 3 卷．北京：人民出版社，1995：760．

[6] 颜鹏飞．中国社会经济形态大变革：基于马克思和恩格斯的新发展观［M］．北京：经济科学出版社，2009.

16 From the Theory of Uncertainty of Philosophy to the Theory of Subject Growing – up

Huang Chao

Abstract: Both The theory of uncertainty *of philosophy* which published in the 1980s and the theory of subject growing – up which was created in the beginning of twenty – one century are two kinds of original philosophical theories. They are the same moral character and ideological level. Both of them object all kinds of dogmatisms in the history of philosophy from east and west. Professor Chen Xiuzhai denies that any theory can be the last word of ultimate truth from the perspective of cosmism and appeal for the freedom of spirit of person. Professor Duan Dezhi created the theory of subject growing – up that responded and sublated dialectically the theory of *death of subject* of modern west philosophy in the respective of history and logic. In order to expound the purpose of the theory of subject growing – up, Professor Duan Dezhi set up the theory of category of subject on the basis of full – scale development of people; and give a new annotation of Utopia in the respective of the free development of people and the unite of free people; at last affirm that the inner cause of subject growing – up is belong to looking to the future.

Key words: the Theory of Uncertainty of Philosophy; the Theory of Subject Growing – up; the Freedom of Spirit; the Humanity of Hope

17

国有化的危机治理功能

——金融危机中的银行国有化现象解读

王廷惠[*]

［内容提要］当金融危机具有系统性和严重性时，银行国有化也许是恢复市场信心的重要举措。美国银行国有化具有暂时性、局部性，实为深陷系统危机时政府迫不得已的选择。银行国有化实践存在不容忽略的严重问题，挑战了美国的自由市场理念。去国有化是国有化后的将来选择方向，但去国有化的时机选择非常重要。

［关键词］**国有化　银行危机　危机治理**

国有化是国家征用、占有或控制私人企业的部分或全部资产（包括股权）（to bring under the ownership or control of a nation）的复杂过程。银行国有化意味着银行的所有权或控制权由股东转移至政府，即授权政府控制银行（giving the government the power to control banks），是政府接管银行体系（government takeover of the banking system）和直接控制银行（take direct control of the banks）的一种公共产权安排（public ownership arrangements）。银行国有化意味着政府控制银行，是一种集体行动（collection action）和非常措施（extraordinary action）。

Toninelli（2008）将国有化的理由梳理为三类：一是政治和意识形态需

---

* 王廷惠（1968—　）女，贵州铜仁人，经济学博士，广东商学院副院长，广东商学院国民经济研究中心主任、教授，兼任暨南大学经济学院博士生导师、广东经济体制改革研究会副会长、中国工业经济学会理事。主要研究方向为制度经济学、规制经济学和西方经济流派（现代奥地利经济学）。

要①；二是社会动机，比如确保充分就业、改善劳工工作条件以及产业关系；三是经济理由，基于市场失败理论的自然垄断、推动不发达国家或地区经济增长和社会转型的需要以及产业救助。现实世界里，国有企业活动几乎没有边界②。然而，遭遇深刻、系统的经济危机和金融危机时，国家有必要借助国有化方式挽救经济，拯救市场。本文关注银行国有化的危机治理功能，拟对2007年以来金融危机期间的银行国有化现象予以解读。

一、银行国有化：系统危机期间的亲市场危机治理方式

与1929—1933年的大危机不同，始发于2007年初次级抵押市场崩溃的美国金融危机，根源在于整个金融业玩弄表外杠杆和衍生工具，政府疏于监管和银行放松贷款标准等。美国抵押贷款存在的问题外溢至捆绑卷入的投资银行和商业银行，危机得以蔓延和扩展，并且通过衍生金融的网络系统扩散到全世界，损及实体经济，导致全球金融危机和经济衰退。这场危机破坏性极强，是一次全面和深刻的系统性危机。

当银行系统出现全面、深刻和系统性危机时，国有化之外的种种危机治理措施难以有效遏制危机演化态势，无法快速解决极其严峻的现实问题。比如，由于难以获知银行不良资产的真实价值，银行解决不良资产的成本过高，市场信心的恢复和稳定过程过于漫长等。相对而言，系统性危机爆发和持续演化的特殊时期，银行国有化也许是更亲市场的危机解决方式（Roubini，2009）③。

（一）银行国有化历史回顾

美国历史上多次实施银行国有化，以帮助陷入危机的银行渡过难关，对稳定美国金融体系和整个经济体系发挥了不容低估的作用。1932年，为

① 法国、澳大利亚、英国和荷兰的国有化运动，与工党、社会主义和社会民主党执政党的意识形态倾向有关。法国20世纪80年代的国有化运动则被理解为保护法国免受经济全球化以及欧盟企业竞争的影响。

② Bös（1986：16－19）将国有企业活动大致分为四类：公用事业、电信和交通运输；必需品产业（煤、石油、原子能、钢铁）；银行、保险、社会保障；教育（公立大学）和健康（公立医院）。

③ 鲁比尼将系统性银行危机的治理措施梳理为四种。一是政府建立坏账银行，购买有毒资产；二是政府担保，对有毒资产进行资本重组；三是政府提供担保，由私人购买有毒资产；四是政府接管资不抵债的银行，实施银行国有化。http：//www. forbes. com/2009/02/11/geithner－banks－nationalization－opinions－columnists_ 0212_ nouriel_ roubini. html.

应对经济大萧条，美国政府成立复兴金融公司，以13亿美元购入约6000家银行的股票。1984年，由于“太大不宜倒”，联邦存款保险公司（FDIC）接管了大陆伊利诺银行，拥有其80%的股权，直至1994年这家银行被美国银行收购。由于政府干预控制了纳税人负担的成本，阻止了银行系统的信心危机，大陆伊利诺银行国有化被认为取得成功。20世纪80年代末至90年代初，美国发生储蓄和贷款危机，为应对乱局，美国政府成立重组信托公司（RTC），负责处理陷入困境的储蓄和贷款机构，救助项目持续6年，花费1250亿美元。

英国的银行国有化实践也值得关注。1945年7月起，艾德礼工党政府通过8个国有化法令，将英格兰银行等8个行业（约占国民经济部门的20%）国有化，掀起战后英国首轮国有化高潮。1974年3月，威尔逊工党政府在英国掀起第二次国有化高潮。最成功的国有化案例来自瑞典政府。20世纪80年代后期，瑞典经济政策鼓励银行借贷，银行信贷规模急剧扩张。1992年，瑞典政府接管了两家濒临破产的银行，政府要求银行核实银行资产的实际价值，并筹措资金以达到最低资本要求。国有化的银行和一些私人银行均采取了好银行—坏银行的结构解决方式解决问题资产，几乎未波及银行系统的正常运行[①]。

此轮危机前期，美国政府采取降低利率、购进商业票据等危机治理手段，收效甚微。系统性银行危机背景下可行的解决问题举措，就是政府直接控制银行（take direct control of the banks），即实施银行国有化。短期内，银行国有化不可能从根本上改善银行体系的顽症，也不可能解决经济系统存在的根本问题。然而，国有化在防控银行破产引发系统崩溃方面功不可没，且留出了政策回旋余地，为整个银行系统走出危机赢取了更多宝贵时间。当金融危机呈现出系统性、持久性、深刻性、蔓延性、严峻性和毁灭性时，银行国有化不失为治理危机的合适选择。

（二）银行国有化：非常时期的非常举措[②]

西方国家所有制结构演化的特点之一，是国有化与非国有化交替发展。

---

① 瑞典经验被认为取得了巨大成功。首先，成本控制在可接受的水平。注入国有化银行的资本相当于瑞典GDP的4%。其次，从一开始，银行系统的私人部门性质就未受到严重威胁。最后，计划实施后，金融系统照常运行。然而，不容忽略的是，瑞典经济规模仅相当于美国的俄亥俄州，其国内最大银行的规模也仅相当于美国一家大型银行的10%，且瑞典是在银行破产后才实施国有化的。

② 国有企业之所以成为西方国家作为解决这次金融危机的最后手段，是因为国有企业作为承担公共职责的特殊企业，具有国家财政后盾、实现政府政策意图、应对危机能力强等优势。

西方国家几乎均将国有化作为最后的危机治理手段，不到万不得已的情况一般不用。银行国有化是特殊时期拯救美国金融体系的唯一方法（the only way to save the U. S. financial system is to nationalize banks），是金融体系极端不确定（radical uncertainty）情况下的最后招数（bank nationalization is a last resort）和救命稻草，是控制危机态势和减少损失的现实选择。如果政府不接管，银行仍能生存，实施国有化就是弊大于利①。虽然政府介入不能立竿见影地使所有问题迎刃而解，但通过政府介入和加强监管，至少可以避免出现新问题。在实施常规的宏观调控措施和危机治理手段无法尽快恢复市场信心和预防系统风险的情况下，实施银行国有化成为无可奈何的现实选择。美国金融危机期间实施的银行国有化，主要基于以下几个方面的考虑，是在充分权衡短期、长期成本与收益之后的现实选择。

1. 快速恢复市场信心

美国金融危机发展成实体经济危机的速度超出预料，出现整个市场瘫痪、信贷紧缩的情况，金融市场表现出信心危机、资本危机、信贷危机、消费者和企业需求危机②。奥巴马和财政部长盖特纳在各个场合均表态，国有化是政府最不愿意选择却不得不选择的救助方式。在金融危机不断恶化的现实背景下，捍卫自由市场经济的美联储前主席格林斯潘也表示，国有化可能是美国政府不得不考虑的现实选择。最为重要的是，在银行缺乏信任且不愿意放贷的紧急情况下，国有化有助于尽快恢复信心③。为了尽快恢复市场信心，为了美国经济和所有美国人的福利，美国财政部、美联储和美国存款保险公司携手合作，断然实施国有化措施。政府的预期目标是通过健康的金融机构将其优先股卖给财政部以筹措更多的私人资本，进而向企业和消费者提供更多贷款，全面激活美国经济。以“前所未有的措施和前所未有的速度”（unprecedented speed and unprecedented measures）实施国有化的有力行动，点燃了美国内外对金融市场的信心和期待，保障了全球金融体系的健康运行。

① 如果通过压力测试，银行资不抵债或存在资不抵债的高风险，最好还是直接实施全部国有化。Elliott，D. J.，“Bank Nationalization：What is it？Should we do it？”，Initiative on Business and Public Policy at BROOKINGS，February 26，2009，available at：http：//www. brookings. edu/ ~ /media/Files/rc/papers/2009/0225_ bank_ nationalization_ elliott/0225_ bank_ nationalization_ elliott. pdf.

② “The Financial Stability Plan”，http：//www. financialstability. gov/docs/fact – sheet. pdf

③ 正如鲍尔森所言，现在对美国的金融体系缺乏信心，必须战胜这一问题，因为缺乏信心已经构成对美国经济的巨大威胁。投资者不愿意借钱给银行，健康的银行不愿意借贷，对消费者和企业也惜贷。“Statement by Secretary Henry M. Paulson，Jr. on Actions to Protect the U. S. Economy”，October 14，2008，http：//www. ustreas. gov/press/releases/hp1205. htm.

2. 防范深度系统危机

现代金融体系是由金融债务交织而成的复杂网络，具有网络效应或较强相互联系的外部性（network effects，interconnectedness externality）。非银行金融机构组成的影子银行系统在金融网络中占据极其重要的地位，由于不受中央银行管制也不在金融安全网内，杠杆运作和过度创新的影子银行系统爆发的危机很容易传染、扩散到整个金融体系（Bordo，2008）。鉴于全球经济问题十分严重且无处不在（deep and pervasive），银行业可能出现系统危机，无法发挥应有功能（dysfunctional）。系统性风险一旦发生，很可能演化为全面危机，持续僵局并延长危机（persistent stalemate and prolonged crisis），甚至最终导致金融崩溃。

防范危机的深度、广泛、快速蔓延成为当务之急，国有化具有其他治理工具无法替代的反危机功能和危机治理作用。银行国有化有助于快速摆脱危机，避免危机沿着恶化方向继续发展甚至出现第二次经济大萧条。在危机演化呈加速态势的危机非常时期，如果不立刻采取有力措施，后果将不堪设想[①]，必须迅速采取行动保卫美国经济。以花旗为例，截至2008年年底，花旗持有200亿美元的房屋抵押证券，大部分减计至初始价值的20%～40%。此外，花旗还拥有数十亿美元难以收回的企业并购贷款。随着经济形势的恶化，车贷、房贷和信用卡贷款等原本优质的消费信贷，同样面临巨额损失。根据严格的财务标准，花旗已经破产。然而，花旗一旦破产，将可能引爆系统性危机[②]。为避免经济陷入深度衰退，花旗不能破产，奥巴马政府就必须继续向花旗反复注资，进而将其变为国有化。鲍尔森将9家金融机构部分国有化措施称为“广泛、有力和变革性”（extensive，powerful and transformative），表明政府将不遗余力地采取措施恢复资金流量，防止市场不确定的负外部性外溢影响资本充裕且仍具竞争力的私人银行（well－capitalized fully private banks，viable well－capitalized good banks），以避免深陷系统性危机[③]。

① Washingtonpost. com，“U. S. Forces Nine Major Banks To Accept Partial Nationalization”，October 13，2008，available at：http：//www. washingtonpost. com/wp－dyn/content/article/2008/10/13/AR2008101300184_ 2. html? sid＝ST2008101302921

② 2007年年底，花旗总资产高达2.2万亿美元，相关于美国GDP规模的16%。花旗是高度国际化的金融控股集团，在90多个国家拥有分支机构。放任花旗破产，无异于在全球金融体系中引爆核弹。

③ “Statement by Secretary Henry M. Paulson，Jr. on Actions to Protect the U. S. Economy”，October 14，2008，http：//www. ustreas. gov/press/releases/hp1205. htm.

3. 成本与收益的权衡

实施银行国有化，将银行损失交由股东和贷款人承担，有助于减轻纳税人负担。当银行资不抵债、无法运转之时，为避免将纳税人的钱掷向坏资产，政府应快速接管银行，国有化措施也许是最为合适的选择，纳税人承担的成本相对较小。否则，银行一旦成为僵尸银行（zombie banks），只会进一步危及整个金融系统和经济体系的运转，甚至导致经济走向崩溃。正是因为未对陷入危机的银行果断实施国有化，日本才出现“失去的十年”。短期而言，国有化对纳税人和其他企业有失公平。然而，如果政府不予救助，银行失去长期融资能力，将引发更严重、深刻和全面的危机，对纳税人的就业、收入均会产生长期的负面影响。以国有化方式代替直接进入清算程序，有助于最大限度地维护公共利益。实际上，这涉及长期利益与短期利益之间的选择问题。购买问题银行的普通股，政府获取所有权，只要银行日后复苏，最终有助于纳税人获取潜在收益。

实施国有化，还能避免道德风险问题，惩戒过度冒险或愚蠢冒险的银行经理。实施银行国有化如果损及现有股东和债权人价值，相当于释放这样的信号：日后银行所有者和债权人必须小心翼翼，控制过度冒险或愚蠢冒险的管理行为。如果国有化导致高级经理失去工作，必然激励管理层更加小心从事。实施国有化，还有助于重新引导银行政策关注社会目标。总体而论，银行国有化是美国政府充分权衡短期与长期、局部与系统层面成本与收益之后，在美国实用主义（pragmatism）导向下采取的必然措施。

二、银行国有化的特点

值得注意的是，美国银行国有化是少数银行的暂时国有化，并非政府长期拥有数量众多的银行（temporary nationalization of a few institutions rather than a wholesale longer - term government ownership of the banking sector）。而且，部分银行国有化是不得已而采取的暂时措施。诺贝尔经济学奖获得者斯蒂格利茨特别强调银行国有化的重要意义，“目前为止，除了银行国有化以外的所有计划均有可能提高美国国债和逆向激励。纳税人提供了资金，但银行并没有最大化其利益。现在看来国有化是唯一解决问题的方法。暂时的国有化在许多国家都是可行的”。美联储前主席格林斯潘认为，在整个行业重建之前，美国可能不得不暂时性地将部分银行暂时国有化，以实现银行业的快速和有序重构，银行国有化是坏处最少的选择（the least bad policy option）[①]，除此之外别无选择（there is no other choice）。在最终回归私人银行制度之前，必须实施国有化。

（一）时间维度：暂时国有化

银行国有化是指政府在特定时期内介入经营困难的银行，即“暂时国有化”（temporary nationalization，nationalize some banks on a temporary basis）、“暂时的政府所有制”（temporary government ownership）、“暂时的公共所有制”（temporary public ownership）、“政府拥有暂时所有权”（government take temporary ownership）、“暂时的政府控制”（the government to take temporary control of troubled banks）、“政府暂时接管”（temporary，government takeover）、“特定期间的政府控制”（government control for a designated period of time）、“政府暂时控制”（government control is kept temporary）、“暂时期间的政府管理”（a temporary period of government direction）。政府的目标并非是拥有和控制私人银行（long－term government ownership isn't the goal），而是将经营失败的银行转变为暂时公共所有。然而，由于具体经济环境不同，“暂时”的时限可能是一两年，也可能长达数年。毋庸置疑的是，政府最终要通过市场机制适时退出。

短期内，实施国有化有助于提振需求、扩大就业、提升社会信心。国有化是别无良策的非常时期迫不得已的无奈选择。美国人认同的观念是：国有化只能是短期和暂时的（short－term and temporary），政府控制银行的时间不应超过最为必要的限度，银行国有化仅仅为过渡期间（transitional phase）的非常措施，只要有可能就要尽快重新实现私有化，以至于用前私有化（preprivatization）代替国有化概念。暂时国有化的关键在于，政府只是暂时控制银行，一旦时机成熟、条件许可，暂时国有化的银行会重新、尽快售予私人部门，并确保在暂时国有化过程中不产生扭曲现象。即使赞成银行国有化的克鲁格曼也认为，一旦度过危机时期，最终还得回到私人经营银行的正常状态，而不是永远的国有化。

对欧美国家而言，银行业国有化乃挽救银行系统和经济的权宜之计，国有化只能是暂时的，并不意味着转向社会主义道路。英国首相布朗认为，为了保护存款人和纳税人的利益，国有化是当前时机下“唯一最好的选择”。德国政府强调，将处于危机的银行收归国有，是为了防止大银行破产动摇德国金融系统的“最后的选择”。

---

① Krishna Guha and Edward Luce，“Greenspan backs bank nationalization”，*Financial Times*，London，Wednesday，February 18，2009. Available at：http：//www. gata. org/node/7180.

（二）涉及范围：部分国有化

在出现极端危险情况之前，美国政府对银行实施部分国有化或局部国有化（partial nationalization），是有选择的国有化（nationalization of selected banks）、零碎的国有化（piecemeal nationalization），政府只接管问题最为严重的银行（take over the most troubled banks）。国有化的主要对象是问题银行（troubled banks）、陷入困境的银行（struggling or floundering banks）、受重创的银行（traumatized banks）、失败的银行（failed banks）、无法正常运作的银行（crippled banks）、资不抵债的银行（insolvent banks）、"太大不宜倒"的银行（too-big-to-fail banks）、"太系统不宜倒"的银行（too-systemic-to-fail banks）、濒临破产的银行（some major banks are dangerously close to the edge）、僵尸银行（zombie banks）。选择国有化对象的具体方式之一，就是通过压力测试确定陷入支付困境的银行。随着危机深化并朝实体经济领域蔓延，虽然有人期待政府对银行实施普遍和更广泛的国有化（widespread nationalization），然而只要经济状况没有遭到毁灭性破坏，尚未导致巨大社会代价和金融成本，似乎不可能普遍实施国有化。

Posen（2009）将银行国有化的范围界定为危机中银行系统的一部分，只是技术上资不抵债的银行。他认为在此轮危机中，国有化的对象仅限于金融领域濒于破产的大企业，即仅对金融行业进行局部、部分国有化，并非对金融业或银行业进行全面、普遍的国有化。政府购买的只是银行的优先股，无表决权。可见，政府只是温和获取银行的所有权，而不是银行经营活动的控制权。对于最糟糕的银行，政府有权决定将优先股转变为普通股。布什声明政府的作用是有限和暂时的（limited and temporary），相关措施无意取代自由市场，而是为了保护自由市场①。

（三）国有化原则：实现纳税人利益最大化

在市场波动、危机前景不明朗的情况下，私人资本收购方案对问题金融机构的估值普遍偏低。由于金融系统的坏账问题无法根除，金融系统几乎成为纳税人的资金黑洞。下决心实施国有化是快速恢复信心、尽快稳定市场的可行选择。美国政府用7000亿美元财政资金购买不良资产以解决金

① David Cho, Neil Irwin and Peter Whoriskey, "U. S. Forces Nine Major Banks To Accept Partial Nationalization", *Washington Post* (October 14, 2008), available at, http://www.washingtonpost.com/wp-dyn/content/article/2008/10/13/AR2008101300184.html? nav = hcmodule.

融机构的短期流动性，相当于将政府资金送给私人股东，实际效果甚微。如果用来购买银行股票，根据《新巴塞尔资本充足率协议》最低 8% 换算，能产生 8.75 万亿美元的安全总资产。只有实施国有化，在损失扩散蔓延和更为严重之前解决问题，才能吸引私人投资者跟进购买问题银行的股份，才能真正确保纳税人利益的最大化。美国、英国都强调银行国有化的目的是维护金融稳定和保护存款人，同时使纳税人遭受的负面影响最小化。

（四）国有化方式：政府购买可转换优先股

大型金融机构发行可转换优先股，政府以可转换优先股的方式注资，有助于金融机构迅速获得政府资金，保障现有股东和私人投资者优先认股权，有利于保障财政资金本金和收益的安全，避免政府对企业经营的过多干预。以股份方式实施国有化，无须分割实体资产，便于整体保留原来的经营主体，政府可根据需要增减所持股份。根据问题资产解决计划，政府购买了 8 家大银行和数百家小银行的优先股。严格而言，由于优先股股东没有投票权，政府购买优先股不能算是真正意义上的国有化。根据财政部公布的资本援助计划，未通过压力测试的大银行需要用 6 个月的时间从私人投资者那里筹措资本。如果做不到，这些大银行必须在 7 年后将政府持有的优先股转换为普通股，有人称此举为渐进的国有化（creeping nationalization）。2009 年 2 月 27 日，美国政府与花旗银行达成协议，决定将政府持有的优先股以每股 3.25 美元的价格转换为普通股。

（五）私人选择在前，国有化措施在后

一般而言，国有经济主要存在于私人企业不愿进入、无力进入或不能进入的领域，发挥国有企业的特殊功能。经济危机期间的国有化，却是在私人资本无力参与或不愿意参与的情形下，政府采取的反危机措施。由于找不到拥有足够资信和资金的金融机构为重组或资产清算托底，只能投入政府信用。政府注资具有生存力但资本不足的银行，最好是鼓励私人资本参与，使资本比率回到足以恢复市场对银行的信心。英国《2009 年银行法》设立的特别决议机制（SRR）明确了三种稳定银行系统的选择，一为资产转移至私人部门买主，二是转移至过渡银行（英格兰银行下辖银行），三是暂时转归公共所有（财政部名义拥有）。显然，银行危机出现后，危机治理主体的顺序是由私人部门到公共部门。

美国的危机治理实践表现出类似的特征。危机爆发初期，美国政府并

未介入银行收购重组，而是积极周旋，期望这些银行在政府的资助下，通过系统内的重新组合摆脱困境。因此，美国政府才坐视雷曼兄弟的倒闭而拒绝援助，只不过由于随后的市场极度恐慌才被迫介入。美国政府最后意识到整合坏银行将可能导致更大的问题。于是，美国政府考虑联合私人资本收购金融机构的不良资产，清理银行资产负债表，增强流动性和清偿力。

三、银行国有化存在的现实问题

实施国有化的预期效果，很多人并不看好。不少人甚至认为大银行国有化的结果令人失望（a desperate move），国有化本身并不能保证完成银行无法胜任的任务与职责，政府介入也不可能一蹴而就地解决银行系统存在的根本问题。

（一）大银行的国有化：暂时的权宜之计演变为无可奈何的长期策略

大多数美国人认同的国有化为国家临时接管银行财产，银行进行清算并尽快再出售。克鲁格曼曾指出，也许不该称这一过程为“国有化”，而应为“前私有化”（preprivatization）过程，这一过程是最终恢复私人银行制度的必经程序。大银行的国有化与小银行不同，极其复杂（extremely complex）。银行规模差异导致的复杂性十分惊人（staggering）（Elliott，2009），花旗银行和美国银行的国有化，比任何先前的国有化实践都要复杂。实际上，与大陆伊利诺银行相比，花旗银行的资产达 2 万亿美元，几乎是大陆伊利诺银行 410 亿美元资产的 50 倍，印地麦克银行的资产也不过 340 亿美元。除了规模以外，大银行组织结构通常复杂，涉及分支机构，包括投资银行和国际业务等。

几乎所有赞同国有化的美国人都认为国有化只能是暂时措施。暂时国有化就是接管问题银行之后，将其拆散，注入新资本并寻找新的所有者和管理者。然而，大银行的复杂性和巨大规模要求政府控制多年，这使人们担忧政府不可能像私人部门那样可以有效管理银行。首先，不可能有合适的买家以合适的价格买下花旗银行或美国银行的全部或大部分。在私人资本以必要规模重新进入银行领域之前，持续时间不会太短。其次，这些大银行需要梳理极其复杂和相互影响的业务，除非政府愿意因为追求速度而牺牲经济价值。如果条件对银行不利，银行也许仍需被国有化（banks will have to stay nationalized)。暂时的权宜之计可能演变为无可奈何的长期策略。

如果目标是使银行继续经营并努力避免减价出售的损失，政府很可能在若干年内均为银行的主要所有者，如同大陆伊利诺银行和美国国际集团。大陆伊利诺银行于1984年实施了国有化，但国有股份直到1991年才被售出。美国国际集团在2008年被政府接管时，舆论对于该集团保险业务分支机构的高质量以及随后以有利价格拍卖其资产的能力均持乐观态度，但事实上，由于当时出售时机不成熟，拍卖令人失望。如果国有化银行的买家很少，为数不多的买家有可供选择的其他机会，因而有能力同政府进行条件苛刻的讨价还价谈判。如此，就要求建立机构管理国家股并对国有化银行进行管理。政府接管银行的时间越长，银行就越有可能习惯于政府的庇护，将来重新私有化的难度也就更大。

（二）银行国有化范围的全面渗透："部分"传染至全局?

少数大型金融机构国有化可能造成不公平竞争，使投资者对未实施国有化的金融机构缺乏信心。虽然国有化措施仅针对少数大型金融机构，但市场形成的压力要求将其他一些金融机构国有化，否则这些银行将因为业务受到排挤而破产。部分国有化一定程度上是混合所有制（hybrid ownership)，部分为政府所有，部分为私人所有，产权欠明晰。而混合所有制的产权结构特别不适合金融机构。如此，政府对金融领域的干预可能不得不日益加深，逐渐将更多的金融机构国有化，最终出现信贷决策和资本配置的官僚化，部分、局部国有化可能演变成为全面、整体国有化（full nationalization)，可能损及整体经济。

（三）政府接管银行的管理困境

如何控制国有化银行？如果大银行被政府控制的时间较长，显然无法回避一些问题，比如现有管理架构的职责与作用机制、CEO的选择和公开透明的工作机制等。即使政府能够暂时有效经营这些银行，由于过于仓促，大量的国有化也会使政府的有效管理陷入困境。接管破产银行的政府官员可能缺乏责任心和透明度，导致管理失误、无效及不负责任（mismanagement, inefficiency and irresponsibility)，纳税人最终会为此付出高昂代价。银行的中心任务是在权衡风险的基础上配置资源，私人企业比政府在配置资源方面更具效率。政府经营借贷机构，无论是长期掌握还是暂时国有化，都可能在政治压力下做出缺乏经济效率的决策。经济衰退中的国有化银行没有限制借贷的压力，由此可能产生巨大损失。总体而言，政府难以比私人部门更有效地管理银行。

银行国有化存在的另一个问题是道德风险。如果知道一旦出现问题就能获救，也许银行不再保持应有的谨慎。如果银行应该承担的风险被轻易勾销，意味着私人获取利润，股息大量流入银行股东手里，管理层获取丰厚奖金。如果银行无法经营导致的成本由社会公众承担，纳税人会蒙受损失。由于缺乏正确的激励，大多数政府干预未能设计合适的激励结构。对管理不善风险和资本错误配置的规制，充满了道德风险（Doyran，2008）。正如斯蒂格利茨所言，预防下一个华尔街危机要求关注长期利润，而不是鼓励过度投机和偏好风险的行为。

（四）加剧纳税人风险和国家风险

商业银行国有化意味着普通股权益被稀释，会严重损害现有普通股股东的权益，使投资者的普通股股票价值几乎化为乌有。增持花旗股权意味着美国政府不必动用纳税人更多的钱拯救花旗，花旗也不用再向政府所持优先股支付股息，但普通股东的权益将遭稀释，纳税人将不得不承受企业经营风险。商业银行国有化还意味着美国银行系统的不良资产将转移到政府的资产负债表。国有化将债务责任转变成了公众责任，确实用了纳税人的钱。政府在接管银行时通常要承担巨额损失，而在其对银行改组后往往要折价出售给私有部门，中间损失只能由纳税人承担。如果情况继续恶化，会造成国家公共债务激增，最后引发国家破产的危险。政府大幅举债接管银行后，美元信贷评级降低将不可避免，美国国家信用将受到严重损害。如果处理欠妥，银行国有化的“蝴蝶效应”会在全球诱发新一轮更具破坏力的危机。

（五）有损纳税人的财富再分配

就鲍尔森抛出的7000亿美元计划而言，每个工作的美国人就得从自己银行账户拿出4000美元。奥巴马8250亿美元刺激经济计划更使每个工作的美国人付出8000美元。救助金融机构的计划，实为掠夺纳税人的政策（policies of looting taxpayers），体现的是金融盗贼统治（financial Kleptocracy）①。

① Kleptocracy的含义远超过贿赂、贪污、回扣等传统犯罪形式，是指政府以及高级政府官员，通过国家公权力，借助政治和经济操作，将国家资源和财富转移到少数人手中。

银行国有化使得不少财富化为乌有（vaporize a lot of wealth），一定程度上是将纳税人的巨额财富转移给银行和股东。政府援助银行的资金中，相当部分以奖金和工资形式，用于支付管理不当的金融机构经理，尽管一些银行净资产已经为负。而且，为了保护银行的利益，银行会继续花钱游说立法者赋予更多的特殊权力。财政部的国有化或社会化银行、保险公司和其他金融机构的计划，只是将金融体系的损失转移至公共部门。

在收入水平不断下滑的状况下，美国资产市场正经历大萧条以来最严峻的冲击，美国家庭净资产值以破纪录速度收缩。在美国消费者负债杠杆得到实质性改善之前，消费需求能否反弹并带领美国经济走出衰退，仍无法确定。美国消费者将面对为期数年的缩减开支，才可能使经济恢复均衡。主导美国经济的消费借贷模式遭受重创，美国家庭净资产总额严重缩水，消费信贷收缩，消费支出大幅下滑，对经济的持续复苏构成挑战。政府以包括实施国有化的方式施加对纳税人的剥夺，政府救助的实际后果是，更多资源流向富人而非穷人，纳税人承担着利用公共资金将银行损失社会化的巨额成本。

（六）过度国有化损及市场效率

自金融危机以来，西方国家政府投入大额资金扶助陷入困境的银行系统。政府短期救市，有可能导致市场不公平。如何在金融系统稳定和市场自由竞争之间维持平衡，成为难题。金融危机下必须寻求经济稳定，大规模的政府干预能消除恐慌及消费者对市场的不信任，但也有可能成为有欠公正的干预（unfair interventionism）。如果银行依靠政府资金维持较大的市场份额，银行有可能沉溺于政府补贴，或导致服务价格更高，损害消费者利益，最终殃及整个市场体系。

一方面，市场竞争力量要求暴露、公开甚至清算资不抵债的大银行；另一方面，政府政策制定者支持的金融垄断巨头却想方设法阻止竞争力量决定其有毒资产的价值。一定程度上，银行国有化是确保金融巨头的利益不受损害的权宜之计。一种看法认为，金融市场的短期动荡也许是防止资源从纳税人再分配至华尔街赌徒的有效方法。如此，金融灾难也许是无法逃避的震荡，经济史上称之为恢复性或创造性毁灭（regenerative or creative destruction）、休克疗法或重生之前的阵痛。政府为已经破产的银行提供金融支持，使它们像寄生虫一样，肆意吸吮纳税人的血汗，榨取国家资源，最终结果是得不偿失。不能简单救助无以计数的有毒资产，因为一定程度上难以达到预期效果，而且可能吸干公共财政，使国家资源再分配至不负责任的金融机构，徒添国债，延长经济危机时间。解决问题的合适办法，也许是公开问题金融机构财务，消除无以计数的假资产，“最好让市场决定这些负债工具的真实价值，如果价格真实，总有买者”（Whitney，2009），让市场确定价格并清算其有毒资产，恢复信贷市场信任。

四、结 语

银行国有化可能损害银行和经济运行效率，影响资源的优化配置，窒息经济生机。基本上，所有美国人都将国有化看作暂时接管（temporary receivership），政府对银行业的支持不能无限期持续。如果国有化只有短期意图，关键问题在于确定如何退出和何时退出，这取决于两个目标之间的权衡，即尽快将银行转移到私人手中和实现纳税人收益最大化（耗时更长），哪个目标更重要（Elliott，2009）。由于危机严重，政府退出将需要较长时间，大银行的复杂性和规模要求政府接管的非常时期可能持续数年。政府在对银行实施国有化之后需要择机退出，将企业出售给其他私有企业。在金融企业高管薪酬受到限制的情况下，难以找到合适的人选和有效方式管理国有化银行，重新私有化的难度也不小。时机成熟时，政府退出行为本身成为对金融业恢复信心的信号。一旦多个国家银行金融体系初步稳定，政府就该考虑撤出，持续、逐渐地出售政府持有的资产份额。2009 年第四季度美国国内生产总值（GDP）增长 5.7%，创六年来最大增幅。盖特纳认为，虽然已经从金融崩溃和历史性衰退的边缘抽身，但美国经济仍然处于美国历史上最具挑战的时期。整体而言，基于危机的系统性、全面性和深刻性，后国有化和去国有化过程更倾向于成为一个渐进过程。

（一）超越意识形态底线的国有化

西方国家一贯推崇私有制和自由竞争，私有企业国有化与题目信仰的基本价值观背离。2008 年 10 月美国对最大银行的部分国有化以及对主要金融机构注资，一定程度上削弱了人们对美国经济政策的信任，尽管布什政府和政策制定者强调，注资私人银行无意侵蚀自由市场原则。然而，美国的救市计划显然偏离了自由市场信念。花旗的国有化甚至被保守政治观点解读为美国式资本主义的失败。

实施银行国有化，很难为美国公众真正接受，以致一些人更愿意用“前私有化”（pre - privatization）、“政府破产管理”（government receivership）这样的概念。政府干预或者接管问题银行，国有化意味着自由企业制度和有效借贷的消亡，是对自由市场理念的明显和令人吃惊的偏离（a clear and amazing departure from free market ideas），是自由经济学向管制市场的急剧转变（a dramatic shift away from decades of laissez – faire economics towards more regulated markets），不仅意味着问题十分严重，而且意味着向裙带资本主义演变（a big step toward crony capitalism），是将损失社会化（socialize the losses）、风险社会化（socialize the risk）、私人损失集体化（collectivization of private losses）的思路，是金融部门动员政府权力维护自身特殊的利益，是政府对华尔街赌徒（wall street gamblers）金融利益的屈从，朝着公众不愿意的方向转变，不少计划实为欺诈（fraudulent programs）。政府对金融机构的大力救助与支持，会导致事实上的金融国有化和社会化（nationalization and socialization of finance），资本主义定义似乎蜕变为将损失社会化和利润私人化的体制，是将华尔街的权力转移至华盛顿，进而服务于华尔街，是债奴、寡头统治和新封建主义，却被封为自由市场取向下的计划。

（二）国有化与危机治理

西方国家经济危机的治理思路，是在国家资本主义和自由市场主义之间（state capitalism and pure laissez faire）寻求中间路线。一般而言，在研判宏观经济形势并分析原因的基础上，先是出台宏观经济政策，然后再采取管制及其他一些临时救急措施，只有在别无选择的情况下，才会动用国有化工具。在政府可选择的各种危机治理工具中，国有化是迫不得已情况下采取的最为极端的手段。系统危机发生的特殊时期，政府只有实施国有化手段，才能挽救严重危机中的经济，经济复苏后，国有股份逐渐退出，被国有化的企业偿还政府注资，重新回归市场经济轨道。

美国政府部门广泛出动，全面干预，虽然并不意味着金融社会主义或国家金融在美国的兴起，但至少肯定了行政干预对稳定市场的重要性，肯定了国有力量在系统危机治理过程中中流砥柱的角色。

（三）公私合作，稳定金融

美联储主席伯南克认为，金融危机中企业遭遇的困难只能通过私人部门安排解决，包括筹集资金、兼并重组或有序退出。只有当金融体系和经济安全遭受严重威胁时，政府才能施以援助。一旦金融陷入系统性不稳定境况，应当迅速采取有效干预措施，确保实施保护公共利益的干预措施[①]。

美国政府充分利用私人资本加强金融系统重建并代替公共投资。经过对大金融机构进行压力测试，所有信息变得透明，私人部门有信心筹措大量私人资本。主要金融机构的资本状况比危机期间有很大改观[②]。美国政府希望通过公私协同投资计划，以“私人资本、公共杠杆”模式，吸引私人投资者参加剥离银行问题贷款，撬动1万亿美元的有毒资产，为活跃信贷市场创造条件。毫无疑问，剥离有毒资产是真正实现资本重整的重要环节。

美国政府应对危机注重从政府主导转向强调与私营部门合作。美国经济真正的复苏动力在于市场，如果不让私营部门参与金融业救助，最终效果难容乐观。美国财政部长盖特纳2009年3月22日说，解决金融危机的唯一途径是与私营机构合作，消除银行资产负债表中的问题资产。政府不能独自解决问题，更无法真正重新恢复经济活力。

（四）危机治理手段的多样性

为应对系统性危机，美联储、财政部等美国政府部门相继采取传统政策手段、流动性管理工具、经济刺激方案、金融监管体系改革，出台《住房和经济恢复法案》《2009美国恢复与再投资法》，注资、收购优先股、债券担保等具体救助措施，力推经济全面恢复，促进就业增长。解决问题的根本，是控制包括房屋信贷在内的各类消费信贷无节制膨胀、控制资产证券化范围、控制金融衍生产品的杠杆化范围。必须对经济的基本复苏重拾信心，确保经济持续增长，并让所有美国人能广泛分享经济增长的收益[③]。

奥巴马政府采取了多种措施解决危机。奥巴马预算提议采取一系列措施，使美国财政沿着负责任、可持续的财政路径前行（a responsible，sustainable fiscal path）。奥巴马甚至建议成立两党财政委员会，其职责是实现可持续财政。奥巴马政府准备从2010年6月30日起，在10年内对资产500亿美元以上的大型金融机构征收“金融危机责任费（financial crisis responsibility fee）”，主要对象为接受TARP援助的各大华尔街金融机构。这笔费用将主要用来偿还纳税者在金融危机时对美国金融机构的援助，减少财政赤

① “Bernanke Remarks on Stabilization Before Economic Club of New York”（October 15，2008），Wall Street Journal，available at，http：//online. wsj. com/article/SB122408591905636639. html? mod = googlenews_ wsj.

② “Financial Stability Plan - One Year Later”，February 10，2010，available at：http：//www. financialstability. gov/latest/pr_ 02102010. html.

③ “Treasury Secretary Timothy F. Geithner Written Testimony before the US Senate Budget Committee”，http：//www. financialstability. gov/latest/st_ 02042010. html.

字，偿还政府救援金融体系招致的损失，进一步刺激经济增长①。

美国政府的目标是实现更高的经济生产力，催生推动增长和增加就业的企业，保持富于创新的美国精神，成为研发推动的创新经济（R&D – driven innovation）。美国经济的当务之急之一，是创造足够的就业机会，为私人部门奠定更强有力的新基础：投资创新、基础设施、未来机遇以及工人教育。这些投资能使美国的企业更具竞争力，提高生产力，有助于创造高收入的工作机会。长期而言，需要创造良好的投资环境，恢复金融体系核心功能，将赤字减少到可持续发展的水平。为创造更多的就业机会，减税以及其他激励措施至关重要，特别是针对能在近年创造较多就业机会的企业。

参考文献

［1］ Elliott, D. J. , "Bank Nationalization: What is it? Should we do it?", Initiative on Business and Public Policy at BROOKINGS, February 26, 2009, available at: http: //www. brookings. edu/ ~/media/Files/rc/papers/2009/0225_ bank_ nationalization_ elliott/0225_ bank_ nationalization_ elliott. pdf.

［2］ Elliott, D. J. , "Bad Bank, Nationalization, Guaranteeing Toxic Assets: Choosing among the options", Initiative on Business and Public Policy at BROOKINGS, January 31, 2009, available at: http: //www. astrid – online. it/Dossier – – d1/United – Sta/ELLIOT_ Brookings_ Banks_ 30_ 01_ 09. pdf.

［3］ Toninelli, P. , "From Private to Public to Private Again: a Long – term Perspective on Nationalization", Analise Social, Vol0XLIII, 2008: 675 – 692. http: //www. scielo. oces. mctes. pt/pdf/aso/n189/n189a01. pdf.

［4］ Bordo, M. D. , 2008, "An Historical Perspective on the Crisis of 2007 – 2008", available at: http: //michael. bordo. googlepages. com/An_ Historical_ perspective. pdf.

［5］ Bös, D. , 1986, *Public Enterprise Economics: Theory and Application*. New York: North – Holland.

［6］ Doyran, M. A. , "U. S. Subprime Financial Crisis, Contagion and Con-

① 美国有50家资产在500亿美元以上的银行，其中35家是美国的银行，15家是外国银行在美国的分支机构。征收金融危机责任费占大型金融机构债务金额的0.15%。预计这笔费用收入的60%将来自10家最大的金融机构。此项金融危机责任费的征收已成为奥巴马2011财年预算的核心部分，并将以每年或每十年的方式征收，或直至政府完全收回给金融机构的1170亿美元为止。奥巴马称此举是履行当初承诺的"拿回每一美分纳税人的钱"。计划目的并不是惩罚金融机构，而是防止这些机构继续滥用资金和参与过度风险的投资。

tainment in the World Economy: A Macro – Organizational Perspective", 8th Global Conference on Business & Economics, October 18 – 19, 2008, http://www.gcbe.us/8th_GCBE/data/Mine%20Doyran.doc.

[7] Posen, A. S., 2009, "A Proven Framework to End the US Banking Crisis Including Some Temporary Nationalizations", http://www.iie.com/publications/papers/posen0209.pdf.

[8] Whitney, M., "Every Trick in the Book," Information Clearing House, http://www.informationclearinghouse.info/article21354.htm.

17. The Function of Nationalization's Crisis Governance —An Interpretation of Bank Nationalization Phenomenon during Financial Crisis

Wang Tinghui

Abstract: When financial crisis tends to be systemic and serious, bank nationalization maybe an important measure of restoring market confidence. With no other choice, the U. S. bank nationalization is a last resort in deep and systemic crisis. Bank nationalization has the characteristics of temporality and locality. The practice of bank nationalization showed some serious problems and challenged American belief about free market. Denationalization is the future choice of postnationalization, and the timing of denationalization is very important.

Key words: Nationalization; Bank Crisis; Crisis Governance

18

新中国成立以来我国农村土地制度的演变

——兼论完善我国农村土地制度

叶祥松　唐索莉*

[内容提要] 我国农村土地制度是以强制性制度变迁为主导，辅之以诱致性制度变迁的半政府半自愿制度变迁形式。从我国土地制度演进来看，国家对农民土地的产权保护力度不断加大，但仍然存在产权主体虚置、产权客体模糊等问题。为此，需在集体土地所有权的基础上不断明晰所有权主体，清晰界定土地产权，同时，完善与农村土地制度相关的配套制度，转变政府职能，充分发挥政府在土地使用中的服务性、调控性、指导性功能。

[关键词] **农村　产权　制度变迁　土地制度**

农村土地制度是农村社会经济制度的核心，是农村的基础制度，是整个社会制度安排中最重要的部分，直接关系到我国“三农”问题的解决。完善农村土地制度，不仅可以提高我国农村土地的经营效率，提升我国的国民经济发展水平，还可以促进社会效率的提高和公平的实现，提高全民福利水平，促进城乡统筹和社会和谐发展。因此，对我国农村土地制度进行全面分析，提出相关的政策建议，具有重要意义。

---

* 叶祥松（1957—　），男，湖北赤壁市人，教授、博士生导师，现任广东商学院经济贸易与统计学院院长、广东商学院学术委员会主任，兼任中国宏观经济教育学会常务理事、全国《资本论》研究会常任理事、全国综合性大学《资本论》研究会常务理事、广东省经济学会副会长。主要研究领域为产权理论、企业理论和公司治理、农业经济问题；唐索莉（1990—　），女，广东商学院产业经济学硕士生。

一、我国农村土地制度的演变

我国的农村土地制度采取以强制性制度变迁为主导，辅之以诱致性制度变迁的半政府半自愿制度变迁形式。我国农村土地制度的变迁大体包括1949—1956年的土地改革与互助合作阶段、1956—1978年的集体所有和统一经营阶段，以及1978年以来的家庭承包经营与集体统一经营阶段三个阶段。在上述三个基本阶段的基础上，由于土地经营方式的差异，可将每个阶段划分为若干个子阶段。

（一）1949—1956年的土地改革与互助合作阶段

1. 1949—1952年，实现耕者有其田，农民土地私有制的建立

1950年颁布实施的《土地改革法》在法律层面上对土地制度进行了规范和细化，并保障了农民所有制的相关权力，废除封建土地所有制，实行农民土地所有制。1952年年底全国基本完成土改，封建剥削土地制度被彻底废除，广大农民成为土地的主人，农村生产力得到解放。

2. 1952—1956年，对农业进行社会主义改造，对农村土地实行集体所有制，农民不再享有完整的土地所有权

土改以后，互助组得到广泛发展。农民自愿互利，互换人工和畜力，共同劳动，极大地调动了农民的劳动积极性，加之农民在相互合作中劳动能力得到提升，生产效率有了极大的提高。但互助组的形式与社会主义的目标不一致，在农业生产合作化运动中，全国各地陆续开始实行半社会主义性质的农业初级合作社，简称初级社。这一阶段农民仍保留土地所有权，但土地经营使用权已经与所有权分离开来。初级社部分地改变了私有制，促进了生产力的发展，是由个体经济转变为社会主义集体经济的过渡形式。1955年11月通过的《农业生产合作社示范章程》和1956年6月通过的《高级农业合作社示范章程》，从法律上确定了农村土地的集体所有制，标志着农村土地私有制的结束和农村土地集体所有制的建立。至此，全国基本实现了初级合作化，农民将土地等主要生产资料作股入社，由合作社实行统一经营。

（二）1956—1978 年的集体所有和统一经营阶段

1. 1956—1958 年，土地所有权、使用权归高级社统一经营

随着生产的发展和社员社会主义觉悟的提高，土地被无偿地转变为高级社集体所有，逐步地取消了土地分红，实行按劳分配。至此，合作社就由初级阶段逐步过渡到高级阶段。高级阶段的合作社属于完全的社会主义性质。高级社的普遍建立，完成了农村个体经济到社会主义集体经济的转变，标志着中国农村生产资料所有制方面的社会主义改造已基本完成。

2. 1958—1961 年，"一大二公"的人民公社化时期

1958 年 8 月 29 日，为扩大经营规模，中共中央实行"小社并大社"政策，小型的初级社和高级社全被并为大型农业生产合作社。之后又推行以"一大二公"为特点的"政社合一"的人民公社制，全国大搞"一平二调"。农业生产合作社的一切财产收归农村人民公社所有，以追求大规模化，一个公社的收入分配主要是以生存需要为基础的，取消按劳分配、实行平均主义，只有部分是基于一个农民所完成的劳动。在自留地上的劳动和在农村集市上的交易受到禁止，而这些在其他合作社形式下还是存在的。[①] 这一系列的举措严重损害了集体的生产积极性和农民的劳动积极性，农业生产效率急剧下降。

3. 1961—1978 年，"三级所有，队为基础"的集体土地所有制度

公社所有制超越了当时的生产力水平，导致生产力遭受极大破坏，为了纠正人民公社运动所造成的农业经济滑坡，逐步对农村土地制度进行了调整，形成了"三级所有，队为基础"的经营管理体制。[②] 1962 年，党的八届十中全会通过《农村人民公社工作条例》（简称《六十条》），对人民公社体制进行了适度纠正和调整，实行公社、大队、生产队"三级所有"，强调以生产队为基础，生产权力下放到生产队，实行独立核算，自负盈亏。在这种体制下，公社的经济组织职能弱化，土地的所有权名义上归属于生产队，但使用权却由政府决定，劳动分工存在不合理现象，平均主义思想蔓延，农民生产的积极性被束缚了，农业生产进入了缓慢发展的阶段。

---

① 林毅夫．制度、技术与中国农业发展［M］．上海：上海人民出版社，2005.

② 王克强，王洪卫，刘红梅．土地经济学［M］．上海：上海财经大学出版社，2005.

（三）1978 年以来的家庭承包经营与集体统一经营阶段

1. 1978—1984 年，从生产责任制到全面推行家庭承包经营，成功地分离了土地所有权与经营权，重新确立了农户家庭经营的主体地位，实现了中国农业改革和发展的“第一个飞跃”。

1978 年，中共中央强调继续和保持 1959 年以来“三级所有、队为基础”体制的稳定性，在人民公社各级组织实行生产责任制，不许包产到户。[①] 1979 年，中共中央对包产到户的态度有所放松，从不许包产到户转变为不许分田单干。[②] 由此，各种生产责任制迅速推开。1978 年 12 月，安徽省凤阳县梨园公社小岗生产队 18 户农民实行分田到户，掀开了中国农村土地家庭承包经营的序幕。此外，一些地区也陆续积极实行不联产责任制、联产承包责任制、包干到户等农业生产形式。

1980 年 9 月中共中央下达《关于进一步加强完善农业生产责任制的几个问题》，第一次以中共中央文件的形式肯定可以实行包产到户、包干到户。此后，家庭承包经营迅速发展。但由于缺乏政策保护和法律认可，不存在完整的农户土地产权。

1982 年，中国共产党第十二次全国代表大会《报告》肯定了改革开放几年来推行的多种形式的生产责任制所产生的效果，开始认可农民对所承包土地产权的法律效力，这为以后农村土地制度变迁方向奠定了基础。1983 年 1 月，中共中央发布的《当前农村经济政策的若干问题》充分肯定了家庭联产承包责任制，认为其具备广泛适应性，并在林、牧、渔业推行联产承包责任制。至此，家庭联产承包责任制正式确立了。

2. 1984—1992 年，“大稳定，小调整”时期

1984 年中共中央一号文件规定群众可以在承包期间调整承包地，第一次打开了农地流转的政策口子。1986 年颁布的《土地管理法》第十二条规定：“集体所有的土地，全民所有制单位、集体所有制单位能使用的国有土地，可以由集体和个人承包经营，从事农、林、牧、渔业生产……土地承包经营权受法律保护。”[③] 这一规定使农民的土地承包经营权得到了法律上的认定。第六届全国人民代表大会第四次会议于 1986 年 4 月通过《中华人

① 农村人民公社工作条例［Z］. 1978－12.

② 中共中央关于加快农业发展若干问题的决定［Z］. 1979－09.

③ 中华人民共和国农业部网站，http：//www. agri. gov. cn

民共和国民法通则》，并于 1987 年施行，其中对土地产权做出了进一步规定，但只是经营权得到了法律上的保障，土地的占有权、控制权和处分权却未得到有效的保障。

3. 1992—2003 年，家庭承包经营稳定发展时期

为了提高农业经营效率，进一步完善农村土地制度，1993 年国家颁布了《农业法》，规定“承包人在承包期内死亡的，该承包人的继承人可以继续承包”，这强调的是保护土地承包权的契约性质，而不是继承承包人土地的承包权，该法案从农业根本法的角度认可了我国农村土地承包经营制度。

1995 年发布的《农业部关于稳定和完善土地承包关系的意见》明确规定了农民对承包土地的部分处置权，农户拥有的土地产权更趋于完整，但由于没有上升到法律高度，其有效性、持续性和完整性仍缺乏保障。中共十六大报告进一步明确规定家庭承包责任的政策不变，又一次通过政策的形式予以确定。1998 年修订的《土地管理法》明确了“土地承包经营期限为三十年”，但该法并不能满足农户拥有完整土地产权的要求。2002 年 8 月第九届全国人民代表大会常务委员会第二十九次会议通过了《中华人民共和国农村土地承包法》，进一步明确了土地家庭承包制度的长期性，该法明确了农户拥有的土地产权不仅包括占有权、使用权、绝大部分收益权，还拥有除土地买卖及土地改变农业用途以外的处分权，这使得农户的土地财产权更加完整。中华人民共和国第九届全国人民代表大会常务委员会第三十一次会议于 2002 年 12 月 28 日对《农业法》进行了修订，并自 2003 年 3 月 1 日开始施行，进一步强化了农民的土地使用权的独立性，完善了农村土地制度。

4. 2003 年至今，土地承包经营流转制

2003 年 3 月 1 日通过的《农村土地承包法》规定，通过家庭承包取得的土地承包经营权可以依法采取转包、出租、互换、转让或者其他方式流转，这标志着中国土地承包经营流转制度正式确立。2005 年 10 月，党的十六届五中全会指出，建设社会主义新农村是我国现代化进程中的重大历史任务，要稳定并完善以家庭承包经营为基础、统分结合的双层经营体制。鼓励地方依法流转土地承包经营权，发展多种形式的规模化经营，至此，中国农村土地流转制度体系基本形成。

2007 年 3 月 16 日通过并从 10 月 1 日开始执行的《物权法》进一步巩固和完善了农民的土地产权。中共十七大报告进一步指出：“坚持农村基本经营制度，稳定和完善土地承包关系。”这一报告为我国农村土地制度变迁

提供了重要的保障，为未来我国农村土地制度变迁指明了方向，符合广大人民的需求和制度完善的需要。

2008 年 10 月 12 日，中共十七届三中全会对业已存在的土地流转制度做了进一步认定和发展，指出，要加强土地承包经营权流转管理和服务，建立健全土地承包经营权流转市场，按照依法、自愿、有偿的原则，允许农民以转包、出租、互换、转让、股份合作等形式流转土地承包经营权，发展多种形式的适度规模经营。

二、我国现行农村土地制度及其制度环境存在的问题

农村土地制度的变迁是不同利益主体相互博弈和各种因素相互作用的结果。现行农村土地制度从产权经济学的角度分析，延续了集体主义的理念，具备“路径依赖”的特征，实现了一定程度的“帕累托改进”。具体而言，现行的农村土地制度使土地产权进一步得到明晰，农民拥有了土地使用、收益和转让三个方面的权力，极大地解放了农村生产力，调动了农民的积极性，提高了农业生产效率，优化了土地资源配置。但是这一制度安排受历史遗留问题的影响，仍然存在产权主体虚置、产权客体模糊等问题。在这种制度安排下，一方面，承包方对土地的资金投入受到制约；另一方面，难以建立和健全土地有偿使用和合理流动机制，很难实现优化配置土地资源与其他生产要素，无法满足农民对土地制度及相关配套制度的需求以及提高土地生产力的要求。

近年来，中国的收入差距一直在扩大，经济增长过程中基尼系数上升，形成了世界上最大的并继续发展的城乡收入差距，以及不断增长的沿海与内陆省市的差距；在世界卫生组织公布的公民健康保障公正性排名中已经到了倒数第三的位置，户籍制度严重阻碍了乡村居住者享受社会服务，并使他们处于与雇主不平等的地位；目前的《土地法》无法使农民获得城市化过程中土地增值所带来的收益。从产权的角度分析，现行农村土地制度具体主要存在以下四个方面的问题。

（一）土地所有权主体不明，产权模糊

现行家庭联产承包责任制下，土地所有权公有化采取集体所有制的形式，但并没有明确界定所有权在村民小组、村民委员会及乡镇政府三个主体中的划分比例，加之农民对土地集体所有权意识淡薄，对所有权行使程

序没有明确的规范，农民集体无法在实践中行使所有权，农户的基本权利得不到有效保障。由于土地产权在不同主体间的归属安排不清晰，缺乏明确的法律制度保障，各项权利主体对土地的权利、义务、受益、责任不能明确，权责混乱。这种情况下，真正主体的权利被弱化了，进而引发农村土地经济关系的多重矛盾。同时，所有权与使用权的分离使农民经营者更多地追求短期利益，对土地进行长期投资和维护生态环境的积极性受到抑制，导致土地质量下降，不利于大规模的机械化生产，从而大幅度降低了农业生产效率。

（二）土地家庭承包经营权不稳定，影响资源的优化配置

在现行农村土地制度下，多个所有人均被赋予了相对其他人的土地资源的排他性权利，但没有人拥有该资源的有效使用权，这种不完善的农村土地集体产权制度容易诱发机会主义行为。另外，根据 Heller 的观点，当大多数人拥有某种特定资源的排他性权利时，这种资源也会倾向于使用不足。①

首先，农户承包土地后，虽然农户在承包土地的使用权上拥有较大权力，但由于土地所有权主体不明，农户不具有与国家部门、地方政府、乡村干部对等的谈判地位，导致农户经营的权力和责任受到多方的侵蚀，这种各方的博弈过程既降低了农业生产效率，又使农民的收益权受到侵蚀。

其次，随着经济社会的不断发展，土地作为一种特殊的生产要素发挥着越来越重要的作用。鉴于农村土地增值空间稳步提升的趋势，农户对土地收益权的要求也越来越强烈，与此同时，一些官员假借国家、地方政府名义，强制性实行大规模、低成本的政府征地行为，抑或以集体土地权代表的身份随意修改承包期限并开展各种形式的土地交易，这种征地权的滥用，让产权主体利益受到了很大的侵害，扰乱了土地市场秩序。由此，国家、村委会和农户三方之间的利益博弈不断加剧，大大提高了交易成本，同时导致耕地被大规模地非法转为建设用地，土地流失现象非常严重，加之生态环境恶化，对中国长期的粮食安全造成了极大的威胁。

（三）家庭承包经营土地流转制度安排本身存在缺陷，阻碍了现代农业的发展

我国现行的农村土地制度为典型的二元结构，即土地国家所有制与土

---

① Heller Michael A. The Tragedy of the Anti－commons [J]. *Harvard Law Review*, 1998 (111).

地集体所有制并存，国家可以超越法律限制范围对农民集体行使土地所有权，同时，集体所有权和国家土地所有权地位不对等，相对于国有建设用地流转不受限制，集体建设用地流转被附加了严格的条件。在这种制度安排下，虽然农户具有土地经营流转权，一些经济发达地区对土地也有极大的需求，但这种名义上的权利由于受到不均等地位以及地域条件、信息不充分等多种因素的制约，限制了土地的流转空间，土地的经营流转只局限于短期内，在狭小的地域范围内围绕少数人展开，加之代表农村集体行使权利的农村经济组织缺失，没有一个实际存在的所有权组织长期、有效地大规模推进土地流转经营，市场必然分散化，交易费用非常高，土地流转难以持续、有效进行。土地的主体不明晰，土地的最终处分权在很大程度上受国家限制，集体土地被不同所有权主体分散拥有、占有和支配。这种利益分配和配套制度的缺失使土地在流转过程中困难重重，导致土地资源利用严重不充分，对经济产生了一系列的不利影响。

第一，土地配置凝固化，无地农民大量增加。首先，农村社会保障制度不健全，土地保障功能和生产功能的重合、混同，加之农民非农就业机会不足，使得土地使用权在流转过程中成本高昂。其次，我国农业生产总体上还是自给自足的小生产，土地承包经营权长期不变，而人口却在变动，人均占有耕地面积也相应减少，这导致无地农民在大量增加。再次，家庭承包责任制将公平摆在首位，土地按人均分摊，好坏搭配，造成土地分割细碎，不能形成规模化。此外，这种分配方式没有考虑农民经营能力的差异，严重阻碍了土地资源的合理利用，土地的经济职能受到了极大制约。

第二，土地所有权主体不明，使政府在土地流转中凭借“公共权力”直接参与土地流转收益的分配，不仅严重侵蚀了农民作为集体土地所有者的收益，激励了寻租行为，还滋生了政府官员的贪污腐败。例如，在芜湖农村建设用地流转过程中，市、区级地方政府可以分享土地30%的收益，镇级政府拿走土地50%的收益，而作为土地所有者的最终收益仅有20%。①

第三，农村土地经营权不能自由流转，导致土地承包权不能作为融资条件，原来在流转中使用集体建设用地的又转而重新办理征收手续，这样不利于脱离农村经济发展的资金约束，妨碍了农业的规模化经营。

（四）政府职能不清，农村土地管理权不到位，阻碍了农村经济的发展

我国现行行政体制严重阻碍了农村经济的发展，为此，近年来我国的

① 蔡继明，程世勇. 农村建设用地流转和土地产权制度变迁［J］. 东南学术，2008（6）.

行政体制改革把转变政府职能作为改革的一个重点。我国农村政权组织的职能主要是指乡镇政府的职能，但从全国总体来看，涉农政府职能转变的情况没有达到预期效果，乡镇政府职能没有得到根本的转变，普遍存在着政府职能不清的现象，突出表现为乡镇政府职能的越位、错位和缺位，与现行农村土地制度摩擦不断，严重影响了我国“三农”问题的解决。具体表现为：一是压力型行政体制造成乡镇政府不堪重负，没有精力向乡村提供公共服务；二是乡镇政府的财务危机使乡镇政府无力提供公共产品；三是激励机制不健全影响了乡镇政府提供公共服务的动力。因此，转变政府职能势在必行。

在现行农村土地制度背景下，我国实行了二元经济体制的制度安排，主要是指城乡二元户籍管理制度、二元劳动就业体制、二元社会保障制度。城乡二元户籍管理制度使农民长期被束缚于土地之上，即使农村人口流动到城市，也是离土不离乡，人力资本不能得到合理配置，而且城乡二元户籍管理制度使农民受到歧视，社会地位低下，农民被列为“二等公民”，不能拥有和城市居民同等的待遇。城乡不同的劳动就业体制，使农民进城就业因体制障碍而变得愈加困难，加之农业经营效率低下，使城乡收入差距进一步增大。二元社会保障制度使城乡医疗差距明显，生活质量差距拉大。此外，教育、基础设施建设以及金融投资方面的差距，也造成了农村城镇化严重滞后，“三农”问题以一种恶性循环的态势发展，进一步降低了农业生产效率，严重影响了社会公平的实现和农民福利水平的提高。

三、完善我国农村土地制度的几点建议

目前，中国的土地产权制度已经严重制约了农业劳动生产率的提高和农村经济的发展，许多专家和学者从我国现行农村土地制度的缺陷出发提出了各种改革主张，具有代表性的观点主要有以下四种：第一种观点主张实行农村土地私有化，取消集体土地所有权；第二种观点则主张土地国有化，取消集体土地所有权；第三种观点建议部分取消集体土地所有权，实行农村土地国家所有、集体所有和农民私人所有三者并存的土地复合所有权；第四种观点主张保留现有的集体土地所有权，然后对其进行改革与完善。第四种观点是被普遍接受的，也是改革成本最低的。本文认为，我国农村土地制度改革方向应坚持以现有的集体土地所有权为基础，不断明晰所有权主体，清晰界定土地产权，完善与农村土地制度相关的配套制度，转变政府职能，充分发挥政府的服务性、调控性、指导性功能。具体措施

可以概括为以下五个方面。

（一）进一步统一土地产权关系，完善产权制度

首先，清晰界定土地所有权，赋予集体完整的土地权力。一方面，可以把土地所有者范围缩小到集体农民，减少政府行政层级，使农民成为土地真正的所有者；另一方面，农村土地所有权可以根据所有权归属由不同层级的集体经济组织（包括村委会、乡镇组织等）拥有，使土地所有权主体落到实处，从根本上解决土地所有权重置问题。其次，赋予农民完整的土地使用权，将农民的土地使用权物权化，即将农民的土地使用权法定化、固定化、可继承化和市场化，这可使农民将单一的土地使用权变更为占有、收益、使用、处分四种权力，有效应对各种侵权行为，从而弥补目前农村土地制度下产权残缺所带来的农民利益受损，有效解决农村发展滞缓、农业投资缺乏、农民激励不足等一系列问题。

（二）完善土地产权管理法律制度，建立完善的土地使用权流转机制

完善保障土地产权的法律是发展农业经济的基础，也是完善土地使用权流转机制的基础，它可以确立农户对集体土地的法人地位，保障农业产权制度的有效性，激励农户对农业的大规模投资，提高农业生产经营效率。完整的土地使用权流转机制是我国农村集体经济组织创新形式得以实现的必要前提，是提高我国农村集体经济运行效率、建设社会主义新农村的根本要求，是解决当前我国“三农”问题的制度保障。加强土地产权管理法律制度，可从以下三个方面①入手：一是制定土地登记法，规范土地登记程序，统一土地登记机构，以此健全土地产权保障权；二是通过制定独立的土地规划法，加强土地用途管制，健全土地管理体制，达到强化土地用途管制权的目的；三是进一步严格界定公共利益范围，改进土地征用程序，提高土地征用补偿标准，以便完善土地征用权。

（三）促进农村剩余劳动力向城市转移，加速农村城镇化进程

我国农村人口多，人均土地少的问题尤为突出，农村土地的高度分散化经营使土地不能形成规模经济，加上城乡二元制度，农民被牢牢束缚在

① 高元禄．中国农村土地产权问题研究［M］．北京：经济科学出版社，2009.

土地上，导致农业劳动力供给严重过剩，工业部门劳动力供给则严重不足，人力资源配置严重失调。受户籍制度的束缚，加之社会保障体系不完善，农民无法在城中安家落户，这导致即使农民进城无暇兼顾土地，他们也不愿意将其转出，土地承担着他们的生活保障的职能，而不仅仅是简单的经济职能。政府应该改革户籍制度，拓宽农村剩余劳动力向城市转移的渠道，建立保护农民工权利的法律法规，加速农村城镇化进程，这样不仅可以弥补农村土地制度的缺陷，还可以提高资源配置效率，提高工业和农业的生产效率，更可以缩小城乡差距，促进社会公平和安定，提高全社会的福利水平。

（四）转变政府职能，使之服务于现行农村土地制度改革

现在政府职能出现严重的越位、错位和缺位，无法发挥政府的服务性功能，很难服务于现行农村土地制度改革。因此，在改革农村土地制度之前，首先需要进行农村机构改革，以此转变政府职能，使政府职能从“管理型、全能型、命令型、人治型”政府，转变为“服务型、有限型、调控型、法制型”政府，形成良好的制度环境。但目前由于“三农”问题的重要性凸显，农村经济主体多元化，农村经济组织形式发展迅速且多样化，农村“草根民主”迅速发展，村民自治逐步实施，农村工作的重点和工作方式正逐步更新和转变。这些新的情况和特点是现阶段在转变政府职能中应予以充分考虑的因素，它构成了我国现阶段农村机构改革的逻辑起点和基础，为了更好地服务于现行农村土地制度改革，必须遵循以下原则：①农村机构改革应和现行政府管理体制保持一致。②适应社会主义新农村建设的需要。③适应完善农村土地制度的需要。④充分考虑农民的需求。⑤实施整体改革原则。

（五）建立和完善农村社会保障制度，为农村土地制度改革和完善提供制度支持

农村土地制度变迁是一个系统工程，仅对农村土地产权制度进行变革不能解决根本问题，必须对与之相关的配套制度进行改革，使之为农村土地制度改革和完善提供制度支持，这主要是通过建立和完善农村社会保障制度来实现的。建立完善的社会保障制度是我国社会主义市场经济发展的迫切要求，是完善我国农村土地制度的前提，也是关系到广大人民切身利益和社会稳定的大事。具体应该从以下两个方面入手：①健全养老保险制

度。现阶段养老保险制度是农村社会保障制度的核心，不仅可以实现农村经济社会发展的良性循环，还可以加快农村城镇化速度，促进土地的规模化经营，提高农业生产效率。②构建以养老保险为核心的农村社会保障体系，实现生有所靠、病有所医、老有所养、子有所学。只有建立完善的农村社会保障体系，农民才能够安居乐业，加大农业投资，对农业生产方式和组织形式进行创新，为我国国民经济的持续增长提供支持，也唯有建立完善的农村社会保障体系，农村土地制度的改革和完善才没有后顾之忧。

参考文献

[1] [美] Y. 巴泽尔．产权的经济分析 [M]. 上海：上海三联书店，上海人民出版社，1997.

[2] [美] 阿尔齐安．产权：一个经典的注释 [M]. 上海：上海三联书店，1994.

[3] [美] 德姆塞茨．关于产权的理论 [M]. 上海：上海三联书店，1994.

[4] 黄少安．制度经济学 [M]. 北京：高等教育出版社，2008.

[5] 高元禄．中国农村土地产权问题研究 [M]. 北京：经济科学出版社，2009.

[6] 林毅夫．制度、技术与中国农业发展 [M]. 上海：上海人民出版社，2005.

[7] 林毅夫．诱致制度变迁和强制性制度变迁 [M]. 北京：北京大学出版社，2000.

[8] 黄发儒．农村土地使用制度改革出路何在 [J]. 中国土地，2010 (9).

[9] 田静婷．中国农村土地流转的困境与对策 [J]. 经济问题，2009 (10).

[10] 董景山．我国农村土地制度60年：回顾、启示与展望 [J]. 江西社会科学，2009 (8).

[11] 尹世尤，沈其新．论建国以来我国农村土地制度的三次重大变革 [J]. 科学社会主义，2009 (4).

[12] 魏欣，我国农村土地产权制度的思考与完善 [J]. 农村经济，2007 (5).

[13] 刘荣材．农村土地产权制度变迁模式选择的路径约束分析 [J]. 农业经济，2007 (1).

[14] 罗海平，叶祥松．农村集体经济的性质与内涵研究 [J]. 经济问题，2008 (7).

18 Evolution of Chinese Rural Land System since the Founding of New China —On the Discussion of Perfecting China's Rural Land System

Ye Xiangsong and Tang Suoli

Abstract: Chinese rural land system is led by compulsive systematic change, complemented by induced institutional change under both government supervision and voluntary choice. Judging from the evolution of land system in China, protection of peasant's land property right is strengthening constantly. However, problems like the hollow position of host and the obscurity of guest on property rights still exist. Thus, it is necessary to clear ownership of the subject and define the land property right clearly based on collective ownership of land. It is also important to improve the relevant system of rural land, transfer governmental function, give full play to government's function of service, regulation and guidance in the land utilization.

Key words: Rural; Property Right; Institution Change; Landsystem

19

中国共产党90年经济思想的阶段划分*

白永秀　王颂吉**

［内容提要］2011年是中国共产党成立90周年，90年来中国共产党在马克思主义经济原理的指导下，在认识和解决中国经济问题的过程中形成了丰富的经济思想。根据近代以来中国历史的发展轨迹和中国共产党经济思想的发展演进，中国共产党90年的经济思想可以划分为战争时代的经济思想、建设时代的经济思想、前改革时代的经济思想和后改革时代的经济思想等四个历史发展阶段。

［关键词］**中国共产党　经济思想　阶段划分**

自从1921年成立以来，中国共产党在90年的经济实践中形成了丰富的经济思想。中国共产党始终坚持以人为本的理念，在90年经济思想发展中贯穿了两条主线：一是在理论上以马克思主义为指导，实现了马克思主义经济理论的中国化；二是在实践上以"强国富民"为目标，实现了国家的繁荣富强与人民的共同富裕。按照近代以来中国历史的发展轨迹和中国共产党经济思想的发展演进，我们把中国共产党90年的经济思想划分为四个历史发展阶段：第一阶段是战争时代的经济思想（1921—1949年），第二阶段是建设时代的经济思想（1949—1978年），第三阶段是前改革时代的经济思想（1978—2003年），第四阶段是后改革时代的经济思想（2003年至今）。需要说明的是，2003年10月党的十六届三中全会通过了《中共中央

---

* 基金项目：国家重点学科政治经济学建设项目；国家"211"重点学科"现代经济学与西部经济发展"建设项目。

** 白永秀（1955—　），男，陕西清涧人，西北大学经济管理学院教授、博士生导师，主要研究方向为市场经济理论与中国经济体制改革、现代企业制度与国有企业改革、区域经济理论与西部大开发；王颂吉（1986—　），男，山东寿光人，西北大学经济管理学院政治经济学专业博士研究生，研究方向为城乡经济社会发展、经济思想史。

关于完善社会主义市场经济体制若干问题的决定》，并逐步提出了科学发展观这一指导中国经济社会发展的根本思想，这标志着中国进入了完善社会主义市场经济体制和构建社会主义和谐社会的后改革时代。因此，我们把十一届三中全会之后到十六届三中全会之间党的经济思想称之为前改革时代的经济思想，把十六届三中全会之后党的经济思想称之为后改革时代的经济思想。

一、战争时代的经济思想（1921—1949 年）

从中国共产党成立到中华人民共和国成立（1921—1949 年）是党的历史上的革命战争时期，这一阶段是党的新民主主义经济思想的产生、发展与完善的时期，同时也是党的经济思想体系的初步形成时期。在这一时期，党对土地革命（改革）思想、根据地经济建设思想、边区财政经济思想和新民主主义经济思想等进行了积极探索。在这一时期，党认识到中国的经济社会性质是半殖民地半封建社会，中国社会的主要矛盾是帝国主义与中华民族、封建主义与人民大众的矛盾，在此基础上确立了反帝反封建的民主革命纲领，明确了中国革命必须分为新民主主义革命和社会主义革命两步走的战略思想；党认识到农民阶级是工人阶级的同盟军，民族资产阶级具有两面性，从而确立了建立革命统一战线的思想，并始终坚持党在统一战线中的领导地位；党认识到土地问题对于农民大众和中国革命的重要意义，从而确立了开展土地革命的战略构想，并在革命根据地开展了大规模的土地革命（改革）运动，实现了“耕者有其田”的历史夙愿。抗日战争时期，党确立了“发展生产，保障供给”的根据地财政经济建设总方针，在“公私兼顾，军民兼顾”“精兵简政，厉行节约”“自己动手，丰衣足食”等原则的指导下，形成了“集中领导，分散经营”的经济管理体制，并在根据地开展了轰轰烈烈的“大生产运动”。解放战争时期，党对如何由新民主主义过渡到社会主义进行了积极探索，明确提出了新民主主义革命的三大经济纲领，即没收封建阶级的土地归农民所有，没收蒋宋孔陈四大家族为首的垄断资本归新民主主义国家所有，保护民族工商业，并在新中国成立前夕召开的七届二中全会上做出了工作重心由农村转移到城市的战略决策，提出了由新民主主义向社会主义转变的理论，这对新中国成立之后党领导社会主义革命和建设发挥了重要作用。

在这一时期，毛泽东同志对党的经济思想的形成做出了最主要的贡献，这突出反映在他的一系列重要论著之中，这些论著包括：《中国社会各阶级的分析》（1925）、《湖南农民运动考察报告》（1927）、《中国的红色政权为什么能够存在》（1928）、《井冈山的斗争》（1928）、《必须注意经济工作》（1933）、《我们的经济政策》（1934）、《中国革命与中国共产党》（1939）、《新民主主义论》（1940）、《抗日时期的经济问题和财政问题》（1942）、《论联合政府》（1945）、《在不同地区实施土地法的不同策略》（1948）、《关于工商业政策》（1948）、《关于民族资产阶级和开明绅士问题》（1948）、《在中国共产党第七届中央委员会第二次全体会议上的报告》（1949）等。此外，张闻天、邓小平、陈云、薄一波等同志在这一时期的经济实践中也形成了一些零散的经济思想，成为这一时期党的经济思想的重要组成部分。例如，张闻天同志的《中国经济之性质问题的研究——评任曙君的〈中国经济研究〉》（1931）、《发展新式资本主义》（1942）、《发展工商业的若干政策问题》（1946）、《农村经济发展的前途问题》（1948）、《关于东北经济的构成及经济建设基本方针的提纲》（1948）等；邓小平同志的《太行区的经济建设》（1943）等；陈云同志的《陕甘宁边区的财经问题》（1944）、《怎样做好财政工作》（1945）、《辽东土地改革工作中的教训》（1948）、《把财经工作提到重要位置上来》（1948）、《接收沈阳的经验》（1948）等；薄一波同志的《关于发展工商业的报告》（1948）、《把消费城市变为生产城市》（1949）等。

二、建设时代的经济思想（1949—1978年）

从新中国成立到改革开放之前（1949—1978年）是社会主义革命与建设时期，这一阶段是党的经济思想体系的重要发展时期，同时也是中国特色社会主义经济思想的初步探索阶段。从1949年新中国成立到1956年社会主义改造基本完成是过渡时期，这一时期党领导全国各族人民有步骤地实现了从新民主主义到社会主义的转变。新中国成立之初，党中央制定了国家经济建设的根本方针，即“以公私兼顾、劳资两利、城乡互助、内外交流的政策，达到发展生产、繁荣经济之目的”①。新中国成立之后的前三年，党领导全国各族人民稳定物价、统一全国财经，完成了新解放区的土地改革，对主要农产品实行统购统销，没收官僚资本并将其改造为社会主义国营企业，使得工农业生产迅速恢复到历史最高水平。1952年，党中央按照毛泽东同志的建议提出了过渡时期总路线，即在一个相当长的时期内逐步

① 中央党史资料组．中共党史参考资料（七）[M]．北京：人民出版社，1980：22.

实现国家的社会主义工业化，并逐步实现国家对农业、手工业和资本主义工商业的社会主义改造。党在过渡时期创造性地开辟了一条适合我国国情的社会主义改造道路，尤其是按照革命导师的设想成功实现了对民族资本主义工商业的和平赎买，并且随着第一个五年计划国家工业化建设的顺利推进，社会主义制度在我国得以最终确立，从而为整个国民经济的发展奠定了制度基础。

社会主义改造基本完成之后，党领导全国各族人民进入了全面建设社会主义的新时期（1956—1966 年），这一时期实行重工业优先发展的赶超型经济发展战略，形成了高度集中的计划经济体制；与此同时，党对适合我国国情的社会主义道路进行了积极探索，建立起了独立的比较完整的工业体系和国民经济体系。1956 年 4 月毛泽东同志发表了《论十大关系》的重要讲话，初步总结了我国社会主义建设的经验，提出了探索适合我国国情的社会主义建设道路的任务。1956 年 9 月召开的党的第八次全国代表大会指出，在社会主义改造完成之后，“国内的主要矛盾，已经是人民对于建立先进的工业国的要求同落后的农业国的现实之间的矛盾，已经是人民对于经济文化迅速发展的需要同当前经济文化不能满足人民需要的状况之间的矛盾……党和全国人民当前的主要任务，就是要集中力量来解决这个矛盾，把我国尽快地从落后的农业国变为先进的工业国”①。此外，党的八大在总结第一个五年计划实施经验的基础上，提出了坚持既反保守又反冒进，即在综合平衡中稳步前进的经济建设方针。在全面建设社会主义的十年中，尽管在经济建设领域遭遇了“大跃进”“三年困难”等严重挫折，但仍然取得了显著成就。在这十年之中，党积累了领导社会主义经济建设的宝贵经验。1958 年，毛泽东同志提出把党和国家的工作重点转到技术革命和社会主义建设上来；在领导纠正“大跃进”和人民公社化运动中的错误时，毛泽东同志提出不能剥夺农民，不能超越阶段，反对平均主义，强调发展商品生产、遵守价值规律和做好综合平衡，主张以农轻重为序安排国民经济计划等观点；刘少奇同志提出许多生产资料可以作为商品进行流通和社会主义社会要有两种劳动制度、两种教育制度的观点；周恩来同志提出我国知识分子绝大多数已经是劳动人民的知识分子、科学技术在我国现代化建设中具有关键性作用等观点，并于 1964 年年底召开的第三届全国人民代表大会上提出了“四个现代化”的奋斗目标；陈云同志提出计划指标必须切合实际，建设规模必须同国力相适应，人民生活和国家建设必须兼顾，制订计划必须做好物资、财政、信贷平衡等观点，并提出了“三个主体、

① 中国共产党第八次全国代表大会关于政治报告的决议［M］//建国以来党的重要文献选编（第 9 册）. 北京：中央文献出版社，1994：341 - 342.

三个补充”的理论；邓小平同志提出关于整顿工业企业、改善和加强企业管理、实行职工代表大会制等观点；朱德同志提出要注意发展手工业和农业多种经营的观点；邓子恢等同志提出农业中要实行生产责任制的观点。①这些经济思想是党对中国特色社会主义建设规律的积极探索，在当时和以后都产生了重要的理论与实践价值。1966 年 5 月至 1976 年 10 月的“文化大革命”片面强调“以阶级斗争为纲”，党的指导思想偏离了正确的方向，使党、国家和人民遭受了新中国成立以来最严重的挫折和损失。粉碎“四人帮”之后，党领导全国各族人民进入了新的历史发展时期。

1976 年 10 月至 1978 年 12 月党的十一届三中全会召开之间的两年，国民经济在徘徊中前进。这一时期党的经济思想的重要文献主要包括：《关于合作社的若干问题》（刘少奇，1951）、《市场情况与公私关系》（陈云，1952）、《关于中国怎样从现在逐步过渡到社会主义去的问题》（刘少奇，1952）、《农村工作的基本任务和方针政策》（邓子恢，1953）、《改造资本主义工商业的必经之路》（毛泽东，1953）、《过渡时期的总路线》（周恩来，1953）、《中共中央关于实行粮食的计划收购与计划供应的决议》（1953）、《关于手工业生产合作社问题》（刘少奇，1953）、《中国共产党中央委员会关于发展农业生产合作社的决议》（1953）、《财政工作的六条方针》（邓小平，1954）、《目前合作化运动情况的分析与今后的方针政策》（邓子恢，1955）、《中共中央关于厉行节约的决定》（1955）、《关于农业合作化问题》（毛泽东，1955）、《关于农业合作化和资本主义工商业改造的关系问题》（毛泽东，1955）、《社会主义革命的目的是解放生产力》（毛泽东，1956）、《中共中央关于资本主义工商业改造问题的决议》（1956）、《论十大关系》（毛泽东，1956）、《中国共产党第八次全国代表大会关于政治报告的决议》（1956）、《正确处理积累和消费的比例关系》（薄一波，1956）、《社会主义改造基本完成以后的新问题》（陈云，1956）、《市场物价问题》（李先念，1956）、《建设规模要和国力相适应》（陈云，1957）、《关于正确处理人民内部矛盾的问题》（毛泽东，1957）、《在社会主义建设中，活一点有好处》（周恩来，1957）、《今后的主要任务是搞建设》（邓小平，1957）、《我国应有两种教育制度、两种劳动制度》（刘少奇，1958）、《中共中央关于在农村建立人民公社问题的决议》（1958）、《中共中央关于人民公社若干问题的决议》（1958）、《中共中央关于制止农村劳动力流动的指示》（1959）、《当前基本建设工作中的几个重大问题》（陈云，1959）、《中共中央关于人民公社的十八个问题》（1959）、《中共中央、国务院关于组织农村集市贸易的指

① 中国共产党中央委员会关于建国以来党的若干历史问题的决议［M］//改革开放三十年重要文献选编（上）. 北京：中央文献出版社，2008：191.

示》(1959)、《中共中央关于城市人民公社问题的批示》(1960)、《经济工作的十条经验教训》(李富春，1960)、《中共中央关于改变农村人民公社基本核算单位问题的指示》(1962)、《建成社会主义强国，关键在于实现科学技术现代化》(周恩来，1963)、《关于两种劳动制度和两种教育制度》(刘少奇，1964)、《关于试办托拉斯工作中的一些问题》(薄一波，1965) 等。

三、前改革时代的经济思想（1978—2003 年）

从党的十一届三中全会召开到十六届三中全会（1978—2003 年）是改革开放的新时期，这一时期中国共产党把马克思主义经济原理与中国具体实际相结合，以探索中国特色社会主义经济理论为主题，以构建社会主义市场经济体制为主线，形成了社会主义本质理论、社会主义初级阶段理论、社会主义基本经济制度理论、社会主义市场经济理论、社会主义分配理论、“一个中心，两个基本点”的基本路线理论，以及“三步走”的现代化建设战略理论等重要经济思想，提出了“三个代表”的重要思想，初步构建了真正具有中国特色的社会主义理论体系；这一时期工农业生产实现了跨越式发展，国家综合实力不断提升，人民生活水平显著改善。1978 年真理标准问题的大讨论，明确了实践是检验真理的唯一标准。1978 年 12 月召开的党的十一届三中全会是新中国成立以来党的历史上具有深远意义的伟大转折，全会作出把党的工作重心转移到社会主义现代化建设上来、实行改革开放的战略决策，并提出要注意解决好国民经济重大比例严重失调的问题，制定了关于加快农业发展的决定，党和国家的事业出现了崭新的局面。经济体制改革首先从农村领域展开，并以磅礴之势推向全国，农村改革、国有企业改革和非公有制经济发展不断取得重大进展；与此同时，党把对外开放作为长期的基本国策和加快社会主义现代化建设的战略措施，实现了“引进来”与“走出去”相结合，形成了各产业、全方位、多层次、宽领域、点线面相结合的对外开放格局。

随着改革开放战略的深入推进，党关于建设中国特色社会主义的目标日益明确。1982 年 9 月召开的党的十二大提出了“把马克思主义的普遍真理同我国的具体实际结合起来，建设有中国特色的社会主义”的重要思想。1984 年 10 月召开的十二届三中全会通过了《中共中央关于经济体制改革的决定》，提出了“社会主义经济是有计划的商品经济”的重要思想。1987 年 10 月召开的党的十三大比较系统地论述了社会主义初级阶段理论和“三步走”的战略部署，提出了党在社会主义初级阶段“一个中心、两个基本点”

的基本路线，并且提出了“国家调节市场、市场引导企业”的经济运行机制。1992 年年初邓小平同志在“南方谈话”中指出：“社会主义的本质，是解放生产力，发展生产力，消灭剥削，消除两极分化，最终达到共同富裕，”① 这就摆脱了长期以来拘泥于具体模式而忽视社会主义本质的错误倾向，深化了党对社会主义本质的认识。1992 年 10 月召开的党的十四大明确了我国经济体制改革的目标是建立社会主义市场经济体制，并于 1993 年 11 月党的十四届三中全会通过了《中共中央关于建立社会主义市场经济若干问题的决定》，把党的十四大关于建立社会主义市场经济体制的目标和原则进一步具体化、系统化，同时确立了“按劳分配为主体，多种分配方式并存”的分配制度。1997 年 9 月召开的党的十五大，在深刻总结改革开放以来所有制结构改革经验的基础上，第一次明确提出“公有制为主体、多种所有制经济共同发展，是我国社会主义初级阶段的一项基本经济制度”，这就确立了我国社会主义初级阶段的基本经济制度，实现了马克思主义经济理论的重大发展。2002 年 11 月召开的党的十六大提出了坚持和完善社会主义基本经济制度的两个基本原则，即“必须毫不动摇地巩固和发展公有制经济”和“必须毫不动摇地鼓励、支持和引导非公有制经济发展”，并且提出了全面建设小康社会的奋斗目标。在党的领导下，中国特色社会主义事业不断推向前进。

这一时期党的经济思想的重要文献主要包括：《中国共产党第十一届中央委员会第三次全体会议公报》（1978）、《计划与市场问题》（陈云，1979）、《中共中央、国务院批转广东省委、福建省委关于对外经济活动实行特殊政策和灵活措施的两个报告》（1979）、《社会主义也可以搞市场经济》（邓小平，1979）、《社会主义首先要发展生产力》（邓小平，1980）、《经济形势与经验教训》（陈云，1980）、《中国共产党中央委员会关于建国以来党的若干历史问题的决议》（1981）、《全面开创社会主义现代化建设的新局面——在中国共产党第十二次全国代表大会上的报告》（胡耀邦，1982）、《建设有中国特色的社会主义》（邓小平，1984）、《中共中央关于经济体制改革的决定》（1984）、《改革是中国的第二次革命》（邓小平，1985）、《改革是中国发展生产力的必由之路》（邓小平，1985）、《社会主义和市场经济不存在根本矛盾》（邓小平，1985）、《一切从社会主义初级阶段的实际出发》（邓小平，1987）、《沿着有中国特色的社会主义道路前进——在中国共产党第十三次全国代表大会上的报告》（赵紫阳，1987）、《科学技术是第一生产力》（邓小平，1988）、《中共中央关于进一步加强农业和农村

① 中共中央文献研究室，编．改革开放三十年重要文献选编（上）［M］．北京：中央文献出版社，2008：635.

工作的决定》（1991）、《加快改革开放和现代化建设步伐，夺取有中国特色社会主义事业的更大胜利——在中国共产党第十四次全国代表大会上的报告》（江泽民，1992）、《逐步建立社会主义市场经济的法律体系》（乔石，1993）、《中共中央关于建立社会主义市场经济体制若干问题的决定》（1993）、《正确处理社会主义现代化建设中的若干重大关系》（江泽民，1995）、《高举邓小平理论伟大旗帜，把建设有中国特色社会主义事业全面推向二十一世纪——在中国共产党第十五次全国代表大会上的报告》（江泽民，1997）、《中共中央、国务院关于进一步扩大对外开放，提高利用外资水平的若干意见》（1998）、《中共中央关于农业和农村工作若干重大问题的决定》（1998）、《不失时机地实施西部大开发战略》（江泽民，1999）、《中共中央关于国有企业改革和发展若干重大问题的决定》（1999）、《全面建设小康社会，开创中国特色社会主义事业新局面——在中国共产党第十六次全国代表大会上的报告》（江泽民，2002）、《中共中央、国务院关于实施东北地区等老工业基地振兴战略的若干意见》（2003）等。

四、后改革时代的经济思想（2003年至今）

从党的十六届三中全会召开至今（2003 年至今）是进一步深化改革和完善社会主义市场经济体制的后改革时代，是中国共产党经济思想体系进一步发展和走向成熟的重要时期。2003 年 10 月党的十六届三中全会通过了《中共中央关于完善社会主义市场经济体制若干问题的决定》，提出“按照统筹城乡发展、统筹区域发展、统筹经济社会发展、统筹人与自然和谐发展、统筹国内发展和对外开放的要求，更大程度地发挥市场在资源配置中的基础性作用，增强企业活力和竞争力，健全国家宏观调控，完善政府社会管理和公共服务职能，为全面建设小康社会提供强有力的体制保障”①，这标志着我国进入了完善社会主义市场经济体制的后改革时代。在这一时期，中国共产党以完善社会主义市场经济体制为主线，以全面建设小康社会为主要任务，坚持以人为本、全面协调可持续的科学发展观，形成了社会主义和谐社会理论、经济发展方式转变理论以及城乡经济社会一体化理论等重要思想，党的经济思想不断得到丰富和完善，最终形成了一个比较完整的中国特色社会主义理论体系。

这一时期党在经济思想上的重要突破是社会主义和谐社会理论的提出

① 中共中央文献研究室，编．改革开放三十年重要文献选编（下）［M］．北京：中央文献出版社，2008：1348－1349.

和科学发展观思想的逐渐形成，以及突出强调加快转变经济发展方式和形成城乡经济社会发展一体化新格局。2006 年 10 月党的十六届六中全会通过了《中共中央关于构建社会主义和谐社会若干重大问题的决定》，提出社会和谐是中国特色社会主义的本质属性，是国家富强、民族振兴、人民幸福的重要保证，是党不懈奋斗的目标，要求按照民主法治、公平正义、诚信友爱、充满活力、安定有序、人与自然和谐相处的总要求，切实把构建社会主义和谐社会作为贯穿中国特色社会主义事业全过程的长期历史任务和全面建设小康社会的重大现实课题抓紧抓好。2007 年 10 月召开的党的十七大对科学发展观的内涵作了系统阐释，指出科学发展观“第一要义是发展，核心是以人为本，基本要求是全面协调可持续，根本方法是统筹兼顾”①。在构建社会主义和谐社会和学习实践科学发展观的时代背景下，党中央进一步强调加快转变经济发展方式。2010 年 10 月党的十七届五中全会通过的《中共中央关于制定国民经济和社会发展第十二个五年规划的建议》指出，“十二五”时期必须“以加快转变经济发展方式为主线”，认为“加快转变经济发展方式是我国经济社会领域的一场深刻变革，必须贯穿经济社会发展全过程和各领域”②。与此同时，党在这一时期提出了形成城乡经济社会发展一体化新格局的战略命题。2007 年 10 月召开的党的十七大提出“建立以工促农、以城带乡的长效机制，形成城乡经济社会发展一体化新格局”③；2008 年 10 月党的十七届三中全会通过的《中共中央关于推进农村改革发展若干重大问题的决定》进一步指出，当前中国总体上已“进入着力破除城乡二元结构、形成城乡经济社会发展一体化新格局的重要时期”④，这标志着党的城乡经济社会一体化思想日渐成熟。此外，党在这一时期不断完善社会主义市场经济体制，加快培育自主创新能力，深入推进收入分配体制改革，积极统筹区域经济社会发展，倡导实现包容性增长，进一步扩大对外开放，党的经济思想不断得到发展和完善。

这一时期党的经济思想的重要文献主要包括：《中共中央关于完善社会主义市场经济体制若干问题的决定》（2003）、《中共中央、国务院关于促进农民增加收入若干政策的意见》（2004 年中央一号文件）、《调整经济结构

① 中共中央文献研究室，编．改革开放三十年重要文献选编（下）［M］．北京：中央文献出版社，2008：1719.

② 中共中央关于制定国民经济和社会发展第十二个五年规划的建议［N］．人民日报，2010－10－28.

③ 中共中央文献研究室，编．改革开放三十年重要文献选编（下）［M］．北京：中央文献出版社，2008：1724.

④ 中共中央文献研究室，编．改革开放三十年重要文献选编（下）［M］．北京：中央文献出版社，2008：1850.

和转变经济增长方式是缓解人口资源环境压力的根本途径》（胡锦涛，2005）、《中共中央、国务院关于进一步加强农村工作提高农业综合生产能力若干政策的意见》（2005年中央一号文件）、《坚持走中国自主创新道路，为建设创新型国家而努力奋斗》（胡锦涛，2006）、《中共中央、国务院关于推进社会主义新农村建设的若干意见》（2006年中央一号文件）、《中共中央、国务院关于促进中部地区崛起的若干意见》（2006）、《中共中央关于构建社会主义和谐社会若干重大问题的决定》（2006）、《中共中央、国务院关于积极发展现代农业扎实推进社会主义新农村建设的若干意见》（2007年中央一号文件）、《高举中国特色社会主义伟大旗帜，为夺取全面建设小康社会新胜利而奋斗——在中国共产党第十七次全国代表大会上的报告》（胡锦涛，2007）、《中国特色社会主义法律体系已经基本形成》（吴邦国，2008）、《中共中央、国务院关于切实加强农业基础建设进一步促进农业发展农民增收的若干意见》（2008年中央一号文件）、《中共中央、国务院关于全面推进林权制度改革的意见》（2008）、《中共中央关于推进农村改革发展若干重大问题的决定》（2008）、《中共中央、国务院关于2009年促进农业稳定发展农民持续增收的若干意见》（2009年中央一号文件）、《中共中央、国务院关于加大统筹城乡发展力度进一步夯实农业农村发展基础的若干意见》（2010年中央一号文件）、《中共中央、国务院关于加快水利改革发展的决定》（2011年中央一号文件）等。

总体而言，在90年的经济实践中，中国共产党始终坚持社会主义和共产主义的发展方向，把马克思主义经济理论与中国革命、建设和改革的具体实践相结合，实现了马克思主义经济理论的中国化，丰富和发展了马克思主义经济思想伟大理论体系。与此同时，中国共产党始终代表着中国先进生产力的发展要求，代表着中国先进文化的前进方向，代表着中国最广大人民的根本利益，中国共产党90年的经济思想正是在对“强国富民”目标的不懈追求中逐渐形成和发展起来的。在党的领导下，中国稳步走上了强国富民的广阔道路，同时也为世界经济发展和人类文明做出了重大贡献。

19 The Communist Party of China's Stages of 90 Years Economic Thought

Bai Yongxiu and Wang Songji

Abstract: In 2011, we will soon celebrate the 90th anniversary of the establishment of the Communist Party of China. Under the guidance of Marxism economic principles, the Communist Party of China formated a wealth of economic thought in the course of understanding and resolving the economic problems during the past 90 years. According to the modern Chinese history and the development of the Communist Party of China's economic thought, China' 90 years economic thought can be divided into four stages: the war times, the construction times, the front – reforming times, the post – reforming times.

Key words: the Communist Party of China; Economic Thought; Stages

20

关于中国近代保险史研究的若干问题*

颜鹏飞**

［内容提要］中国保险史是一部多元发展、主线并存的历史，尤其中国近代保险史是一部西方保险商与民族保险业较量，并力图控制和垄断中国保险市场的历史。如何编纂这样一部保险史，是本文探讨的主题。内容上，一是其结构框架应由纵向的结构框架，即以保险史为经，而横向的结构框架则以保险险种发展为纬；二是阐述了中国保险史的九大发展阶段；三是近代保险业研究应该凸显中国民族保险业、官僚资本保险业、外商保险业以及革命根据地保险业四大主体。同时，也对中国保险史研究的一些疑难问题作了初步的探讨。

［关键词］**中国保险史　中国民族保险业　英国海外火险委员会**

“盛世修史”。举全行业之力修中国保险史志是中国保险事业蓬勃发展的反映。但就总体而言，中国保险史的研究大大落后于关于现代保险业理论与实务的研究，这是一个不争的事实，尤其是中国近代保险史的研究，无论从成果的数量还是质量方面而言，都有不尽如人意之处。因此，一是要尽快缩小与保险强国在修史这一方面的差距。英、美、日等发达国家就有国家层面的保险史和种类繁多的保险公司史论著。二是中国保险史的研究尤其具有紧迫性。很多新中国成立前从事保险业的老同志已经不多了。居今而知古，鉴往而开来。可谓“欲知大道，必先治史”，整理中国保险业的文化遗产，“资治、存史、致用、育人”，与时俱进，开拓创新，有利于推动当前保险事业的发展。

---

* 基金项目：本文研究得到欧盟—中国高等教育合作项目（Eu – China Higher Education Cooperation Programme）委员会、保监会暨中国保险学会“中国保险史”研究项目的资助。

** 颜鹏飞，长江大学特聘教授，武汉大学经济思想史研究所所长，二级教授。

一、研究现状

旧中国保险业很少注意保险史的系统研究，其大都零零星星在《银行周报》《东方杂志》《申报》等报刊上有所披露，仅仅有沈雷春编辑的几部《中国保险年鉴》（1935 年、1936 年、1937 年、1939 年），邵竞创办的《保险知识》和太安丰保险公司出版的《保险界》（仅六卷），以及《保险季刊》《人寿季刊》等有一定的影响。新中国成立后有很长一段时间没有保险史专著问世，大部分保险史料散见于贸易史、航运史、公司史、买办史、金融史、近代经济史著述及文史资料和历史档案之中。①

甚为可喜的是，在 20 世纪八九十年代，随着停办 20 年的保险事业风生水起，保险界掀起了修志的热潮，学术界尤其是史学界随之跟进，其中关于保险史的一些有影响力的专著如下。

（1）由中国保险学会组织，并由叶奕德、吴越等主编的《中国保险史》（1998），是由权威人士编写的国内第一部保险史专著，是填补保险史空白的开拓性著作，也是目前所仅见的一部保险“通史”。“但是此书薄古厚今，上篇近代百年的保险史和下篇新中国 30 年的现代保险史平分秋色。由于其通史性质，对于很多问题只是提及而没有展开充分论证”②，其中关于操纵中国保险市场的洋商保险业的史料比较匮乏，尤其被称为世界保险市场的“洋太上皇”，即在华各火险公司的管理者、协调者和指挥者——英国海外火险委员会［Fire Office’s Committee（Foreign）］的史料鲜有提及，急需再版时进一步完善。

（2）由中国保险学会组织并由周德英主编、黎宗剑和童伟明为副主编的《中国保险业二百年》（2005）。该书把中国保险业区分为三个时期：清代保险业（1805—1911 年）、民国保险业（1912—1949 年）和新中国保险业（1950—2005 年）。该书的特点是：让弥足珍贵的图片说话，让大量准确的数据说话，填补了这方面的空白。

（3）颜鹏飞等主编的《中国保险史志（1805—1949 年）》（上海社会科学院出版社，1989）和《中国保险法规暨章程大全（1865—1953 年）》（上

① 其中较有影响者有汪敬虞的《外国资本在近代中国的金融活动》（人民出版社，1999）、《唐廷枢研究》（中国社会科学出版社，1983）、洪葭管主编的《中国金融史》（西南财经大学出版社，1993）、王奎的《清末商部研究》（人民出版社，2008）、汪熙的《英国东印度公司》（上海人民出版社，2006）、梁嘉彬的《广东十三行考》（广东人民出版社，1999）、《交通史航政编》和《招商局史》等。

② 马翠兰．上世纪 80 年代以来中国近代保险史研究综述［J］．上海保险，2006（7）．

海人民出版社，1992），这是“笔者所见目前国内唯一一部已出版的关于保险业的专门史料，具有很高的参考价值”，是“研究保险法规史、分析政府法规创制近代化的宝贵史料”。[①] 著名经济史专家汪敬虞、保险界前辈林震峰（中国保险学会常务理事）等对此作了很好的评价。唐雄俊教授（中国保险学会常务理事、上海保险学会副会长）欣然为《中国保险史志》作序，认为这本书“填补了中国保险史上的空白”。

（4）赵兰亮的《近代上海保险市场研究（1843—1937 年）》（2003），利用大量中文档案资料和日文、英文资料，对近代上海保险市场上以英、美、法、德、日为主体的外商保险业作了全面分析。这本书限于篇幅和资料搜集的困难，研究领域仅局限于保险市场和上海一隅问题，对很多问题都没有展开论述。这是不能过于苛求作者的。

此外，还有王安撰写的《保险中国 200 年》（2008）、陶存文主编的《保险百年》（2010）、蓝松主编的《保险概论》（2000）、徐文虎等编的《保险学》（1994）、关乃凡编的《中国经济法》（1994）等，其中虽然也涉及保险业发展简史、近代中国历届政府的保险立法等，但是篇幅甚短。

至于保险史论文方面，主要集中于《上海保险》《中国保险》《当代保险》《中国近代史》《民国档案》等杂志，以及各级文史资料上。所有这些都为后人研究保险业提供了丰富的不可多得的资料。其特点是重在史实的澄清与介绍，但是偏重于描述和概述，而缺少对保险史实的细致分析和保险学理的剖析，这与作者大都是保险从业人员和从事保险理论和实践研究的经济界人士有关。

如何评价 1980 年全面恢复国内保险业务以来保险史的研究状况呢？一种具有代表性的观点是：20 年来中国近代保险史研究已取得不少成果，发表论文近百篇；也集全行业之力出版了中国保险史专著，但无论从成果的数量还是质量方面而言，都有许多不尽如人意之处。浅尝辄止者多，深入分析者少，尤其是保险史料方面，“除《中国保险史志（1805—1949）》（颜鹏飞等主编，上海社会科学院出版社，1989）和《中国保险法规暨章程大全（1865—1953）》（周华孚、颜鹏飞主编，上海人民出版社，1992）两本较系统的资料汇编之外，其他有关保险史料暂付厥如”[②]。保险史的研究依然处于拓荒阶段。首先，叙述、描述保险现象的，澄清保险史实的多；揭示保险业本质、规律的少。其次，有关研究未能从保险业营运的大数法则入手。经济史是跨越经济学、历史学的边缘学科，仅仅从经济学的角度研

① 马翠兰．上世纪 80 年代以来中国近代保险史研究综述［J］．上海保险，2006(7)．

② 王晚英，池子华．1980 年以来中国近代保险史研究综述［J］．上海师范大学学报，2003（6）．

究，就不能发现历史前后相继的联系，缺乏实证和历史的厚重感；仅从历史学角度分析，又难免陷入叙述、描绘现象，不能揭示规律的窠臼。对于保险史的研究需要历史学的素养和保险学的理论。最后，现有研究大都集中于沿海城市的上海等，对于内地保险业却鲜有研究。[①] 概而言之：

（1）保险史料的搜集与整理方面，显得零碎、分散且不足。客观原因是保险史料分布广泛，隐匿于金融、商业、航运、交通等业的档案、文稿和书刊之中，不易收集整理，但与学术界许多人热衷于研究现代保险这一倾向不无关系。以至于有学者断言：保险史的研究依然处于拓荒阶段。

（2）近代保险史研究呈现出不平衡性。很长一段时间以来，保险史的研究倾向是明显偏重于民族保险业，而缺少对在华外商保险业以及近代中外保险关系史的研究，但不可忽视的事实是，外商保险业一直垄断和操纵着我国近代保险市场，从某种意义上讲，它们扮演了主要角色。但是，这一方面的史料奇缺（外国保险商在1949—1950年的大撤退中几乎带走了全部资料案卷），关于外国保险商在中国如何控制、垄断和剥削中国民族保险业的具体状况——例如，隐藏其后的英国海外火险委员会是在华各火险公司的管理者、协调者和指挥者，扮演了中国保险市场“洋太上皇”的角色，如果不了解英国海外火险委员会，就不可能把握中国近代保险的特征、脉搏、运作机制、内在联系和发展规律。但是，迄今为止，国内所有的保险史专著均未提及英国伦敦海外火险委员会（FOCF）——由于不甚了解，往往在很多地方语焉不详，篇幅不多，空白点甚多，面临巧妇难为无米之炊的窘境和尴尬。另外，研究者热衷于对保险业繁荣阶段（1927—1937年）和近代上海保险业的研究，关于其他时期（如抗日战争时期）、其他地域，尤其是革命根据地保险业的研究则相对薄弱。

而国外关于中国保险历史的专著更是凤毛麟角，其保险史料大都散见于贸易史、金融史、航运史、地方志、行业史、公司史、买办史、海关文件、外交文书、回忆录、旅游志、传教士传记、近代经济史著述之中。比较有影响的著述如下。

（1）格林堡著、康成译的《鸦片战争前中英通商史》（商务印书馆，1962）里面提到1801年外国保险商人在华的活动，以及1805年在广州设立的第一家英国保险公司“广东保险会社”，以及20世纪三四十年代在南方活动的数十个外国保险公司的情况。

（2）马士的《中华帝国对外关系史》（上海世纪出版集团，20世纪50—60年代第一版，2006年第二版）、《东印度公司对华贸易编年史》（中

① 马翠兰．上世纪80年代以来中国近代保险史研究综述［J］．上海保险，2006（7）．

山大学出版社，1997），以及郝延平的《十九世纪中国买办》（1970）、刘广京的《英美在华的航运竞争，1862—1874》（1962）、洛克伍德撰写的《琼记洋行》（1871），对鸦片战争前后的外国保险公司的情况有所披露。

（3）《中、日、菲行名记事录》、卫三畏的《中国商业指南》（1863）、莱特的《中国商埠志》（1908）、勒费沃尔的《晚清西方在华企业》（1970）等，是研究保险史必备的工具书。

（4）班涅斯特的《中国对外贸易史（1834—1881）》（1931）、布尔果英的《远东工商业》（1924）、柯利斯的《汇丰银行》（1965）、丹涅特的《美国人在东亚》（1922）和费正清撰写的《中国沿海贸易和外交》（1953）等，其中也有许多保险史料。①

二、中国保险史的结构框架

纵横交错，四大发展主体和九大发展阶段是中国保险发展史的总体框架的特征。中国保险史的结构框架以两大模块为其基础性框架。

一个是纵向的结构框架，以保险史为经，凸显整体的综合的宏大历史跨度的保险发展过程，这种纵向运动涉及四大发展主体，即洋商保险业、民族保险业、官办保险业和革命根据地保险业。中国民族保险业、官僚资本保险业、外商保险业以及尚处于萌芽状态的革命根据地保险业这四大主体及其集团和机构盘根错节，构成了波澜起伏、分分合合、错综复杂的局面。以保险史为经的纵向演绎运动最终形成关于整个保险行业层面的中国保险史。

一个是横向的结构框架，以保险险种为纬，凸显改革开放尤其是加入WTO以来，各个具体的保险险种的独特的演绎轨迹，可以分门别类地追溯和陈述中国财产险事业的发展、中国人身险事业的发展、中国再保险事业的发展、社会保障和社会保险事业的发展，以及保险理论研究、保险战略

① 此外，还有亨特著、沈正邦译的《旧中国杂记》（广东人民出版社，1992）；亨特、威廉·C. 著、冯树铁译的《广州“番鬼”录》（广东人民出版社，1993）；多米尼克·士风著、李士风译的《晚清华洋录》（上海人民出版社，2004）；龙思泰著，吴义雄、郭德炎、沈正邦译的《早期澳门史》（东方出版社，1997）；陈锦江的《清末现代企业与官商关系》（1997）；马礼逊夫人的《马礼逊回忆录》（2004）；卫斐列的《卫三畏生平及书信：一位美国来华传教士的心路历程》（2004）；《帝国的回忆：〈纽约时报〉晚清观察记，1854—1911》（2007）；佩雷菲特的《停滞的帝国——两个世界的撞击》（1993）；多米尼克·士·李的《晚清华洋录》（2004）；孟德卫的《1500—1800 中西方的伟大相遇》（2007）；依莎贝拉·伯德的《一个英国女人眼中的中国》（2007）等。

和保险政策研究。

两大模块相辅相成，相得益彰，收纵横捭阖之成效。以保险险种为纬的横向演绎运动的产物，最终形成若干险种层面的保险史。

中国保险史的分期大致可以划分为九大历史阶段。

（1）中国保险的萌芽时期。可以追溯到两三千年前古代扬子江船帮组织，把货物分别放置到几条木船上，这说明古代中国人已经理解了保险的真谛和本质。其次是灾害保险、社会保障和社会保险的萌芽，兴盛于1200年前隋唐时期的“义仓”制度，以及以后的“社仓”“广惠仓”是我国相互保险的雏形。明清时期北方的镖局、镖行和大西南地区“麻乡约大帮信轿行”凸显了运输保险的端倪，等等。总之，中国古代社会的原始保险构成了中国保险史的前史。

（2）19世纪初期到中期，为中国近代保险业的产生阶段，也是澳（澳门）港（香港）穗（广州）保险发展的鼎盛时期。19世纪上半期外商保险业进占中国保险业市场。1801年怡和洋行开办了在中国的第一家外国保险公司，即Canton Insurance Society（广东保险会社），成了一个标志。

（3）19世纪下半期至20世纪初期。这是保险史学界研究的薄弱环节。这一阶段，是以上海为中心，天津、汉口和香港为准中心的保险业的鼎盛时期。外国保险商成立了外商保险同业公会，如上海火险公会、香港火险公会、天津火险公会、汉口火险公会、上海水险公会、华北汽车险公会、香港意外险暨寿险公会，以及在它们背后的操纵势力和控制机构（如英国伦敦海外火险委员会）垄断了中国保险市场；1875年保险招商局的成立是一个标志性的事件，中国民族保险业的产生和发展构成了这一阶段的一个重要内容。通过对这一阶段的研究，揭示了中外保险业的相互关系和内在运行机制。

（4）北洋军阀时期（1912—1927年）是民族保险业发展缓慢的时期，其特点是保险企业大多寻找地方官府庇护、大量吸收官股以及保险业成为银行的“副业”。

（5）国民党政府时期（1927—1949年）的保险业是中国近代保险史的重要组成部分，经过30年代民族保险业的大发展的繁荣时期，民族保险业最后进入衰败时期。

（6）中国共产党领导的革命根据地的人民保险事业（1922—1949年）。这是另一条不可或缺的发展主线。

（7）1949年至20世纪60年代，是新中国保险业的产生、发展和最终停办的时期。1949年10月20日中国人民保险公司开业，是一个标志性事件，而1959年部分停办、1967年全部中止国内保险业务标志着这一时期的结束。

（8）1979—2000 年是改革开放初期保险业的崛起时期。

（9）2001 年至今是加入 WTO 后保险业进一步发展的时期。

中国保险史是一部多元发展、主线并存的历史，只有体现出纵横交错、四大发展主体和九大阶段的结构特征，才能使其得到较为真实的反映。

三、第一家进入中国保险市场的外商保险公司

关于中国第一家外商保险公司 Canton Insurance Society（亦称谏当保安行）的研究力图取得突破性进展，并以此为契机，拓宽研究领域，以冀打破《怡和洋行 150 年史》（1982）作者 Maggie Keswick 在这一领域的学术垄断地位。例如，关于其成立日期，保险界迄今有 1801 年、1804 年、1805 年三种说法。根据我们多次查阅剑桥大学图书馆所收藏的怡和洋行档案后进行的研究，最后在一封不显眼的短短 200 字的保险业务往来信函中，终于找到澄清这一历史悬案的第一手确凿无疑的证据：

广东一家洋行于 1805 年 10 月 26 号撰写的信，是发给加尔各答保险办公室的，其中透露了一个重要的信息：最近有广东保险办公室（Canton Insurance office）在这里开业（Thus has lately been a Canton Insurance office attended here）。[①]

但是，英国学者格林堡（M. Greenberg）在 *British Trade and the Opening of China* 1800—1842（1951）一书中，使用 Canton Insurance Society 这一名称。[②] Canton Insurance Office 与 Canton Insurance Society 是不是同一个保险公司？值得进一步挖掘相关保险史料，作更为深入的研究。

四、在华外国保险业发展三大阶段的研究，这也是中国近代保险史研究的重点和薄弱环节

根据我们在英国的研究，对外商保险业发展全貌及其各个发展阶段作了如下区分：

早期阶段（19 世纪初期到中期）：澳（澳门）港（香港）穗（广州）

① 怡和洋行档案，剑桥大学图书馆收藏。

② M. Greenberg, 1951, "British Trade and the Opening of China 1800 - 1842", *Cambridge at the University Press*, pp. 171.

为中心的洋商保险的产生时期。

中期阶段（19 世纪 60 年代到 1937 年）：以上海为中心，天津、汉口和香港为准中心的沪汉津港洋商保险的鼎盛时期，这一时期外国保险商成立了外商保险同业公会，如上海火险公会和水险公会、华北汽车险公会、香港意外险暨寿险公会，外商保险业由此而占据主导、支配和垄断地位。

后期阶段（20 世纪 40 年代到 50 年代初）：外商保险业一度中断、复业和大撤退的时期。

五、英国海外火险委员会和中国近代保险史

整理英国伦敦海外火险委员会［Fire Office's Committee（Foreign），FOCF］（1874—1974 年）及其在华四大洋商火险公会的编年史，从而剖析其在中国保险业的垄断、操纵地位和运行机制，这是颇为艰难但又是一项基础性的工作。[①] 中国近代保险史是一部西方保险商，尤其是居各险种首位的火险机构控制和垄断旧中国保险市场的历史。隐藏其后的英国海外火险委员会主要是通过上海、香港、天津、汉口四大洋商火险公会，通过操纵保险费率和再保险，控制其下属的会员公司和华人保险公司，扮演了中国保险市场“洋太上皇”的角色。中国保险史的研究者如果不了解英国火险委员会，就不可能把握中国近代保险的特征、脉搏、运作机制、内在联系和发展规律。

1. 英国海外火险委员会

英国海外火险委员会是相对于国内火险委员会即 Fire Office's Committee（Home）而言的，后者成立于 1868 年，是全权管理英国国内火险市场的保险同业公会组织，前者则专注于英国海外市场业务，两者是姐妹组织。其工作范围最初只限于火险费率的分类、保险单的划一和制定保险法规等；以后逐渐成为火险规则的主要制定者、修改者、监督者，保险纠纷的促裁者，重要保险机构设置的审批者，重大保险活动的主持者，保险理论、实

---

① 保险界的老前辈如唐雄俊、林震峰先生等曾多次提及此事。他们一再强调，唯有揭开英国伦敦海外火险委员会的真实面目，才能真正了解中国近代保险市场的运作机制、特征和内在规律。笔者是接触 FOCF 档案的第一个中国学者。该档案目前仅在一定范围内开放，1874—1974 年部分案宗共 112 卷，另有 45 箱卡片索引。笔者利用主持中国—英国保险研究的国际合作项目并加入 CII（皇家保险学会）这一契机，得到 City Univercity of London 保险和投资研究中心主任迪金森（G，Dickinson）教授、格拉斯哥大学莫斯（Moss）教授、ABI、Prudential Corporation PIC、Standard Life Insurance Co. 的支持，在伦敦整整耗时四个月翻阅尘封百余年之久的、浩如烟海的 FOCF 案卷。

务和技术的总结者、培训者和推广者，以及处理与非火险保险组织关系的协调者等。由于火险是最古老、最有影响力的占保险市场份额最大的第一大险种，以至于其他各国保险商、各个非火险保险组织也唯 FOCF 马首是瞻，从而使其登上了全球保险“太上皇”的宝座。中国近代保险史是一部西方保险商控制和垄断旧中国保险市场的历史。隐藏其后的英国海外火险委员会是在华各火险公司的管理者、协调者和指挥者。

在组织系统上，它主要是通过上海、香港、天津、汉口四大洋商火险公会，控制其下属的会员公司，即 FOCF—四大火险公会—下属会员公司。第二条控制和管理渠道是 FOCF 会员公司—下属中国分公司或代理处。它专为中国火险市场制定的中国费率表（China Tariff）几乎每隔几年都要重新修订颁行。这是中国各洋商保险公司都必须执行的“游戏规则”，亦即“圣旨”。FOCF 实际上已成为包括旧中国保险市场在内的英国庞大的海外火险市场的指挥中心、管理中心和仲裁中心。

2. 上海火险公会

上海火险公会（the Fire Insurance Association of Shanghai）位居旧中国四大洋商火险同业公会之首。19 世纪 90 年代初期成立的上海火险代理商（洋商）例会制度，无疑是上海火险公会的雏形。例如，1892 年 1 月 18 日主要讨论统一保险费率问题，后又迭经 4 月 13 日、4 月 27 日、5 月 3 日上海火险代理商会议讨论和修改。1895 年 5 月 16 日，上海洋商火险代理商召开大会，通过一个为各方所接受的“上海火险费率规则”，并相应成立上海火险费率公会（Shanghai Tariff Association）及相应的“费率协会委员会”。一直督办和遥控此事的海外火险委员会，收到上海火险费率公会的成立报告后，于 7 月 12 日发来公函，审批批准了上海火险费率规则，并提醒它们申请加入该委员会分支机构，应以上海火险公会名义申报。

概而言之，上海洋商火险公会成立于 1895 年 5 月 16 日，原使用上海火险费率公会及上海费率协定委员会名称，经英国伦敦海外火险委员会审核批准后，于同年 9 月 13 日颁发 6 号通告，改用现名。① 该通告第 3 款全文如下：“伦敦海外火险委员会秘书长？（原件模糊不清——笔者注）月 12 日来函已获悉。该信函强调指出，该委员会已审核批准了上海火险费率规则，并邀请上海代理商公会申请加入该委员会分支机构，不过应以上海火险公会（the Fire Insurance Association of Shanghai）名义申请。兹已决定颁发一份通知，告知所有的保险代理商（余略）。”居旧中国四大洋商火险同业公会

① 详见 OFB（Offices of Foreign Business），以后更名为 FOCF［Fire Office's Committee（Foreign）］，档案编号 MS18862，MS 29978，London Gildhall，Aldermanbury London EC2P 2EJ.

之首的上海火险公会何时成立，这一桩在中国近代保险史中争论不休的公案，从此找到了铁证，而豁然开朗。

与此同时，英国海外火险委员会也审核批准了香港火险公会的设立报告。1896 年，在英国海外火险委员会的督办下，成立了天津火险公司。以后又经过长达数年的协调和直接干预，督促成立了汉口火险同业公会。这样一来，英国海外火险委员会在华组织系统基本上安排就绪，从而形成了以上海火险公会为龙头，辅之以香港、天津、汉口三大火险公会的洋商火险机构管理网。为了划一事权，防止政出多门，英国海外火险委员会还在 1921 年、1922 年多次授意和督办在上海设立全国性的中国洋商火险公会机构。英国海外火险委员会神秘的面纱刚刚掀开，“犹抱琵琶半遮面”，还有待于更多的保险学者作进一步的发掘和研究。

此外，关于中国两三千年前古代船帮组织发明扬子江保险的详细考证。西方保险文献提到了中国两三千年前古代扬子江保险，这是在世界保险史上比较早的一条记载，意义重大，但是，并没有说明出处。所以，找不到史料来源或出处，或者仅仅是孤证，此说就不能成立。另外，关于“义和公司保险行”是否是我国第一家保险代理人的考证。这一点在中国保险历史上具有重要意义。目前唯一的史料是《上海新报》同治四年五月初三日（1865 年 5 月 27 日）刊登的题为“新开保险行”的广告，显然，这仅仅是孤证，此说难以成立。

参考文献

[1] 颜鹏飞，邵秋芬，主编．中国保险史志［M］．上海：上海社会科学院出版社，1989.

[2] 中国保险学会，编著．中国保险史［M］．北京：中国金融出版社，1998.

[3] 怡和公司，编著．怡和洋行史略 1832—1932（英文版）［M］．香港：出版者不详，1960.

[4]《北华捷报》（历年）。

[5]《申报》（历年）。

[6]《中国保险年鉴》（历年）。

[7]《怡和档案》，剑桥大学档案手稿室。

[8]［美］托马斯·诺克斯．买办人物［J］. 哈泼斯新月刊，1878（57）.

[9] OFB（Offices of Foreign Business）；FOCF［Fire Office's Committee（Foreign）］，1859 – 1949，MS18862，MS 29978，Gildhall，Aldermanbury

London EC2P 2EJ.

[10]［英］H. A. L. 科克雷尔，埃德温·格林. 英国保险史［M］. 邵秋芬，颜鹏飞，译校. 武汉：武汉大学出版社，1987.

20 Several Questions on the Research of Chinese Insurance History

Yan Pengfei

Abstract: The insurance sector aroused an upsurge of local records compilation in the 1980s and 1990s; however, there is still a large gap in the field of compiling insurance history records between China and insurance powerful nations. China is still lacking of powerful works which can reflect Chinese insurance history faithfully, comprehensively and systematically. Chinese insurance history is a history of diversified development and co-existed mainlines, especially in the history of modern China, national and western insurers contended with each other and the latter attempted to control and monopolize Chinese insurance market. How to compile such a history is the theme of this paper. Firstly, its structure framework should be constructed by history of insurance in vertical and the development of insurance types in horizontal through compilation; secondly, this paper states the 9 development stages of Chinese insurance history; thirdly, this paper argues that the research of modern history of Chinese insurance should highlight four principal parts: national insurance industry, bureaucrat capital insurance, foreign insurance and insurance in evolutionary base areas, meanwhile, this paper also makes a preliminary survey on four puzzling questions in the research on China insurance history.

Key words: Insurance History of China; Chinese National Insurance Industry; Fire Office's Committee (Foreign)

21

中国经济发展模式转型：怎么办

王今朝　龙　斧*

［内容提要］本文运用当代多种理论与方法，确立了平等作为发展首要目的的合理性，就中国在所有权、价格管理、技术进步、企业治理、财政金融、对外经济关系六大有机关联基础领域，提出了一种宏微观交融、内在一致、层次分明，旨在确立中国经济相对于西方具有独特竞争优势的符合真正马克思主义的经济发展模式转型战略，其中建立和发展公有制处于这一战略的核心地位。

［关键词］**发展模式　所有制　价格　企业治理　技术进步　财政金融　对外经济关系**

一、引　言

马克思主义关于客观存在与意识的关系的原理表明，既然中国提出经济发展模式转型，** 那就意味着支配着现有经济发展模式的意识存在严重的非科学性。从事前看，经过30年的实践，什么样的意识、思想、战略就会形成什么样的发展模式；从事后看，后者反过来反映前者。中国为了实现经济发展模式转型，首先要解决关于经济发展的意识问题、思想问题、战略问题。然而，挑战长期支配自己生活的观念、认识其非科学性并非易事，更不用说系统地提出一个转型战略了，因此，本文的理论和政策可能不会

* 王今朝，武汉大学经济发展研究中心教授；龙斧，武汉大学战略决策研究中心教授，博士生导师，美国杜克昆山大学管理学教授。

** 关于这里的发展模式的内涵，参见王今朝、龙斧（2011）。

很快被很多人所接受。然而，科学意味着权威，真理可能掌握在少数人手里。鉴于此，本文首先明确科学发展思想、发展意识的必备要素；在此基础上，针对发展后所出现的具体问题提出科学的政策建议。这些针对中国当前诸多主要发展问题而形成的众多有机相关的科学的政策汇集起来，构成了中国实现经济发展模式转型的科学的政策系统。本文无法面面俱到，许多细节还有待充实，但基本的框架已经成型。

二、必须树立首先以经济平等来看待发展的思想

发展应该首先以经济平等程度最大化为目的。经济最大程度的平等不是没有经济差别、差异，而是如何把差别、差异造成的不平等控制在最小（我们把最低状态的不平等称作平等）。[①] 这种经济上的人人平等不是资本私有制下的普遍的就业自由，而是生产资料公有制下的劳动者的工作保障，以及适当的工资制度。只有把经济平等作为发展目的的首要内涵，发展模式的根本才能确立。在经济不平等的基础上不可能产生社会的真正平等（Bai and Lagunoff，2010）；只有经济平等，才能为社会其他领域的平等奠定基础。[②]

社会主义经济平等必须也必然以劳动的贡献作为标准。中国计划经济时期的收入分配制度就是实行经济平等的例证。[③] 按劳分配既是生产资料公有制的要求，也是实现它的必由之路之一。实行按劳分配的前提之一，是把劳动作为价值的根本原因[④]，排除土地、资本、企业家才能之类的变量在创造价值上取得与劳动一样地位的可能性。在取消了凭借资本所有权获得收入的权力之后，收入分配的差距还要反映劳动贡献的大小，这才是马克思主义的劳动价值论。不能借口管理和技术以及熟练程度的差别来任意地

---

① 对于平等，有很多不同表述。卢梭说，人是生而平等的。资本主义国家也承认天赋人权。然而，这些都只具有历史的反封建的意义，而没有什么现实性。恩格斯说，“平等的概念如果与消灭阶级无关，那就是一种极端愚蠢而荒漠的偏见”。转引自《列宁选集》第 3 卷第 816 页。

② 同时也为其他社会发展目标创造实施条件。例如，中国共产党正是通过平等的手段才在最短的时间内赢得了中国人民的最广泛的支持，从而取得了政权。中共党史可以证伪那种把平等与效率对立起来的观点。

③ 请参阅龙斧、王今朝（2011：第 4 章）关于中国社会主义建设时期的收入分配制度的具体数字。《列宁选集》（第 3 卷第 768 页）给出了俄国的情况：十月革命后所执行的工资幅度是从 600 卢布到 3000 卢布，相差只有 5 倍，而战前的工资则是粗工每月 25 卢布，专家每月 500 卢布（还不算那些拿几十万卢布的人）。

④ 价值与财富不同。价值必定是劳动创造的，而财富可以是来自自然的恩赐，比如，土地是财富，却不是价值。

规定劳动者收入。只有这样，才能在取消私人利润、利息、股息、资本溢价等因素成为一些人获得收入的来源之后防止“按劳分配”成为一种“按权分配”“按知分配”①。否则，社会主义的最大限度的经济平等就不可能真正实现。

今天，不少人因为中国在计划经济时期生产关系上的“冒进”而反对经济平等，既是对这一“冒进”历史的失察，也是对其后果的错误理解，最好情况下也不过是杞人忧天的胆小鬼心理。如果让这些人的观点占据上风，不要说十月革命和中国革命，就是辛亥革命也不可能成功。

三、生产资料所有制：私有向公有转变

生产资料所有制政策是社会就生产资料的所有权，即它的占有权（所有权概念的中心）、使用权、管理权、收入权、资本权、保障权、转让性、无期限、禁止滥用、履行责任、剩余处置权所做出的制度安排（布罗姆利，1996：53，220－223）。在中国经济发展模式转型中，所有制政策相较于其他政策（货币制度、金融体系、财政制度、价格形成机制等上层建筑因素）处于一种绝对的核心地位。在西方发展问题上，它同样处于绝对的核心地位（赫德森，2007）。没有生产资料私人所有权，就没有资本主义制度；没有生产资料公有所有权，就没有社会主义制度。很显然，上述所有权定义包含了新制度经济学所使用的产权概念。

马克思主义认为，生产资料公有制优于生产资料私有制。“公有制优于私有制”的内涵为：公有制作为社会化大生产的一种实施机制优于私有制的任何机制。为了得到这一结论，公有制和私有制的比较必须建立在可比性基础之上，即除所有制的差别之外，在进行比较时，须保证其他所有情况尽量一样。考虑到经济被分解为各种各样的组织，② 组织的特征和效率对所有制的运行产生影响。这种可比性的基础之一就是必须考虑到不同社会各种组织的成熟程度（治理结构的优化性）对组织效率所产生的影响。奥斯特罗姆（2000：30）说，“把制度搞正确”是一个困难的、耗时的和引发矛盾的过程（文化认同、时间地点、参与者等）。公有制即使是理论上的最优，在实践中也并不一定。在一个被封建统治了2000年的社会中建立公有制，总是需要摸索各种组织的建立和经济管理体系的建立。因此，不排除私人所有制在一些消费资料和非主导性生产方式中的优越性，也不排除眼

① 现代经济理论中的内部人的概念可以用来部分解释权力对工资制度安排的影响。

② 在博弈论中，这些组织被称为联盟。

下西方资本主义私有制由于几百年的发展在一些方面具有相比社会主义公有制之下中国的“优越性”。然而，从理论上看，从可比性的角度看，无论是在经济方面（包括平等方面、激励方面、效率方面），还是在政治方面（即民主方面），公有制相对于私有制的优势是不容置疑的（王今朝、龙斧，2011）。

这样来看，对于社会主义国家而言，“效率与公平的两难”完全是一个伪命题，而“效率优先，兼顾公平”也就成为一个错误的政策。西方国家想要实现资本主义的效率（资本雇佣劳动），必然牺牲代表人类美好愿望的社会主义公平。社会主义国家完全可以避开这种陷阱。

四、价格管理：由偏向市场向偏向控制转变

为了彻底改变价格管理的乱象横生，首先应该认识到，供求决定价格规律是一个假意识。乱象横生正是中国20世纪80年代价格改革把“供求规律”作为指导理论所产生的必然结果。王今朝、龙斧（2011b）用数理方法证明了马克思关于供求理论至多告诉我们价格是上升还是下降，而无法确定价格的均衡水平的观点。王今朝、龙斧（2011c）还用数理方法明确了马克思关于价值决定价格究竟是什么含义。根据这样两个马克思关于价值和价格的基本观点，中国的价格管理无疑应该调整价格至引致生产的最低水平。

（一）调低正常消费品价格和服务价格

在这方面，中国有巨大的潜力。美国建国200余年，价格体系更为接近劳动价值论的预测，而中国的价格体系则更为背离。如果这是事实，目前国内关于涨价（地价、油价、电价等）以及中国进入通货膨胀时代的观点都是错误的，不管这些观点出自政府高官还是著名学者。如果按照这些观点，美国就应该多发行美元，提高产品价格，在关系最广大人民生活质量的消费品的价格水平上追赶中国。但这是多么荒谬啊！因此，真正科学的发展模式转型意味着调低正常消费品价格和服务价格。怎样调低呢？这必然涉及资本品价格、高工资人员工资、金融服务价格等，也涉及其他直接方法。

（二）降低资本品价格

第一，降低房价至房屋的建筑成本。计划经济时期的公房制度取消了住房的商品化、市场化，使房价为0。既然取消了住房私有化，私人租赁和相应的缴纳房租也就相应取消了。没有私人租金，住房的市场价格也就无须存在（因为它等于0）。考虑到住房的福利性质，今天，即使我们无法实行公房制度，把房价降低到建筑成本的水平也是中国经济发展模式转型的应有之义。政府不能借口经济发展、基础设施建设，就通过卖地获得收入。第二，降低各种生产性资本品（机器、设备）价格。从来源看，所有价值最终都归于劳动，生产性资本品的价值也不例外。中国通用机器、设备的生产价格或许与价值比较接近，而许多专用设备的生产价格或许经常出现远高于价值的现象。这里的主要问题是，专用设备生产往往需要更多复杂劳动，但复杂劳动与简单劳动之间的报酬比例不能差别太大（数倍的收入差距也许就已足够），毕竟，简单劳动者经过培训也可以转化为复杂劳动者。

（三）降低中高层管理人员的工资①

管理人员与技术人员一样，其工作也许属于复杂劳动，但其职能同样可以为其他人所替代。今天，在中国各种产品的生产中，管理人员工资过高成为生产成本上升的一个主要因素，成为企业可避免的成本费用，显然，用人力资本、资历、贡献、能力、辛苦程度也无法合理解释这种收入差别。

（四）降低私人资本剩余价值率并在此基础上降低其资本收益率

私人所获得的利润或者剩余价值除以某个预付的资本总量是衡量资本收益率的重要指标。这个指标越高，中国的价格管理就越背离劳动价值论。为了解决这种背离，有许多种办法可以考虑（王今朝、龙斧，2011a）。

---

① 丁伯根（1991：9）给出了劳动力的四种分类：①专门职业者、技术人员和其他类似人员；②管理人员、行政官员等；③除农业劳动者以外的所有其他工人；④农业经营者和农业工人。这里的“中高层管理人员”就相当于丁伯根所指的前面两类劳动力。后面两类劳动力在下面用“工人”和“农民”的概念加以研究。

（五）降低金融资产收益率[1]

这是劳动价值论运用于金融部门的应有之义。在世界金融资产与GDP比重极大的今天，中国降低金融资产收益既可以抵消国际资本利用金融渠道获得中国实际资源的优势，又可以引导社会生产进入真正重要的部门。否则，不仅会吸引大量毕业生进入金融部门工作，导致金融部门成本上升，而且，没有建立在一个坚实第二产业和第三产业基础上的金融部门最终将危害中国经济的成长和社会的安定。这不是一个一时的金融危机问题，一个错误的金融结构一旦形成，就难以进行根本性变革，从而为长期社会发展埋下隐患。为此，中国在可预见的和遥远的未来，都不能使金融资产的收益率超过生产部门利润率的水平。

（六）对外经济关系政策的配合

①为了降低国内价格水平，应该提高出口价格。出口价格的提高一方面导致国外需求减少，从而增加国内市场的供给。另一方面，在那些需求弹性较小的产品上得到更多的外汇。出口产品价格的提高既可以直接提高产品出口标价，也可以高估人民币汇率。②为了降低国内价格水平，应该降低进口品价格。这里可以采取的办法同样可以是高估汇率，同时采取进口垄断经营的办法。这样可以提高中国企业在国际市场上讨价还价的能力。

（七）提高工人和农民收入

从今天中国的情况来看，工资与其他价格不同。其他价格，相对于今天的水平，应该降低，而工资这种最基本的价格，则应该提高。提高工人和农民收入，使其收入水平能够满足消费基本需要，同时缩小城乡差别，是中国发展模式转型的当务之急。当中国压低了资本所有制收入、金融资产收入、管理者收入、技术人员收入后，就有资源用于提高工人的收入，也有资源提高农民的收入，鉴于农民生活水平更低，农民的收入应该提高更多一些。同时，应该大力兴办服务于农村的公立教育，造就新一代的农民，使得他们未来在一个平等的环境里因为知识能力的提高而得到更高的

---

① 这里，我们仅限于对这个收益率作一级（first - order）应用性讨论。更为细致的讨论是可能的。比如，P. Sraffa认为，资本数量是依据利率来确定的。这一观点对于我们这里的讨论就会产生一些次级影响。他还认为，技术的分类（资本密集型还是劳动密集型）也是依赖于利率的。

福利。

提高劳动者工资率在调低其他价格水平的手段配合下，不会产生出成本推动型通货膨胀，也不会破坏增长（帕利，2006）。这是我们的政策主张的一个显著的优点。

五、技术进步政策：由偏向自由向偏向集中转变

王今朝、龙斧（2011a）论证了在经济发展模式转型研究中，技术进步应该包括物质资本投资，以及基础（自然和社会）科学研究、产业中的研发、教育方面的进展。对于这些意义上的技术进步，不同国家在历史上采用了不同的战略。英国工业革命时期采用自主的、顺其自然的分散化的市场办法（Hayami，1997：274）[①]，苏联和中国在社会主义建设时期则采用集中化、自主式、有意而为的国家主办的办法。西方国家技术先进并不表明其自由制度模式是最优的，更不表明它是中国应当采取的模式。在西方越来越依靠国家的力量来发展它们的科学技术的时候，1978 年后的中国，其技术进步战略一改前面 29 年甚至 58 年（1921—1978 年）的实践，可以用“相信个体，而不相信集体”“相信私人，而不相信公共”“相信外国，而不相信本国”来概括。中国只有以集中式办法通过主动技术进步才能改变自己在国际分工中的地位。当然，这里的集中一定是科学的集中，[②] 如果集中缺乏科学的实施机制，则集中制度下技术的价值可能低于自由制度下技术的价值，而其成本高于自由制度下的成本，就如政府可能使租金耗散，也可能导致租金上升一样。[③] 今天，为了实现经济发展模式转型，中国应该采取以下的集中式策略。

（一）控制私人投资，投资兴办和发展公有企业

这个问题我们已经从公有制的优势的角度加以论述，这里无须再加重

① 资本主义国家的技术进步模式是否最优颇有疑问，这里，不仅有一个机会成本的问题（即英美等国是否达到了它们最大的技术进步的可能），还有一个国家特性的问题。比如，日本的技术进步模式显然不同于英国和美国，它更依赖于个人关系（Hayami，1997：278－279）。英美模式即使对于它们是最优的，对于日本也恐怕不是最优的。

② T. Schultz 关于政府不可能如企业家那样有效地运作的说法（见其诺贝尔经济学奖颁奖讲演）是就一些具体的行为而言的。有哪个企业家或者他们的团体能够如政府一样有效地设立制度呢？

③ 其中，政府的功能定位、行为特征和运行效率效益至关重要，参见龙斧、王今朝（2011）。

复。从技术与投资的关系看，无论是投资兴办新的企业还是发展壮大已有企业，都意味着技术进步。在全民公有企业无暇顾及的领域应该首先发展集体所有制企业，私人投资只能作为公有制企业的补充。国家完全可以通过设立一个技术委员会，对国际国内技术发展的前沿加以追踪，帮助确定公有企业投资的方向、力度。公有制是使技术得到最快发展、最广泛利用的唯一的机制。服务于公有制企业的研发组织不难吸取西方国家的先进经验建立起来。在此无须赘述。

（二）基础科学研究由自由向集中的转变

针对目前的基金资助制度，国家应该首先在广泛征求意见（包括学校的学者、国有企业的技术开发人员）的基础上组织真正的专家梯队来确定国家迫切需要发展的研究课题，然后将绝大部分的基金资助用于支持这些课题的研究。而这种梯队的组织则应该尽量采取类似中国 1949—1976 年时期的国家课题攻关的组织方式。以小部分的基金资助用于维持现有的研究资助模式，这样，资金数额少，竞争激烈，也就不大容易出现腐败，即使出现腐败，范围也较小。如果给予科学家以过分丰厚的经济回报，则研发成本无疑加大，从而增加产品成本，就不符合技术进步导致成本降低的目的。如果技术进步的收益更多被资本所有者得到，就无法将产品供给增加到最大，因为社会需求会因为收入分配的不均等而缩小。虽然不可能严格地判断各种技术进步在不同条件下、不同阶段中对经济增长的贡献，但一个比较平等的技术进步的制度体系的建立是有利于技术进步诸目的的实现的。

国家也应采取措施切实提高自由申报者的科学研究素养。当前，不少学者仍然在思想观和方法论上存在较大偏差，[①] 却不妨碍其获得基金，表明中国学习西方的自由基金申报制度还缺乏一个坚持的社会基础。这恐怕就是为什么毛泽东时代中国没有走上这条道路的原因。即使在新中国成立 60 年后的今天，其条件恐怕也没有成熟。

以国家资助得到的科研成果应该首先用于国有企业的发展，私人企业利用这些成果应该支付知识产权方面的费用。这种办法可以迫使私人企业承担研究的成本，而不是无偿获得国家的利益（不要忘记，它们还逃避承担许多成本）。国家还可以根据鼓励或限制的需要，对私人企业使用公有产

① 西方著名大学的著名学者的学术观点存在思想观和方法论问题也屡见不鲜。参见龙斧、王今朝（2011）对于无知之幕下社会正义的唯心主义本质的论述。中国学者普遍存在的思想观和方法论问题参见该专著。

权的技术收取或过高或过低的费用。

（三）教育体系由自由向集中的转变

1978 年后，中国的教育体系由原来的公立体系向公私并立体系并存转变，由原来的国家拨款向教育收费制度转变。其自然的后果就是，私立、公立学校可以巧立名目来获得利润，名义上的非营利单位变成事实上的营利单位，名义上的公立学校变成事实上的非公立。教育投入不断增加，而教师的质量没有得到改善，教师的道德素质下降，甚至市场力量也无法用来优胜劣汰。很显然，教育体系的过度自由化应该加以转变。这里，我们仅就公立大学教育加以简单探讨，对它以及中小学和私立学校的详细分析参见王今朝、龙斧（2011a）。

就公立大学来看，中国不应急于在世界排名上位居前列，[①] 而应该切实地完善大学的制度。①探索教授治校模式。如果仅仅是为了防止大学成为政府的对立面，政府任命公立大学校长的做法就是不必要的。行政部门只要允许教授会议选举校长同时保留对校长任命的否决权就可以了。大学校长由教授会议选举教授中真正懂得教育规律的共产党人来担任，无疑将会大大促进中国人力资本培养。[②] ②改革科研项目管理制度。在财务上，目前这种单一的项目进入各大学后由学校财务加以监督管理而教授凭发票去财务报销的管理体系已经落后了。今后，金额规模较小的项目的经费应该直接下到负责人的账户，取消报销手续。大额资金的管理不应该交给某个人，而应该交给一个委员会。③改革科研业绩评价制度。目前，中国流行的那种只认第一作者，按照权威、核心杂志来决定职务升迁的制度应该结束。学术首先是为社会发展服务的，如果学术不利于中国社会主义社会的发展，就不应该被认定。④关于大学招聘问题。招聘应该采取全省乃至全国竞聘制度或者校长聘任制度，同时，薪金应该公平。⑤改革教学模式。这里，不仅有大学过度授课问题（学生所学的许多知识社会并不需要），也存在授课不足问题（如 1921—1976 年时期的中共党史、军史是两大宝贵精神财富，然而，这里还没有令人称道的大学教材，类似胡乔木（1994）的高水平著作并没有反映到大学教材中去），还有授课方法问题（授课应该改为世界先进的问题导向模式，而不是流行多年的满堂灌模式）。从这点来看，毛泽东

① 一些国内大学为了国际排名，用重金聘请的办法求得在国际期刊上发表论文，颇有学术“大跃进”之嫌。

② 当然，人力资本培养出来以后，其生产率的高低还取决于国家政策。参见 Riskin（1987）对 1949—1976 年时期中国教育发展与产业发展相互促进及其与印度对比的详尽研究。

当年改革学校教育的主张仍然是科学的。⑥从目前社会科学研究出现的问题来看,[①] 国家的意识形态方面的工作也应当全面加强。

（四）技术扩散模式的转变

无论是以公有企业内部的技术革新、技术改造产生的技术进步，还是以基础科学研究形式产生的技术进步，还是以人力资本形成形式产生的技术进步，都还面临一个扩散问题。技术创新代表整个国家技术水平的提高，但它不可能把利益瞬时均匀地散布到整个国家。一个大国中一个地区、一个人群享受了较高技术带来的利益之后，其他地区和其他人群并不一定也享受这种利益，反而可能遭受回波效应的不利影响，即它可能把资金和人力资本从落后地区吸引到发达地区，从而加重经济落后地区的落后。为了消除这种回波效应，技术扩散是必须的。与技术进步的其他方式一样，技术扩散必须寻找最优模式。抽象地看，免费的技术扩散最广、最快。但考虑到现实中的所有制结构问题，应该采取如下策略，即在公有制与公有制企业之间的技术扩散应该采取免费的非知识产权的方式;[②] 公有制单位向私有制单位的技术扩散应该采取技术入股的方式来得到私有制单位的绝大部分利润。

六、公有企业治理结构：由传统型向现代型转变

我们前面已经说明，对效率进行可比性比较，公有企业高于私有企业。[③] 我们同意西蒙（1957：252，转引自威廉姆森，2002：第1章）的观点，即私有制必然引导人们追求次要的目标，这样固然容易得到（视野狭隘的）人们的认同，但将以牺牲整体目标为代价。如果发展了几百年的西方私人企业都乏善可陈，中国如西方那样依靠私人企业来提高效率就会比登天还难。中国今天已经形成“中央性公有企业—地方性公有企业—地方性私有企业—全国性私有企业—跨国性私有企业”的企业谱系，中国今天正在试图采用财政、金融支持的办法来提高私有企业效率。在我们看来，

---

① 参见龙斧、王今朝（2011）对流行于中国的诸多理论的批判性分析。

② 这种免费的技术扩散以不造成重复性建设、恶性竞争为前提。

③ 这种理论的分析结论如果转化到实践的场景中也可以这样表达：中国的公有制企业与美国的私有制企业不具有可比性。龙斧教授在2010年第24届全国高校社会主义理论研讨会上第一次提出这一观点，并给出8条理由。

这种现实—政策的配合并不是达到中国发展模式转型的有效制度安排。与之相反，只有通过公有企业治理结构优化，加上其他方面的优势（如垄断），从而对私营企业产生竞争性效应、示范效应、制约效应、裁抑效应，真正实现市场经济的优胜劣汰，而优胜私有企业的治理结构将不得不发生变化，其对社会发展的不利方面将遭到最大化的限制，中国的经济发展模式转型才能最终得到实现。具体而言，需要注意以下方面：

（一）外部的政治制度——校正国家的功能、行为

无论是马克思主义者，还是新制度主义者，都确认了政治制度在经济发展模式中的重要性。具体而言，政治制度必须以促进经济利益关系的平等性、公平性和正义性为宗旨和原则。同时，也必须指出，社会主义国家和资本主义国家对平等性、公平性和正义性的理解根本不同，前者一定能够容纳后者、超越后者。按照马克思主义的观点，所有制在决定经济利益关系中是最基本、最核心的变量，因此，社会主义国家的经济利益关系的平等性、公平性和正义性对政治制度的要求是，必须在可能发展公有制的条件下尽力发展公有制。相关的措施参见王今朝、龙斧（2011a）。

只有校正国家的功能和行为，才能解决奥斯特罗姆（2000）所提出的资源“提供问题”，即建造、修复或长期维护一种经济资源，供人们在其中进行活动——“占用”。它们不仅会对人们的一次性行为产生影响，特别是对于人们重复性行为也会产生影响，因而对于企业的运营将产生最重大的影响。没有它们，就无法建设和维护一个社会主义国家，公有企业治理结构的完善也就缺乏一个适宜的外部政治环境。国家作为一种暴力机器，还具有一种外部强制的作用。它通过事后惩罚的办法来解决公有企业领导人无法遵循其承诺，甚至故意违背其承诺的问题。这是在社会主义制度建立之后保证其实现的最后一道防线。如果人们可以违背这种服务于国家的承诺并且还能得到个人私利而不被惩罚，社会主义怎么能够实现呢？

（二）企业领导人选择——校正一级委托代理关系

稳定的适宜的政治制度为公有制发展提供了一种适当的环境。在此条件具备后，公有制企业的发展就取决于一系列内部组织和治理结构。在今天，治理结构中一个非常重要的内容就是一级委托代理关系，即企业领导人的选择。不管是在企业初创还是持续发展上，这一关系的不合理成为许多国有企业失败的最直接、最简单也是最荒唐的原因。Lange（1938：109）

把官僚化而不是资源配置视为社会主义的真正危险，实际上也是在谈德才在全民所有制企业的治理中所居的中心地位问题。

综观中国国企领导人的选择，突出的问题有两个。一个是领导人选择的有才无德问题，一个是领导人的有德无才问题。其实，这也是一个暂时性现象。德才可以转化。真正有才之人必然有德，而真正有德之人也必然有各种可用之材。良好愿望是良好行为的开始。中共军事将领中很少有正规军校毕业的，但凭借对党的事业的忠诚（德），成为一代赫赫将星（才）。这足以显示，公有企业具有企业家精神的领导人的供给经过几十年的摸索完全可以加以解决。但在和平环境中，更容易出现机会主义行为，清除机会主义行为的迫切性也没有战争环境中大。这就阻碍了上述的德才转化机制发挥作用。然而，必须承认，在中国社会主义建设时期，德才兼备的领导干部是主流。至于外部政治环境发生变化后的干部的主流怎样，普遍的违法和腐败或许是一个说明。①

（三）公有企业内部的治理——校正二级委托代理关系

中国国有企业的股份化战略使得中国的国有企业成为一种类似于西方公司的层级组织。在这种层级结构中，公司上层——董事会、监事会、高级经理、股东的权威配置关系是企业治理结构的关键。② 中国现行企业治理结构的一个主要问题是领导权所导致的强大的优势（entrenchment advantages that accrue to leadership）。在发展模式转型中，我们究竟要一个什么样的治理结构？一些学者着力研究最终控制人是否是政府、政府控制采取直接性手段还是间接性手段为好、政府的持股比例多少为好、政府持股方式和持股条件怎样才能最优等问题。在我们看来，企业治理结构首先是权力分配。

中国一旦按照资本主义进行股份制公司的运作，就必然涉及治理机构的组织成本、激励与监督成本、强制履约成本、风险成本等。从定性的角度看，上述成本似乎都无法消除。那么，定量上是否会有本质性的差别呢？我们认为，采取以下办法就会使公司治理的交易成本大大下降。

（1）工人进入管理层。这里，我们不是指德国那种在企业管理层中仅仅有一两名工人代表的结构，也不是指那种建立在民粹主义基础上的企业管理结构，而是指中国在计划经济时期曾发展出的一种治理结构（Rob-

① 毛泽东一代人以不向组织伸手为荣。这一价值观今天是否已经丧失殆尽了呢？

② 我们这里的分析将兼具效率和平等两方面的问题。威廉姆森（2002：第1章）说，钱德勒的著作问世以后，那种以为经济效率与内部组织基本无关的观念便失去了立足之地。而组织内部结构与分配（薪酬结构、利润分配）的关系是非常清楚的。

inson，1973)，即“鞍钢宪法”的“干部参加劳动，工人参加管理，改革不合理的规章制度，工人群众、领导干部和技术员三结合”的民主管理制度。今天，中国早已把“鞍钢宪法”抛弃了，而西方学者不那样认为。欧美和日本管理学家认为，“鞍钢宪法”的精神实质是“后福特主义”，即对福特式僵化、以垂直命令为核心的企业内分工理论的挑战。

（2）董事、监事、经理等管理层的非异化。这个问题的提出是因为在管理者和工人之间还无法实现利益的根本一致。[①] 管理层的非异化是保持公有企业控制权的最弱条件。高级经营者和管理人员的决策不容易很快就受到监督。他们可以一只手起草自己的就业合同，另一只手去签这份合同，从而使他们自己享受不该享受的高工资和在职消费。

至于中国国有企业的改革能否采用西方的董事会框架，这取决于建立董事会是为了满足哪些（如果确实存在）治理上的需要（威廉姆森，2002：第12章)。国有企业并不一定非要股份化。股份化本身引起了企业治理结构上的复杂化，让不必要的“利益方”（私人资本或外资）的代表进入董事会会产生不必要的后果，引起董事会、经理之间的不必要冲突，引起股息政策的必要性，还面临投票权董事和为获得信息而列席会议的董事的区分等组织成本。所以，依靠股份制实行社会化是骗人的东西。它的本质只能是私有化。

七、财政和金融结构：由复杂向简单转变

财政和金融结构兼具阶级属性和社会属性。社会属性（即相关权利和义务不以人的身份为转移）是其阶级属性存在的前提，而阶级属性是其社会属性的本质所在。在历史上，财政和金融结构曾是加剧阶级矛盾的重要途径。今天，虽然中国希望社会和谐发展，但财政和金融结构对社会阶层、社会阶级形成的影响仍然是巨大的，它的本质并不能抛开阶级、阶层、利益集团简单定义为实现经济增长、提高人民生活水平或者宏观调控。有观点指出，近二十年中国的财政政策和金融政策极大地压缩了劳动者剩余，历史性地进行了财富由穷人向富人的逆向转移支付。本章从马克思政治经济学的角度看待中国今天的财政和金融结构的转变，使它们在社会发展中发挥恰当的作用。

财政和金融结构具有上层建筑的性质，它由所有制结构、分配结构、

① 导致管理层与工人利益不一致的原因既有封建的官意识，又有资本主义的专家意识。这样两种意识的共性就是它们都认为人可以（根据出身或者教育程度等）分为三六九等。

交换结构和消费结构等经济基础决定。只有在后者公平的基础上，财政和金融结构的公平性才有意义。由于后者的高效率、高效益，即使前者的效率、效益较低，也会带来社会效率的增进①。反之，如果后者效率、效益低下，前者效率效益再高，也无济于事。王今朝、龙斧（2011a）对科学的经济社会结构进行研究，他们的成果对于财政和金融结构具有以下含义：

（一）“大税收”制度向“小税收”制度的转变

今天，当中国经济向公有制为主体的方向转型时，上述问题的解一定会发生变化，税收结构自然发生变化，税收的作用自然遭到控制。因为不同的制度意味着同一交易方式的不同成本。发达国家的税收制度转型依赖于不同税种之间的替代，中国如果一步到位地实现公有制，则这些税种之间的替代将消失。这既能避免每一种税种必然带来的缺点，② 又可以避免不同税种转化对税收归宿的影响。根据以上分析，中国税收结构的转变必然体现在以下直接税和间接税的减少（以及相应税务成本的减少）方面：

（1）所得税作用的下降。所得税本来所针对的是高收入（此即西方所谓纵向公平的税收原则在所得税上的体现），但其针对性是有限度的，是以私人所有权为基础的。③ 公有制铲除了高收入产生的土壤，从而使所得税的必要性大大降低。这样看来，2008 年，个人和企业所得税占税收收入的 27.5% 这样一个税收依赖指标明显意味着财政制度对高收入的让步。财政制度对高收入的让步，还表现在它需要有一个明确的而且可以操作的所得定义，却无法得到。因而必然存在极高的逃税和避税比例。

（2）间接税作用的下降。国内增值税、国内消费税和营业税收入的累退性很强，但 2008 年我国税收收入（不含关税、契税和耕地占用税，并扣除了出口退税）的 52% 依赖于这些间接税。这里面既有对生活必需品的高税率课税问题（许多国家对基本生活必需品实行零税率或 10% 以下税率，而中国为 17%），也有消费税比重过低的问题（发达国家消费税占税收收入比重一般在 10% 以上，占 GDP 的比重一般在 3% 以上，2008 年我国消费税

---

① 例如，针对林伯渠、谢觉哉二老在抗战最艰苦时期的陕甘宁边区盐运政策、政府预算和纸币发行等政策上与西北中央局高岗之间的意见分歧，毛泽东就指出，不能简单从财政观点，而应该从解决边区经济困难的角度看待问题。参见胡乔木（1994：137 – 153）。今天中国恐怕有较大的财政、金融结构性问题，而没有经济上的困难。

② 比如，对超额利润征税涉及如何测度资本存量，但测度它需要选择成本（历史成本还是重置成本），不同成本会对利润率产生不同影响，而经济活动完全一样。

③ 应该把中国今天国有企业中对高级管理人员的高工资薪酬政策看成是一种私有制的实现形式。

收入占税收收入的4.7%，占GDP的比重更低至0.85%）。

当然，税收的筹集财政收入的作用一定要为其他的“交易方式”所代替，而其他交易方式也会产生成本。在一些情况下，这些成本甚至会暂时性地高于税收这种制度成本。中国经济发展模式转型对财政收入制度安排所提出的要求就是，积极、稳妥地实现这种转变。也因为这样，税收制度才能服务于中国社会主义的发展方向。①

（二）中立性财政支出结构向偏向性财政结构转变

财政支出的短期问题（如预算平衡及其与信贷平衡、物资平衡、外汇平衡的关系）虽然重要，但它不是一个长期问题。财政支出的结构问题是一个长期问题，它表面上看起来非常复杂，但里面有一个主要矛盾问题。这个主要矛盾就是，中国今天是否仍然需要财政资金建立和发展国有企业的问题。财政支出上的其他结构性问题在重要性上都亚于这个问题。

历史上，就是在“文革”期间，尽管财政资金紧张，中国仍然进行了大规模的铁路、钢铁、石油、煤炭、水电、科技和国防工业等骨干工程建设（如襄渝铁路、攀枝花、葛洲坝、六盘水煤炭基地、二汽等项目）。改革开放后，中国虽然也进行了大量的建设（如铁路），但许多关键项目引进了西方“公共产品的私人提供”模式（如高速公路、大学、房地产等领域），中国许多国有企业的产品品牌在被西方公司收购后消失。因此，中国未来的财政支出结构的转型就是在诸多公共品生产领域和私人物品生产领域进行大规模的投资、收购和兼并，否则，不仅公共工程会成为中西方私人企业的提款机，就是最基本的民生问题（如产品质量、产品价格等）也无法保证，经济发展模式的转型更无从谈起。财政支出的其他结构性优化问题应该建立在这一基本前提之上。

（二）基础货币供给增长率的实质性下降

马克思主义虽然认为资本主义生产因利润率变动而产生危机与供应和使用资金的某种特殊的组织形式没有关系，但仍然高度重视金融制度问题（斯威齐，1997：163）。按照交易成本经济学，金融制度组织形式的选择是

① 有人可能担心中国税收制度与发达国家的接轨问题。作为一个大国，中国完全有办法一国建设社会主义。中国学习西方的先进的知识和经验无须通过目前这样大规模的贸易和投资活动。中国的发展也完全无须向世界其他国家进行大量的资本输出。这样来看，税收制度与其他国家接轨的问题不是一个重要问题。

一个重要问题。中国今天面对的金融问题包含组织问题，但又不简单是金融组织的合理性问题。我们按照西方金融理论的框架，把金融制度看成是由直接融资市场和间接融资市场所构成。我们的金融制度分析也就相应地分为这两个部分。

图 1 显示了 1965—2009 年中国 M_0、M_1 和 M_2 的年度增长率（分别是图中的 G_0、G_1、G_2）。可以看出，中国货币供给增长具有三个与本文相关的重要特征：①1978 年前中国货币供给增长率平均值低于 1978 年后中国货币供给增长平均值。这显示了总体上，改革开放是以高速货币供给增长为条件的。②1978—1994 年的中国货币供给增长率高于 1995—2009 年的货币增长率。考虑到外汇占款与基础货币之比在 1990 年才达到 7.4%。因此，1978—1994 年时期的相对最高速的货币供给增长不能归结为对外开放所导致的外汇积累，而恐怕只能认为当时的中国采取了一种以通货膨胀刺激经济增长的政策。有人可能还会认为，这是中国的货币化过程，但是，这样高速的货币化是不必要的。③伴随着 1994 年的汇率改革，中国对外贸易出现了蛙跳式增长，自此之后，外汇储备占款占基础货币比例节节上升，因而对外开放成为中国高速增长的主要原因（如果不是央行用其他工具抵消，基础货币供给的增速可能会超过 1978—1994 年时期。这显示央行的管理水平确实有所上升）。也就是说，中国的货币供给主要成为中国对外经济政策的反映（包括外贸发展后引起的金融账户的资金流动的变化）。

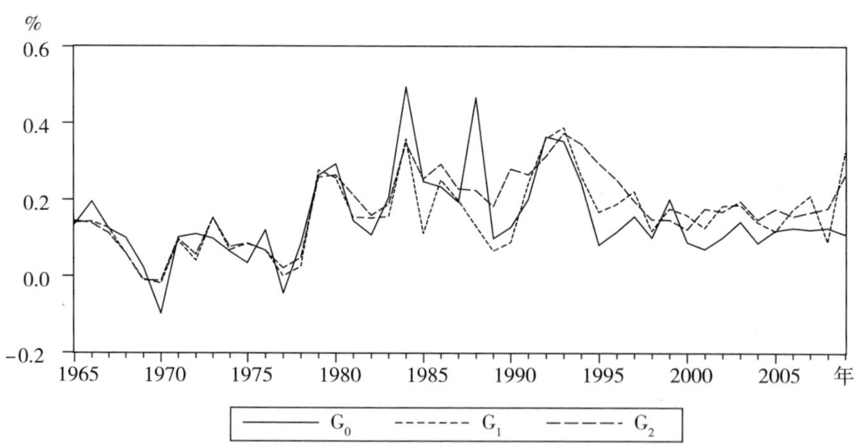

图 1　中国货币供给增长率（965—2009 年）

中国目前外汇储备增加导致基础货币失控的局面类似于第一次世界大战时期的美国由于黄金的流入导致的基础货币失控。一战中，由于各交战国增加在美国的购买，黄金大量流入，美国联邦储备系统无法控制黄金流入对银行准备金的影响，因为它没有足够的证券可以出售，而公开市场业务尚未出现（梅耶，1995：564）。不过，美国在得到黄金时，由于其他国家急于得到战争物资，美国商人的市场地位相当占优，可以很好的价格卖出其产品。与当年美国不同，中国作为发展中国家，其产品的贸易条件并不乐观。中国巨额的出口是大量资源的出口，而不仅是就业的出口。考虑到外汇储备的高速增长，基础货币的过快增长就需要有其他工具来抵消，但是，这种工具的供给不是无限的，受制于国内金融工具种类的多少和每种金融工具的规模。

（四）中国股票市场问题

这里就有两个问题。一是中国公司上市以更低的成本获得资金，这些资金是否得到了更有效的应用?[①] 股东的权益是否按照股票经济学伦理得到了保障？如果这些问题的答案是否定的，那么在现有规模上，中国的股票市场应该压缩。不能借口在发展中解决问题，让问题变得更加严重。这不能简单地通过考察申请上市的公司的行为就能避免。最根本的，就是取消股票作为一种经济制度的存在，毕竟，如果我们限制了货币的功能，而股票相对于货币，是远非社会所必需的金融工具，为什么不把股票彻底取消呢？二是作为一个社会主义国家，股票制度的设计是否全然学习西方？如果这个问题的答案是否定的，那就意味着限制私人大股东的权利。比如，是否可以永久性限制私人股东的收益权，而只赋予他们决策权，从而防止股票市场成为少数人获取资本的手段？在巨额实收股本、资金使用效率低下、股东权益无法保证的条件下，照搬西方股票市场制度最终只能使股市成为少数人的提款机。这对于在股票市场真正筹集资金用于发展中国社会生产，满足人民日益增长的物质和文化生产需要的劳动者和管理者都是不公平的，更不用说对于那些没有获得这些机会的人了。

八、对外经济关系：由高开放度向低开放度转变

中国1978—2010年时期的对外经济关系以汇率贬值、贸易规模不断增大、贸易范围不断加宽、贸易国家不断增加、国际金融联系不断增强、贸

① 所谓最有效的应用应该是以更低的价格、更好的质量更快地向社会提供产品，或者是最快速地向社会提供新产品。

易地位和国际金融地位并不稳固和风险增加为特征。[①] 2006 年以来，面对巨额的贸易盈余，中国已经采取了多种相关政策。但在我们看来，这些政策主要着眼于贸易盈余对货币供给的影响，而不是着眼于解决贸易盈余本身，它们性质上都属于短期措施，而不是长远的根本之道，上述政策无法解决中国在对外经济关系上的不可持续性。对外经济关系方面的转型必须是如下结构性的变化：

（一）大量压缩中国进口

中国存在大量的由于资本主义因素发展所产生的炫耀性消费品进口（比如，中国石油进口在一定程度上就是由于错误地决策用合资企业办法发展轿车工业产生的炫耀性消费品进口）、重复性资本品进口（比如，中国许多高校重复性进口西方国家的设备、仪器、图书、教授）等。中国应该仔细审视进口资源的使用效率（必然存在极大余地），提高进口品的使用，压缩进口的总量，以极大地提高中国进口政策发挥作用的效率。不是一个简单的进口总量决定中国的经济发展速度，而关键是进口品如何最有效率地使用。只要我们把进口品的使用效率加以巨大的改进，那么，中国就可以大大地压缩进口。

许多人可能以为，压缩进口是贸易保护主义。这是糊涂认识。贸易保护是在必须进口、进口有利的情况下，仍坚持不进口。如果不是必须进口、进口无利的情况下压缩多余的不必要的进口，那就是科学的贸易政策，就是实践科学发展观的必然需要，也是构建中国和谐社会的必然需要。

（二）大量压缩中国出口

中国在压缩进口后，就为压缩出口打下了基础。毕竟国际收支平衡是一种国家约束。然而，中国压缩出口还不是简单因为这种会计上的抽象原则。重要的是，中国今天的出口结构具有对中国社会的致命后果：①它是用中国的环境恶化、资源耗竭来支援世界最富裕、自然资源最丰富的那些资本主义国家。②它是把本来是社会主义国家主人公的工人和农民转变为资本主义私人企业的雇佣奴隶。③贸易盈余所积累起的国际货币在西方国家发生金融危机、经济危机、通货膨胀后即成为废纸（这意味着中国是在把真正的资源直接或间接白送给西方国家）。

---

① 这里并不否认，中国这种对外经济模式可以收一时之功。参阅杰里菲（2006）。

压缩出口是比较简单的。那就是把今天中国已经颁发出去的出口许可证逐步地收回，对外贸易权全部收回到国有公司中。但这里还有一些问题，那就是外资政策。可以用加强税收、货币、劳动、国有化率等政策，削弱外资公司相对于中国国有企业的优势，从而为国有企业发展建立起良好的社会政策环境。

（三）卖出以外汇购买的西方债券，同时制定出实行外汇双轨制的预案，逐步使人民币成为国际坚挺货币

十年前，不少学者提出，中国购买国外债券是不利中的有利（即还有些存款利息）。而从西方危机后发生的事件看，购买国外债券是不利中的大不利。因此，大幅减持西方国家债券是保护中国社会利益、政府利益的最明智之举。既然西方国家已经让中国忍受了巨额损失，中国自然没有义务维护西方的市场稳定。中国以此为要挟，在较好的条件下，还有可能挽回一些损失。而切实执行这种政策，就会使中国免受重大损失。当然，这是以西方国家不发生严重通货膨胀为条件。长期而言，为了免受西方长期来看必然发生的通货膨胀所造成的损失，中国在外汇储备持有量上不能学习日本。中国拥有一个可以支付数月进口之用的外汇储备即可。而且只能这样，必须这样，可以这样。那时，即使中国因不虞之需而需要更多外汇，完全可以用国家信用来支付几十亿美元的债务。这种债务比持有美元这种资产要划算得多。

九、结　语

今天，一个14亿的人口大国的生产力发展对960万平方公里上的自然的物质（而非价值）索取是人类历史上所未曾经历的事情，同时，中国仍然是一个发展中国家。既要发展，又不能如西方发达国家历史上那样发展。如果中国经济发展模式使得少数人过着世界富豪的生活，同时，使得社会分裂为对立的阶级，那是无法与中国的资源、人口的状况相适应的，也是无法与中华民族屹立于世界民族之林的目标相适应的。真正实现科学的具有中国特色的经济发展，不是简简单单地缩小财富和财产差别（隐藏财富和财产的手段、方式有千千万万），也不是简简单单地大幅提高劳动人民的工资待遇（一方面提高工资，另一方面提高价格，结果，实际工资无法提高），而是要从生产力和生产关系的矛盾性质入手，既在“社会主义平等”

的原则、价值观、宗旨基础上避免让生产资料成为剩余价值剥削之工具，并让全体社会成员享受经济生存最基本条件，又在“社会主义公平、正义”的原则、价值观、宗旨基础上真正实现“按劳分配、多劳多得”，实现经济社会的科学发展，只有这样才能一劳永逸地解决发展模式问题，才能使中国的旧有发展模式真正转变为一个全新的发展模式，使矛盾的性质发生根本性改变。能做到这些的只有社会主义公有制。

参考文献

［1］ Bai，J. H. and R. Lagunoff，2010，“Revealed Political Power”，*unpublished paper from Georgetown Unviersity.*

［2］ Hayami，Y.，1997，“Development Economics：From the Poverty to the Wealth of Nations”，*Oxford University Press.*

［3］ Lange，O.，1938，“On the Economic Theory of Socialism，in B. E. Lippincott ed.”. On the Economic Theory of Socialism，*Minneaplis*：*University of Minnesota Press*，pp. 55 – 143.

［4］ Riskin，C.，1987，“China's Political Economy：The Quest for Development since 1949”，*Oxford University Press.*

［5］ Robinson，J.，1973，*Economic Management*，China 1972. Anglo – Chinese Educational Institute.

［6］［美］埃莉诺·奥斯特罗姆．公共事务的治理之道［M］. 上海：上海三联书店，2000.

［7］［美］奥利佛·威廉姆森．资本主义经济制度［M］. 北京：商务印书馆，2002.

［8］ 胡乔木．胡乔木回忆毛主席［M］. 上海：人民出版社，1994.

［9］［俄］列宁．列宁选集：第4卷［M］. 北京：人民出版社，1995.

［10］ 龙斧，王今朝．社会和谐决定论：中国社会与经济发展的重大理论探讨［M］. 北京：社会科学文献出版社，2011.

［11］ 王今朝，龙斧．中国经济发展模式转型：理论与政策［M］. 北京：科学出版社，2011a.

［12］ 王今朝，龙斧．马克思关于供求决定价格规律的假意识性质的交叉科学阐释［J］. 经济经纬，2011（2）.

［13］ 王今朝，龙斧．马克思价值决定价格理论的数理阐释［C］. 武汉大学战略决策研究中心工作论文，2011c.

［14］［美］丹尼尔·W. 布罗姆利．经济利益与经济制度——公共政策

的基础［M］. 上海：上海三联书店，上海人民出版社，1996.

［15］［荷］J. 丁伯根．生产、收入与福利［M］. 北京：北京经济学院出版社，1991.

［16］［美］加里·杰里菲．中国与墨西哥发展模式比较［J］. 国外理论动态，2006（6）.

［17］［美］托马斯·梅耶．货币、银行与经济［M］. 上海：上海三联书店，上海人民出版社，1995.

［18］［美］托马斯·I. 帕利．中国发展模式的外部矛盾——出口导向型增长与全球经济萎缩的危险［J］. 国外理论动态，2006（5）.

［19］［美］保罗·斯威齐．资本主义发展论［M］. 北京：商务印书馆，1997.

21 China's Transfoming its Economic Development Mode: What to Do

Wang Jinzhao and Long Fu

Abstract: This paper has firstly established the justifiability of taking equality as the prime object of economic development. Appling multiple contempory theories and approach, revolving six organic policies scopes of ownership arrangement, price management, technological progress, corporate governance, public finance and finance, foreign economic relation, this paper then puts forward a Marxist transformation strategy of economic development, which integrates macro and micro factors, and has the feature of being consistent and well structured. The aim of this strategy is to reestablish the specific competitive advantage relative to the western countries. The core of the strategy is the establishment and development of public ownership.

Key words: Development Mode Ownership Corporate Governance; Technological Progress; Public Finance and Finance Foreign Economic Relations

22

对人的本质和人的发展研究的再思考*

——兼论城镇化与人的发展

丁为民　李媛媛**

[内容提要] 任何对经济社会问题的研究都涉及对人的本质和人的发展问题的认识。在研究中，存在着机械唯物论和历史唯物论两种范式，从而形成了西方主流经济学与马克思主义经济学对人的本质和人的发展认识的重大差别。本文在比较中深化了对这两种范式和理论的认识，揭示了西方主流经济学的狭隘性和非历史性，并将马克思主义的人的本质和人的发展理论概括为具有特定含义的多重辩证统一论。为了证明后者的科学性和解释力，推动我国城镇化的健康发展，本文运用这一理论考察了西方发达国家的城镇化及其对人的发展的影响，为我国实现新型城镇化提供了借鉴。

[关键词] **研究范式　人的本质　人的发展　多重辩证统一　城镇化**

人是经济社会活动的主体。人的本质要求既在经济社会发展中得到规定，也在这一过程得以展开和实现。因而，人的本质和人的发展，是学术界长期普遍关注的问题。马歇尔就曾指出：经济学，“一方面它是一种研究财富的学科，另一方面，也是更重要的方面，它是研究人的学科的一个部分”。*** 近代以来，在经济学领域，有两个学派对人的研究有重大影响，同时体现了研究人的本质和人的发展的两种范式。

---

* 本文为国家社会科学基金重点课题“面向公平正义和共同富裕的政府再分配责任研究”（13AZZ001）的阶段性成果。作者感谢江西财经大学经济学院罗雄飞教授审阅本文并提出宝贵修改意见。

** 丁为民，经济学博士，天津师范大学经济学院教授，博士生导师，全国马克思列宁主义经济学说史学会、全国《资本论》研究会常务理事；李媛媛，天津师范大学马克思主义学院博士生。

*** [英] 马歇尔. 经济学原理：上卷 [M]. 朱志泰，译. 北京：商务印书馆，1983：23.

一、人本主义或机械唯物主义的范式，以此为基础的西方主流经济学

人本主义是以费尔巴哈（1804—1872 年）为主要代表的把人生物化的机械唯物主义思潮。这种思潮反对 19 世纪 30 年代在欧洲盛行的宗教和黑格尔唯心论竭力贬低自然界和人世生活意义的思想，主张把自然界和人本身提到研究的首位，从而在哲学史上有重要意义。他们认为，人首先是一个自然的、在时空中存在的物质实体即肉体，人的意识和思维即灵魂是和这个物质实体不可分离地联系着的，并且灵魂是依赖于肉体的，从而反驳了把人的灵魂和肉体分割为两个独立的实体、把前者视为第一性的唯心主义观点。但是，他们不是在历史和社会实践过程中考察人，不是把人看作社会的人，而是自然人、抽象的人①，并以此为基础构造了一套世界观。因此，从生物学角度考察人，运用力学尺度形而上学地衡量自然过程，把人归于“以自然为基础的现实的人②”，是人本主义研究范式的最主要特点，也是被称为机械唯物主义的主要原因。

往前追溯，以费尔巴哈为代表的人本主义与法国 18 世纪的爱尔维修（1715—1771 年）为代表的机械唯物论有着明显的传承关系。爱尔维修坚持和发展了英国 17 世纪的唯物经验论者洛克（1632—1704 年）所主张的唯物主义感觉论，认为人的精神是一种感觉能力，而这种能力则是具有一定结构的物质的属性。物体感受性在人身上的表现，就是趋乐避苦的情感，“这种情感是肉体的感受性的直接后果，因而为人人所共具，乃是与人不可分离的”，并称之为“自爱原则”③。他认为，这是由人的生物本质所决定的永恒不变的天性，是人的一切思想行为的本源。因此，在爱尔维修看来，“感性的特性和自尊、享乐和正确理解的个人利益，是全部道德的基础”④。他所理解的运动也只是数量的变化而没有质变飞跃。他说：“不间断的规律始终被准确地遵守着，而在自然界里没有飞跃。”⑤

---

① ［德］恩格斯．路德维希·费尔巴哈和德国古典哲学的终结：第三节［M］//马克思恩格斯文集：第 4 卷．北京：人民出版社，1999：287－295.

② ［德］马克思，恩格斯．神圣家族［M］//马克思恩格斯文集：第 1 卷．北京：人民出版社，1999：342.

③ ［法］爱尔维修．论人［M］//北京大学哲学系外国哲学史教研室，编译．西方哲学原著选读：下册．北京：商务印书馆，1982：181.

④ ［德］马克思，恩格斯．神圣家族［M］//马克思恩格斯文集：第 1 卷．北京：人民出版社，1999：333.

⑤ 转引自汪子嵩，等，编著．欧洲哲学史简编［M］．北京：人民出版社，1972：103.

任何经济理论都是某种研究范式的运用。人本主义或机械唯物主义的研究范式，在斯密以来西方主流经济学的经济人假设中得到充分展开。经济人并不是斯密本人使用的术语，但是，这一假设的基本命题，即人的本性是自然的、自利的，却在斯密的《国富论》中得到体现[①]，并且一直成为以斯密为代表的古典经济学和以马歇尔为代表的新古典经济学的第一块基石。

古典经济学家和新古典经济学家通常把这一命题视为不言而喻的人性真理。他们通过经验观察或现代社会生物学进一步证明："作为动机的自利，它根源于人作为一种动物的本能，是人的生物本性的表现；""自利这一人的生物本性像一根带子束缚着人的行为，使人的行为不可能达到利他主义的完美境界。这条带子更长，因而使人的社会本性有很大的活动余地，但最终要服从生物学法则。"[②]恩格斯曾指出，随着自然科学领域中的每一个划时代的发现，旧唯物主义也必然要改变自己的形式[③]。当生物学领域的基因研究产生突破之后，在西方学术界又有人开始利用基因理论解释经济人的利己心，认为人只是他或她的基因的代理者，基因利益引导着人类的行为。[④] 这种自私基因论（the selfish - gene theory）不仅为机械唯物主义的人性论披上了现代科技外衣，而且把经济人假设推向了极端，使古典的以人本主义为特征的机械唯物论在当代西方主流经济学中得到进一步的延续和展开。

西方主流经济学与机械唯物主义的关系，不仅可以通过其核心思想的传承得到解释，而且可以通过这两个学派主要代表人物之间的交往加以证明。作为古典经济学创始人之一的斯密，曾经与当时英国的唯心主义哲学家休谟（1711—1776）有着密切的私人关系，并受其影响于1759年出版了《道德情操论》。但在1764年以后，他又以英国贵族巴克卢公爵的私人教师的身份，出访法国，与某些法国重农学派学者和唯物论哲学家有密切交往。苏联经济学家卢森贝就曾指出：斯密"跟重农主义者的结交，特别是跟魁奈和杜尔哥的结交，对于他有非常重大的意义[⑤]"。马克思也指出：斯密和李嘉图的理论完全以18世纪的预言家（指当时的唯物论哲学家——作者

① 杨敬年先生指出，斯密在《国富论》中所说的利己心是改善本身状况的激烈的欲望："一种从母体中带来的直到进入坟墓才离开的欲望"，见［英］亚当·斯密．国富论：上［M］．杨敬年，译．西安：陕西人民出版社，2001：9.

② 杨春学．经济人的理论价值及其经验基础［J］．经济研究，1996（7）.

③ ［德］恩格斯．路德维希·费尔巴哈和德国古典哲学的终结［M］//马克思恩格斯文集：第4卷．北京：人民出版社，1999：281.

④ Richard Dawkins，1976，"*The Selfish Gene*"，*Oxford*：*Oxford Univ. Press.*

⑤ ［苏联］卢森贝．政治经济学史：第1卷［M］．北京：三联出版社，1959：240.

注）为依据①。对经济人假设的形成有重大贡献的另一个英国经济学家边沁（1748—1832）也是“根据爱尔维修的道德论构建了他那正确理解的利益的体系②”，“他不过把爱尔维修和18世纪其他法国人的才气横溢的言论平庸无味地重复一下而已③”。可能正是这些交往，促成了斯密向唯物主义范式的转变和《国富论》的写作，从而形成了道德论者斯密与利己论者斯密之间的矛盾。

在经济社会运动观上，西方主流经济学也与机械唯物论的观点有着惊人的相似之处。在这方面，爱尔维修的信条是“自然界里没有飞跃”；马歇尔也把“自然界没有飞跃”作为格言写入他的《经济学原理》④，开创了主流经济学长期坚持的均衡分析方法，得出任何人都可以通过市场竞争实现自身的生存和发展，否定任何形式的阶级矛盾和历史变革的结论。

由此我们说，与机械唯物论者一脉相承的西方主流经济学家，在研究经济问题时，是把人的生物（自然）本性作为出发点的。他们在考察单个人时可能奉行的是唯物主义。但是，当他们去探讨人的整体时，却把人的历史置于视野之外，使唯物主义与历史彼此完全脱离了，从而沿袭了历史唯心主义的范式。

1953年，现代西方主流经济学的重要代表人物弗里德曼在《实证经济学的方法论》一文中，通过划分实证经济学与规范经济学，说明了实证经济学在主流经济学中的重要性和支配地位，在西方经济学界产生了巨大影响。实际上，在20世纪之前，在西方主流经济学界，其重要代表人物配第、斯密、西尼尔等就曾提倡和利用实证方法；但在那时，实证主要是作为一种从属手段为其理论观点服务的。20世纪50年代以来，在弗里德曼等人的大力推动下，经济学的实证方法逐渐成为主流经济学得出结论的一种最重要的手段和时尚，甚至成为其展示理论客观性和科学性的标志。弗里德曼就曾提出：作为现代经济学重要组成部分，“实证经济学是，或者说可以是——就像任何自然科学一样——一门‘客观的’科学。”⑤ 他认为，通过经验证据的检验，可以解决人们在经济政策的制定和选择中的一切纷争。

① ［德］马克思.1857—1858年经济学手稿［M］//马克思恩格斯文集：第8卷.北京：人民出版社，1999：5.

② ［德］马克思，恩格斯.神圣家族［M］//马克思恩格斯文集：第1卷.北京：人民出版社，1999：335.

③ ［德］马克思.资本论：第1卷［M］//马克思恩格斯文集：第5卷.北京：人民出版社，1999：704，注释63.

④ ［英］马歇尔.经济学原理：上卷［M］.朱志泰，译.北京：商务印书馆，1964：4，注释18.

⑤ Milton Friedman，1996，“*The Methodology of Positive Economics*”，In *Essays In Positive Economics*，Chicago：Univ. of Chicago Press，pp. 4.

但是，如果这种实证研究仍被建立在经济人假设的基础上，以局部、浅层次和阶段性的经验资料为基础，缺乏历史感和整体视野，就必然成为机械唯物主义在当代西方经济学中的另一重要表现。其实证结论有可能揭示一些“小真理”，但“决不能提供关于社会秩序本身的大真理[①]”，也难以对那些重大的、根本性问题做出正确的预测。

二、历史唯物主义或唯物辩证法的研究范式，以此为基础的马克思主义经济学

马克思主义经济学是以经济关系为研究对象的，最终目的是揭示经济规律，实现整个人类的解放和发展。1848 年，马克思和恩格斯在《共产党宣言》中以人的自由发展为核心说明了未来社会的基本特征。46 年后的 1894 年，恩格斯为即将出版的《新纪元》周刊题词，用简短的字句表达了未来社会主义的基本思想，并区别于但丁曾说过的“一些人统治，另一些人受难”的旧纪元，指出：“除了《共产党宣言》中的下面这句话（……），我再也找不出合适的了：‘代替那存在着阶级和阶级对立的资产阶级旧社会的，将是这样一个联合体，在那里，每个人的自由发展是一切人的自由发展的条件。’”[②] 可见，关注人的本质和人的发展，是马克思、恩格斯研究的一条基线；通过消灭阶级和阶级对立以真正实现人的解放和自由发展，是马克思、恩格斯的一贯主张。

马克思主义认为，人不可能孤立地生存。“我们越往前追溯历史，个人，从而也是进行生产的个人，就越表现为不独立，从属于一个较大的整体[③]”。如果没有作为社会性重要基础的群居性，甚至连人本身都不能产生。因为“我们的猿类祖先是一种群居的动物，人，一切动物中最爱群居的动物，显然不能从某种非群居的最近的祖先那里去寻求根源[④]”。所以，对人的研究，要在社会关系及其历史的发展中进行；应该在人类的整个历史和整体行为即在总体中把握个人历史和个人行为。按照马克思从研究中得到并用于指导进一步研究工作的范式，就应在历史唯物主义的框架下研究人

① ［俄］巴兰，［美］斯威齐．垄断资本［M］．北京：商务印书馆，1977：8.

② ［德］恩格斯．致朱泽培·卡内帕［M］//马克思恩格斯文集：第 10 卷．北京：人民出版社，1999：666.

③ ［德］马克思．《政治经济学批判》导言［M］//马克思恩格斯文集：第 8 卷．北京：人民出版社，1999：6.

④ ［德］恩格斯．自然辩证法［M］//马克思恩格斯文集：第 9 卷．北京：人民出版社，1999：553.

和人的发展。人的行为是丰富多彩、错综复杂的，可从多维度考察，但不论怎样，都应该回到唯物史观，在唯物史观的指导下进行。这就是：人是生产力中最活跃的因素，又是生产关系的主体，还是上层建筑的载体。要在这三个维度的辩证统一的矛盾运动中历史地、具体地认识人的本质、人的倾向和人的发展。美国左派经济学家谢尔曼就曾指出：在人类社会中，社会结构（包括思想和制度）是经济结构（包括生产关系和生产力）的函数；经济结构是社会结构的函数；就像数学中的一组联立方程一样，在同一时间，两类函数关系是可能存在的①。从这个意义上说，马克思主义要对人的本质和人的发展进行多方位的总体研究。

在这种多方位的研究中，对于人的经济活动的研究无疑具有优先性。恩格斯在利用唯物史观说明历史进程时就曾指出："这里表现出这一切因素间的相互作用，而在这种相互作用中归根到底是经济运动作为必然的东西通过无穷无尽的偶然事件（……）向前发展。否则把理论应用于任何历史时期，就会比解一个最简单的一次方程式更容易了。②"

但是，这并不意味着马克思主义在研究人的本质和人的发展时不需要必要的抽象。然而，马克思主义强调的是合理的抽象即科学抽象法。所谓科学抽象法，就是要抽象不同事物的共同点，保留研究对象与其他事物的本质差别，或者说，保留研究对象的本质规定，借此揭示而不是掩盖和歪曲事物的本质。例如，研究人类，就要抽象人与高级动物的共同点（生理规定），抓住人的社会性这一本质规定；研究商品经济，就要抽象商品经济与其他经济形式的共同点，抓住商品生产者之间关系这一本质规定；研究资本主义经济，就要抽象它与其他商品经济的共同点，抓住资本与雇佣劳动之间关系这一本质规定。通过层层揭示和研究事物的本质规定，以达到把握研究对象的本质倾向和演变规律之目的。而西方主流经济学却恰恰相反。他们研究人，首先抽象人与动物的差别即本质规定，抓住二者的共同点，把人概括为生物的人、抽象的人。他们不是揭示事物的本质差别，而是过于抽象，一个重要表现，就是撇开了人的社会属性，进一步说，就是撇开了在阶级社会中人们在物质生产中的地位及由此决定的经济阶级属性。这种抽象本质差别而保留共同点的做法，不仅受到了马克思的批评③，甚至

① ［美］霍华德·谢尔曼．激进政治经济学基础［M］．云岭，译，北京：商务印书馆，1993：59.

② ［德］恩格斯．致约·布洛赫［M］//马克思恩格斯文集：第4卷．北京：人民出版社，1999：591－592.

③ 马克思指出："那些证明现存社会关系永存与和谐的现代经济学家的全部智慧，就在于忘记这种差别。"（［德］马克思．《政治经济学批判》导言［M］//马克思恩格斯文集．第8卷．北京：人民出版社，1999：9.）

受到马尔萨斯和新制度经济学家的指责。[①] 这种抽象的结果，必然是似是而非的结论，也成为某些现代西方主流经济学家滥用数学和实证方法的基础。

马克思主义主张在研究问题时要抽象共同点而抓住本质差别，并不是否认共同点对人的行为的影响，而是为了“真正把共同点提出来，定下来，免得我们重复[②]”，并把它作为研究本质规定的基础而不是本质规定本身。所以，马克思对经济活动的主体和经济活动本身的考察，从来都是从存在基础和本质规定这两个角度展开并以后者及其对前者的规定甚至是决定作用为重点的。例如，既关注商品的使用价值属性，又重点剖析商品的价值本质；既承认资本家和工人都是商品生产者，又多侧面地展示他们作为资本与雇佣劳动角色存在的对立统一关系；既分析资本主义生产过程的生产一般属性，又深入研究这一过程的资本本质；既肯定产业资本循环首先是货币、生产和商品循环，又深刻揭露这一过程的实质是资本运动；既说明资本主义管理是社会化生产的需要，又详细阐释其资本控制的本质，说明前者对后者的要求和后者对前者的规定；既看到人的自然基础，承认人的自然要求，又聚焦于人的社会规定[③]，指出：与费尔巴哈、斯密等人的判断根本不同，“人的本质不是单个人所固有的抽象物，在其现实性上，它是一切社会关系的总和。[④]”马克思主义的理论史证明，正是在上述分析中，历史唯物主义的范式得到进一步的贯彻和证明。因此，在人的本质问题上，

---

① 马尔萨斯在与李嘉图等人的辩论中指出：“在我看来，目前流行于从事政治经济学的科学作家中的错误和分歧的主要原因，是未经思考而进行的简单化和概括化的尝试……在政治经济学中对简单化的追求，已经引发了一种不愿承认导致某种特定效应产生的多种而不是只一种原因在起作用的倾向。……这种简单化和概括化的倾向，与承认多种而不是一种原因在起作用的态度相比，对于容忍变异、局限以及任何规则或主张之外的特例，依然怀有一种更大的厌恶……”（Malthus，*Principles of Political Economy*，London：1820，pp. 4ff.，8f.）新制度经济学家弗鲁布斯等人在批评新古典经济学时也曾指出这一理论“过于抽象”。（E. G. Furuboth and R. Richter，1991，*The New Institutional Economics*：*An Assessment*，Introduced and edited by E. G. Furuboth and R. Richter，*The New Institutional Economics*；*A Collection of Articles from the Journal of Institutional and Theoretical Economics*，Texas A & M University Press，pp. 8.）

② ［德］马克思．《政治经济学批判》导言［M］//马克思恩格斯文集：第8卷．北京：人民出版社，1999：9.

③ 马克思指出：“吃、喝、生殖等等，固然也是真正的人的机能。但是，如果加以抽象，使这些机能脱离人的其他活动领域并成为最后的和唯一的终极目的，那它们就是动物的机能。”（［德］马克思．1844年经济学哲学手稿［M］//马克思恩格斯文集：第1卷．北京：人民出版社，1999：160.）资本主义条件下，“劳动能力不卖出去，对工人就毫无用处，不仅如此，工人就会感到一种残酷的自然必然性：他的劳动能力的生产曾需要一定量的生存资料，它的再生产又不断地需要一定的生存资料。于是，他就和西斯蒙第一样发现了：‘劳动能力……不卖出去，就等于零。’”［德］马克思．资本论：第1卷［M］//马克思恩格斯文集：第5卷．北京：人民出版社，1999：201－202.）

④ ［德］马克思．关于费尔巴哈的提纲［M］//马克思恩格斯文集：第1卷．北京：人民出版社，1999：501.

马克思主义经济学与西方主流经济学的主要分歧，不在于是否承认和分析前者，而在于是否正视和重点研究后者，说明后者对前者的影响、规定，甚至决定作用，并在这种互动中说明人类行为动机的嬗变、行为选择的冲突、历史演进的渐进与飞跃，以及人的本质的展开和实现。

三、两种研究范式所形成的两种理论框架、两种人的发展观

人的发展是人的本质的展开。由于研究范式所造成的对人的本质的判断有重大分歧，在人的发展的研究中，西方主流经济学和马克思主义经济学的理论框架形成了重大差异，从而形成了两种根本不同的人的发展观。

（一）西方主流经济学的理论框架和人的发展观

西方主流经济学把抽象直观得到的“自然本性”作为不变的前提，把人看作经济人，因此，他们只是在市场经济的框架内研究人的本质的展开和实现。斯密认为，正因为人的自利之心，形成了人的交易倾向，这种交换能力的扩大进一步引起劳动分工，而劳动分工又推动了交易的发展，从而促成了货币的产生和价格的形成；在此基础上，斯密论述了商品价格的各个组成部分（工资、利润和地租）及其影响和决定因素，说明了资本的分类、形成和利息，进而分析了“看不见的手”的作用和国家财政问题。通过这些论述，资本主义经济的主要侧面都得到了与经济人要求相一致的解释，同时，也暴露了这一理论为资本主义市场经济辩护的目的。“这是因为，如果人类主要是自私自利的，其行为受自身利益的驱使，迷恋于自爱欲，商品交换和讨价还价属于人的一种基本倾向，那么资本主义社会，作为一个市场经济社会，最符合人类的本性，能够完全满足人类的各种要求，充分实现个人的抱负。因此，亚当·斯密关于人性的概念为资本主义经济和资本主义制度的合理性在意识形态方面作了辩护，它认为资本主义制度从根本上是与人的本性相一致的。①”

现在，需要我们关注的不是这一理论的辩护性，而是它所设定的研究范围以及由此设定的人的发展空间。从斯密的论述中我们可以看到，他们是在经济领域→市场经济领域→资本主义市场经济领域研究人的本质和人的发展的。在现代西方主流经济学中，这种人的本质和人的发展在资本主

① D. 凯诺·奥斯汀. 亚当·斯密与卡尔·马克思理论中关于人性与资本主义［M］//施瓦茨，编. 资本主义的精妙剖析. 魏埙，等，译. 济南：山东人民出版社，1992：113－114.

义市场经济中的展开，就是人的市场自由：消费者自由选择商品和劳务来满足自己的欲望，要素所有者自由决定是否和如何把要素提供给厂商，劳动者自由选择职业，厂商自由创立、经营企业；判断这种自由的最终福利标准，就是具有特定含义的帕累托效率。在自由主义的巨擘哈耶克那里，这种自由得到了最充分的表达，也就使人的发展得到了最大限度的实现。但是，他认为，唯有自由处置财产的竞争制度才是自由的保障。因此，他们所主张的自由和人的发展仍被束缚在资本主义框架内。同时，由于人的本性是自利的，所以，他们始终认为，对个人经济利益的追求（表现为对价值和剩余价值的追求——作者注）促成了这个社会经济的发展。一旦所有社会成员的这个目的达到了，经济活动也就失去了动力，经济学就不再是有用的学科①。

西方主流经济学在研究资本主义市场经济中人的发展的同时，也关注了非劳动时间中人的行为。贝克尔就曾指出："纵观历史，人类用于工作的时间从未一致地超过从事其他活动的时间，即使一天工作 14 个小时，一周连续工作 6 天，也还有一半时间用于睡眠、就餐及其他活动。②" 由贝克尔、舒尔茨等人开创的人力资本理论，就是为了研究这种状况而创立的。但是，受研究范式和经济人假设的束缚，这方面的研究仍呈现出某些致命的弱点甚至谬误：第一，对非劳动时间中人的行为的研究大大少于对工作时间分配与效率的研究（贝克尔说：这使前者"相形见绌"）；第二，研究的方法仍囿于（有限）理性基础上的成本（非劳动时间从事其他活动的直接成本和间接成本）与收益（即期收益和预期收益）的比较，没有跳出经济人的狭隘眼界；第三，抽象事物的本质差别，把非劳动时间的利用也纳入反映资本主义经济关系的资本范畴；第四，过分强调非劳动时间的利用（如接受教育）对人的地位、行为、发展和社会性质的影响，在否认物质生产过程中生产资料所有制的决定作用和经济阶级、阶级冲突的道路上走得太远。事实上，"任何一个为了生存而需要工作并在工作岗位上同老板发生冲突的人，都会体会到一种基本的无能为力（powerlessness）和从属（dependence），而这正是古典马克思主义者所强调的资本主义社会中工人阶级的主要共同点。并且，更为重要的，我们相信，那些许多没有确认阶级身份的劳动人民，与其拒绝，不如依靠阶级范畴，才能得到更好的解释③"。在此

① ［美］萨缪尔森，诺德豪斯．经济学［M］．萧琛，等，译．北京：华夏出版社，1999：2.

② ［美］贝克尔．人类行为的经济分析［M］．王业宇，陈琪，译．上海：上海三联书店，上海人民出版社，1995：109.

③ Gordon, David M. and Richard Edwards and Michael Reich, 1982, "*Segmented Work*", *Divided Workers*, New York: Cambridge University Press, pp. 5.

基础上，我们可以进一步看到，劳动者的“工资是由劳动力的再生产成本而不是由劳动的生产力决定；……劳动力的再生产成本是历史上通过资本和劳动之间的斗争决定；……工资结构和工资的一般水平也是这种斗争的历史结果”，因而，教育成本和劳动能力只是作为影响和决定劳动力再生产成本和劳动与资本议价能力的因素而不是人力资本发挥作用的。①

这说明，尽管西方主流经济学提出了一些可以与封建传统相对立、相抗衡，甚至取而代之的思想，但是，受其方法论和资产阶级视野的局限，是不可能提出彻底的关于人的发展理论的。

（二）马克思主义经济学的理论框架和人的发展观

与对人的本质的分析相同，马克思是在对人类社会特别是资本主义社会本质认识的基础上研究人的发展的。正是在唯物史观所概述的社会基本矛盾运动的框架下，马克思逐步展开了对人的发展问题的研究。

马克思认为，以物质生产为研究的出发点，从历史角度看，在生产力、生产关系、上层建筑的相互作用下，人类必然会最终摆脱贫困的折磨和阶级的束缚，实现彻底的解放和发展。根据马克思的研究，在以生产客体的所有性质为标志的生产方式和社会形态的内在矛盾运动和历史演进中，人类社会已经或正在经历原始的、奴隶的、封建的和资本主义的社会形态，必将跨越人类社会的史前时期而进入一个不存在阶级和阶级对抗的社会②；与此同时，在以生产主体即人的相互关系为标志的人的发展的过程中，人类已经或正在经历人的依赖关系的社会形式、以物的依赖性为基础的人的独立性的社会形式，必将进入一个以“自由个性”为特征的社会③。这两个社会演进线索或侧面相互作用、相辅相成。如果将二者合一，就可以进一步看到：随着社会形态的发展，尽管在各个阶级社会都存在着阶级剥削、阶级压迫和阶级冲突，每一个人都不是自由的；但是，从人们之间的关系角度看，却出现了松动，人类社会呈现了由血缘关系为主，到直接强制关

---

① N. 查特尔. 避开还是不避开（这是问题的所在吗?）——对人力资本概念的批判［M］//载施瓦茨，编. 资本主义的精妙剖析. 魏埙，等，译. 济南：山东人民出版社，1992：71. 参见 Nancy Folbre，2012，“*The Political Economy of Human Capital*”，Review of Radical Political Economics，44（3）281－292.

② ［德］马克思.《政治经济学批判》序言［M］//马克思恩格斯文集：第2卷. 北京：人民出版社，1999，591－592.

③ ［德］马克思. 1857—1858年经济学手稿［M］//马克思恩格斯文集：第8卷. 北京：人民出版社，1999：52.

系为主①，进而到宗法关系为主（前三种可概括为人的依赖关系），再到雇佣关系（以商品、货币为媒介的经济关系）为主的转变。从这个角度看，人的自由程度却在不断提高，由此也体现了各个阶级社会具体阶级关系的特点。特别是在资本主义社会，商品经济普遍发展，不仅形成了自由程度高于“人的依赖关系”的工资劳动这种“形式自由”②，而且创造了“普遍的社会物质变换、全面的关系、多方面的需求以及全面的能力体系③”，为第三个阶段即自由个性为特征、自由人联合体为基础的社会创造了条件。

从人类社会的基础即物质生产过程看，这些条件表现在：①资本主义企业制度虽然保留了旧式分工，但是，现代工业通过机器、化学过程和其他方法所引发的工人的职能和劳动过程的社会结合的变革，为劳动的变换、职能的更动和工人的全面流动性，从而为人们自由选择职业、成为全面发展的个人提供了技术上的可能④；②机器合并了自然力和科学，大大提高了劳动生产率，不仅可以缩短工人的必要劳动时间，延长剩余劳动时间，而且可以节约劳动时间，增加自由时间，为个人自由发展提供时间上的可能；③机器体系最完善、最适当的形式是自动的机器体系，一旦发展到这个阶段，“劳动表现就不再像以前那样被包括在生产过程中，相反地，表现为人以生产过程的监督者和调节者的身份同生产过程本身发生关系”；④在固有矛盾作用下，资本主义生产关系经过消极扬弃，形成了各种式样的由资本主义生产方式转化为联合的生产方式的过渡形式；⑤资本主义“是价值关系和价值为基础的生产的最后发展”，当生产发展到全面自动化的机器体系阶段，劳动时间就不再是财富的尺度，交换价值也就不再是使用价值的尺度，“于是，以交换价值为基础的生产便会崩溃，直接的物质生产过程本身也就摆脱了贫困和对抗性的形式。个性得到自由发展，……给所有的人腾出了时间和创造了手段，个人会在艺术、科学等等方面得到发展”⑤。

① 马克思指出：“奴隶和奴隶主之间的关系的连续性，是通过直接强制来保持奴隶的一种关系。反之，自由工人必须自己保持这种关系，因为他和他的家庭的生存取决于他不断重复地把自身的劳动能力出卖给资本家。”（［德］马克思．1863—1865 年经济学手稿［M］//马克思恩格斯文集：第 8 卷．北京：人民出版社，1999：512.）

② 拉马钱德兰（V. K. Ramachandran）指出：“马克思区分了（……）资本主义下工人的形式自由与前资本主义制度下工人的真实不自由：‘工人改换雇主的自由使他有了在更早的生产方式中不曾有过的自由。’”（*Wage Labour and Unfreedom in Agriculture*：*An Indian Case Study*，Oxford：Clarendon Press，1990，pp. 1 – 2.）

③ ［德］马克思．1857—1858 年经济学手稿［M］//马克思恩格斯文集，第 8 卷．北京：人民出版社，1999：52.

④ 马克思．资本论：第 1 卷［M］//马克思恩格斯文集：第 5 卷．北京：人民出版社，1999：558 – 562.

⑤ 马克思．1857—1858 年经济学手稿［M］//马克思恩格斯文集：第 8 卷．北京：人民出版社，1999：197.

根据马克思的论述，我们完全可以对马克思主义关于人的本质和人的发展理论的基本要点做出如下概括：①人的本质在于人的社会性，在生产方式和社会形态内在矛盾作用下生产关系和上层建筑不断更替和演进的过程，就是人的本质和人的发展不断实现的过程。②消除依赖、增进自由是人的发展的重要表现；反之，正是在人的不断发展的过程中，人的社会属性得到逐步展开。③人的本质的实现和人的发展是历史的，因而自由也是历史的、具体的，是社会基本矛盾运动和由此决定的阶级冲突的历史产物。④自由时间是人的自由发展的形式，在资本主义条件下，自由时间的延长是劳动生产率不断提高和劳资矛盾作用的结果，存在于物质生产的彼岸，反作用于物质生产。⑤增加自由时间是未来社会财富的尺度，实现人的自由全面发展是未来社会经济发展的不竭动力，也是未来社会优越性的表现和取代资本主义的最重要依据[①]。这种人的发展与社会形态的演进相统一、人的发展与人的本质的实现相统一、人的发展与人的自由的增进相统一的多重辩证统一的理论，不仅可以更好地理解马克思恩格斯的有关论述，而且可以更好地解释历史和现实。

四、一个补论：西方发达国家的城镇化与人的发展

作者认为，研究西方发达国家的城镇化与人的发展的关系，可能是当前运用马克思主义关于人的本质和人的发展理论解释现实问题的适当案例。

城市作为“以非农活动为主体，人口、经济、政治、文化高度集聚的社会物质系统[②]”，在奴隶社会即以人的依赖关系（主要表现为直接强制关系）为特点的社会就已经产生。但是，只是在近代，才出现了城市数量、大城市数量、城市人口数量的迅速增加即城镇化趋势。在1867年出版的《资本论》第1卷中，马克思就曾以英国为例注意到这一现象：“19世纪初，在英国除伦敦外再没有一个10万人口的城市。只有五个城市超过5万人。而现在，超过5万人的城市已有28个。”[③] 近现代城市作为近现代人类社会形态变迁的一个重要结果和组成部分，也具有生产力、生产关系和上层建

① 德布拉·萨茨指出：“就马克思的历史理论而言，共产主义会扩大人的自由这一事实是解释共产主义为什么最终出现的一个重要方面。”（马克思主义、唯物主义和历史进步［M］//罗伯特·韦尔，凯·尼尔森，编．分析马克思主义新论．鲁克俭，等，译．北京：中国人民大学出版社，2002：309.）

② 刘国光，主编．中外城市知识辞典［M］//北京：中国城市经济出版社，1991：2.

③ ［德］马克思．资本论：第1卷［M］//马克思恩格斯文集：第5卷．北京：人民出版社，1999：761.

筑三个维度。因此，城镇化过程，反映了近现代社会的生产力、生产关系和上层建筑的全方位变迁，我们可以在各个维度探寻推进城镇化的因素。但是，按照马克思的方法，应该在三维互动、经济优先的框架下分析这一重大社会变迁。

首先，我们必须看到，商品关系和资本关系的形成和扩张对城镇化的催化和推动作用。事实表明，商品经济是推动非农人口形成和集中的一个重要因素。但是，城镇化趋势，显然是与商品经济的普遍化即资本主义经济的扩张同步发生的。正是资本的原始积累和资本积累，使大量的人口被强制地同自己的生存资料分离，被当作只具有劳动能力的无产者抛向劳动市场，促成了人口在城市的集中，推动了城市和城市群的迅速形成。马克思指出："资本关系以劳动者和劳动实现条件的所有权之间的分离为前提。[①]"但从另一方面说，它又是以人口和生产资料在同一时间、同一空间的集中为条件的。[②] 正是这种特定性质的集中，实现了城市的中心职能由传统的政治职能向近现代经济职能的转变，和由此形成的中世纪城堡的陨落以及近现代城市的形成和扩大。正因为劳动者和生产资料的分离与二者在空间的集中是原始积累和资本积累的两个侧面，所以，从经济关系角度看，资本主义国家的城镇化，本质上是资本积累化；或者说，是资本运动的空间形式。

然而，这并非现代城市的全部。我们认为，作为结果的城市和城市群，具有二重属性：一方面，是资本积累和资本运动的重要空间形式；另一方面，又是社会的经济中心、政治中心、交通运输中心、社会文化教育中心、信息中心，是人类文明和"城市病"的重要载体。前者规定着后者，后者承载着前者。城镇化过程中所呈现的新兴城市的升起、传统城镇的衰败、城镇化进程的加速或减缓、城市文明和"城市病"的形成，以及中心城市的转移等现象，完全可以通过资本运动的内在矛盾运动和规律得到解释。这正如英国马克思主义空间经济学家大卫·哈维所说："城市化、地区和国际发展等现象，其性质可以在马克思主义的框架内得以说明。……城乡、中心与外围、发达地区的发展与不发达地区的发展之间的对立，并不是偶然的或外生的，它们是整个资本循环过程中各种交互力量作用的必然

① ［德］马克思．资本论：第 1 卷［M］//马克思恩格斯文集：第 5 卷．北京：人民出版社，1999：821.

② 马克思指出："人数较多的工人在同一时间、同一空间（……），为了生产同种商品，在同一资本家的指挥下工作，这在历史上和概念上都是资本主义生产的起点。""生产资料越是大量集中，工人就相应地越要集聚在同一个空间。"（［德］马克思．资本论：第 1 卷［M］//马克思恩格斯文集：第 5 卷．北京：人民出版社，1999：374，757.）这已经隐含着城市形成和扩展的必然性。

产物。”①

现在需要我们关注的，是城镇化对人的发展的影响。根据我们对马克思主义关于人的本质和人的发展理论的概括，以及对城镇化本质的认识，可以得出以下结论：

第一，西方发达国家的城镇化为人的发展提供了封建社会远不可及的空间。这主要表现在，与城镇化相伴而行的商品经济的普遍化以及与之相适应的上层建筑变革，使传统的、具有宗法依赖关系的农民转变为城市的市民，市民所拥有的包括劳动力所有权在内的人权，为其个人的独立性和市场自由提供了基础②；而城镇所具有的各种社会功能和相应的资源集聚、整合、过滤、扩散、辐射等机制，则为人的独立和市场自由提供了条件。对于普通民众而言，这种独立和自由在社会生活中的重要表现，就是基于经济利益的商品交换关系逐渐取代了乡村中基于家族纽带、地方色彩的社会经济组织，职业选择和职业交往在人际交往中占有越来越重要的地位，个人联系渐居次要地位。③ 这一过程逐渐解除了加在人身上的自然的、政治的和宗法的束缚，强化了人的独立性和以此为基础的职业选择的自主性，而在马克思看来，这一具有特定含义的独立和自由则是未来社会的人得以自由发展的前提。从这个意义上讲，城镇化过程中人的城镇化，就是以商品经济普遍化为基础的人的独立化。

但是，商品经济条件下人的独立性，并没有否定人的社会性。反之，这种独立性和以商品、货币为媒介的经济关系，却使这一时代成为“具有迄今为止最发达的社会关系（……）的时代”④。因此，同以往的社会相比，正是西方发达国家的城镇化，进一步实现了马克思所预见的“普遍的社会物质变换，全面的关系，多方面的需求以及全面的能力体系”，⑤ 使人的社会属性得到进一步的实现和展开。

第二，西方发达国家的城镇化把人的发展束缚在资本关系之内。商品经济的发展破除了对人的非经济束缚，但是，它并没有实现人的彻底解放。这是因为，商品经济下人的独立性和与之相联系的自由，为劳动力成为商

---

① David Harvey，2006，“*The Limits to Capital*”，London：Verso，pp. 419.

② 马克思说：“所谓的人权，……无非是市民社会的成员的权利，就是说，无非是利己的人的权利、同其他人并同共同体分离开来的人的权利。”（［德］马克思．论犹太人问题［M］//马克思恩格斯文集：第1卷．北京：人民出版社，1999：40.）

③ R. E. 帕克．城市：对于开展城市环境中人类行为研究的几点意见［M］//宋俊岭，译．城市社会学：芝加哥学派城市研究论文集．北京：华夏出版社，1987：13－15.

④ ［德］马克思．《政治经济学批判》导言［M］//马克思恩格斯文集．第8卷．北京：人民出版社，1999：6.

⑤ ［德］马克思．1857—1858年经济学手稿［M］//马克思恩格斯文集．第8卷．北京：人民出版社，1999：52.

品提供了重要条件。这就是说，现代社会的职业选择，是以劳动力的出售为前提的。“一旦劳动力由工人自己作为商品自由出卖，……商品生产才普遍化，才成为典型的生产形式[①]。”只有从这时起，资本关系才得以确立。商品关系和资本关系在实现人的发展的同时，又把人的发展限定在资本关系所允许的范围以内，使之从属于资本的需要。资本不仅利用其在生产资料占有上的优势，迫使劳动者在直接生产过程中从属于资本，生产更多的剩余价值；而且通过其特有的劳动（力）市场，在再生产过程中实现“资本对劳动力的所有权[②]”。尽管在资本的直接生产过程和再生产过程中，还在某种形式上保留着劳动者自身的独立[③]。更值得我们注意的是，当代资本主义条件下生产率的提高为人的发展提供了某种程度的自由时间，在资本的控制下也被异化了。例如，科学，作为人的较高级活动，却成为实现资本增值的手段；闲暇，作为人的身心修养，却成为无聊的消磨时光即闲着的同义语，或成为“无事忙”[④]。它再一次证明，在资本的统治下，人的本质和发展已被打上了资本的烙印，是不可能真正实现人的自由发展的。

所有这些，都使人们逐渐认识到，尽管自己是一个独立的个人，但并非是一个孤立的个人，而是现代社会中某个集团或阶级的成员。城镇化所造成的人口集中和城镇所特有的功能和机制，又为这种意识的加速形成创造了条件。对此，恩格斯指出：“人口的集中对有产阶级起了鼓舞的和促进发展的作用，同时也以更快的速度促进了工人的发展。工人们开始感到自己是一个整体，是一个阶级；他们已经意识到，虽然他们分散时是软弱的，但联合在一起就是一种力量。这促进了他们和资产阶级的分离，促进了工人所特有的，也是在他们的生活条件下所应该有的那些观点和思想的形成，他们意识到自己的受压迫的地位，他们开始在社会上和政治上产生影响和作用。大城市是工人运动的发源地，在这里，工人首先开始考虑自己的状况并为改变这种状况而斗争；在这里，首先出现了无产阶级和资产阶级的对立，在这里，产生了工人团体、宪章运动和社会主义。社会机体的疾病，在农村中是慢性的，而在大城市中就变成急性的了，从而使人们发现了这

---

① ［德］马克思．资本论：第1卷［M］//马克思恩格斯文集：第5卷．北京：人民出版社，1999：677.

② ［德］马克思．资本论：第1卷［M］//马克思恩格斯文集：第5卷．北京：人民出版社，1999：662.

③ 在劳动者拥有劳动力所有权的前提下，劳动力占有者向货币占有者出卖的只是在一定时间的劳动力使用权，“因为他要是把劳动力一下子卖光，他就出卖了自己，就从自由人转化为奴隶，从商品占有者转化为商品”。（［德］马克思．资本论：第1卷［M］//马克思恩格斯文集：第5卷．北京：人民出版社，1999：195.）从这一意义上讲，劳动者只是把一定时间的劳动力而不是自身带到了资本的直接生产过程，从而构成了泰罗以来所谓科学管理的基础。

④ ［美］巴兰，斯威齐．垄断资本［M］．北京：商务印书馆，1977：326.

种疾病的真实性质和治疗的正确方法。如果没有大城市，没有大城市推动社会智慧的发展，工人决不会进步到现在的水平。①”从这个意义上讲，西方发达国家城镇化过程中人的城镇化，又是“现代全部社会体系所围绕旋转的轴心”，即劳动和资本的关系不断形成和演变的过程②。正是这对矛盾及其运动，造成了以各种形式出现的社会冲突和阶级斗争③，推动着现代经济社会的发展，为人类的最终解放和自由发展不断创造了条件。

研究西方发达国家的城镇化及其与人的发展的关系，对于我国实现新型城镇化有重要意义。但是，限于篇幅，本文无意进行这方面的研究并提出更具体的政策建议。

参考文献

[1] Lina Eriksson, *Economic Man—The Last Man Standing*, Aidla Trading AB: Printed by Kompendiet, 2005.

[2] Harold Demsetz, *From Economic Man to Economic System*, New York: Cambridge University Press, 2008.

[3] 大内力. 马克思经济学公理 [M] //国家垄断资本主义结构的破产，金南浩，等，译. 北京：中共中央党校科研办公室，1986.

[4] [印] 阿玛蒂亚·森. 以自由看待发展 [M]. 任赜，于真，译. 北京：中国人民大学出版社，2002.

[5] 颜鹏飞，等. 对生产力—生产关系辩证法的新解读——《资本论》及其手稿再研究 [N]. 光明日报，2013-07-05.

① [德] 恩格斯. 英国工人阶级状况 [M] //马克思恩格斯文集：第1卷. 北京：人民出版社，1972：435-436.

② [德] 恩格斯. 马克思《资本论》[M] //马克思恩格斯选集：第2卷. 北京：人民出版社，1972：269.

③ 英国空间左翼经济学家大卫·哈维在新近出版的一本书中指出，如果看到从占领华尔街到阿拉伯之春这类正在全球兴起的挑战当前全球秩序的城市社会运动，我们会进一步追问：“这是否城市的另一面？如果回答是肯定的，它又来自何方？”为了回答这一问题，哈维在该书中探讨了城市在资本再生产中的关键性作用，以及激进社会运动的起源。（David Harvey, 2012, “*Rebel Cities: From the Right to the City to Urban Revolution*”, New York: Verso.

22 Rethinking about the Studies of Human Nature and Human Development — Concurrently on Urbanization and Human Development

Ding Weimin and Li Yuanyuan

Abstract: Any studies of the economic and social problems have involved human nature and human development issues. In the studies, there are two kinds of paradigms, which is mechanical materialism or historical materialism, thus forming a significant difference between the Western mainstream economics and Marxist economics about how to understanding human nature and human development. The thesis deepens the understanding of these two paradigms and theories in the comparison, and reveals the narrow and anti – historic nature of Western mainstream economics. The thesis argues that the human nature and human development theory of Marxism can be summarized as having a specific meaning, which is a multiple dialectical unity. To prove the latter's scientific and explanatory power, and to promote the healthy development of China's urbanization, the thesis applies this theory to examine the urbanization of western developed countries and its impact on human development.

Key words: Research Paradigm; Human Nature; Human Development; Multiple Dialectical Unity; Urbanization

综　　述

Review

23

杂忆胡适校长；你们不要我要

——北京大学张友仁先生遗稿二篇

张友仁

〔编者按语〕张友仁，男。1923 年生于浙江上虞，原籍浙江黄岩。经 1942 年浙江省“会考”保送，他于 1943 年到昆明入国立西南联合大学（抗战时期由北大、清华、南开三校联合而成）学习，受到名师的教导。在西南联大风起云涌的学生民主运动中，他战斗在第一线，受到深刻的革命教育。

1946 年西南联大学习结束，他按志愿被分派到北京大学继续学习，1947 年毕业于北京大学经济学系，并取得北京大学法学学士学位。在解放战争时期，他积极从事学生民主运动，在国统区开展反蒋的第二条战线，并于 1948 年加入了民主青年联盟和中国共产党。在党的领导下，积极从事迎接北京解放的工作。1949 年 10 月 1 日在天安门参加了开国大典。

1949 年北京解放后，任北京大学政治课教学委员会委员，兼政治课教员，开设了三门大班政治课：辩证唯物论和历史唯物论、新民主主义论、政治经济学。1950 年“五四”前夕，他和韩寿萱教授一起在北大红楼一层东南角建立起“李大钊纪念室”和“毛主席工作室”。1950 年经教育部选送，成为中国人民大学研究部的研究生，并于 1952 年作为第一届政治经济学研究生毕业于该部。

1952 年起在院系调整后新的北京大学，历任经济系讲师，政治经济学教研室副主任、主任、副教授、教授、博士生导师，北京大学教务委员、校学术委员、经济学学位委员等。兼任北京政治经济学学会会长、北京《资本论》研究会会长、北京政治经济学社会主义部分研究会会长、北京经济学总会理事、北京社会科学联合会委员、中国政治经济学社会主义部分研究会理事、中国社会主义政治经济学史研究会顾问、《经济学家》学术委员、英国剑桥国际传记中心荣誉顾问、美国传记研究院研究顾问等职。

1982 年应邀到加拿大麦吉尔大学、蒙特利尔大学、多伦多大学、曼尼托巴大学、里贾那大学、卡尔格莱大学、阿尔伯达大学、莎蒙·弗雷热大学、不列颠哥伦比亚大学和渥太华大学等十所著名大学旅行讲学。同年，在渥太华召开的加拿大亚洲研究会年会的大会上作学术报告。1985 年经国家教委派出，作为中荷两国间的交换教授，到荷兰鹿特丹依拉斯莫斯大学、梯尔堡大学讲学。

1987—1988 年应聘到西柏林自由大学任教授。1988 年应丹麦哥本哈根大学和阿尔胡斯大学的邀请，前往讲学，同年又应法国人文科学院和英国剑桥大学的邀请，前往访问和讲学。1989 年应加拿大政府的邀请，前往加拿大多所大学做学术访问，并在加拿大国家统计部讲学。1989 年以来四度应邀赴美国多所大学访问、讲学和从事合作研究。

在国内外学术刊物上和其他刊物发表学术论文 100 余篇、散文 100 余篇，撰写、主持编写和参加编写的学术著作有：《政治经济学》《政治经济学概论》《政治经济学（社会主义部分）》《社会主义经济理论发展史》《北大恩师》《政治经济学辞典》《中国大百科全书·经济学卷》《国立西南联合大学校史》《北大清华的教授们》等。翻译和校译的学术著作有：《社会主义经济思想发展史》《计划经济学》《论财富的分配》《大城市的未来》《房地产经济学》等。

主持编写的《政治经济学（社会主义部分）》一书获得北京大学优秀教材奖。由于在加拿大研究上的贡献，获得加拿大政府颁发的出版奖金。还获得国务院“有突出贡献专家证书”，并享受政府特殊津贴；以及“君安—北大科学家奖”、陈岱孙纪念奖、北京大学 100 周年奖章、北京大学经济学院教书育人成就奖等。英国剑桥国际传记中心奖给他“卓越服务荣誉证书”，并将他的传记收入《国际传记辞典》等书中。

第七辑正发排张友仁先生回忆录二则之际，突闻张先生驾鹤西归，享年 93 岁，生前赠稿竟然变成了遗稿。作为张友仁、张秋舫夫妇的弟子，一代恩师曾耳提面命，抚今追昔，历历在目，感慨不已。

杂忆胡适校长

胡适先生是 1931 年经周炳琳先生向蒋梦麟校长推荐聘请为北京大学文学院院长的。9 月 14 日蒋梦麟和周炳琳一起去当面劝请胡适担任此职。

周炳琳原在清华大学任经济系教授，1930 年 10 月 14 日南京政府教育部蒋梦麟部长电令周炳琳代理清华校长，清华大学校务委员会冯友兰遵令苦劝，周炳琳坚决不接受，他认为他是北大毕业生，如果成了清华校长，清华人就会认为清华成为北大的殖民地了！

1931年7月31日在北平，胡适曾与周炳琳长谈，对周炳琳的自由主义思想印象甚好。胡适在当天的日记中写道："下午与周枚荪长谈，也关政治。他是国民党员，但终因北大的训练，不脱自由主义的意味。他说，南京要人如陈果夫、吴稚晖等都真心真意地希望扶助蒋介石的天下成功。其实他们若真有此种自觉的主张，当不失为有主张的政客。所怕者，盲人骑瞎马，夜半临深池，他们自己灭顶丧身不足惜。国家可太受害了。"（《胡适日记全编》第6卷第140页）

1934年7月我的父亲来京治病，想住入协和医院，曾请时任协和医院董事的胡适帮助，胡没有办成，父亲住入德国医院（现北京医院），到协和医院门诊诊治。

1936年年底，《世界日报》印出粗体大字："胡适归国后首次讲演：谓第二次世界大战爆发系日本进攻中国……"这大概就是胡适最早提出"第二次世界大战始于'九一八事变'日本进攻中国"的证据了。那年，胡适回国，有"国际问题研究会"等五团体在上海国际饭店欢宴胡适。胡适用英语演讲了"演变中之太平洋"，又在八仙桥青年会礼堂演讲了"归国后的印象"。于是，报纸刊出了上述当时还不算惊人的预言。那一天，胡适其实不紧张，他"……六点半进餐……朱少屏发起每人募捐两角小洋援绥［指傅作义在绥远（现呼和浩特市一带）抗日］，又提议出售胡适照片，每张小洋两角，当时并无人反对。胡适笑了，同朱少屏说：又何必寻老同学开心呢？"

转眼"九一八"过去了8年，多数人认为二战起始于1939年9月1日德国入侵波兰，这比胡适的"预见"晚了3年。

1939年12月17日北大校庆日，也是胡适生日。周炳琳等18位北大清华的教师们在昆明致函胡适，加以祝贺。信中写道：

"适之先生：

今天是学校的生日，也是先生的生日。我们忘不了先生的生日，也如忘不了学校的生日一样。我们刚开过纪念会就写这封信来祝先生的生辰。

北大四十一周年纪念日在昆明"

1945年蒋梦麟校长在重庆担任行政院秘书长的行政职务。早在1930年他在担任南京国民政府教育部长时曾亲手订下了"大学校长不得兼任行政官吏"的规条。可是，他仍想兼任北京大学校长。此事北大同人几乎都不赞成。于是，在昆明国立西南联合大学的北京大学元老法学院院长周炳琳、文学院院长汤用彤、生物系主任张景钺、图书馆馆长毛子水四位教授，联名去电美国胡适反映北大教授们的意见。电文中劝他回国“臂助”蒋梦麟校长，实际上有请他回来继任北大校长的意思。他们认为当时只有胡适能够改善北大。

关于由谁来暂时代理北大校长一事，论资历将落在周炳琳或汤用彤的头上。由于周炳琳是反对蒋梦麟兼任北大校长最坚决的人，自然不宜出来代理北大校长一职，所以他坚决不肯担任。蒋梦麟曾经要汤用彤代理北大校长，在这种形势下，汤也坚决拒绝了。后来，终于在校外请傅斯年回校代理校长，直到胡适于1946年秋回国就任北大校长。

胡适在北大任校长期间，并不开设课程。当时他正热衷于《水经注》的研究。1947年间，他曾在北大北楼二层东端一个可容二百多人的大教室里给我们讲过《水经注》的研究。一面讲一面在黑板上写。他的书法是十分遒劲有力的，黑板书法也是一样。他在黑板上写了许多位考据学者的姓名，可是出现了一些别字，如他将阎若璩写成（X）若璩，又将段玉裁写成了（X）玉裁，等等。这不仅是我的说法，而且是可以从胡适的手稿中得到证实的。胡适的“小学”（文字学）知识是比较欠缺的。这是十分遗憾的。

胡适的校长办公室和北京大学总办事处都设在沙滩松公府（现名沙滩北街）。乾隆年间平定大小金川的大将傅恒被封为松公，他的府第就在这里。平大小金川时，久攻不下，原来西南边疆少数民族的碉楼很坚固，难以攻克。于是，就在北京西北郊让俘获的少数民族士兵照样修建起一批同样的碉楼，并让八旗兵练习攻打，终于攻克了碉楼，平定了大小金川。至今北京西北郊尚矗立着许多碉楼。

胡适的校长办公室在松公府内院东厢房南起第一间。他在他的办公室里隔出一小块修起一座蹲坑的厕所。又在东墙上挖了一个10平方公分的小孔，可以看见民主广场的活动。

这个东厢房南起第二间，也就是中间那一间是原傅斯年代校长的秘书邓广铭副教授的办公室，傅离开北大后，邓就成了胡适的随身秘书，邓白天在此办公，晚上回到东厂胡同胡适的住宅，客厅有一小桌子可以办公。

松公府内院东厢房的对面西厢房，有郑天挺秘书长的办公室，也有另外几位北大秘书处秘书熊正文等人的办公室，我见到过郑天挺早晨来此上班，他一连撕起多张桌上的毛边纸北大信笺，擤鼻涕，擤了多次。

松公府南边门外有一座牌坊和一对石狮子，1952年这一对石狮子随着北大迁到西北郊新北大燕园内镜春园75号门外，直到今日。

松公府的大堂也叫孑民纪念堂，里面有蔡元培校长的头部铜像，孑民纪念堂本是北大校长召开校务会议的地方。解放后，教授们、讲师助教们也常在这里开会，旁边有一厨房，是供校长们开会时吃面条而设立的。可是，为了避免亏本经营，就允许厨师营业，我常到那里就正餐，也曾请来北大讲学的中国人民大学教授胡华等人在那里进便餐。

1945—1946 年，面临着如何处置伪北京大学师生的问题，他们强烈希望并且认为自己理所当然是北京大学的师生。对此，傅斯年是坚决不承认的。他说我是傅青主的后代，我同汉奸是势不两立的，凡是伪北大的教师，北京大学一律不接受。对于广大伪北大的学生，则成立北京学生补习班，补习后加以甄别考试，考试通过后才能被分配到北京各大学入学。虽然经过补习，这批学生同从云南昆明国立西南联大回来的学生相比，水平差距仍十分悬殊。胡适校长来了，也继承了傅斯年的做法。

1946 年 10 月 10 日上午 11 时，在北京国会街北大第四院内众议院的大礼堂里举行了北京大学开学典礼。这是一次历史性的盛会，因为中国历史上几次南渡之后，从来没有一次回来的，抗战胜利了，我们南渡之后得以“驱除倭虏，复神京，还燕碣”，重新回到“五朝宫阙”是空前的。

胡适校长在开学典礼上作了讲话，这个讲话阐述了北京大学的历史、北京大学的精神和他对北京大学的希望。他说：

“北大中兴时期是蒋（梦麟）先生和现任文理法学院院长和各位基本教授所造成。蒋先生以大公无私之精神，从全国聘请人才。蒋先生请刘树杞先生主持理学院，请周炳琳先生主持法学院，都付之以完全整顿之权。当时文学各科因为老朋友多，改革不能像理法学院的彻底。蒋先生说：‘适之你做请新人的好事吧！去旧的恶事让我去做，你做院长，新人由你去聘。’……不幸第二天就起了‘九一八事变’。”

胡适主张北大一要提倡学术研究，二要培养学生能够独立地研究、独立地思想。他还将“善未易明，理未易察”八个字送给同学，他是针对同学们当时的“左倾”思想而说的，希望同学们对政治问题和其他一切问题永远保持怀疑的态度。这八个字是宋朝《东莱博议》的作者吕祖谦的话。

1946 年秋，他专门到天安门西边的艺文中学视察。艺文中学是一所实行过道尔顿制教学的学校。他去时受到该校师生的热烈欢迎。

胡适早年在美国纽约州绮色佳城康乃尔大学学习，取得了硕士学位。20 世纪 90 年代我到康乃尔大学访问时，知道他已被选为“100 名最著名的康乃尔人”之一，后来他又在纽约市哥伦比亚大学取得哲学博士学位。他一生取得了数不清的名誉博士学位。可是人们对他是真博士还是假博士有过很多争论。事情是这样的，他在哥伦比亚大学攻读博士学位时，以中国哲学史为内容写作博士论文，这篇论文外国的教授们看不懂，难以判断，当时被搁置起来，故没有取得博士学位。所以，在该年哥伦比亚大学获得哲学博士的名单上没有胡适。多年后，哥伦比亚大学名教授杜威等人来华讲学，看到胡适在中国学术界有很大的影响，回到美国以后，才通过了胡适的博士论文，授予他哲学博士的学位。

胡适一生提创白话文，他在任北大校长的三年里（1946—1948 年）出的布告都是一反旧例，用的都是白话文。当时校长办公室有一位书记员（秘书）叫刘椿年的，书法与胡适不相上下，可以乱真，一直在替胡适书写白话文的布告。

松公府前院有一颗多年的老核桃树，1947 年打了一篮子核桃，给谁好呢？最后，给胡适家里送去了。

1946 年 11 月胡适准备飞往南京出席伪国民代表大会。周炳琳这时已对国民党完全失望，他自己拒绝参加伪国大，还竭力劝阻胡适去参加伪国大。据当时在场的胡适秘书邓广铭说：周炳琳为此事曾到北大校长办公室劝阻多次，和胡适吵得面红耳赤。周炳琳于 1946 年 11 月 9 日写信给胡适：

“适之先生：

闻先生即将飞往南京准备出席国民代表大会。此时赴会，是否为贤智者之举动，琳以为当值得考虑一番。”

胡适不听劝阻，到南京参加了伪国大，并以伪国大主席团成员的身份将伪国大通过的伪宪法双手捧交给蒋介石。

实际上，胡适和蒋介石的关系还是周炳琳牵上的。早在 1937 年 6 月 6 日，周炳琳在庐山与蒋介石“个别叙谈”后，替蒋介石邀胡适上庐山与蒋介石“个别畅谈”，将胡适引荐给蒋介石。从此胡适成了“过河卒子”，为蒋政权效力。

胡适办事谦虚谨慎。1947 年中央研究院院士提名时，胡适自己对人文组经济学法律学两学科的人选不熟悉，他就转嘱周炳琳代为提名。周炳琳于 1947 年 7 月 12 日致胡适函中写道：

“为法律学提了郭云观、吴经熊、刘志旸、李浩培等四人；为经济学提了马寅初、陶孟和、杨端六、何廉、方显廷、陈总（岱孙）、赵廼抟、杨西孟、蒋硕杰等九人。”

1947 年6 月 2 日“反内战日”。北大民主广场上举行内战死难军民追悼会，北大被反动军警特务的铁丝网、沙包所围困。胡适、周炳琳都在大会上讲了话。特务们还围攻了北大学生宿舍西斋，周炳琳急电何思源市长到北大景山东街（现名沙滩后街）解救。何思源及时赶到，北大同学围着他向他哭着控诉特务的暴行。我亲见他的黑色轿车被群众围困在北大西斋门前，无法启动，车的左右踏板上各站有警卫一人，他们向天空鸣放驳壳枪多发后，车前才稍有空隙，得以驶离。

在解放战争时期，北平学生掀起了风起云涌般的学生运动，对此胡适校长总是采取疏导的办法，而不是横加镇压。1948 年 4 月 12 日北平市长何思源在致朱家骅教育部长和胡适校长的密电中写道："源［何思源］随时与梅生［枚荪，周炳琳］、宜生［傅作义，华北剿总司令］、自昭［贺麟，北大训导长］保持联系，以谋平息之途径。"

抗日名将傅作义对北大是素有感情的。在内蒙古首府呼和浩特市公主府公园内，矗立着一座纪念碑，这就是"华北军第五十九军抗日阵亡将士公墓"。1933 年 5 月绥远省主席、华北军第七军团总指挥兼第五十九军军长傅作义率部参加长城抗战，在北平怀柔牛栏山一带阻击并重创日军。为纪念是役的阵亡官兵，傅作义在呼和浩特市城北大青山下辟建了抗日阵亡将士陵园。竖立有高约 16 米的抗日阵亡将士纪念碑。傅作义特请胡适先生为抗日阵亡将士纪念碑撰写一块白话碑文。后来，傅作义将军经常向胡适、周炳琳等赠送沙城特产马奶葡萄。1948 年夏天他到中老胡同北大教授宿舍来看望周炳琳先生，周先生不在家，周夫人叫我出去应对。我到大门外，看到傅将军身穿粗布军服，坐在吉普车前座，后座坐有给他带路的北大学生。我告诉他很抱歉！周先生不在家，他就回去了。

胡适在任北大校长期间，很想给北大留下一座建筑物。他想到蔡元培校长给北大留下了红楼，蒋梦麟校长给北大留下了大图书馆，他想给北大建造一幢大礼堂，可是没有建成，只在红楼西北侧建成了一幢简易的大饭厅。

1948 年 12 月 13 日，胡适为北大五十周年校庆特刊撰写了《北京大学五十周年》一文，文中最后说："现在我们又在很危险、很艰难的环境里，给北大做五十岁的生日，我用沉重的心情叙述他多灾多难的历史，祝福他长寿康强，祝他能安全渡过眼前的危难，正如他渡过五十年中许多危难一样。"

1948 年他将旧作稿加以改动，成为"偶有几茎白发，心情微近中年；做了过河卒子，只能拼命向前"。表示他将为蒋介石政权拼命干下去！

这时，蒋介石已派青年部长陈雪屏飞抵北平，力劝胡适南下，胡适说："我不能丢下北大不管。"14 日陈飞回南京复命。蒋介石又两次打电报催促胡适南飞。这时胡适在中国公学的学生吴晗两次劝他留下，都没有成功，邓广铭也劝胡适不要走，他告诉胡适："听说共军围而不打，西山那边的共军广播说，只要你不走，北大不动，共军不会加害于你！"此时北平西山的中共电台广播了毛泽东的话："只要胡适不走，可以让他担任北京图书馆馆长。"北大同人不断有人劝胡适留下不要走，胡适微笑着说："他们会用我吗？"胡适在走前给北大法学院长周炳琳等人留下一纸短笺，说："今日及今午接政府几个电报要我即南去。我就毫无准备地走了，一切的事，只好拜托你们几位同事维持。我虽在远，决不忘掉北大。”

1948 年 12 月 16 日北京围城中，胡适下午 3 点在南苑机场，乘上蒋介石派来的专机，直飞南京，晚 6 时 30 分抵达，有许多人迎接。他离京出永定门时是凭他的名片通过门卫的。在南苑军用机场时，他用毛笔在报纸中缝空白处写上“枚荪兄：我走了，一切请多保重！适之”用手撕下，托他的专用小轿车司机带给周炳琳。

1948 年 12 月 17 日，即胡适到南京的第二天，是北大五十周年校庆日。这天下午 3 点，胡适应邀前往中央研究院参加在南京的北大同学会举办的“北大五十校庆大会”。胡适在会上发表了讲话，他说：“我绝没有梦想到今天会在这里和诸位见面，我是一个弃职的逃兵，实在没有面子在这里说话。”他痛感自己“不能与多灾多难之学校同渡艰危”，唯有“希望北大能够安全渡过这一难关”。说着说着情绪越来越悲怆，感慨涌起，泣不成声。与会者或眼圈发红，或抽噎，或强抑悲痛，会场一片凄凉。如此气氛的校庆在中国大学校史上从未曾有过。

1949 年 5 月初，我在北大红楼一层东南角，协助北大图书馆专修科韩寿萱副教授建立了“李大钊先生纪念堂”和“毛泽东主席工作室”。苏联名导演来北大拍摄《解放了的中国》彩色影片。我应邀参加了拍摄。

1949 年 10 月 1 日中华人民共和国成立后，马叙伦任教育部长，那时他还没有专车，教育部将北大胡适的小轿车连同司机一起借调去供马部长使用。

1949 年 1 月 8 日蒋介石邀请胡适到总统官邸吃饭，力劝胡适“去美国看看”。1 月 11 日蔡元培校长生日，胡适在美应邀作了《四百年〈水经注〉整理小史》的演讲。

以前胡适曾出任我国驻美大使。全国解放后，他重访美国，出任纽约普林斯顿大学东亚研究所图书馆馆长，他将自己珍藏的许多珍贵书籍都无偿地赠送给东亚图书馆了。不久他被改任为东亚图书馆名誉馆长，就没有薪给了。

胡适 1948 年年底匆匆离开北京，有大量图书留在家中，后来他说这些图书都送给北京大学图书馆。

解放前，邻近北大的景山公园，因为缺乏经费无法维持，就要转送给北大。北大也怕负担，没有接受，不过从此北大师生可以免费自由进入景山公园了。

解放前北大有很多工友。解放后仅北大西斋就精减了三百多位工友，他们被调到故宫博物院做管理工。后来我去故宫参观时，还见过他们。

离开北平后，他在美国接到北大师生的来信，都很高兴，他在日记中写道："喜极！"1950 年 6 月 13 日他在美国纽约收到 1949 年北大毕业生林诒昌的信，其中说：

"今天是'五四'，国内有很多人谩骂你，但也有很多人想起你，表示无限的崇敬和关怀。"

1950 年 9 月 9 日他在美国纽约收到蒋硕杰先生寄来陈振汉、赵迺抟给他的两封信。陈振汉在 1950 年 6 月 29 日写的信中说：

"北大［经济］系中就增'政治经济学'（马列主义经济学），系文法两学院必修，共四班，由樊弘及弟等［陈振汉、熊正文、张友仁］分授。"

赵迺抟在 1950 年 1 月 8 日写的信中说：

"枚荪先生自去年三月初摆脱院务，弟亦于七月间辞去系务。"

1958 年 4 月胡适离美到台北定居，并任"中央研究院"院长。1962 年 2 月 24 日上午胡适在台湾南港"中央研究院"蔡元培纪念馆主持第五次院士会。下午举行宴会，共 100 余人出席。6 点半钟，胡适站起来送客，一转身，面色苍白，晃了一晃仰身向后脑袋碰在桌边，再摔到磨石地上，就这样与世长辞了。

台湾成立了以陈诚为首的治丧委员会，蒋介石亲往吊唁，并写一副挽联称胡适为：

"新文化中旧道德的楷模；旧伦理中新思想的师表。"

1962 年 10 月 15 日，胡适被安葬于南港旧庄墓园。墓碑碑文是毛子水所拟。略谓："这是胡适先生的墓。这个为学术和文化的进步，为思想和言论的自由，为民族的尊荣，为人类的幸福而苦心焦思，敝精劳神以致身死的人，现在在这里安息了！"

2011 年 10 月 24 日初稿于北京大学朗润园

你们不要我要

我为什么说："你们不要！我要！"我曾经为厉以宁和林毅夫两位杰出的人物，说过这句话。

（一）我将厉以宁留在北京大学

1952 年我国高等院校进行院系调整。北京大学经济系只有政治经济学专业留在北大，而其他专业都被调整到中央财政经济学院。学生的分配是采取学生自报志愿、院系调整领导小组批准的方式。经济系院系调整领导小组由三人组成：经济系代理主任陈振汉、经济系政治经济学专业负责人张友仁、经济系学生党支部书记。

当讨论到厉以宁的去向时，经济系学生党支部书记说：他这个人不行，不能到政治经济学专业。于是，陈振汉问道："他怎么不行?"学生党支部书记说："他书读得太多。"陈振汉又问："书读得多有什么不好?"于是进行表决，表决结果是：陈振汉、张友仁两票赞成，学生党支部书记一票反对。就这样，厉以宁被分派到北京大学经济系政治经济学专业学习。

1945 年夏，厉以宁在北京大学经济系毕业。他毕业后，工作分配不出去，校外和校内各单位都不接收他。（于是我说："你们真不识货呀！他是个人才。你们不要！我要！"）我建议，让他到我当主任的政治经济教研室来吧！可是在当时的情况下他是不能任政治课教师的，于是我说让他到政治经济学教研室的资料室来当资料员吧！但是，这也不行！这时，他只好被安排在北大经济系经济史和经济学说史教研室的资料室作周炳琳教授的西方经济史的资料员。

过了几年，政治空气较为缓和了，他被提升为助教，辅助周炳琳教授做西方经济史的教学工作。

由于厉以宁被视为思想上有问题的人，有些同事瞧不起他，冷落他，而周炳琳先生却不顾别人对厉以宁的议论，经常相邀促膝谈心。在 1993 年周炳琳逝世 30 周年时，他以一首《七绝》记载了与周老师的这段交往，表达对恩师的思念。

七　绝

纪念周炳琳老师逝世30周年
一九九三年
旧事模糊淡淡痕，
只知冬冷未知春。
先生不顾潮流议，
夜半邀谈深闭门。

厉以宁在《治沙无意却成洲，只计耕耘莫问收——难忘的大学生时期》中写道：

"幸亏代理系主任陈振汉老师和政治经济学专业负责人张友仁老师的大力帮忙，我终于被分配到政治经济学专业学习。这是我未来能在经济理论和经济史研究中做出一些成绩的关键一步，也是使我深深感激陈振汉和张友仁两位老师的原因。

“张友仁先生当时还是年轻教师，在西南联大毕业留校任教不久。职称是讲师。我大学二年级时，他担任重要课程政治经济学（社会主义部分）的主讲。整整两个学期，每周都有课。当时在全国高等学校经济院系能完整地开出这门课的人不多，张友仁先生是其中一个，他自称是刚从苏联经济学家那里学来的。

“给班上同学印象最深的，是张友仁先生对我们班毕业论文的指导（当时并未采用毕业论文这个名词，而是称作高年级的学年论文）。我定的题目是手工业的社会主义改造。我的论文是在张友仁先生指导下完成的，他评价不错，只是说我文章里的注释太多。在陆昊写的《厉以宁学术评传》中提到，这篇论文几经动荡已遗失了，那时我住在中关园宿舍（陆昊的书出版于 2002 年）。不料在我搬到蓝旗营宿舍后，一天在整理旧书和旧稿时又找到了，现在被我珍藏起来，作为大学生时期的珍贵纪念物，它反映了当年张友仁先生对我指导的成果。

“在国民经济计划研究小组，我和其他一些同学都认为扩大再生产过程中投资和消费的相互推动的内在机制值得探讨。后来，张友仁先生知道了，同我谈过，让我在经济系教师的一次讨论会上作了长篇发言。这件事使我深受鼓舞。可惜，从 1957 年以后再也看不到诸如此类的学生研究活动了。

“在大学四年级，我开始对俄国 19 世纪中叶的农奴制改革、俄国革命民主主义者的农民社会主义学说以及 19 世纪末和 20 世纪初俄国民粹主义理论感兴趣，因为在大学三年级时我利用业余时间翻译了费拉托娃所著《赫尔岑和奥加略夫的经济观点》一书（合译者是北京大学历史系学生赵辉杰，译者署名季谦，三联书店 1956 年出版），四年级时正在翻译《车尔尼雪夫斯基选集（下卷）》（此书于 1959 年由三联书店出版，仍是与北京大学历史系赵辉杰合译，当时他是研究生，出版时，译者还是用季谦署名）。这样，我对俄国经济史中有关这个问题产生兴趣是很自然的。张友仁先生又让我就这个问题在经济系教师讨论会上谈谈自己的心得。这同样是一次锻炼的机会。”

1958 年夏，他和胡志仁、张秋舫该提升为讲师了，他又遭到许多人的反对，他们给他的罪名是“白专道路”。我力排众议，他才得以与胡志仁、张秋舫同一批提升为讲师。

现在，厉以宁是全国政协常委、北京大学光华管理学院名誉院长。

（二）我将林毅夫留在北京大学

林毅夫原名林正谊，他本是台湾籍的学生，先在台湾大学和“国立中央政治大学”（周炳琳先生早年在重庆此大学任教务主任）攻读，后来弃笔从戎，成为台湾军队的一名模范连连长，驻防在金门岛上，他在台湾大学时就深受傅斯年校长的影响，向往北京大学。

一天傍晚，他跳入海中，游往厦门。他让部下朝天开枪，而向上级谎报：林正谊叛逃已死于乱枪之下了。林毅夫双手游泳到厦门爬上岸时全身多处被岩石划伤流血。他是携械（手枪）起义归来，被厦门军分区连升三级成为副团级，并按例给予奖励。这时，他受到我国总参谋部第二部的接待，被送到北京款待。他要求进大学深造，可是那时候北京的某著名大学和许多教授都不敢接收，于是我说：“你们不要！我要！”这样，他就成为北京大学经济学系的硕士生了。

有一天，美国著名经济学家舒尔茨教授到北京大学经济系讲学，由林毅夫任翻译。会后，舒尔茨教授向主持会议的陈岱孙教授说，我还没有培养过中国博士生呢！我想出奖学金培养林毅夫作博士研究生。陈岱孙教授说：他现在正在作张友仁教授的硕士研究生，等他毕业以后再到你那里作博士研究生吧！后来，林毅夫到了美国芝加哥大学，成为舒尔茨教授的博士研究生，而且取得了博士学位。在这次会上，我们还送给舒尔茨教授一面锦旗，上有八个大字：“运筹帷幄，决胜千里！”

林毅夫取得博士学位回国后，回到北京大学任教授和国家行政学院任院长。后来，出任世界银行副行长兼首席经济学家（行址在美国华盛顿特区）。现在，他又回到北京大学任教授和国家发展研究院任名誉院长。他还任全国政协常委、全国工商联副主席等职。

2012 年 11 月初稿于北京大学朗润园

23 Random Recollections of President Hu Shih; If You Don't Take Him, I will —Two Posthumous Manuscripts of Mr. Zhang Youren at Peking University

Zhang Youren

24

研究方法是科学研究的逻辑前提和活动指南

——《论马克思的研究方法》评介

袁银传*

[内容提要] 研究方法是任何科学研究得以进行的逻辑前提和活动指南，没有科学的研究方法作指导，就不可能形成科学的理论观点，得出科学的理论结论。方法犹如过河的桥和船，不解决桥和船的问题，就无法到达河的彼岸。马克思理论的革命性变革首先是以方法论上的革命出场的，马克思的研究方法是马克思主义理论研究中的基础问题之一，对马克思研究方法的研究不仅可以深化和拓展马克思主义基本原理研究的理论内容，而且可以为目前研究生思想政治理论课的改革和《马克思主义与社会科学方法论》新课程的开设提供理论支撑和方法论启示。

[关键词] **马克思　科学研究　研究方法**

研究方法是任何科学研究得以进行的逻辑前提和活动指南，没有科学的研究方法作指导，就不可能形成科学的理论观点，得出科学的理论结论。方法犹如过河的桥和船，不解决桥和船的问题，就无法到达河的彼岸。毛泽东同志在《关心群众生活，注意工作方法》一文中曾经形象而深刻地指出："我们不但要提出任务，而且要解决完成任务的方法问题。我们的任务是过河，但是没有桥或没有船就不能过。不解决桥或船的问题，过河就是

---

* 袁银传（1965— ），湖北云梦人，武汉大学马克思主义学院副院长、教授、博士生导师，全国高校马克思主义理论学科研究会副秘书长、湖北省哲学学会副会长。主要从事马克思主义基本原理和政治哲学研究。

一句空话。不解决方法问题，任务也只是瞎说一顿。”①

马克思理论的革命性变革是以颠覆德国古典哲学、英国古典政治经济学、英法空想社会主义的唯心史观和形而上学的研究方法而出场的，唯物史观是科学思想中的最大成果，唯物辩证法是科学研究的根本方法。

马克思的科学研究方法论的形成，与当时自然科学的发展状况有着密切的联系。马克思创立唯物史观的年代，正好是近代自然科学由分析走向辩证综合的发展阶段。虽然当时相对论和量子力学还没有诞生，但是19世纪30年代之后的自然科学的三大发现（细胞学说、能量守恒的转化定律、进化论）深刻揭示了物质世界普遍联系及其发展的整体性，也深刻地改变着人们的世界观和方法论。细胞学说揭示了生命有机体的产生、成长、构造的秘密及其转化的机理，揭示了生命世界的普遍联系。能量守恒的转化定律揭示了物质形态的相互转化及其能量的整体均衡。而进化论则揭示了生命世界不断进化的整体链条。19世纪自然科学的三大发现颠覆了孤立、片面的近代形而上学的思维方式，为马克思、恩格斯辩证唯物主义和历史唯物主义整体的世界观和方法论的产生和形成，奠定了重要的自然科学的理论基础。

“马克思的全部理论，就是运用最彻底、最完整、最周密、内容最丰富的发展论去考察现代资本主义。自然，他也就要运用这个理论去考察资本主义的即将到来的崩溃和未来共产主义的未来的发展。”② 马克思为了揭示人类社会的本质及其发展的客观规律，特别是揭示资本主义产生、发展、灭亡的历史规律，首先是以科学的研究方法为前提和理论基础，寻找“过河”的“桥”和“船”，所以，马克思首先创立了唯物史观，找到了观察、分析人类社会的科学方法，唯物史观成为马克思主义世界观和方法论的基础，也是马克思主义整个理论体系的理论基础。然后，马克思运用唯物史观的科学世界观和方法论去观察、分析人类社会特别是资本主义社会，揭示了资本主义生产方式产生、发展、灭亡的历史规律，这就是马克思主义政治经济学的主要内容，也是马克思主义理论的主要内容，所以，列宁说：“使马克思的理论得到最深刻、最全面、最详尽的证明和运用的是他的经济学说。”③ 在马克思看来，虽然与封建主义等前资本主义生产方式相比较，资本主义生产方式具有历史的合理性和进步性，但是与未来社会、与共产

① 毛泽东．毛泽东选集：第1卷［M］．北京：人民出版社，1991：139.

② 中共中央马恩列斯著作编译局，编．列宁全集：第31卷［M］．北京：人民出版社，1990：52.

③ 中共中央马恩列斯著作编译局，编．列宁全集：第26卷［M］．北京：人民出版社，1990：62.

主义相比较，资本主义既没有效率（因为资本主义生产方式必然产生周期性的经济危机从而破坏生产力），又不公平正义（因为资本主义生产方式是资本的剥削逻辑而不是劳动的人本逻辑，资本主义生产是“异化劳动”），因此资本主义必然为共产主义所代替，这也就是科学社会主义的基本原理和主要内容，也是马克思主义理论体系的核心内容和最终结论。因此，科学研究方法论的形成和自觉运用是马克思科学理论形成的逻辑前提和理论基础，也是其科学理论结论坚不可摧的“铁”的逻辑根据。

马克思列宁主义、毛泽东思想、中国特色社会主义理论体系是一脉相承而又与时俱进的科学理论体系。所谓一脉相承性是指马克思列宁主义、毛泽东思想、中国特色社会主义理论体系具有内在的和本质上的一致性。这种内在的、本质上的一致性包括它们都具有共同尊奉的经典文本——马克思恩格斯提供的文本，共同的世界观和方法论——辩证唯物主义和历史唯物主义，共同的价值理念——全心全意为人民服务，共同的信仰追求——实现人的自由全面发展和共产主义社会，以及共同的理论品质——与时俱进，等等。马克思列宁主义、毛泽东思想、中国特色社会主义理论体系的“一脉相承性”，并不是说马克思列宁主义、毛泽东思想、中国特色社会主义理论体系的具体观点和具体结论完全相同，而是指其基本原理、基本立场、基本观点、基本方法以及内在精神的完全一致。就内在精神和基本方法而言，主要是唯物辩证的方法、逻辑与历史相统一的方法、科学的批判精神以及与时俱进的理论品质。

关于马克思的方法论，学术界有研究方法与叙述方法之分。马克思在《〈资本论〉第一卷第二版跋》一文中，曾就研究方法与叙述方法提出过经典的论述。他指出：“当然，在形式上，叙述方法必须与研究方法不同。研究必须充分地占有材料，分析它的各种发展形式，探寻这些形式的内在联系。只有这项工作完成以后，现实的运动才能适当地叙述出来。”① 从马克思的这一表述中可以看出，研究方法是叙述方法的前提和基础，因此，对马克思的研究方法的研究才能从根本上把握马克思的方法论。但是以往关于研究方法的研究更多集中在研究与叙述、上升与下降、分析与综合等问题的分析上，对马克思如何进行叙述的研究比较多，而对马克思研究方法的研究相对比较少。究其原因，是由于将马克思所说的“研究方法”简单理解为某一个单一的方法。这一理解有很大的局限性，首先是没有理解马克思关于研究的论述的关键，其次是没有充分的文本依据。马克思所说的“研究必须充分地占有材料，分析它的各种发展形式，探寻这些形式的内在

① 中共中央马恩列斯著作编译局，编．马克思恩格斯全集：第23卷［M］．北京：人民出版社，1972：23.

联系”是对研究过程的描述，完成一研究过程需要多种方法综合运用才能做到。因而，如果认为马克思这里所说的就是研究方法的话，那么，研究方法就应该是关于方法的总称，而不是某一个单一的方法。这一点在以往的研究中已有所涉及，如关于研究方法包括哪些阶段问题上，学者们就有：具体—抽象—具体、具体—抽象、抽象—具体等不同观点。但同样遗憾的是以往的研究至此就停止了，没有进一步分析如果从过程的角度理解马克思的研究方法，那么，在每一阶段马克思又有那些方法，这些方法之间又有什么联系，这些思考的结果其实就是对马克思的整个方法论体系的研究。

对马克思的方法论体系作系统的研究一般说来有两种思路：一种是按照方法的层次展开，一种是按照过程展开。按照方法的层次展开看起来逻辑结构清晰，但事实上是不可取的。因为事实上对方法的层次划分标准是相当模糊的，而且有时同一种方法会处于不同的逻辑层次，因而在实际阐述各种方法时会造成许多重复。因此，从过程的角度来勾画马克思的整个方法论体系是一种比较合理的安排。

近日喜读河南大学马克思主义研究院副教授郭强博士的著作《论马克思的研究方法》（中国社会科学出版社 2010 年 12 月出版），该著作是在同名博士论文的基础上，根据博士答辩委员会专家的意见修改补充而完成的。该著在深入研究马克思文本的基础上，对马克思的研究方法进行了比较系统的梳理和比较深入的研究，提出了一些不同于前人的新见解。该书的基本思路是从重新阐述马克思关于研究方法的经典论述入手，从研究过程的视角重新界定研究方法的含义，然后按照研究过程的展开顺序逐步阐述马克思的方法，最终勾画出马克思的整个方法论体系。从过程的视角看待研究方法，作者认为研究方法可以概括为：一个过程（感性具体—抽象—理性具体）、两个阶段（感性具体—抽象；抽象—理性具体）、三个基本点（感性具体、抽象、理性具体）。从这一界定出发，该书分别对马克思如何从感性具体出发、如何获取概念和构建理性具体进行了阐述。在这一过程中，对马克思的一些重要方法进行了新的解释，如唯物史观的起源、唯物史观与辩证法之间的关系、从事实出发的方法、分析方法、抽象方法等。如果说该书有什么价值的话，其最有意义之处就在于从过程的角度、研究方法的角度对马克思的方法体系进行了自己的探索和阐释。

自 2006 年马克思主义理论一级学科建立以来，国内马克思主义理论学科发展很快。但是总体而言，目前马克思主义理论学科建设还处于初始阶段。马克思主义理论作为一级学科设立除了有自己特殊的研究对象之外，还必须要有自己独特的研究方法和话语系统。而在目前的马克思主义理论研究中，针对马克思主义基本问题的基础型研究，尤其是在方法论问题研究的创新成果还不多见。最近中共中央宣传部、教育部《关于高等学校研究生思想政治理论课课程设置调整的意见》（教社科〔2010〕2 号）的文件，对于高等学校研究生思想政治理论课课程设置进行了调整，重点突出中国（中国化的马克思主义）、突出当代（当代世界经济政治与当代思潮）、突出问题、突出方法，并且增加了一门《马克思主义与社会科学方法论》的新课。相信《论马克思的研究方法》一书的出版，可以丰富和深化人们对马克思主义方法论的认识，并且对即将在全国高校开设的硕士研究生思想政治理论课《马克思主义与社会科学方法论》的教育教学有所启示和参考。作为该书作者的硕士和博士导师，我也“举贤不避亲”，非常乐意向学术界推荐这本好书。

参考文献

[1] 中共中央马恩列斯著作编译局，编．马克思恩格斯全集：第 23 卷[M]．北京：人民出版社，1972.

[2] 中共中央马恩列斯著作编译局，编．列宁全集：第 26，31 卷[M]．北京：人民出版社，1990.

[3] 毛泽东．毛泽东选集：第 1 卷 [M]．北京：人民出版社，1991.

24 Methodology is the Logic Premise and Guidelines of Scientific Study
—Review on *Research of the Methodology of Marx*

Yuan Yinchuan

Abstract: Methodology is the logic premise and guidelines of any scientific study, without which can not form scientific theoretical viewpoints and draw scientific theoretical conclusions. Method is like the bridge cross the river and boat in the river. If the problem of bridge and boat cannot be solved, people cannot reach the other side of the river. The revolutionary change of Marx's theory is firstly on the methodology. Marx's methodology is one of the basic problems of Marxist theoretical studies, which can deepen and cultivate theoretical content of Marxist basic tenets and meanwhile can afford theoretical support and methodological inspiration to the current reform of ideological and political theory courses for the postgraduates and opening the new course *Marxism and Methodology of Social Science.*

Key words: Marx; Scientific Study; Methodology

Yuan Yinchuan (1965—), from Yunmeng, Hubei province, is the professor and doctoral supervisor, vice dean of the School of Marxism at Wuhan University and vice president of China Historical Materialism society. His research focuses on the study of Marxist basic tenets and political philosophy.

25

研究中国共产党经济思想的重要著作

——简评《中国共产党经济思想90年》

王小晖*

近日，由西北大学经济管理学院白永秀教授、任保平教授、何爱平教授等撰写的《中国共产党经济思想90年》一书由人民出版社出版了，该书包括5篇33章，共82万字，是一部从纵向和横向两个维度系统研究中国共产党90年经济思想的重要著作。

任何成熟的经济思想都有自己的逻辑体系，并在其逻辑体系中有一条贯穿始终的研究主线。在深入理解中国共产党经济思想的丰富内容和历史演进的基础上，该书认为，中国共产党90年的经济思想贯穿了理论与实践两条主线，理论主线是马克思主义经济理论的中国化，实践主线是对“强国富民”目标的不懈追求。该书把理论与实践两条主线紧密结合起来，使之成为理解党的丰富经济思想的重要切入点。在90年的经济实践中，中国共产党始终坚持社会主义与共产主义的发展方向，把马克思主义经济理论与中国革命、建设和改革的具体实际相结合，实现了马克思主义经济理论的中国化；与此同时，中国共产党始终代表中国先进生产力的发展要求，带领全国人民走上了“强国富民”的广阔道路，国家综合实力不断增强，人民生活水平显著改善。

该书把中国共产党90年的经济思想划分为四个发展阶段，即战争时代的经济思想（1921—1949年），建设时代的经济思想（1949—1978年），改革开放前期（经济增长年代）的经济思想（1978—2003年），改革开放后期（科学发展年代）的经济思想（2003年至今）。2003年10月党的十六届三中全会通过了《中共中央关于完善社会主义市场经济体制若干问题的决

* 王小晖，武汉大学经济与管理学院博士生，经济史专业，研究方向为中国经济发展。

定》，并逐步提出了科学发展观这一指导我国经济社会发展的根本指导思想，这标志着我国进入完善社会主义市场经济体制和构建社会主义和谐社会的改革开放后期，也就是进入了科学发展年代。因此，该书作者对于党的经济思想的阶段划分，既符合近代以来中国历史的发展轨迹，同时也符合中国共产党经济思想发展演进的客观规律。为全面解读党的经济思想的丰富内容，该书按照马克思主义政治经济学的研究方法，分别从基本经济制度、生产、交换、分配、消费、宏观经济、对外经济等七个方面，对每个阶段党的经济思想的具体内容进行了系统阐述。

具体而言，该书认为从中国共产党成立到中华人民共和国建立（1921—1949 年）是党的历史上的革命战争时期，这一阶段是党的新民主主义经济思想的产生、发展与完善时期，同时也是党的经济思想体系的初步形成时期。这一时期党对土地革命（改革）思想、根据地经济建设思想、边区财政经济思想和新民主主义经济思想等问题进行了积极探索，并取得了丰硕成果。从新中国成立到改革开放之前（1949—1978 年）是社会主义革命与建设时期，这一阶段是党的经济思想体系的重要发展时期，同时也是中国特色社会主义经济思想的初步探索阶段。这一时期党领导全国各族人民有步骤地实现了从新民主主义到社会主义的转变，同时对适合我国国情的社会主义道路进行了积极探索，建立起了独立的比较完整的工业体系和国民经济体系。从党的十一届三中全会召开到十六届三中全会（1978—2003 年）是改革开放前期（经济增长年代），这一时期中国共产党把马克思主义经济原理与中国具体实际相结合，以探索中国特色社会主义经济理论为主题，以构建社会主义市场经济体制为主线，形成了社会主义本质理论、社会主义初级阶段理论、社会主义基本经济制度理论、社会主义市场经济理论、社会主义分配理论、“一个中心，两个基本点”的基本路线理论以及“三步走”的现代化建设战略理论等重要经济思想，提出了“三个代表”重要思想，初步构建了真正具有中国特色的社会主义理论体系。从党的十六届三中全会召开至今（2003 年至今）是进一步深化改革和完善社会主义市场经济体制的改革开放后期（科学发展年代），是中国共产党经济思想体系进一步发展和走向成熟的重要时期，这一时期党在经济思想上的重要突破是社会主义和谐社会理论的提出和科学发展观思想的逐渐形成，以及突出强调加快转变经济发展方式和形成城乡经济社会发展一体化新格局。

该书认为，中国共产党 90 年来在基本经济制度思想、生产思想、交换思想、分配思想、消费思想、宏观经济思想、对外经济思想等七个方面实现了创新，探索了一条中国特色的社会主义经济发展之路，丰富和发展了马克思主义经济思想的伟大理论体系。具体而言，在基本经济制度思想方面，党的创新表现在两个方面，一是党在社会主义改造中对资产阶级采取了和平赎买政策，这是对革命导师原有设想的创造性实践；二是党在长期的社会主义建设与改革实践中，成功探索出了社会主义初级阶段“公有制为主体、多种所有制经济共同发展”的基本经济制度思想。在生产思想方面，党的创新表现在农业生产和工业生产两个方面，农业社会主义改造、家庭联产承包责任制、农业产业化、城乡经济社会一体化等思想体现了党在农业生产方面的创新，而协调重工业和轻工业的关系、新型工业化道路等思想则体现了党在工业生产方面的创新。在交换思想方面，党的创新集中体现在对社会主义市场经济理论的探索上，这一伟大探索经历了“计划经济为主，市场调节为辅”“有计划的商品经济”“国家调节市场，市场引导企业”、确立社会主义市场经济体制等四个阶段。在分配思想方面，党的创新体现在确立了“按劳分配为主体，多种分配方式并存”的分配制度思想，同时提出了处理好效率与公平的关系等重要论点。在消费思想方面，党的创新体现在抛弃了“高积累、低消费”的传统思想，并在改革开放之后经历了“重视消费—合理引导消费—刺激消费”等三个阶段的探索。在宏观经济思想方面，党的创新表现在两个方面，一是宏观调控思想的丰富与完善，二是以“论十大关系”“四个现代化”“三步走”等为代表的经济发展战略思想的形成与创新。在对外经济思想方面，党在过渡时期提出了“内外交流”和实行外贸统制的思想，并于改革开放之后经历了引进外资和技术设备、重视出口创汇、扩大对外开放地域和领域、实现“引进来”与“走出去”相结合等四个阶段的探索。

总体而言，笔者认为《中国共产党经济思想 90 年》梳理总结了 90 年来党的经济思想的丰富内容和发展演进，深入分析了党在各个时期制定经济政策的经济思想基础，系统归纳了 90 年来党的经济思想中的经验教训，是一部运用经济学研究方法系统研究党的经济思想的重要著作。

25 An Important Book on Economic Thought of the China Communist Party —A Review on 90 *Years Economic Thought of the Communist Party of China*

Wang Xiaohui

MEGA 和马克思对危机的论述

——东京 MEGA 国际会议综述

曾红艳*

“MEGA 和马克思对危机的论述”国际会议是由日本东北大学守健二教授、大东文化大学竹永进教授组织，并由日本学术振兴会（Japan society for the promotion of science）、日本东北大学经济与管理研究生院、日本经和会纪念财团研究基金（KEIWAKAI - Foundation）和日本马克思恩格斯研究协会（die arbeitsgemeinschaft der Marx - Engels - Forscher Japan）资助，于2015年2月27日至3月1日在日本东京召开的一次国际学术研讨会。

会议的主题是“MEGA 和马克思对危机的论述”，共分成四个单元进行讨论，分别是“MEGA 和危机理论”（MEGA and crisis theory）、“生态和未来”（ecology and future）、“哲学和历史”（philosophy and history）以及“经济思想史中的危机理论”（crisis theory in the light of history of economic thoughts）。来自德国、美国、法国、意大利、俄罗斯、中国、奥地利、巴西、韩国的18位学者，日本著名研究马克思主义学说专家大村泉、大西广、平子友长等及日本青年马克思主义研究学者参加了此次会议。

一、关于“MEGA 和危机理论”

德国柏林—勃兰登堡科学院（BBAW）MEGA 编辑部的雷金娜·罗特（Regina Roth）作了题为“MEGA 的研究成果及研究潜力（survey on results

* 曾红艳，女，武汉大学经济与管理学院博士生，研究方向为马克思主义政治经济学、经济思想史。

and potentials of the Marx – Engels – Gesamtausgabe)”的发言。她介绍了《马克思恩格斯全集历史考证版》（第二版）（MEGA^2）概貌和特征，指出MEGA^{2}为马克思恩格斯研究提供了新的视角。在关于马克思和恩格斯的思想上，她列举了《关于费尔巴哈》一章，指出马克思于1844年至1847年之间（可能是1845年5月和6月）在一本笔记本上写下了最初的手稿，其中的十一条提纲不是《德意志意识形态》的一部分。实际上，马克思写完之后再也没有翻开过，是恩格斯在1888年将其放入完全不同的文本背景中发表，且以“马克思关于费尔巴哈”为题，而不是马克思本人的暂时的标题“1）Ad Feuerbach”，而恩格斯对文本的变动达到了50多处。关于马克思作为政治经济学家，她指出马克思至少在1881年还在试图完成《资本论》，MEGA^{2}的出版第一次使得将马克思和编辑者恩格斯分开成为可能。MEGA^{2}第四部分第5卷收录了马克思和恩格斯于1845年7月和8月在曼彻斯特时期遗失的笔记本中的部分内容，这本笔记本上马克思对约翰·弗朗西斯·布雷（John Francis Bray）和罗伯特·欧文（Robert Owen）的摘录使马克思获得“政治经济学批判”和剩余价值理论最初的启发。关于马克思、恩格斯作为政治家和记者，她指出MEGA^{2}一直在试图收集和鉴别马克思和恩格斯为120种报纸写过的文章和通讯文稿，而其中的大多数都是匿名文章，到目前为止，超过200篇文章已经能被认定是马克思和恩格斯所写并被收入进来，这就给马克思19世纪的社会活动提供了大量的细节。在晚期恩格斯的研究上，MEGA^{2}也提供了许多的研究成果涉及第二国际，以及恩格斯赞同民主结构的一些陈述。

德国《社会科学批评杂志》主编迈克尔·海因里希（Michael Heinrich）作了题为“1870年代马克思对政治经济学批判的新趋势（The new trends in Marx’s critique of political economy during the 1870ies）”的发言，他认为《资本论》计划在1863年夏开始，《资本论》三部手稿应该是1863年至1881年间的手稿：《1863—1865年经济学手稿》作为第一手稿；1867年出版的《资本论》第一卷、为《资本论》第二卷而写的第Ⅱ稿和第Ⅳ稿（1868—1870）、为《资本论》第三卷而写的一些小的手稿（1868—1871）以及一些摘录（特别是对货币市场的摘录）应当作为第二手稿；对《资本论》第一卷的补充和变化（1871—1872）、法语版《资本论》第一卷（1872—1875）、《剩余价值和利润率的数学计算》（1875）、为《资本论》第二卷而写的第Ⅴ、第Ⅵ、第Ⅶ、第Ⅷ稿以及更多的摘录笔记作为第三手稿。且三部手稿并不是终极版本。《资本论》第四卷在历史上没有记载，《剩余价值理论》并不是这一卷的草稿。关于价值理论，他指出剩余价值在《大纲》中逐渐形成，并且很有可能是在*Urtext*（1859）丢失的部分中形成。马克思每一个价值形式版本都有优点和缺点，讨论价值形式，应当使用所有三个版本以及为了修改版本的评论作为参考。关于利润率趋于下降理论，他认为 19 世纪 70 年代，马克思的手稿和通信中都没有明确表明这一命题，在信中讨论当前的危机时也没有再提到过这一规律。而在《剩余价值和利率的数学计算》（1875）中，马克思试图用数学公式证明此规律，但后来意识到：即使不变资本显著增长，利润率还是一直增加。这表明马克思对此规律有质疑。关于信用和银行理论，他认为 1864—1865 年手稿后，马克思在银行和信用领域做了很多研究工作，在第Ⅷ稿中，马克思放弃了货币作为面纱的观点。1864—1865 年手稿开始马克思也从抽象的意义上变为更具体的讨论信用问题。关于危机理论，他认为马克思并没有完整意义上的危机理论，危机理论和利润率趋于下降理论是各自独立的，恩格斯对第三卷第 15 章的编辑暗示了危机的原因是利润率趋于下降。他认为恩格斯对第三卷的编辑是在一个抽象的水平上讨论危机，但是马克思在 19 世纪 70 年代将危机、信用（尤其是中央银行角色）和国际贸易联系起来，已经走向具体层面的讨论。

日本东北大学经济系教授守健二作了题为“马克思对 1857 年危机研究的‘危机笔记本’（Marx's “books of crisis” in his study on the economic crisis of 1857）”的发言。他对马克思的《1857 危机笔记本》作了简要的介绍，指出这本对 1857 年危机实时记录的笔记从来没有出版问世，此次将作为 MEGA^{2}第四部分第 14 卷出版。这本笔记本覆盖的话题广泛，包括金融市场数据（证券价格、贴现率、中央银行结余、金银的流出和流入等）、商品市场价格（原材料和工业产品的价格和销售、进出口等）、破产失业、短时工作、工资、劳动纠纷等。他认为 1857 年危机的独特性对马克思形成自己的危机理论具有重要的影响，一方面马克思从 1857 年开始对危机研究进行经济学概念化，表现在三个方面：①从把危机定义为革命的起点到商业周期的最后阶段（或者说新商业周期的初始阶段）的转变；②商业周期的周期性有了物质的解释，即固定资本 10 年周期。③从把危机定义为资本主义生产崩溃到资本主义生产经济规律的转变。另一方面，马克思对 1857 年危机的研究也是其对危机解释难题的萌芽。这些难题包括：马克思认为货币危机只是经济危机的第一阶段，随之还有更加严重的工业危机；工业危机的中心将会是棉花、丝织品和羊毛工业；有双重危机，即工业市场和农产品市场同时相互关联的崩溃。

德国《社会主义》杂志主编弗里茨·菲勒（Fritz Fiehler）作了题为“马克思错误地预期了 1857 年法国会发生政治危机吗？（Did Marx falsely expect a political crisis in France in 1857?）”的发言。他分析了马克思所写的《1857 法国》（“1857 France”）的小册子，认为马克思写这本小册子是为了批判一种认为1857年年底法国危机不会那么严重的观点，此时马克思预期拿破仑政权受危机的影响将会倒塌，且随着信用系统受到更进一步的冲击，法国的国家债务会把经济危机变成一个政治危机。但是到1858年年初这一情况也没发生。因此，他认为关于危机的这本小册子缺乏直接的起始点。对待这一本基于错误预期的手稿，他认为把它置于思想史比置于社会历史下来看待会更好。

巴黎第九大学的杰罗姆·博耶·德罗什（Jérôme de Boyer des Roches）作了题为“马克思和希法亭论企业利润和发起人利润（Marx and Hilferding on profit of enterprise and promoter's profit）”的发言。他认为马克思把企业利润分为管理费用、借款利息、企业理论，而着重强调收益固定的债务。希法亭更改了马克思的理论，强调收益不确定的股份制公司的分红，并将风险溢价引入利率中，用于利润的资本化，成为发起人利润。发起人利润来自于生息资本到分红资本的转换。

巴西米纳斯吉拉斯大学的雨果·爱德华多（Hugo Eduardo）作了题为“金融创新和证券交易：马克思关于1866年危机笔记和资本主义结构变化（Investigating financial innovation and stock exchanges：Marx，the notebooks on the crisis of 1866 and structural changes in capitalism）”的发言。他认为马克思的笔记本B102－B108、B101－B109和B105－B113构成了对1866年危机的系统性研究。这些笔记本表明了马克思对特定报纸（特别是《经济学人》和《货币市场评论》）的阅读量大、详细且有组织性的特征，所研究的主题和《1863—1865年手稿》中后来编辑成为《资本论》第三卷第五部分的主题相一致。将不同阶段的马克思的研究统一起来的主线可能是其对资本主义危机及信用体系在危机中的角色的研究。他还认为马克思从《资本论》第一版开始，就不断强调资本主义危机的本质在不断改变，即危机不是一样的，它有着不同的形态、不同的原因、不同的展开方式。且这些笔记本表明马克思直接与间接地批判了同时代关于1866年危机及其后果的文献，表明马克思至少部分地参与到了朱格拉（Juglar）（1862，1892）关于商业周期的著作和白芝浩（Bagehot）（1873）关于金融监管的著作所带动起来的学术环境中。

日本大东文化大学竹永进教授作了题为“马克思1860年代晚期摘录笔记和1866年经济危机（Excerpt notes of Marx in the late 1860s and the economic crisis of 1866）”的发言。他对MEGA^{2}第四部分第19卷将收录的马克思写于1868年9月至1869年9月的四本笔记本（B101，B102，B105，B106）和三本剪报笔记本及一本年鉴作了介绍，并分析了这些笔记的写作背景以及从文献角度分析了1866年危机的特征。

二、关于“生态和未来”

日本庆应义塾大学经济学部大西广教授作了题为“马克思最优增长模型：资本主义积累的再生产公式和一般规律（The Marxian optimal growth model：reproduction scheme and general law of capitalist accumulation）”的发言。他建立了马克思最优增长模型，用以从数学上证明资本主义的产生、增长和死亡。该模型以柯布—道格拉斯公式为基础，区分工业革命前后，是一个非价值术语的效用利润模型。文章将价值术语表达的简单再生产公式和扩大再生产公式引入马克思最优增长模型中，发现最优的路径显示：资本有机构成增长，利润率下降但是第一产业产出比下降。

德国柏林洪堡大学博士研究生、日本 MEGA 编辑组成员 Kohei Saito 作了题为“马克思对农业化学的接受和 $MEGA^2$（Marx’s reception of agricultural chemistry and the $MEGA^2$）”的发言。他通过分析马克思的手稿和摘录笔记中关于农业的部分得出马克思对于现代农业实践的态度存在一个明显的转变，在 19 世纪 50 年代马克思对基于自然科学和技术的现代农业非常乐观，但之后马克思强调了资本主义下的农业因为自然科学和现代技术的应用而导致的负面后果，将会导致人与自然之间“新陈代谢”的不和谐。19 世纪 60 年代马克思对现代农业的研究也使得他能够克服李嘉图极差地租理论范式。

三、关于“哲学和历史”

美国加州大学圣芭芭拉学院教授凯文·B. 安德森（Kevin B. Anderson）作了题为“晚期马克思论东方和前资本主义社会（The late Marx on non-western and precapitalist societies）”的发言。他认为，MEGA 工程和 1999 年起的知识环境，尤其是 2007—2008 年的经济危机使得讨论晚期马克思关于东方社会问题上与以前不同。他认为《资本论》第一版及恩格斯编辑的第四版的资本原始积累部分，马克思把英国社会当作“经典形态”（classic form），也意味着社会发展始终遵循单一道路，而马克思在法文版更改这一句，将其限定为适用于西欧，这就解决了到底哪个版本的《资本论》是马克思对东方问题最完善的表述。1879—1882 年的摘录笔记本中关于东方和前资本主义社会的内容很多，有好几百页，因此对于这一问题的研究很重要。他认为马克思在后期的写作中对一点非常坚定，即不是所有非资本主义社会都不可避免地走向资本主义社会。他分析了马克思研究的三种转型期的社会，分别是19世纪的俄国、前殖民地和殖民地时的印度，以及古罗马，但是没有一种社会必须走向资本主义。

日本一桥大学教授平子友长作了题为"'亚细亚形态'在《前资本主义社会经济形态》的再考察：基于伦敦笔记（Reexamination of "the asiatic form" in pre－capitalist economic formations from the London notebooks）"的发言。他认为之前关于前资本主义社会经济形态问题的争论，总是从《第一分册》中历史唯物主义形成的视角出发讨论《大纲》中的"亚细亚形态"问题。他考察了《前资本主义经济形态》中的亚细亚问题，着重分析了亚细亚形态的概念。他指出马克思所认为的"亚细亚形态"意味着主权地产（sovereign landed property）和农民占有（peasant possession）的双重安排，这就导致了个人其实是无产者，个人只是占有而不是所有，这是一种独特的"奴役"（slavery），而这种"奴役"则是"亚细亚形态"中的主权地产的特征，马克思的这一观点从琼斯发展而来。伯尼尔（Bernier）首先提出"主权地产"概念，琼斯在这个概念上追随伯尼尔，而马克思在《伦敦笔记》中对琼斯的摘录也使他为了研究印度问题而阅读了伯尼尔的书。他还认为马克思在《大纲》中不仅仅改变了社会发展模式理论，即从单线主义（unilinearism）到多线主义（multilinearism）的转变，而且还致力于研究农村公社自我维持生产抵制"物象化"（商品和货币）的问题，因此也重新定义了"亚洲停滞"，即"从结构上最深地剔除了现代资本主义"（structurally at the furthest remove from modern capitalism）。

清华大学教授韩立新作了题为"《巴黎手稿》的文献学研究及其意义"的发言。他考察了拉宾、山中隆次、罗杨、陶伯特、巴加图利亚关于《巴黎手稿》写作顺序的观点，认为《巴黎手稿》的两大组成部分（"笔记"和"手稿"）的写作是交叉进行的，其形成存在两个阶段，且不是一块同质的"整钢"，其写作的顺序是"第一手稿"→"穆勒评注"→"第二手稿"→"第三手稿"。

武汉大学颜鹏飞教授"资本论及其手稿再研究"课题组代表博士生即笔者本人作了题为"马克思经济危机整体论——兼论恩格斯编辑《资本论》第二卷中的《流通资本》和《流动资本》"的发言。课题组认为，马克思经济危机理论是一种经济危机的整体论，马克思已成熟的较为系统的经济危机理论散见于《资本论》三卷和手稿的有关论述中，《资本论》三卷共同构成了研究经济危机的体系。"流通资本"与经济危机息息相关，恩格斯在《资本论》第二卷的编辑中创造了"流通资本"（cirkulations kapital）德语词，使“cirkulirendes kapital”一词用于表示流动资本的确定意义，从根本上解决了斯密留给马克思的难题，实际上是对《资本论》做出的一大理论贡献。

四、关于“经济思想史中的危机理论”

奥地利格拉茨大学的海因茨·科兹（Heinz D. Kurz）作了题为“熊彼特所理解的马克思：熊彼特对马克思的接受和更改（Making his sense of Marx：schumpeter's adoption – cum – adaptation of Marxian Ideas）”的发言，他分析了熊彼特和马克思之间的相似之处，认为熊彼特深受马克思把资本主义看作一个不断地从内部转变的动态系统的观点的影响，但是熊彼特不是一个马克思主义者。熊彼特和马克思之间一个主要的区别在于对利润来源的看法上，马克思把利润看作是对工人剥削的结果，而熊彼特则认为利润是对创新者提高劳动生产率活动的全部或部分的补偿。

欧洲经济思想史协会名誉主席，德国法兰克福大学经济系教授伯特兰·谢弗德（Bertram Schefold）作了题为“从经济思想史角度理解马克思的危机理论：真实和货币因素（Making sense of marxian crisis theory in the light of the history of economic thought：real and monetary factors）”的发言。他认为每一次的危机都会导致新的政策。马克思忽视了危机发生后的救助问题，即中央银行作为最终贷款人对企业和商业银行的救助，而同期的德国历史学派的罗雪尔则对此进行了讨论。马克思对资本主义过早死亡的兴趣使得他没能看到资本主义为了自身生存而会自我变化。

韩国庆尚大学经济系教授丁声镇（Seongjin Jeong）作了题为“马克思的共产主义是自由人联合体：重新评价（Marx's communism as associations of free Individuals：a reappraisal）”的发言。他批判了将马克思的共产主义等同于私有财产国有化或者计划经济的观点，认为马克思的共产主义的本质应该被概念化为“自由人联合体”，由“自由、个人、联合体”三个关键词组成，这样理解有助于丰富“工人阶级自我解放”或“自下而上的社会主义”的经典的马克思社会主义观。他认为，资本主义生产方式中已经产生了自由人联合体的要素，自由人联合体在依靠劳动时间的计算和时间经济来协调的共产主义初期仍然是矛盾的，但注定会被高级阶段所取代，届时劳动将被废除。那种给马克思的“自由人联合体”划分顺序，比如，把按劳动时间计算的分享计划模式（a labor – time calculation participatory planning model）作为唯一的可能的共产主义，有退回到蒲鲁东主义的危险，它不是马克思的“共产主义”的发展愿景。马克思的“自由人联合体”是一个“开放”的模式，而不是“历史的终结”。

日本摄南大学教授八木纪一郎作了题为“1945 年后的日本马克思主义经济学（Marxian economics in japan after 1945）”的发言。他认为日本出现了三次研究马克思主义经济学的高潮，最近的一次出现在 20 世纪 60 年代晚期至 70 年代晚期，兴起的原因和学生运动及西方马克思研究复兴有关。他着重分析了战后日本马克思主义经济学的发展，并说明了他对现状的担忧，即马克思主义经济学在日本学界成为少数派，面临着激烈的竞争和边缘化的危险。他认为日本新一代马克思主义经济学研究也应当更加关注日本国内历史上的研究成果。

意大利锡耶纳文理学院的罗伯特·芬奇（Roberto Fineschi）作了题为“近 15 年来马克思在意大利：经济学和哲学（Fifteen years of Marx in Italy: economy and philosophy）”的发言，他从三个方面介绍了意大利研究马克思学说的情况，分别是通过比较政治经济学和标准经济理论来看价值理论和转型问题的新发展，关于辩证法、马克思和黑格尔关系的新解释以及关于马克思历史和政治的新研究。他指出，价值理论和转型问题一直以来被认为是同一个问题，这种态度使很多学者对《政治经济学批判》进行片段化的考察，把精力放在《资本论》第一卷第一章和《资本论》第三卷第九章。如此导致了一种“李嘉图”式方法的出现，这种方法把马克思复杂的商品和货币理论简化为仅仅考虑价值量。20 世纪 60 年代开始研究者试图打破这一方法，在意大利也一样。近 15 年来意大利的异端经济学家试图聚焦于马克思理论的具体的特征，在价值理论和转型问题上，Carchedi 等提出了“暂时单系统解释理论”（temporal single system interpretation），Riccardo Bellofiore 提出了“宏观—货币剥削理论”（macro - monetary theory of exploitation），Fineschi 基于 $MEGA^2$ 提出了价值理论新观点。在青年马克思和黑格尔的关系上，Mario Cingoli、Finelli 都提出了不同的观点。在马克思政治思想和历史唯物主义概念上，主要的学者有 Basso、Tomba 和 Fineschi.

俄罗斯国立高等经济大学的丹尼斯·梅尔尼克（Denis Melnik）作了题为《后革命时期的俄国马克思研究（1920s—1930s）（Marxian studies in post - revolutionary russia (1920s—1930s)）”的发言。他指出十月革命后新的政党面临着急需创建理论的需要，在这种需求下苏联的政治经济学创建工程启动，权威的马克思理论的版本也随之建立。对马克思的研究一方面是收集和编辑马克思的手稿，另一方面是为回应十月革命前的质疑和社会主义建设需要从理论上阐释马克思。他分析了 20 世纪 20 年代中期，鲁宾、当时苏联马克思主义者中实证主义派的主要反对者伊万·斯捷潘洛夫（Ivan

Stepanov）和亚历山大·波格丹洛夫（Alexander Bogdanov），以及布哈林和叶盖夫尼·普列奥布拉任斯基（Eugenii Preobrazhensky）关于价值理论和社会主义政治经济学的辩论。

法国雷恩第一大学的纪尧姆·冯杜（Guillaume Fondu）作了题为“法国人总是急于追求结论吗？——三十年来法国人读马克思（Is the French public always impatient to come to a conclusion? Thirty years of reading Marx in France）”的发言。他回顾了20世纪70年代以来法国人研究马克思的情况，他指出法国的马克思主义研究20世纪70年代以来一直是低沉的，并说明了在这种背景下虽然困难重重，但是他们还坚持编辑法语版马克思恩格斯著作计划——The Grande Édition Marx Engels，简称GEME。这个计划将把$MEGA^2$全文翻译成法语，而且编写含有脚注、前言以及附录（介绍文本和指导阅读）的法语手册，借此希望给法国人民一个得出成熟结论的机会。

另外，柏林MEGA编辑促进会主席罗尔夫·赫克尔（Rolf Hecker）介绍了马克思1857年危机笔记的写作动机。原洪堡大学教授、德国经济史学家托马斯·库钦斯基（Thomas Kuczynski）介绍了马克思对结构危机和经济发展长波的理论思考。清华大学特聘教授、日本东北大学退休教授大村泉介绍了《德意志意识形态》的“费尔巴哈”章电子版编辑情况。

26 MEGA and Marxian Discourses on Economic Crises —A Summary of International Conference on MEGA in Tokyo

Zeng Hongyan